想象另一种可能

理
想
国

imaginist

鄢秀 郑培凯 主编

史景遷作品

中國縱橫

一个汉学家的学术探索之旅

Chinese Roundabout

[美] 史景迁 著　钟倩 译

Jonathan D. Spence

四川人民出版社

四川省版权局著作权合同登记号：图[进]字21—2018—401

图书在版编目(CIP)数据

中国纵横 / (美) 史景迁著 ; 钟倩译. -- 成都 : 四川人民出版社, 2019.3（2022.1重印）

ISBN 978-7-220-10972-0

Ⅰ. ①中… Ⅱ. ①史… ②钟… Ⅲ. ①中国学 - 文集 Ⅳ. ①K207.8-53

中国版本图书馆CIP数据核字(2018)第202207号

出版发行：四川人民出版社
地　　址：成都槐树街2号
网　　址：http://www.scpph.com

责任编辑：张春晓
特约编辑：马希哲
特邀校译：苏燕萍
装帧设计：陆智昌
内文制作：李丹华
全国新华书店经销
山东韵杰文化科技有限公司　印刷

开本：880mm×1230mm　1/32
印张：14.25　字数：229千字　图片：7幅
2019年3月第1版　2022年1月第3次印刷
定价：66.00元

如发现印装质量问题，影响阅读，请与印刷厂联系调换。

我们，

只寻求真实，

真实中的一切，

包括心灵的冶炼，

不断探寻坚持到底的精神，

有形的、实在的一切，

以及变动不居的一切，短暂的瞬间，

那即将到来的盛宴，

神圣的纲常，

宇宙的原则，

还有深远的夜空。

摘自华莱士·史蒂文斯《纽黑文一个平凡的夜晚》（*An Ordinary Evening in New Haven*）

总　序

妙笔生花史景迁

郑培凯　鄢　秀

一

近半个世纪以来，西方列强对中国虽已停止了侵略殖民，但西方一般民众对中国的认识，仍然带有殖民心态与说不清道不明的迷思，三分猎奇、三分轻蔑、三分怜悯，还有一分“非我族类”的敌意。想到中国的山河广袤、人口众多、历史悠久，心目中浮现的图景就似真似幻，好像乘坐荒野打猎的越野吉普，手持望远镜，驰骋过山林丛莽，观看熊罴虎豹、狮子大象、猿猴猩猩、斑马羚羊，倏忽群兽遍野，狼奔豕突，倏忽蒿草无垠，万籁俱寂。中国像万花筒，什么都有，什么花样组合都变得出来；中国历史像变魔术，可以把一切想象变成真实，又可以把一切真实变成幻象；中国文化传统玄之又玄，阴阳变化，万象归一，天下万物生于有，有生于无，变是不变，不变是变。不要说听的人越听越糊涂，讲的人也是越讲越糊涂，于是，中国也就“假作真时真亦假”，神龙见首不见尾了。

其实，在欧美真想了解中国历史文化，也有不少西文学术书可供阅读，从孔子到毛泽东，都有所论述，而且大体上都提供了史实正确的知识。读者对中国近代有兴趣，也可以从各类学术专著与教材，知道些翻云覆雨的历史大人物，得知鸦片战争肇启列强对中国领土资源的觊觎与蚕食，得知中国从几千年的帝制转为民国政体，得知军阀混战与日本侵略，得知国共内战与共产党的胜利。耐下心来读点思想史与社会经济史，还能知道耶稣会传教给中国带来一些科学新知、早期中西文化接触给西方启蒙运动提供滋养、清代思想统治影响学术变化、明清以来人口流动与增长的情况、美洲白银与农作物传入改变了中国经济结构。甚至会发现，原来有这么许多学术专著讨论中国近代历史事件与特定人物，探讨传统社会生产与伦理关系的解体，研究政体改变与城乡结构的变化，以及西潮如何冲击文化传统、思维逻辑与教育制度，等等。但是，对一般读者而言，学术专著太深奥，教科书又太枯燥，陌生的人名、地名、事端、争论，令人越看越纷乱，满脑都是糨糊。实在不懂为什么中华帝国会反对通商、反对自由贸易、反对门户开放，不懂为什么一向讲究礼义和平的老百姓会突然变成革命群众，不懂中国人民到底在想什么。好像愈知道许多人物与事件，却愈加糊涂，有如雾里看花。

这几十年来欧美出了一位研究中国史的奇才史景迁(Jonathan D. Spence)，他最大的贡献就是以优美流畅的文笔，把中国近代错综复杂的人物与史事,通过严谨的历史考证,参照专家的钻研成果,以“说故事”的传统历史方法，娓娓道来，让西方读者“拨开云雾见青天”，对中国的历史经历有了“感觉”。

二

“史景迁”这个华文名字，是他在耶鲁大学研读历史学博士学位期间，一位中国史学前辈房兆楹给他取的，寓意明显，期望也高，学历史就要景仰司马迁，以司马迁为楷模。司马迁的《史记》，材料丰富，考辨严谨，叙事清楚，条理分明，文笔生动，“究天人之际，通古今之变，成一家之言”。史景迁是现代史家，不像司马迁出身“史卜巫祝”传统，有着“究天人之际”的使命，但是，他研究晚明以迄当代的中国历史，叙事的方法与文体却循着《史记》的精神，的确当得起“通古今之变，成一家之言”的赞誉。从他第一部《曹寅与康熙》（*Ts'ao Yin and the K'ang-hsi Emperor: Bondservant and Master*）开始，他就结合档案史料与研究曹雪芹先世的各类文史资料，写了康熙皇帝的治术，同时也勾勒了清朝天子的内心世界。这种对原始资料的扎实研究基础，让他在第三部著作《康熙》（*Emperor of China: Self-Portrait of K'ang-hsi*）中，得以化身康熙，以第一人称的叙事方法，发挥历史想象，充分展现康熙大帝的喜怒哀乐，让西方读者看到一个有血有肉的中国皇帝。书写康熙，把一切客观历史材料转为自传文体，必须从天子的角度看天下，涉及各种各样的天下大小事，以宏观的视野，高屋建瓴，为大清帝国的长治久安着想。如此，表面是书写假托的康熙自传，实际上却必须考虑中华帝国的方方面面，从统治天下的全相角度呈现中华帝国的全貌。

史景迁第二部书《改变中国》（*To Change China: Western Advisers in China,1620-1960*），探讨近代西方人士如何参与及推动

中国的历史变化，从早期的传教士汤若望、南怀仁，清末的戈登、赫德、丁韪良、傅兰雅，一直写到民国时期的鲍罗廷、白求恩、陈纳德、史迪威，开启了他对中西文化接触与交流的研究兴趣，撰写了后来一系列相关著作。他的兴趣，从西方人在华活动扩展到中西文化接触所引发的思维刺激与调适，探讨不同文化碰撞时相互理解与误解的困境。具体的人物在特定的历史环境中，都有独特的引人入胜的故事发生，不但是西方人在明末的中华帝国会有各种奇特遭遇，中国人在18世纪初欧洲的异国遭遇更令人难以想象。史景迁就像福尔摩斯一样，利用他掌握多种欧洲语言的优势，进入中外历史材料的迷宫之中，追索隐藏在历史帷幕后面的蛛丝马迹，想象中外历史文化接触的夹缝中，远赴异乡的人物是如何生活的，而其遭遇又如何存留成历史的记忆。他混合运用中外史料，披沙拣金，追索明末利玛窦远渡重洋，自西徂东，来华传教的经历，也写了广东天主教徒胡若望流落法国的一桩公案，更整合了蒙古西征之后，西方对中国的想象与描绘。

《利玛窦的记忆宫殿》(*The Memory Palace of Matteo Ricci*)，上溯到明末耶稣会士来华传教，如何适应中国的文化环境，如何利用欧洲流行的记忆术作为敲门砖，打入热衷科举考试、重视背诵诗书的士大夫群体。《胡若望的疑问》(*The Question of Hu*)，写一个中国天主教徒胡若望因傅圣泽神父（Jean-François Foucquet）的提携，远赴法国，却因举止乖张，流落异乡，甚至被关进疯人院里，三年后才得以返回广东家乡。史景迁利用了梵蒂冈的教廷档案、大英图书馆档案及巴黎的国家外事档案，拼成一幅匪夷所思的雍正初年广东华人流落法兰西的故事图景。《大汗之国》（*The Chan's Great Continent: China in Western Minds*）则综观西方人如何想象中国的历史历程，从蒙元时期的鲁不鲁乞修士、马可·波罗，一直到当代的尼克松、基辛格，不但写来华西方人所记的中国经历，也写没来过中国的文人作家如何想象中国，影响了一般民众的中国印象。对于中国读者而言，这些经由仔细爬梳欧西档案与文史群籍得来的历史资料，经过天孙巧手缝缀成一个个动听的故事，就像一面面精美的缂丝挂毯，不但引人入胜，也开拓了我们的眼界，了解不同文化的相遇、碰撞与互动是多么的错综复杂，时常还惊心动魄，比小说虚构还要离奇。

《康熙》在1974年出版之后，引起出版界的轰动效应，深受读者欢迎，成为畅销书，甚至被白修德（Theodore H.White）誉为“经典之作：把学术提升到美的范畴”。西方史学界也开始注意史景迁书写历史的修辞策略，称赞他文体自成一格，剪裁史料别具慧心，从不大张旗鼓宣扬新的理论架构，却在不经意处，以生动的故事叙述，展现了历史人物与事件所能带给我们的历史文化思考。他继之在1978年，写了第四部著作《王氏之死》（*The Death of Woman Wang*），以山东郯城的地方志、黄六鸿的《福惠全书》、蒲松龄的《聊斋志异》为史料基础，探讨清初小老百姓的生活环境与想象空间，从宏观的天下全相与中西文化观照，推移镜头至偏僻乡间农民与农妇的生活，把蒲松龄的文学想象穿插到梦境之中，以不同角度的现实与虚构特写，重组了17世纪山东农村的生存处境。这部书最引起史学界议论的，就是剪裁蒲松龄如梦如幻的优美文字，用以虚构妇人王氏临死之前的梦境。史景迁运用文学材料书写历史，当然不是要呈现实际发生的史实，不是妇人王氏的“信史”，却可以引发读者想象清朝初年的山东，在历史意识上触及当时历史环境的“可能情况”。

书写历史，最重要的是要依靠文献证据，假若文献未曾明确提供材料，可不可以运用想象去重新构筑历史场景？这就是现代历史书写最蹊跷暧昧的领域，也是后现代史学不断质疑与解构的关键。他们不但质疑史料经常不足，或是一批“断烂朝报”，缺失的比留存的材料可能要多，不足以反映历史实况，令人更加质疑所有历史材料的可靠性。像海登 · 怀特（Hayden White）这样的历史哲学论者，就在他的《元史学》（*Metahistory*）中提出，所有的史料，包括第一手材料与档案，都是具体的个人记录下来的，一牵涉到具体的人，就有主观的思想感情倾向，就不可避免有“人”的历史局限，就不可能完全科学客观，做到巨细靡遗地记录牵扯到人与事的复杂情况，而不掺入运用修辞逻辑的历史想象。他甚至进而指出，历史写作与文学写作无大差别，都是运用文字，通过想象修辞的手段，与不同倾向的书写策略，虚构出一个文本。这种推衍到极端的主观书写论，有其立论的根据与辩难的目标，很难斥为无稽，但却故意扭曲了文学创作与历史求真求实的基本意图有所不同。值得在此提出的是，史景迁的著作不能归入“后现代”的主观虚构历史书写之中，因为他写每一本书，都恪遵传统史学的规律，尽量使用存世的史料，上穷碧落下黄泉，从中国史书方志档案到西方史志档案，几乎做到“无一字无来历”。他在连接史料罅隙，推理可能历史情况时，也明白告诉读者，文献材料是什么，作者解读的历史“可能”是什么，从不混淆视听。

三

史景迁的史学著作，经常是雅俗共赏，兼顾学术研究与通俗阅读，一方面让专家学者思考史学探索的意义与方向，另一方面又让一般读者深入理解中国近代的历史，特别是中国人生存的时代环境与生命意义的追寻。他写的《天安门：知识分子与中国革命，1895—1980》（*The Gate of Heavenly Peace: The Chinese and Their Revolution, 1895-1980*）与《追寻现代中国》（*The Search for Modern China*），最能显示他史识的通达与文笔之流畅，能够不偏不倚，就事论事，却又充满了历史的同情与了解，让西方读者理解，中国是一个实实在在的地方，即使难以认同中国历史的发展，却也看到生活与奋斗其中的历史人物，都是有血有肉有感情的人，在特定的黯淡历史环境中，奋勇追寻茫茫前途的一丝光明。《天安门：知识分子与中国革命，1895—1980》着眼于中国近百年文化人与文学家的处境，环绕着康有为、鲁迅、丁玲以及他们的师生亲友，旁及所处的历史环境与文化空间，写他们的追求、挫折、困境与期盼；《追寻现代中国》则以教科书撰述通史的形式，历述明末以迄当代的政治经济变化，从晚明的繁华到清兵入关，从康乾盛世到晚清颓败，从鸦片战争到康梁变法，从五四运动到共产党执政，同时没忘记论及曹雪芹与《红楼梦》，“五四”时期的蔡元培、陈独秀、胡适、鲁迅等，指出文化变迁的长远影响。这两本历史著作的书写方式，都是传统史学呈现历史全相的主流写法，出版后，都在欧美图书市场成了历史畅销书，并且自 1990 年以来，成为西方大学中国史课程的通用教科书，影响了好几代大学生与文化人。他接着出版的《太平天国》（*God's Chinese Son: The Taiping Heavenly Kingdom of Hong Xiuquan*）、《雍正王朝之大义觉迷》（*Treason by the Book*）等等，一直到近年的《前朝梦忆》（*Return to Dragon Mountain: Memories of a Late Ming Man*），每一本书问世，都能生动活泼地呈现中国的历史经验，掀起畅销热潮，使西方读者对中国近代历史变化的认识更加深入，加深对中国历史文化的同情。

史景迁的历史著作如此畅销，受到广大读者的喜爱，也就遭到一些传统学究型历史学家的讽刺，说他是“说故事的”史学家，不曾皓首穷经、在故纸堆中考据出前人未见的史实，而且视野过度宽广，未曾穷毕生之力，专注某一桩历史事件，成为特定历史题材的“权威专家”。也有些以社会科学方法自诩的社会经济史学者，认为史景迁著述虽多，但提不出一套理论架构，对历史研究的科学性毫无贡献，又不以社会科学“放之四海而皆准”的普世性为依归，不曾努力把中国历史文化研究纳入普世性社会科学，充其量只是引起西方对中国历史文化的兴趣。这些批评其实都是皮相之论，以狭隘的学术观点、本位主义的专业立场，排斥历史学的基本人文精神与开发多元的普世关怀。

从政治大事的角度书写历史全相，是中国传统史学的主流写法，《春秋》纪事罗列重要事迹，《史记》叙事以“本纪”为经，“列传”

为纬，辅以表记志书，成为中国正史的写作通例。司马光的《资治通鉴》与后来的各种“纪事本末”,虽在传统史学体例之中另列一格，其实还是全相式的政治事件书写。不仅中国史学传统如此，西方史学从古希腊开始,也是以叙述“故事”为主。希罗多德（Herodotus）的《历史》，糅合各种资料与传闻，删汰芜杂，以“说书”的叙述方式呈现。古希腊文historein,本义是“问询”,意即司马迁在《史记·太史公自序》所说的,“罔（网）罗天下放失旧闻,王迹所兴,原始察终，见盛观衰”。太史公作《五帝本纪》，记述上古传闻资料，也面临类似的问题，自己还作了检讨：“百家言黄帝，其文不雅驯，荐绅先生难言之。……余尝西至空桐，北过涿鹿，东渐于海，南浮江淮矣，至长老皆各往往称黄帝、尧、舜之处，风教固殊焉，总之，不离古文者近是。”希罗多德之后的修昔底德（Thucydides），对记述往古的传闻颇不以为然，认为可靠的历史只有当代的记录，因此撰写当代的战争大事为《伯罗奔尼撒战争史》，在资料的“问询”上有亲身的经历，还可以采访许多身历其境的当事人，得以对勘论辩。虽说著史风格有所不同，更加强调资料源的可靠性，但其呈现战事发生的前因后果，仍是政治事件的全相叙述。不论是司马迁、希罗多德，还是修昔底德，叙述历史的修辞手法，都是去芜存菁，运用明畅的文字，讲一个动听的故事。到了欧洲启蒙时代，吉本（Edward Gibbon）写《罗马帝国衰亡史》，还是遵守这个写历史“说故事”的基本原则。

倒是近代的历史学家，先受到19世纪兰克学派的影响，在历史研究领域强调科学实证，以考辨史实为历史研究主要任务，长篇累牍进行饤饾考证，以显示历史研究的专业化。学术机构的建立、文史哲的专业分科、学术专业职场化、学术职业升迁的专业评核，把文化学术的理想转为薪酬饭碗的优渥，加剧了历史研究钻牛角尖的倾向，迫使严肃而有才华的历史学家随波逐流，把全副精神放在历史学科制度的规范要求上面，使得全相性叙事的历史著作遭到学院的排斥，沦为毫无史观与史识的历史教科书与通俗历史演义的领域。到了20世纪后半叶，历史研究的科学客观性遭到挑战，许多史学家又从一个极端摆荡到另一个极端，转向以“观点”与“问题意识”为主导的探讨，充满了政治正确与社会意识的信念，强调阶级、种族、性别、弱势群体，从各种文化批判角度，进行“把历史颠倒的重新颠倒过来”的工作，化历史研究为意识形态斗争的场域。

总而言之，以新角度新观点来书写历史，拓展我们对历史的认识，或者指出传统历史书写的局限与歧视，固然有其价值，但全相叙述的历史书写传统，还是不该断绝的。不仅如此，历史研究虽然已经成为学术专业领域，却也不能放弃学术研究的基本人文关怀，不能排斥学术通俗化的努力，不能把一般人有兴趣的历史题材当作没有价值的老生常谈，更不能把自己文字能力的艰涩鲁钝作为学殖深厚的借口。由此看来，史景迁既能著述宏观全相的中国历史，又能在历史叙述的实践上探索新的历史研究领域，以生动的笔触揭示新的观点与问题意识，难怪可以雅俗共赏，也为中国历史研究提供了值得深思的启示。

中国史学传统要求史家具备“才、学、识”（刘知几），章学诚又加了“德”。在《文史通义》中，章学诚是这么解释的：“义理存乎识，辞章存乎才，征实存乎学。”他强调的是，要有文化传统的认识与关怀，要有书写叙述的文采，要有辨伪存真的学殖。对于他自己提出的“史德”，章学诚在《文史通义》立有专章，做了详细的疏解，关键在于：“能具史识者，必知史德。德者何？谓著书者之心术也。”余英时在《论戴震与章学诚》一书中指出，章学诚的史学思想承袭了中国儒家传统，太注重政治伦理，所强调的“史德”偏于传统道德的臧否，而不同于现代史学强调的客观性：“其主旨虽在说明历史学家于善恶是非之际必须力求公正，毋使一己偏私之见（人）损害历史的‘大道之公’（天）！但是这种天人之辨仍与西方近代史学界所常讨论的历史的客观性和主观性有不同处。”我们若把章学诚对“史德”的要求与余英时的评论放在一起，借来观测史景迁的历史著作，就会发现，史景迁的现代西方史学训练，使他不可能陷入儒家道德臧否性的中国传统“史德”误区。反倒是因为他身为西方学者，远离中国政治，与中国近代的政治伦理没有切身的关联，没有族群兴衰的认同，没有利益的瓜葛，不会以一己偏私之见损害历史之大公。从这一点来说，史景迁书写中国历史的实践，配合了余英时的现代史学反思，为中国史学传统的“才、学、识、德”，提供了颇饶兴味的现代诠释。

四

这套丛书两位主编之一的郑培凯，与史景迁先生有师生之谊，是史先生在耶鲁大学历史系任教时正式招收的第一个博士研究生。

自 1972 年开始，他就在史先生指导之下，浸润历史学的研读与思考，并且从一个学生的角度，反复阅读老师的历史著作，以期学习历史研究与书写的诀窍。从《康熙》的写作时期开始，郑培凯就不时与老师切磋问学，还会唐突地询问老师写作进度与历史书写的策略。史先生写《王氏之死》、写《天安门：知识分子与中国革命，1895—1980》、写《利玛窦的记忆宫殿》、写《追寻现代中国》，从开题到完书出版，郑培凯都有幸过从，亲聆教诲，还时而效法“有事弟子服其劳”的古训，提供一些不轻易经眼的文献资料。老师对这个学生倒也施以青眼，采取自由放任态度，提供了最优渥的奖学金，有酒食则师生同馔，老师埋单付账。在耶鲁大学学习期间，郑培凯自己说，从老师习得的最大收获，就是如何平衡历史书写的客观材料与剪辑材料的主观想象，运用之妙，存乎一心。而那个“一心”，则类乎章学诚说的“著书者之心术”。

《天安门：知识分子与中国革命，1895—1980》一书在 1981 年出版之后，郑培凯立即以之作为讲授中国近代史的辅助教材，并深深佩服史景迁驾驭纷繁史料的本领。此书不但资料剪裁得当，文笔也在流畅之中流露深厚的历史同情，使得历史人物跃跃欲出。郑培凯曾自动请缨，向史景迁建议申请一笔译书经费，翻译成中文出版。他当时也大感兴趣，认为由这个亲自指导的学生迻译成中文，应当可以掌握他的文气与风格，忠实呈现他的史笔。然而，后来因为经费没有着落，郑培凯又教研两忙，杂事纷沓，抽不出时间进行这项工作，只好放弃了一件学术功德，让它变成“姑妄言之，姑妄听之”的逸事，回想起来，不禁感到有愧师门。这本书翻译未成，倒是触动了史景迁编写一部中国近代史教科书，同时辅以一本中国近代社会文化史料选译集的想法，商之于郑培凯与李文玺（Michael Lestz）。这两位学生遵从师教，花费了五六年的时间，终于完成了这项史料翻译选辑工作，出版了《追寻现代中国之史料选辑》（*The Search for Modern China: A Documentary Collection*）。

近年来，出现了不少史景迁著作的中文译本，几乎包括了他所有的专书，质量则良莠不齐，有好有坏。有鉴于此，出版人刘瑞琳女士想出一个方案，策划集中所有中文译本，邀请郑培凯做主编，选择优秀可靠的译本为底本，重新校订出版。郑培凯与史景迁商议此事，立即获得他的首肯。理想国经过一番努力，终于取得史景迁全部著作的中文翻译版权，也让郑培凯感到可以借此得赎前愆，完成二十年前未遂的心愿，可以亲自监督校订工作，参与翻译大计。然而兹事体大，怕自己精力有限，不能逐字逐句校读所有的篇章，无法照顾得面面俱到，便特别延请了研究翻译学的鄢秀，共同担任主编，同心协力，校阅选出的译本。

在校阅的过程中，我们发现，即使是优秀的译本，也难免鲁鱼亥豕之误。若是笔误或排印的问题，便直接在校阅之中一一更正。还有一些个别的小错，是译者误读了原文，我们便效法古人校雠之意，经过彼此核对原文之后，尽量保持译文语句，稍作改译，以符合原文之意。

我们在校读的过程中，发现最难处理的，是译文如何忠实表现史景迁原书的风貌。史景迁文笔流畅，如行云流水，优美秀丽，时有隽永笔触，如画龙点睛，衬托出历史人物的特质或历史事件的关键，使读者会心，印象深刻，感到有余不尽。我们看到的各种译本，虽然有的难以摆脱欧化语法，大体上都还能忠于原作，在“信”与“达”方面,差强人意。但若说到文辞的“雅”,即使是最优秀的译本，也因为过于堆砌辞藻，而显得文句华丽繁复，叠床架屋，是与原著风格有一定差距的。由于译本出于众手，每位译者都有自己的文字表达风格，因此，我们校读不同的译本，只能改正一些排版的错误与翻译的误读，无法另起炉灶，进行全面的文体风格校订。

翻译实在是难事，连严复都说，“一名之立，旬月踟躅”，真要挑剔起来也是没有止境的。我们作为史景迁系列作品的主编，当然要向原作者、译者及读者负责，尽心尽力，精益求精，作为学术功德，完成这项计划，为中国读者提供一套最为精审的译本。我们也希望，读这套译本的中国读者，要体谅翻译的限制，能够从字里行间，感到原作的神韵，体会原作的惨淡经营，它以行云流水的笔调，向我们诉说中国近代历史与人物。故事原来都是我们的，听史景迁说起来，却是如此动听，如此精彩，如此引人入胜。

目录

导言

“碰巧一个有月亮的夜晚，”克路士（Gaspar da Cruz）回忆起了1556年至1557年冬天在中国南方度过的日子，“我和几个葡萄牙人坐在馆舍门前河边的一条板凳上，几个青年正驾艇在河上游玩，弹奏各种乐器。我们听到音乐很高兴，就派人去请他们上我们这儿来，说要邀请他们一起玩乐。他们是豪爽的青年，乘艇而来向我们靠近，随后开始调拨乐器，直到我们高兴地发现他们调到没有杂声”。克路士和他的葡萄牙友人非常欣赏这群年轻人的音乐，便请求他们第二天再来演唱，带上几个歌手一块儿，尽管他们答应了，却没有来。不过，也许是看出了克路士的诚意，“有一个早晨，天刚亮，他们带着同样的乐器来为我们唱晨曲，因此没有完全令我们失望”。[1]

从克路士的其他文字当中，我们知道，在等待年轻人来演唱期间，他的生活也并非完全没有音乐。他按照广东人的习俗买了两只夜莺，每天把煮好的饭包在蛋黄里喂鸟。这两只夜莺一雄一雌，被分别关在相邻的笼子里，鸟笼子也被罩起一部分，使得它们“彼此感知却不能相视”。这样一来，克路士欣喜地写道：“雄鸟沉浸在音乐中”，雌鸟与之呼应，啁啾歌鸣，“将寒冬腊月妆点得宛如人间四月天”。[2]

回顾过往，我们大概也曾有过这种闲情雅致，可以从心所欲吧。克路士是多米尼教派的修士，前往广州传教，但成效不大。随后，他返回葡萄牙，一路上走走停停，到达里斯本时恰逢瘟疫蔓延，他加入了救援伤病员的医疗队，自己却于1569年死于这场恐怖的瘟疫。克路士用生命阐释了无私的精神，却没有来得及看到自己的著作出版。在他死后两周，1570年2月末，《中国志》出版，“详尽记载了中国事物及其特点”。这本二十九章的《中国志》，是西方出版的第一部详细描写中国的足本著作。

对于像我这种在海外研究中国的学者而言，克路士一直是我的榜样和精神激励。尽管一心传教，恪守教会习俗，还结识了不少葡萄牙冒险家，中文水平也相当有限，但克路士从未放弃他那宽大的胸怀，或丢掉写作过程中对精确与全面的平衡把握。对他来说，月光下的音乐和夜莺的歌声是中国故事里不可或缺的部分。但这种异国的生活也可能是残酷艰辛、令人困惑的。明知困难重重，克路士还是试图去抓住那些难以捉摸的因素，来描绘出一个完整的中国形象。他在序言中告诉读者，他的意图是“通过本书的叙述，人们可以揣摩那些至今未知之事”。[3]在克路士的阅历中，其他社会中“遥远的事物常常听起来比实际的要大”，但中国却“恰恰相反，中国比听起来的要大得多”。[4]

我在汉学研究过程中发现，克路士美中不足的是对于喜爱的事物评价过高，而我必须承认，这本论文集可能也会有过度热情或是轻率的折中。在汉学研究先辈中发现类似的缺陷，对我来说或许是某种安慰。这种安慰同样能在巴耶尔（Theophilus Siegfried Bayer）身上找到。巴耶尔，1694 年出生于东普鲁士的小城哥尼斯堡（Konigsberg），父亲是位画家。从中学到大学，巴耶尔通过正规教育学习了拉丁语、希腊语和希伯来语。直到十九岁那年，突如其来的渴望促使他开始学习中文。巴耶尔之后在自传中是如此形容的：

> 1713 年，当我还在乡下学习的时候，碰巧发生了一件事——我突然有了学习中文的强烈渴望。在之后的日子里，我工作着，思考着，甚至是幻想着，要怎样才能够穿进神秘的汉语世界中去。如果有朝一日我能够在这一领域取得小小的成就，我便会骄傲地认为自己是上帝之孙，万王之王。像是一只怀孕的兔子，我把洞穴中的所有东西都收集起来，然后把它们编辑成一本类似字典或是介绍中国语言文学规则的入门读物。[5]

经过在哥尼斯堡、柏林和圣彼得堡长达十七年的钻研学习，巴耶尔于 1730 年出版了两卷本的《汉语博览》（*Museum Sinicum*），这是欧洲出版的第一本介绍中国语言的书籍。

在巴耶尔广博而漫长的学术研究生涯中，《汉语博览》是一份狂野而奇特的献礼。这部著作算不上成功，法国最负盛名的东方学专家对其进行了猛烈的批评，而巴耶尔也在读到这些批评之后不久便去世了。然而，正如克路士一百六十年前对自己的书所做的那样，巴耶尔也试图公正全面地评价中国，尽管他对中国的认识有限。但道路上的困难总是令人生畏，甚至是无法逾越的。最初，巴耶尔完全不懂中文，只有从杂乱失真的材料碎片和粗制滥造的汉字摹本开始研究。身为新成立的圣彼得堡研究会的院士，他小有名气，也有些薪金，但是几乎没有任何参考书。大多数时候，为了解决简单的语言学问题，常常需要花上几年的时间，通过通信来解决。

不仅如此，巴耶尔还继承了欧洲的东方学研究传统，试图寻找一把“钥匙”或是一本百科大全来一下子揭开汉语神秘的面纱：因此，错误的研究起点注定了死亡的结局。但是，正如巴耶尔在写给友人的一封信中所说，正是凭借他一贯的（有些玩笑意味）博识，他“勇敢地挑起了这个重担。为什么不这样做呢？希腊人通过尝试攻下了特洛伊，世间一切皆靠尝试呀。忒奥克里托斯（Theocritus）的《田园诗》（*Bucolics*）中，那位亚历山大的老妇人也是这样说的”。[6]

在《汉语博览》的长篇序言中，巴耶尔回顾了14世纪中叶至16世纪中叶西方中国观的变化。从马可·波罗在中国的游历，到元朝崩溃、所有商路中断，“这个国家越来越遥远，像是消失在黑夜中的一颗星星”；但是一旦中国“再次揭开它的面纱，我们将看到一个全新的世界，那里居住着知书达理、温文尔雅、循规蹈矩的中国人，和欧洲国家的荣耀不相上下”。[7]

但是在他们的中国研究中，这些勇敢的学者和传教的先驱却没有时间和精力来分析汉语本身。这种遗憾——对于巴耶尔来说是那么引人入胜和神秘莫测——激发着巴耶尔去弥补这一领域的空白。巴耶尔以平静的心态，研读着汉学先驱那些古怪晦涩、浩如烟海的成果；就好像是用前人的话，为他的研究洞穴的内壁不断添砖加瓦，他感到这是他义不容辞的责任，因而满怀热情地全力投身其中。巴耶尔的索引，让我们看到了他试图综合起来的语言学研究的范畴：例如，英国学者约翰·韦伯（John Webb），竭尽其学术生涯之所能，来证明汉语是世界上第一种语言，因而是所有语言之母；荷兰学者佛休斯（Isaac Vossius）盛赞中国的艺术和科学是世界之最，声称多么希望“自己是生在中国而不是世界上其他地方”；法国学者菲利普·马松（Philippe Masson）“证明”了中文其实是一种古老的希伯来语，《旧约》中许多棘手的语言问题，都可以从中文当中找到答案——例如，上帝哺育沙漠之中的以色列子民的“吗哪”（Manna），不过是中文当中“馒头”（Man-tou）的变音；而对于瑞典学者奥劳斯·鲁德贝克（Olaus Rudbeck）来说（巴耶尔评价说奥劳斯能以“几乎恐怖的力量和冗长的语言”来阐述自己的观点），中文是最接近哥特语的语言。但是在巴耶尔看来，即使他们的理论“模糊肤浅”或是让人“如坠云雾”，也不应该被轻易否决掉，因为在这些热情洋溢的理论背后，是先驱的“睿智和勤勉”。[8]

巴耶尔试图在公正和荒谬感之间保持平衡，但在研究穆勒（Andreas Müller）时遇到了最严峻的考验。这位来自波美拉尼亚的怪人声称他发明了一种简单密匙（clavis sinica），可以让任何人在几天、至多一个月内学会汉语。但是，他不愿将之公开发表，而要找个买主以两千泰勒（德国旧币）的价格出售。但是穆勒没有找到买主，在去世前不久烧掉了所有的研究论文，其中也包括那个有名的“密匙”。在评价穆勒的学术成就时，巴耶尔承认穆勒过于“贪婪”，“捏造”材料来论证自己的结论，他的汉字写得“春蚓秋蛇”，翻译的中文也“过如秋草”，证明了所谓的“密匙”其实“毫无用处”。他还利用乐理知识构造了一套中文声调的理论，“似乎整个国家的对话是一场宴会上的歌曲——四度，八度，高八度”！但是，尽管如此，巴耶尔也不愿意完全否定穆勒的成果，就如同对待他所研究的其他学者的成果一样：因为不论曾遭受多么严厉的批评，穆勒的学术生涯还是展现了“尝试理解中文的执着热情和令人尊敬的创造力”。[9]

在评价自身的研究成果时，巴耶尔用寥寥数语写道：“我给这本书起名为《汉语博览》，只是因为这是我脑海中浮现的第一个名字，而我又找不到更好的词了。”关于这部著作的价值，巴耶尔认为，“不能由我来细究这两卷本的著作中都写了些什么，也不该由我来评价自己的成败——这应该交给读者来判断”。[10] 即使在 1738 年，在得知法国学者埃狄纳·傅尔蒙（Etienne Fourmont）“轻蔑粗暴”地否定了他一生的研究成果之后，巴耶尔仍然在写给友人的信中说，他对傅尔蒙教授的尊敬并没有因此“减少”：“我敬佩真正杰出而优秀的研究，即使出自我的对手甚至是敌人。”[11]

现在我们的学术世界弥漫着各种字典、词汇表和参考文献，相较而言，我们也更容易接触中国和中国学者，巴耶尔和克路士的著作可能看起来不过像是满足好奇心的读物罢了。显然，巴耶尔并没有听说过克路士，在遭到傅尔蒙的否定之后也很少有人去读巴耶尔。这两位学者都很快被其他学者超越，后来者有着更广的涉猎范畴和更深刻的洞察力——或者，是拥有更加方便的出版途径。但是，我仍然更喜欢思考这两位学者，阅读他们的沉思，因为不久之后，我们也会被其他人以各种不同的方式超越。长年的研究和写作最终也会被证明是短暂而不足的。新的文献会出现，旧的文献会被重新评价；新的议题会吸引学者和读者；新的研究方法会淘汰旧的研究方法。正如巴耶尔不停地警示我们的一样，学术研究本身就是一种难以控制的疯狂，所以做当下能做的事情，尽力研究，接受批评或是褒奖——也许两者兼而有之。如果我们选择无所作为，不著、不评、不言己，一定程度上可以保护我们，但这是一种微不足道的保护，逃避了对真理的追求。如果沉默寡言，我们仍然可以作为这一研究领域的看护人，甚至可以安详地凝视着所有的一切，但却永远无法参与到最深刻的学术争鸣中去。

我脑海中浮现一幅景象，那发生在很久以前我与父亲的一次雨中漫步：父亲的小狗汤姆斯发现了一个兔子洞，它激动着狂喜着，前爪发疯一般刨着洞，泥土在它的后腿之间飞舞如云。我站在旁边，惊讶地看着这一切。泥土成堆，小狗狂吠，雨点淅沥，却不见兔子的身影。在汤姆斯喧嚣的进军中，兔子早已逃之夭夭，通过东边相邻通道撤离到僻静、安全的地方了。

也许这就是我探寻巴耶尔"洞穴"的凌乱的现代翻版。毫无疑问，我如同克路士一样，做了很多本不是我应该做的事情。但是，在过去二十五年的研究生涯中，我确实堆积起了不少泥土。我也写了很多有关中国的论文，这本书当中收录的是我认为最有代表性的论文，反映了我尽可能精确、公正和透彻地思考中国的努力。[12] 这本书的内容自然而然地成为了五个部分：中西文化交流、儒家理论和国家权力、中国的社会历史、革命中国以及对恩师的介绍。

我把这本集子叫作《中国纵横》(*Chinese Roundabout*)，部分源自对华莱士（Wallace Stevens）的敬意，长久以来，他的著作是我生活的一部分；也是因为我喜欢“纵横”这个词语，它寓意着曲折而不失目的性,还寓意着(至少在英格兰,这个词类似于美国的“交通环岛”）以某种逻辑来厘清“辐辏并进”之脉络的努力。最为重要的是，这像是孩子们脑海中的“旋转木马”。孩子才是未来的鸿儒巨擘，他们膝盖紧贴着彩绘的木马，手中紧握着热烈的生命，在令人眩晕的风中甩着头，充满了欢声笑语。

中西交流

黄嘉略的巴黎岁月

对于黄嘉略来说，1713 年的秋天和初冬是一段颇为艰难的日子。[1] 巴黎的天气非常恶劣，寒冷刺骨，雾霭浓重。而西班牙王位继承战争又似乎永无止尽，民气低落，物价飞涨，货币持续贬值。尽管黄嘉略与巴黎女子玛丽－克洛德·雷尼埃（Marie-Claude Regnier）在 1713 年 4 月成婚，他们婚后的生活也依然十分艰难。这对小夫妇租住的房子位于塞纳河南岸靠近巴黎圣母院的盖奈戈街（Rue Guénegaud），由于没有钱支付木材和煤炭的正常花销，这间小房子始终很冷。他们的家具少得可怜，衣服也很少，根本买不起像样的结婚用的新床。他们甚至连盐都买不起，使得本就简单的饭菜连盐味都没有。更加令人担忧的是，黄嘉略会在某些早上因咯血而醒，在这种情况下，他总会感到筋疲力尽，需要躺在床上休息好几个小时。

黄嘉略到达巴黎的旅程本身就是一个极富传奇色彩的故事。黄嘉略，1679 年出生于中国的沿海省份福建，他的父亲皈依了天主教，受洗入教并取教名保罗。保罗一心想要虔诚地过独身的修士生活，因而一直逃避结婚，但在父母的强迫下他最终还是成了亲，毕竟保罗是家中独子，不能在他这儿断了香火。然而，在保罗的妻子一连生了四个女儿之后，黄家人几乎要绝望了。保罗的妻子第五次怀孕的时候，小两口暗暗发誓，若能诞下男丁，便将其献给上帝。这次果真是个男孩，他们便让其受了洗礼，取教名嘉略。保罗在儿子刚七岁的时候便去世了，尽管黄嘉略的母亲不太清楚怎样才能将小儿子献给上帝，但她还是遵守了这一誓言。当时恰逢李斐理（Philibert Le Blanc）——这位四十二岁的法国巴黎外方传教会的传教士到小镇传教，为黄家解决了这个难题。于是，黄母便带着小嘉略去见李斐理，并向他阐述了自己和丈夫的誓言。李斐理深受感动，答应教育小嘉略，并使其投身宗教事业。为了避免李斐理产生误会，也为了遵守清朝的法律，黄母让李斐理正式收小嘉略为义子，从此两人在一起学习、工作了三年。

李斐理很有远见，他为小嘉略请了当地很好的老师，辅导他继续学习中文，同时亲自教他天主教神学和拉丁语。三年后，出于至今尚不得而知的原因，小嘉略被转托给名义上的罗萨利主教梁弘仁(Artus de Lionne)，继续此前在李斐理指导下业已开始的各种教育。1695 年前后，黄嘉略十几岁的时候，便开始游历中国的南方和中部地区，投奔黄家分散在各地的亲戚，并考察当地的风俗民情。后来，黄嘉略在回忆起这段经历时写道，正是在这次游历过程中学到的知识，帮助他“在国外体面地生活”。

在黄嘉略之前，仅有为数不多的中国人到达西方。前往西方的旅程不仅仅是迈入陌生境地的可怕的一步，同时也是违背大清律条的，这意味着放弃本土的价值观。黄嘉略之所以能前往，是一系列机缘巧合的结果：黄嘉略的母亲刚刚撒手人寰，大姐有能力也有意愿接管家里的一切事务；而黄嘉略仍然闲不住，旅游的心情还没有平复下来，他还在福建的小镇中巧遇了梁弘仁，而在此之前，他们俩已经数年未见。梁弘仁告诉黄嘉略，自己即将被召回欧洲，并建议黄嘉略与他同行，黄嘉略当即一口答应。1702 年 2 月 17 日，梁弘仁和黄嘉略从厦门出发，搭乘一艘英国轮船，八个月后抵达了伦敦。当时，路易十四深陷西班牙王位继承战争，在法国与英国的交战期，横渡直布罗陀海峡几乎是不可能的。经过一番努力，两人跟随有外交豁免权的巴伐利亚选侯的使节一道到了法国。1702 年底，他们抵达巴黎，经短暂停留后，到达罗马。

如果黄嘉略不那么具有冒险精神，或者是对宗教更加虔诚的话，他都会毫不犹豫地留在罗马接受教育，成为神父，并最终回到中国继续传教。但在罗马，黄嘉略似乎对神职人员的生活产生了怀疑，在他回到巴黎与外方传教会的神父们生活在一起之后，这种怀疑进一步强化了。在一系列机缘巧合下，黄嘉略结识了法国国王图书馆的馆长比尼昂教士*。比尼昂刚刚接到一项棘手的任务，要对一批新发现的汉语和满语的藏书进行分类编目，这批藏书在国王图书馆当中越积越多。但比尼昂对中文一无所知，他需要一个中国助手，而

* 比尼昂（Abbe Bignon），原名让 - 保尔 · 比尼昂（Jean-Paul Bignon），为法国皇家学术总监，出身巴黎一个古老的贵族家庭，其父热罗姆 · 比尼昂（Jerome Bignon）生前担任国王图书馆的负责人。让 - 保尔 · 比尼昂后因担任神职而被称作比尼昂教士。

黄嘉略需要一份工作，两人一拍即合。1711 年，黄嘉略自己租了房子，在国王图书馆获得了中文翻译官的响亮称号，以及少量的奖金。

在巴黎，黄嘉略专心学习法语。巴黎外方传教会的神父们对于他放弃神职深感遗憾，但并没有因此而记恨他，仍然为他提供住所和各种资料。在他的法语比较流利之后，他利用教会关系获得了一些翻译工作，并且开始追求玛丽。到 1713 年的春天，通过给教会成员翻译中国往来的信件，并且为法国学者翻译一些艰深的著作，如天文学的文献和中国古代典籍，黄嘉略获得了一些收入。但是，这点儿钱根本不够用来结婚，而且几位教会的长老也提醒他这可能会很麻烦。但是玛丽的父母似乎很喜欢黄嘉略，并且觉得应该给这对年轻人一个机会。他们时常到盖奈戈大街去看望这对年轻人，有时还带点酒和食物作为小礼物，或者借给夫妇俩一些小钱，帮他们偿还宿债。

1713 年 11 月下旬，黄嘉略和妻子走出了经济上的困境。几个月以来，国王图书馆馆长比尼昂一直在为这个中国编目员申请薪水，并亲自到凡尔赛去争取这笔钱。11 月中旬，在比尼昂雄辩的言辞下，国王的大臣终于承诺支付五百里弗赫*。比尼昂在信中写道："虽然您已经对他展示了善心，但我们年轻的中国编目员，如果不能得到国王的赏赐便难以为生了。……他身无分文，看在上帝的分上，请您下令，赐他几枚金币吧。"虽然仍遇上了行政上的障碍，但在 11 月 27 日的时候，黄嘉略最终拿到了这笔总数为五百里弗的薪水。黄嘉

* 里弗赫（Livres），法国旧时货币单位，于 1794 年停止使用。

略和玛丽偿还了所有债务。“所有钱都还清了。”黄嘉略在他的软皮小本记载的随笔日记中高兴地写道。26 日，黄嘉略已经预感到会有意外的收获，便给妻子买了两个鸡蛋作为礼拜日的早餐。现在，他又接着买了盐。28 日，也就是星期二的早上八点，新购买的一车柴火也送到家里。国际政治局势似乎也在分享他们的欢乐，法国结束了与西班牙的长期战争，和平终于到来了。黄嘉略和玛丽与其他巴黎人一起到教堂里去唱赞美诗，表达感恩之情。

债务还清之后，黄嘉略的生活中出现了一些“奢侈品”：面包条、奶酪、两种馅饼、蛋糕和炖肉用的蘑菇。还请来了裁缝为黄嘉略裁剪三件套的衣服，包括裤子、刺绣背心和黑色外套。还给玛丽买了剪刀、丝绸和针线，她可以做些裁缝活儿。他们还精心挑选了一张新床，但是在最后一刻，玛丽还是不让买了。黄嘉略仍旧时常生病、发烧，但是现在他买得起药品，也看得起医生了。随着政治气候的好转，巴黎也迎来了最温和的 12 月。

温暖的天气和美食让黄嘉略开始思考未来。他想要一个孩子。从他日记中的只言片语，可以看出他的兴奋和期待。这些话通常用罗马字母拼成的汉字书写，这么做可能是为了避免有人偷窥日记中的隐私，甚至可能是防备妻子玛丽偷看。这样的内容第一次出现在 1713 年 11 月 11 日，记载了玛丽在一周以前满月时候来了月经。黄嘉略是以此来判断妻子怀孕的征兆么？如果是的话，12 月 28 日的日记就透露出他的失望：玛丽又来月经了，这是在奥古斯丁教堂做完圣诞节弥撒之后回家途中开始的。下一次来月经是 1 月 25 日，再下一次是 2 月底。日记有些地方还有一些更神秘的符号，可能指的是房事，大多数出现在礼拜日的弥撒前后。

其他的记录描绘了夫妻两人的共同生活：玛丽到商店、市场和肉店购物；玛丽特意为黄嘉略做了大米布丁或他最喜欢的油炸果馅饼；家里有烟，还有酒和茶；黄嘉略和朋友去城里的俱乐部。这对夫妻喜欢打牌，特别是和黄嘉略的岳父岳母一起玩皮克牌（Piquet）。他们还经常一起买彩票——这种新活动以巨额奖金来满足人们暴富的欲望，在当时非常热销。当然，也有很多关系紧张的时刻。夫妻俩都经常生病或抱怨，玛丽会突然没有缘由地发脾气，一声不吭地躺在床上，直到很晚才睡觉，有的时候还会绝食——通常是黄嘉略负责做饭——或者是在路上走着走着就突然发火。钱仍然很少，还会发生些小灾小难，随时可能击垮这对在贫困边缘挣扎的夫妇：如丢失了一条面包，丢了二十七苏*（后来又找到了），油（没有交代是灯油还是食用油）撒在了玛丽漂亮的裙子上。这对夫妻一直坚持参加弥撒，但是根据黄嘉略的记载，他们几乎每次都是在不同的时间前往不同的教堂。如果黄嘉略去了奥古斯丁教堂，玛丽则会去圣絮尔皮斯教堂（St. Sulpice）；如果黄嘉略去了圣絮尔皮斯教堂，玛丽则会去圣日耳曼教堂（St. Germain）。这里是否有着我们不能理解的节奏规律？抑或在去做礼拜的时候让别人看到自己与外国的丈夫在一起，玛丽会觉得很难堪或尴尬？

无论是什么样的原因，1714 年 2 月的时候，黄嘉略已经尽可能让自己看起来是一个城市里优雅的法国人。国王图书馆里一位细心

* 苏（Sou），法国旧时货币单位。

的职员记录了黄嘉略婚后在盖奈戈大街定居以来，所添置的衣物、家具、寝具、厨房用品和书写工具，也清楚地罗列了黄嘉略的衬衫、西服、袜子、鞋帽、雨伞、剑和皮带。除了那把剑以外，没有什么令人惊讶的东西。但是在一份名为“黄嘉略开销备忘录”的附加清单中，记载了黄嘉略从领取国家基本救济金到生活水平提高的事实。这里罗列有六条棉布领带、六条西装袖口褶边、两颗扣褶边的银扣；两顶假发，其中一顶价格昂贵，另一顶价格适中；一根流苏拐杖。其中最贵重的一件前襟配有纽扣的齐膝长斗篷，这种衣服被称为“罗屈埃洛尔”（Roquelaure），是以罗屈埃洛尔公爵命名的衣服，新近才流行起来。

突然之间，黄嘉略的生活中出现了新光彩。为此，他热情洋溢，脸修得干干净净，头戴擦过粉的假发，领带和袖口处有整齐的流苏，身着斗篷，手持流苏手杖。1714 年 2 月 8 日以前，他总是用第三人称简称自己为“黄先生”或用“H”来指代自己。但是在 2 月份以及 3 月初的日记中，他已经改称自己为“圣黄公爵阁下”、“福建的红衣主教黄殿下”、“黄元帅阁下”以及“黄大老爷”；而玛丽的穿戴，即使没有黄嘉略那么奢华，也比之前更好了，对她的称谓也随之提高，有时称她为“尊贵的黄夫人殿下”，有时为“公爵夫人”。而对他的岳母雷尼埃夫人，黄嘉略则称她为“大公夫人殿下”。

在这些轻松而浮夸的文字记述中，有一则是黄嘉略在 1714 年 2 月 17 日写下的，他半模仿当时流行小说的语调写道：“我亲爱的读者，你看到了，黄大使先生整日忙得不可开交，还要接见各种各样的人。”当时黄嘉略正在编纂一部法汉字典，馆长比尼昂认为这是最首要的任务，如此一来，法国的学者便可以广泛地使用这些皇家馆藏了。比尼昂相信，要为汉学研究打下坚实的基础，就有必要编纂一部基础的语言学习指南。这项任务相当艰巨，在此之前，欧洲从未对汉语进行过系统的研究，对两种文化和语法的比较也尚未展开。因此，为了帮助黄嘉略完成任务，比尼昂为他安排了一位学术地位日渐崛起的年轻助手——刚被法兰西铭文与美文学院录取的尼古拉斯 · 弗莱雷(Nicolas Fréret)。弗莱雷比黄嘉略小九岁,但是他与黄嘉略一样，是家中独子，有四个姐姐。这两人很快成为了亲密的朋友。在第一次见面后，弗莱雷如此写道：我觉得黄嘉略是一个“有魅力、谦虚的年轻人，他似乎……颇具天赋”。但唯一的问题是——

> （黄嘉略）对于欧洲的科学和方法论一无所知。甚至他说的法语也很难懂，他的母语与欧洲语言之间丝毫没有共同点，他学得一知半解。因此，他完全无法理解法语的语法模式，也不知道充斥于书中的那些抽象的语法术语究竟有什么不同。

在接下来的 1713 年到 1714 年中，这两人的合作非常成功。弗莱雷坚持不懈、持之以恒地工作，解答黄嘉略的各种问题，试图帮助黄嘉略理解法语的核心——语法结构，并卓有成效地将这些语法结构用于汉语语法的分析。在他的帮助下，黄嘉略的法语进步很大，已经可以着手研究主要的问题，并提出假设性答案，然后再由弗莱雷对答案进行核实。黄嘉略也开始教授弗莱雷中国汉字的结构和意义，使弗莱雷摆脱了对汉字流行的看法，认识到中国的汉字与欧洲的象形文字截然不同。黄嘉略还为弗莱雷讲解了汉字的构成，说大字典中收录的七万或者更多的形形色色的汉字实际上基本都由二百一十四个部分构成，中国人称这些组成部分为“偏旁部首”。只要按照既定顺序把这些偏旁部首写出来，人们就可以很轻松地进入这个看似令人困惑的汉字世界。

在默契的相互配合下，这两人完成了汉法字典的暂定词汇清单，将两千个汉字翻译成法语。这些单词是根据实用性来挑选的，主要用于造句或描述常见物品和日常需要。弗莱雷用崇敬的语气记录了黄嘉略的适应能力和韧性：“我被这个中国年轻人的温和、谦逊有礼，特别是坚忍不拔的韧性感动了。他的处境在欧洲人看来是那么的令人绝望。远在四五千里格*的异乡，并不富裕，也无专长，还没有获得任何资助，只有微薄的津贴。津贴全靠工作，但他明白，自己甚至连工作也无法独立完成。其他人也很难搭上手来帮助他，他在工作上的成就永远大不到哪儿去。但令人惊讶的是，他总是处变不惊，富有幽默感，这也让我相信，那些关于中国人性格的各种记录是真实可信的。”在充满了种族偏见的西方文学当中，这番话是那么重要而饱含感情。

一个居住在巴黎的中国人，理所当然地引起了周围法国人的兴趣。在黄嘉略之前，可能只有两个中国人到过法国，一个在1680年代，另一个在18世纪，但是这两人都没有在巴黎居住这么长时间。所以黄嘉略经常受邀外出或者在他的住所接待拜访者，这些拜访者通

---

* 里格，欧洲和拉丁美洲一个旧制长度单位，约为3英里或3海里。

常是弗莱雷的朋友，或者是居住在附近的学者和天文学家弗朗索瓦-约瑟夫·迪莱尔（Francois-Joseph Delisle）的朋友。毫无疑问，有些人只是出于好奇，但是也有人希望从黄嘉略这里得到一些关于他的家乡中国的信息。后者之中，以年轻的孟德斯鸠后来取得的名声最为显赫。当时，孟德斯鸠刚刚完成了有关法律的研究，他在1713年，他二十四岁那年的夏天或秋天拜访过黄嘉略。

与往常一样，孟德斯鸠的头脑中充满了无数的想法，黄嘉略对其中两个特别有共鸣。第一个想法是写一本从亚洲的视角看法国社会的书，嘲笑法国人的自我优越感，并对欧洲价值观加以道德上的批判。尽管孟德斯鸠最终以《波斯人信札》（*Lettres Persanes*, 1721）的形式展现了这一内容，但是我们知道，黄嘉略是单纯的波斯人的原型之一。孟德斯鸠借波斯人的提问，批判了法国人的自负心态。令孟德斯鸠好奇的是，黄嘉略对法国人的基督教信仰深信不疑，有一次他竟然将自己帅气的帽子留在了教堂里，一个人出去溜达了一圈。当黄嘉略回到教堂的时候，他的帽子已经不翼而飞。根据孟德斯鸠的记载，黄嘉略曾一度相信欧洲社会道德高尚，因而才废除了死刑，而当他见到一些罪犯在巴黎被处决的时候，不禁惊讶万分。

对于孟德斯鸠来说，更重要的是了解中国的社会和法律结构，这是他的巨著《论法的精神》（*De l'Esprit des lois*, 1748）中比较政治学部分所分析的基本内容。1940年代末，英国学者罗伯特·沙克尔顿（Robert Shackleton）证实了孟德斯鸠和黄嘉略之间的交往。他在拉布莱城堡的孟德斯鸠故居图书馆的橱柜中，翻出一本名为《地理学》的读书笔记的合订本，有一部分题为“与黄先生谈话中的中国印象”，长达二十页。其中，孟德斯鸠用“谈话”的复数形式说明了他曾多次拜访黄嘉略，而孟德斯鸠在 1713 年 11 月收到父亲的死讯后离开了巴黎，所以他拜访黄嘉略的时间应该在此之前。

正如弗莱雷和黄嘉略在学习语法上的兴趣相投一样，孟德斯鸠和黄嘉略之间也存在共同的爱好。孟德斯鸠渴望从黄嘉略那里了解中国的信息，而正如专门为此准备的一样，黄嘉略在 1702 年离开中国之前，正好长期在中国内地游历。孟德斯鸠系统的提问可能也启发了黄嘉略，给了他分类和整理早期种类繁复的数据的概念。这对他 1716 年投入设计一部关于中国的两卷本宏伟著作来说，至关重要。

根据孟德斯鸠的记录，1713 年他们的交流涉及的广泛内容，是从中国的宗教体系开始的。黄嘉略解释道，在中国有三大互相交融的宗教：儒教、道教和佛教。儒教并不相信灵魂永生，却认为焚烧祭祀供品产生的烟雾在一定程度上可以与逝者的灵魂相结合，所以在祭祀过程中，亡灵“愉快地重生”。佛教相信地狱的存在，并且认为杀生——无论是人还是动物——都是不正确的行为。佛教徒不结婚，佛教中的慈悲之神观音正如圣母马利亚一样，受圣灵感应而怀孕。尽管黄嘉略并没有对佛教做出评价，但他是否在暗示佛教和基督教的某种相似性？孟德斯鸠认为，儒教就像斯宾诺莎主义一样，从“天”的思想中引申出一种“世界精神”（âme du monde）。黄嘉略还谈到了中国两种可怕的死刑——火刑（在黄嘉略生活的时代其实并没有施行）和凌迟（在当时仍然很流行），以及中国人的衣着、坟墓和家庭财产观念。在一次长谈中，黄嘉略谈到了他对中文和语法的看法，孟德斯鸠可能没有意识到，这其中有多少是来自黄嘉略和弗莱雷的合作研究。为了阐明自己的观点，黄嘉略还为孟德斯鸠演唱了一首中文歌，并用中文背诵了《天父》(Our Father)。

在后来的交谈中，黄嘉略和孟德斯鸠不断开拓新的话题领域。他们讨论了小说在中国文学中的地位、居住在中国的西方传教士所面临的问题、中国科举制的性质和形式，以及中国国家的性质。得知中国在历史上经常处于四分五裂的状态，孟德斯鸠感到非常惊讶，并且理解了黄嘉略的观点：早期，中国是一个真正的共和国。在孟德斯鸠看来，中国人总是夸耀自己的朝代多么伟大，这是典型的自负自大：如果果真如此伟大的话，1640 年代的满洲人为何这么快就征服了明朝？中国审判中的连坐制也让孟德斯鸠大为震惊，因为很多无辜的人会因此受到牵连。黄嘉略也为孟德斯鸠介绍了中文在日常生活中的特殊用法：在问候的时候用敬语，在介绍自己或自己家庭的时候用自谦语。黄嘉略还清楚地讲述了满人统治对汉人的镇压和侮辱，以及中国社会中妇女的地位和妇女的“三从四德”。这两人之间的交流——至少从孟德斯鸠的记录来看——最终以对中国历史的探讨，以及中国对洪水、日月食的时间的判定方法而告终。尽管在《论法的精神》中孟德斯鸠对自己在中国文化、政治方面的造诣非常有信心，但在“地理学”的笔记当中却是另一番景象，他写道：“我相信我们永远也不可能真正了解中国人。”

如果说孟德斯鸠开阔了黄嘉略的眼界，让他以一种不同的方式思考自己的社会，那么法国商人带来的则是截然不同的刺激。他们邀请黄嘉略参与他们的对华贸易，这四人都是法国东印度公司的主管，他们决定打开与中国几座大城市的贸易渠道，因此建议黄嘉略做他们的助手和翻译，为期十八个月。黄嘉略对此非常感兴趣，但他告诉这四人，他要先和图书馆馆长比尼昂协商，根据比尼昂的反应再做决定。比尼昂立马给大臣蓬夏特兰（Pontchartrain）写信，蓬夏特兰极具权势，是路易十四时期主管政务和海洋事务的大臣，对华贸易就归他管辖。1714 年 2 月，考虑到公司的商船就要起航了，所以此事需要尽快讨论。黄嘉略 2 月 24 日的随笔日记当中写道，“黄元帅”在两位主管的陪同下，颇有风度地亲自拜访了大臣蓬夏特兰。但是，这种玩笑般的称呼是关于这次航行的最后记录。究其原因，可能是因为商船已经起航，也可能是因为黄嘉略不忍离开法国和妻子，还有可能是他担心自己的津贴一旦被取消就不会恢复——这也是有道理的，毕竟他经历过生活拮据的日子。

朋友弗莱雷也为黄嘉略提出过一些赚钱的方法。当时，阿拉伯童话故事《一千零一夜》被译成法文，一时洛阳纸贵，译者取得了可观的收入，弗莱雷建议说“翻译中文的小说可以让他名利双收，摆脱深陷其中的生活窘境”。黄嘉略似乎欣然接受了这个想法，两人还一起完成了部分明代文学作品的翻译初稿。但后来，这一计划又被束之高阁了，因为弗莱雷认为其故事情节“太严肃而缺乏娱乐性”，仅仅靠主角之间的“文学辩论”推动情节的发展，难以吸引当时的法国民众。所以，这两人又将精力集中到之前的字典编纂上来。此前，按照比尼昂的建议，这两人按照汉字发音的字母顺序排列汉字；现在，黄嘉略已经把汉字结构向弗莱雷解释清楚，因此两人重新按照二百一十四个偏旁部首的顺序来编纂。在弗莱雷的建议下，黄嘉略也开始尝试翻译一些中国的散文、诗歌、名家书信和正式文体的代表作。

黄嘉略和玛丽家里两件颇大的家务事，让令人兴奋的学术合作曾几度中断。第一件是黄氏夫妇决定搬家，离开盖奈戈街的狭小住所，搬到更宽敞的公寓中去，以便有地方放置新买的家具，衬托出黄嘉略更加高贵的地位。4 月 21 日，他们在伽奈特大街（Rue des Canettes）找到一处住所，这条大街从古老雅致的圣日耳曼教堂一直通到拥有高大新廊柱的圣絮尔皮斯教堂。为了搬家，黄氏夫妇还买了一张宽敞的新床，有四尺宽，饰绛色帷帐、羽绒床垫、黄花刺绣的枕头，以及水仙花色的塔夫绸床单。此外，黄嘉略的岳母雷耶尼夫人还买了羽毛装饰在床柱的顶上。尽管黄嘉略仍然在生病，有时会咯血，非常虚弱，玛丽也经常大发脾气，不时头痛、腿痛，7 月 6 日他们还是搬家了，并为此花了两周的时间。26 日，黄嘉略还请来锁匠为他的房门配置了两把新锁。到 8 月份的时候，第二件大事儿发生了：玛丽怀孕了。

秋天的生活颇为宁静，只是黄嘉略从来没想到有如此糟糕的天气。8 月 24 日他匆匆在日记中写下，“天气似乎一直都很差”，“今年真是个雨年”。但在偶尔天气不错的时候，黄嘉略会和玛丽以及岳父岳母一起到家附近的卢森堡公园去散步，偶尔也会溜达到巴黎荣军院（Les Invalides）的空地上。黄嘉略还加入了一个四十人的组织，一起大批量购买彩票，他们的新房东——包蒙德（Bomond）夫人还教玛丽将大麦与红糖调和服用，来减轻腹部的疼痛感。此时黄嘉略有很多工作要做，既要自由翻译些作品，还要和弗莱雷编纂字典。

1714 年 12 月 26 日清晨，他们平淡的新生活以及对新生儿的兴奋期待被毫无征兆地打断了：弗莱雷被秘密逮捕进巴士底狱。弗莱雷的罪名是为法国的詹森教派张目，帮助出版了有关当时宗教争论的非法材料，还恶意攻击当时被奉为正统的《法国历史》（*History of France*, 皮埃尔 · 丹尼尔 [Père Daniel] 著），如此的罪名和牢狱之灾使得所有与弗莱雷有往来的人都感到危险。黄嘉略和妻子必定会非常担忧，一旦黄嘉略受到牵连被判罪，就将失去工作和未来。弗莱雷入狱后，黄嘉略又有了一个新的助手，艾蒂安·傅尔蒙（Etienne Fourmont），被认为是法国学术界冉冉升起的东方学家，但他也是一个狂妄自负、野心勃勃、极富争议的人。黄嘉略和傅尔蒙之间从来也没有达成和弗莱雷那种友善和谐的合作关系。

在这样紧张的氛围下，1715 年的春天，黄夫人玛丽在伽奈特大街的住所诞下一名女婴，也许正是在那张让黄嘉略颇为自豪的铺着水仙花色床单的大床上。这个女婴非常健康，当时的一位邻居后来回忆道，“看起来很像中国人，她的脸型和肤色明显和欧洲人不同”。但是黄夫人却因为生产而生病了，产后的高烧很快就耗尽了她的体力，并在几天之后夺去了她的生命。黄嘉略在一年后回忆起这个痛苦的时刻，他写道：“如果可以这么说的话，这就好像是上帝已经决定，让我只能再看一眼他为我选定的妻子。而我必须得说，我同上帝一样爱她。”

黄嘉略决定不再续弦，他把全部精力都投入学术工作和抚养小女儿中。为了纪念逝去的妻子，他的小女儿受洗时取教名为玛丽-克洛德。但他自己的健康状况正在恶化，情绪低落，与傅尔蒙的合作也进展缓慢。1715 年 6 月，弗莱雷从巴士底狱中释放出来了，即使他在狱中仍然坚持汉学研究，他和黄嘉略也未能再次合作。弗莱雷有很多其他的研究兴趣，而他似乎也对黄嘉略和傅尔蒙的合作很满意，所以很快就把精力投入各种其他文明的语言和历史研究中去。黄嘉略在多大程度上意识到这一点，我们不得而知，但是傅尔蒙似乎极其嫉妒黄嘉略和弗莱雷之间的合作，并将这两人的研究成果占为己有，以此继续开拓自己的学术生涯。但是，字典的编纂工作还在沿着偏旁部首的顺序缓慢前进，1716 年秋天终于编到了"水"字旁，这是黄嘉略列举的二百一十四个偏旁部首中的第八十五个。黄嘉略和傅尔蒙还编写了供教学用的对话，是在标有注释的文学选段之外的补充材料。对话的内容活泼有趣，包括买卖商品、文人之间的谈话，甚至是两位学者露骨地讨论刚搬到邻舍的年轻貌美的女歌手。

1715 年，老国王路易十四去世，黄嘉略以法国爱国者的自豪之情称赞路易十四的荣誉。他写道，正是这位已故的老国王，决定打开通往中国的贸易之路，从而激励着自己的学术生涯。现在，在摄政王时期，黄嘉略突然明白了自己的任务。他要写一部两卷本的巨著，将中国的一切介绍给法国社会。第一卷主要是语言学的内容，阐明汉语的语法结构，以及汉字书写如何通过不同方式达到上述效果——在西方，这主要是通过词尾、词形和语态的变化来实现的。第二卷主要是向法国读者介绍他们了解中国所需要的一切知识，"关于中华帝国的确切知识"。黄嘉略对此得心应手，主要得益于他在前往欧洲之前在中国内陆广泛的游历。

然而事与愿违。1716 年的夏秋之际，黄嘉略的身体一天天地虚弱下去，他似乎又陷入了生活拮据的困境中，他需要钱来支付房租、仆人、食物和小玛丽 - 克洛德的乳母玛丽 · 布勒（Marie Boulle）的工钱。他开始酗酒，买酒的钱通常是从当地放高利贷的犹太人那里一点一点借来的。为了增强体力，他还特意借钱买了新鲜的牛奶和鸡蛋。当他再次高烧的时候，正在编写字典的第一千一百四十页。在这个浩大工程中，他煞费苦心学来的语言第一次变得模糊。法语单词被写成了意大利语，意大利语被写成了拉丁语，拉丁语又被写成了法语。他工工整整地又写下了一个字，然后，无奈地放下了笔。

1716 年 10 月 1 日，黄嘉略在伽奈特大街的住所中去世了，把小玛丽 - 克洛德留给了法国和她的外祖父母。摄政王奥尔良公爵菲利普二世同意从 1719 年 1 月 1 日起支付小玛丽的教育费和抚养费。而在此之前，由外祖父母依靠黄嘉略留下的约四百里弗的遗产来抚养她。黄嘉略的葬礼非常体面（花费四十三里弗），人们在那个 10 月里共为他做了六次安魂弥撒，并安排此后再做六次。黄嘉略曾热切地希望小玛丽 - 克洛德至少能够活下去，来实现他的梦想，让中国和法国文化相融，增进相互的了解，但是在父亲去世的几个月后，小玛丽 - 克洛德也夭折了。中西交流的梦想之光，便也一闪而过了。

门德斯·平托的远游

门德斯·平托（Mendes Pinto）的《旅行》（*Travels*）写于1569年至1578年，原文为葡萄牙语，是一本风靡一时、梦幻迷离、引人入胜的小书。1537年到1558年期间，门德斯·平托居住在亚洲，并且游历了很多地方，《旅行》这本书便是他对自己的经历、幻想和反思的记录。这些冗长而散漫的手稿最终在1614年出版，一经面市便轰动一时，但这距离平托去世已经三十一年了。该书的西班牙语精装本于1620年出版，法语全译本于1628年出版，英语删节版于1653年出版。平托将本书的题目定为“远游记”（The Peregrinations），似乎与“旅行”有所不同。“旅行”听起来是有目的或者至少是观光性的，而“远游”则可以随时开始，也可以随时结束，可以随心所欲地不断更改，甚或完全没有目的和目标。

编辑和译者试图将平托的文字加以整理，但总是困惑不已。西班牙语译者试着给原文加上适当的巴洛克风格的阐释，而英语译者则将其编辑成了一部精致的历史论文，试图以此来证明平托的精确性。但是英文读者并不信服，正如在此书的英文版刚刚付梓之时，多萝西·奥斯本（Dorothy Osborne）在写给丈夫威廉·坦普尔爵士（Sir William Temple）的信中所说，“他的谎言 / 如所有的美丽谎言一样 / 愉悦而无害，他有说谎的自由 / 无所谓边界”。1695 年，戏剧家威廉·康格里夫（William Congreve）在《为爱而爱》（*Love for Love*）中，借一个角色之口责备另一个角色说，“费尔南 · 门德斯 · 平托说的就是你这种人，一等一的大骗子”。

平托最终遇到了知音丽贝卡 · 卡茨（Rebecca Catz）。这位出色的编辑和译者聪明地指出，长期以来对平托作品的史实性和准确性的争论掩盖了一个事实，那就是“平托的杰作并不属于历史，而是属于文学，特别是讽刺文学”。[1] 因此，“《远游记》一书当中的断断续续、虚虚实实，这是作者精心设计的难题，是整本书不可分割的一部分”。那些想把平托的冒险日记与史书记载妥帖联系起来的历史学家应该保持缄默，因为平托作品中的年代“具有明显且大胆的不准确性，甚至是荒谬可笑的”。

卡茨的解读让我们摆脱了把平托的作品当作历史的束缚，可以轻松泰然地将平托的作品看作一本兼具讽刺文学和流浪文学要素的小说。卡茨认为，其中心目标是对葡萄牙建立海外帝国的行为、其背后的基督教十字军精神进行深刻而持久的批判。因此，平托的批评主要集中于从事这两项事业的参战人员和神职人员。对亚洲人信仰和行为的描述主要是用来突显葡萄牙的荒谬和虚伪，而在 16 世纪下半叶，这些都很难公开地表达出来。我反复注意到，平托确实是孟德斯鸠和伏尔泰、笛福和戈德史密斯等人的前辈。然而，同时我们也能看到，平托是日益崛起的西班牙流浪汉小说传统的继承者。

卡茨敏锐地指出，平托和他一个卑鄙雇主的关系近似于《托梅斯的导盲犬》(*Lazarillo de Tormes*, 1954)中主人公与第五个主人——兜售赎罪券的商贩——之间的关系。卡茨说：“因为流浪汉远不如这个社会腐败堕落，他需要学会交易的伎俩，这种伎俩往往只可意会不可言传，需要读者去理解、揭露和分析。”

卡茨相信，为了达到讽刺的目标，平托借助一个中心人物来展开叙述，并让四种不同的声音遥相呼应、彼此印证。这四种声音分别来自四个勇敢的男人：以其不言而喻的真诚赢得了信任的正直善良者、以其对恐怖的天真无知赢得了同情的淳朴者、勇往无畏地对抗邪恶的英雄和爱国者、参与了自己所谴责的邪恶活动的流浪者。

平托作品的结构笨拙，读者需要慢慢习惯。在平托撰写的原著(在芝加哥版中，他的原文有五百二十三大页)中没有任何章节划分。17世纪初平托去世后，编辑将其书划分成了二百二十六节，每一节都有一个描述性的标题。除英文版外，西班牙译本和法语译本都遵循了这一划分，这也被卡茨保留下来。这一划分有利于分节阅读，因为大多数小节都类似于小片断，而一个叙述的展开往往横跨十几、二十小节。根据我自己阅读这本奇异而强大的书的经验，就总体而言，它有十大主要的完整叙述板块，这十大板块都有简单的开头和结语，有对人物的详细介绍以及平托对于命运和自身生活的看法。特别是开头，往往有效地传达了叙述者平托的声音，混杂着抱怨、信念以及明显的环境要素：

> 每每回首我孩提时代及而后青春韶华期间所经受的种种艰难

> 困苦时，我认为，我对命运的抱怨不无道理。似乎，时运对我尤为关心，偏重，无时无刻不追逐、折磨我，将此视为一种大振声名、无上荣光的事情。原因是我看到，从青少年时代起，我就不甘屈身于自己的国度。在故乡，我一直生活在贫困潦倒之中，时时担惊受怕，饱经风险。我决定只身前往印度。在那里，我非但未摆脱贫困，反而，随着年龄的增长，经历了更多的艰辛坎坷。
>
> 但从另一方面来讲，每当我看到，在这千难万险中，上帝总是救我于危难，佑我平安，又觉得对我经受的磨难不可多责。仅此一点，应对上帝感恩不尽。上帝愿我活在人间，草成拙作，留给孩子们——本书就是为他们而写的，将我在二十一载中饱经的沧桑告知后人。二十一年岁月中，在印度、埃塞俄比亚，沿阿拉伯海、中国、鞑靼、望加锡、苏门答腊和亚洲东部群岛的许多地方，我曾十三次被俘，十六次被卖。上述群岛在中国、暹罗、格乌斯、琉球作者的地理著作中被称为“世界的边缘”。对此，下文我将加以详述。[2]

在此之前，我从未读过平托，只是见到不同的学术著作中引用他的作品。然而，仅仅是这些被引用的文字，就已经深深吸引了我，于是无论这些文字最终将导向何处，我都决定要阅读平托。之后我发现，他并没有十三次被俘，也没有十六次被卖——或者说至少无法从他的书中找到证据，但这就是平托作品的特点。他确实记录过在不同地方八次被俘和七次被卖为奴的经历，而且被卖给卑鄙程度各异的主人，这对于大多数人来说已经够受的了。但他却机智地发现，在一次交易中根本没有人想要买他，他怯懦地站在拍卖台上，不受垂青，肮脏不堪，半饿半饱，“像一匹悲伤的老马，被赶到了牧场上”。

对于平托来说，世界是不可预测的，充满了对比扭曲的排列组合：疯狂、可怖的残忍与温柔和关怀如影随形，一无所有与炫目的财富相伴相生，粗俗的迷信与哲学的深思出入相随。通过葡萄牙人和当地统治者的冲突——这常常也是（尽管并非总是）天主教和伊斯兰教冲突的描写，这十大板块都不同程度地彰显这些主题。平托的指责是公平的，葡萄牙人并非唯一的虐待者和谎言家。但是渐渐地，葡萄牙人成了最坏的人，因为在他们中间总是有一个沉思的平托，他是这本书的主角，而其他社团和统治者总是登上这个舞台，然后又都有节奏地依次退回到后台。

有些读者可能会对平托作品所划分的二百二十六个章节感到无从下手，甚至被吓坏，所以我们有必要先简单介绍一下十大板块主要叙述的内容。这些部分是按时间顺序排列的，所以至少能够让我们了解平托在东方的这些年是如何度过的。

第一部分（第二至十二节），背景是中东和埃塞俄比亚，主要叙述了寻找祭司王约翰后裔的故事，也描述了平托在霍尔木兹海峡和第乌当奴隶和强盗的生活。第二部分（第十三至二十节）中平托在苏门答腊岛，卷入了巴塔克人（Battak）的战争；第三部分（第二十一至三十七节）继续讲述在苏门答腊的传奇故事，其中大量的篇幅记载了亚路王国和亚齐王国之间残酷的战争。第四部分（第三十八至五十九节）讲述了一种不同的抗争，平托的海盗老板安东尼奥·德·法里亚（Antonia de Faria）追杀那个与他同样邪恶的海盗敌人——海盗哈桑师父（Hassim）。第五部分（第六十至一百一十六节）内容较长，既是关于平托在中国的冒险，也是安东尼奥·德·法里亚对于神秘的中国圣地的执着追求。

"再见，北京！"结束了这一部分，"北京"是本书的重点，也是平托离开欧洲到达的最远的地方。他缓慢的返程开始于与鞑靼人作战，而后他又探索了日本和琉球群岛，在缅甸目睹了野蛮的马达班战争并且见识了暹罗复杂的政治世界。最后一大部分（第二百至二百二十五节）主要集中讲述方济各·沙勿略（Francis Xavier）在日本的传教，讲述这位传教士的神迹、去世和葬礼。最后回到葡萄牙，平托被背信弃义的统治者剥夺了应得的奖赏，他用极富才华的言辞结束了他的作品，可谓悲情一叹：

> 尽管事情是这样的结果，但我认为，我的辛苦未得到应有的报酬乃是天意，是因我的罪而应有的下场，而不是受天命处理我这种事情的人的疏忽或过失。因为我在王国所有的国王身上（只有他们是报酬之流的真正源泉，但有时却忘掉理智、受制于好恶的渠道）看到他们有种神圣、感恩的热忱和宽宏的愿望，不仅用来奖赏那些曾为他们效劳的人，还犒劳那些从未为他们出过力的人。因此，可以清楚地看到，我和一些无依无靠的人不会得到努力的报赏，仅仅是因为渠道问题，而不是源泉问题，或换句话说是天意。不得有误。天意会把一切事情安排得恰如其分，让所有人各得其所。

因此我要感谢上帝，他用此种方式来实现其神圣意志。我因犯有弥天大罪，不再抱怨世间帝王！[3]

我们没有办法将书中的事实与小说的虚构区分开来，弄清楚哪些是平托真正做过的事情，哪些是他亲眼所见，哪些是他道听途说，哪些是他阅读的各种旅行记录，哪些是他编造的故事。这部书的解读五花八门，卡茨在注释当中勇敢地试图在所有领域（平托的作品被划分成不同的领域）回应学者对平托的各种评价，为我们提供了很好的阅读指南。

就我从事的中国研究的狭窄一隅看来，我可以大胆猜测平托从未在中国内地游历，尽管他可能到过澳门、海南岛，也有可能到过金门或一些沿海小镇，在那里一些有胆识的中国商人从事着半合法的贸易。但是，他肯定读过一些不幸被中国人囚禁的葡萄牙、西班牙外交家或传教士们[4]所记载的东西，并且抄录了一些容易辨认的中国官僚使用的术语。

在接近尾声的部分，平托提到曾与一位中国侍从或者说男仆在海上相识，从 16 世纪的实际情况来看这是很有可能发生的。在对琉球群岛的一起海难的记录中，平托同样提到他和一些葡萄牙人曾与“一些妇女”在一起，其中四人在随后的恐慌和筋疲力尽中死去了。平托在该书的其他部分记录过中国农村妇女在葡萄牙人突袭之后被抓走的恐怖经历，这些悲剧人物也可能是真实的，而并非虚构。

无论如何，平托的一些历险确实可以在其他资料中得到佐证。他确实在东南亚执行过外交和贸易任务，他也认识在日本传教的西班牙耶稣会传教士方济各·沙勿略。平托还曾游历东南亚，并在1552年沙勿略死于中国沿海之后，于1555年随使团再次返回日本。但是出于一些避讳的考虑，平托往往没有把那些他本来可以讲的故事讲出来——这原本可以大大增加叙述的真实性。比如，他既没有提到他在1540年代的远东贸易中积累了大量财富，也没有提到在1551年他将这笔钱的大部分给了沙勿略，让其在日本修建一座教堂。平托也没有提及他自己于1554年加入了耶稣会成为在俗修士，直到1557年才离开教会。这一时期平托居住在果阿，也是他最为虔诚的时期。这就可以理解平托描写1554年2月在果阿迎接沙勿略遗体的动人笔触。在回忆起这段经历时，他丝毫没有讽刺的意味：

> 此时，天已渐明。从城中驶来六艘船，上面坐着这位大师生前的四五十个虔诚信徒。他们高举火把，他们的仆人手持火炬明烛。一进教堂，他们跪到大师的墓或称棺材前，热泪盈眶地顶礼膜拜。此时旭日东升，他们出发到城中去。
>
> 路上迪奥戈·佩雷拉（Diogo Pereira）带着许多人乘坐一小艇。那些人都高举火把、手持明烛，当运送大师遗体的独桅纵帆船与他们迎面而过时，所有人都倒地磕头。后面还有十几艘船也这样做，因此快到码头时，后面已跟了二十多艘船，上面坐着一百五十多名住在中国和满剌加的葡萄牙人。这都是些尊贵的富人，如前所述，他们都手持火炬明烛。他们的水手都拿着蜡烛。凡是见到这一隆重的基督教礼仪场面的人，都为之感动。[5]

平托冗长的讲述颇具活力，这要归功于他有趣的写作风格，比如，他会选定一个特定角色，然后精心地修饰他的语言。东方君主处心积虑的言辞从未使平托感到疲惫，他将插科打诨寓于严肃之中，来表达最为虚情假意的情感。比如说，亚路国王不会仅仅请求葡萄牙人帮助他拖延与亚齐王国的战争，在提出极其实际的要求之前，他首先占据了道德制高点：

> 面对九天之上、至高无上、万分尊严的上帝，在发自内心深处的悲叹中，敬请我王为我做主，我以国王的名义向二位司令大人求援。我主早在你们的先辈——万顷波涛之上的吼狮阿尔布克尔克（Albuquerque）当政时就已宣誓做印度各族人民及大葡萄牙国举世无双的君主的忠臣。葡萄牙国王作为举世无敌的君主保证永远保持这君臣关系，承担起帮助我们抵御敌人的责任。既然迄今为止我们从未破坏过这种君臣关系，为何你们不履行君主所承担的义务？你们难道不清楚，正是因为我王如同纯粹的葡萄牙人是基督徒，所以亚齐王才来攻打我们的国家吗？他派我此来，把你们当作真正的朋友，向你们求援，在危难之中助其一臂之力，但你们却毫无理由地拒绝了我们。如果你们不愿帮忙的话，至少可以派四五十名葡萄牙人携带火器，教我们使用，提高我们的士气。给我们四罐火药，两百发短炮用的炮弹，便足以满足我们的愿望并保证我们抵御敌人侵占我们的国土。[6]

据平托回忆，在之后的协商中，亚齐国王给亚路国王写了封回信，信的结尾相当精彩：“你的信使到我的亚齐宫殿的第一天我就把他赶走了，不愿再见他，不愿再听他。这些他会详细告诉你的。”[7]

平托的一个葡萄牙朋友将接待他们的人都喝倒在桌子下面，他被狂喜的缅甸众人抬上了一头大象，他们以赞美诗向他致敬：

> 百姓们，请你们以欢乐和哺育我们大米的太阳神来欢呼这位伟人。现在你们的土地上来了一位圣人，他的酒量大过世间所有人，我们这里二十个名人成了他的手下败将。他的声誉与日俱隆。[8]

平托的叙事风格时常也有着令人钦佩的简洁度，卡茨将其完美地翻译成了英文。比如说，平托曾记载了一群利欲熏心的葡萄牙人离开中国前往一个神奇的国度：

> 载着生丝，怀着发财的希望，十五天内，九条在港内的船就做好了一切出海的准备工作。但准备工作并不充分，有些船没有领航员，只有船主。这些人对航海术一窍不通。一个星期六的早晨，众人扬帆起航。一路逆风，逆潮，毫无理智，完全忘记了大海的危险。他们是如此的固执、盲目，任何不利的事情都不予以考虑。我就在这样的一条船上。[9]

对于被满剌加国王统治着的吉打王国来说，没有人能够提供比这更好的历史场景：

> 我们抵达时，国王还在为过世的父亲大办丧事。整个葬礼很讲排场，鼓乐、舞伎、哭丧妇（还有为大量穷人提供的免费饭菜），应有尽有。其父乃他所杀，目的是同其母结婚，因为她已经怀上了他的孩子。[10]

平托的《远游记》中有很多古怪之处，其中之一便是平托几乎没有用过第一人称向我们叙述。卡茨提到的四种不同的角色也都在详尽地转述着别人的话，并宣称绝对准确无误，但是平托自己的讲话和思想则被总结起来置于一旁，作为写给读者的简略箴言，或者像是从别人那里转述过来的。在整本长篇巨著中，我找到了两处例外，平托脱下了保护衣，直接使用了加引号的第一人称。平托似乎一直都很清楚自己的文字风格，因此我们可以肯定，他绝对是有意为之。

当平托面对上文提到的那个吉打工国的暴君时，第一次出现了他自己的话。这个暴君刚刚杀死了平托的游伴—— 一个穆斯林商人。平托将这种刑罚称为“格雷戈热”,* 包括“从手脚和脖子处将人活活锯开，然后再从胸口一直锯到背脊”。国王坐在一头大象上，向平托展示了他朋友已经被肢解的尸体。平托惊恐万分，一头跪在国王的坐骑大象前，哭诉着说：

> “大人，我请求你将我收为奴隶吧，而不要像躺在那里的人

* 原文为 Gregoge，源自马来语 gergaji，意为“锯”。

那样将我处刑。我以基督徒的名义向你宣誓，我不应该那样死。我要提醒你的是，我是满剌加要塞司令的外甥。你要多少钱，他都会满足你。他的儒鲁潘戈（Jurupango）船上有许多货物，你可尽数拿去。"

听了我这番话，他说道："上帝保佑！怎么回事！我难道是这样坏的人，会做出这种事情来？别害怕。请坐，休息休息。我看你是惊着了。等你稍微恢复了，我再告诉你为什么我要让人杀死这个与你同来的摩尔人。如果是葡萄牙人或基督徒，即便是他杀死了我的儿子，我也不会这样做的。"[11]

这个可怕的场景的幽默之处在于，他将暴君平静的言辞与平托可怜的恐惧并列，表现出了气势汹汹的葡萄牙人背后的怯懦，也表现出他们所遭遇、所掠夺以及所征服的外国民族在道德上的含糊不清。

平托第二次发出自己的声音是在《远游记》接近尾声的时候。这一次的场景完全不同。平托和方济各·沙勿略神父同坐在一条船上，他们正在前往马六甲的路上，试图组建第一支到日本的传教会。然而，他们的轮船遭遇了可怕的风暴，很多人失踪，每个人都筋疲力尽。在这戏剧性的一幕中，平托记录了这样一个场景：

于是，他（沙勿略）把我召到了他所在的艏楼上。众人令他有所悲伤，问我是否愿意让人给他烧些开水喝，因为他的胃很难受。当时我无法满足他的要求，船上没有炉子，头天晚上风暴来临时我们把甲板上所有的东西都推到海里去了。于是他又对我说，他

> 的头很虚，一阵一阵地发晕，我对他说："没有什么大事情，是您不习惯这样，因为三天未合眼了，也许又加上没吃什么东西的缘故。这是杜瓦尔特·达·伽马（Duarte da Gama）手下的一个水手告诉我的。"
>
> 听罢，他回答说："我可以向你们保证，我现在很难过。"我十分同情他。救生艇漂去后，他为在船上的侄子阿方索·卡尔沃（Afonso Calvo）哭了一整夜。
>
> 我见到大师此时不停地打哈欠，我对他说道："您到我们舱室中去靠一靠吧，也许能休息休息。"[12]

此时，平托已经从对满剌加暴君的恐惧中解脱出来了，并且获得了一种难得的惬意。我把这两段话仔细琢磨了好几天，比较它们的用词，寻找它们的内涵，思考平托为什么会在这两段话中分享他自己的声音，而且仅仅是这两段话。或许，并没有最终的答案，但是我可以大胆地猜想，平托一心要告诉我们两件事：这种恐惧实在是难以抵抗，我们会丧失尊严，变成悲哀的可怜虫在地上卑躬屈膝。但是当我们面对伟大的善良之时，也能够真诚地分享这种善良。即使是平托，这个无赖、闲汉、商人、懦夫、海盗和徒步的骑士，也能够在神圣之人束手无策时，用寥寥数语安慰他。在这两段中，平托出色地为我们概括出了恐怖和神圣的含义，这是葡萄牙 16 世纪全球探险的伟大历史剧中相互交织的重要元素。

利玛窦攀登北京之峰

利玛窦（Matteo Ricci, 1552—1610）花了四十九年的时间才来到北京。我们无法确切地知道，在他心中到中国来的愿望是在人生的哪一阶段发了芽，但有一点是明确的，他身处反宗教改革运动的时代，充满着围堵新教和传播天主教信仰的理想。利玛窦的家乡马切塔拉（Macerata）属于教皇辖区，附近有三处地理坐标为他的思想插上了翅膀。第一处是洛雷托（Lorcto），这里有拜者云集的圣母马利亚圣殿和以她之名召唤的奇迹；第二处地标是安科纳（Ancona），东面亚得里亚海的一座港口城市，是意大利与中东的贸易中心，也是犹太人的避难所，这些犹太人大多皈依了基督教。第三处地标就是罗马，特伦托会议改革之后，罗马教廷恢复了权力（虽然这里并非是清一色的基督教徒），教皇庇护五世即位后，便开始野心勃勃地按计划对外扩张。

利玛窦最初想从事法律方面的工作，但他在1571年加入了耶稣会，之后在罗马、佛罗伦萨和科英布拉学习了六年，于1578年春前往印度。他还在罗马学习的时候，负责这些初学修士的代理教师是神父范礼安（Alessandro Valignano）。范礼安来自基耶蒂（Chieti），是一位聪慧过人、令人敬畏的牧师，他也是耶稣会的东方总巡察使，对在印度、日本和中国的传教工作有着深刻的影响。范礼安将教堂视为纯净、坦荡和慈爱的圣地，这一观念可能也传递给了年轻的利玛窦。在致函学生时的同窗好友朱利奥·福利嘉蒂（Giulio Fuligatti）神父时，利玛窦唯一一次谈到了他最初的动机。他回忆了在马切塔拉和罗马时，他们是如何梦想着前往印度传教，但也认识到在国内也有很多传教的工作要做，他说“人不需要钢铁般的意志才能成为殉教者，也不需要长途跋涉才能成为朝圣者”。[1]

利玛窦于1578年9月到达印度西部的沿海城市果阿（Goa）。在1582年春天之前，利玛窦要么在果阿，要么在稍偏南的城市科钦（Cochin），这段时间成为他后来在中国工作的学徒期。进入这个陌生的印度世界，也就进入了一个充斥着异常多元的教义和战略纷争的世界。这里面包括了教会中不同教派之间的紧张态势、对宗教法庭的角色认识上的分歧、西班牙与葡萄牙之间的纷争（1580年联合之前）和由此带来的两个国家和教皇之间的分歧，以及固执己见的个人如范礼安和卡布拉尔（Francisco Cabral, S. J. , 1538—1609）之间的争端。

范礼安是促成利玛窦北京之行的关键人物。范礼安于1539年出生，1566年加入耶稣会。在罗马学院期间，他师从克拉维乌斯（Christoph Clau, S. J., 1538—1612）学习神学、哲学、物理学和数学。1571年他被任命为初学院代理教师。正是在这一年的秋天，在这个职位上，他主考了年轻的利玛窦的第一学年考试。之后，范礼安又担任了马切塔拉的修道院院长。1573 年，耶稣会总长埃弗拉德·墨库里安（Everard Mercurian）神父任命他为远东耶稣会监会司铎，并派他出使印度。按照教会当时的体制，这一任命一下子给了三十四岁的范礼安很多权力，相当于从好望角到日本所有耶稣会教区的总视察员。[2] 范礼安的使命是用高昂的宗教热情为亚洲传教使团注入新的活力，在远东增加人手，好让传教士在传教活动之后稍作休息，从而在精神上重新焕发出活力。同时，他也要处理一个棘手的问题，即决定是否在恒河流域之外的印度、摩鹿加群岛、马六甲海峡以及日本建立独立的传教使团基地。

范礼安对印度的传教事业寄予厚望，这同时也是耶稣会总长的期许，即使可能会令葡萄牙统治者不满。这一举动耐人寻味，既表现了墨库里安的独立精神，也凸显了招募有才干的新会员的迫切需要。麦古里神父选中了三十二位耶稣会会士分配给范礼安；在麦古里神父的批准下，范礼安还选了八位会士一同前往东方。这些传教士中有很多忏悔者——即之前信仰犹太教的“新基督教徒”。时任葡萄牙教会事务主管曾警告说，塞巴斯蒂昂国王（King Sebastian，1557—1578 年在位）及其皇叔红衣主教恩里克（Cardinal Infante Dom Henrique）可能会明确反对他们的行动，而且印度那些鄙视新皈依犹太人的葡萄牙传教士和贵族也会强烈反对。范礼安毫不怀疑地认为，葡萄牙那些老神父对教会的体力、纪律和肉体惩罚的要求过于苛刻，且不合时宜地宣称这是建立者罗耀拉（Ignatius Loyola，1491—1556）的初衷。范礼安并不赞同这种方式，坚持认为有必要沿着以信任和慈爱为基础的道路前进。1574 年初，他在一封信中写道，“葡萄牙人所独有的特点是，总是承受着内心的痛苦。他们无处不在的忧郁和惆怅就是明证”。[3]

1574 年 1 月，范礼安在接受塞巴斯蒂昂国王的接见时表现奇好，这增强了他天生的乐观。他请求国王赐予他们每人一百斯库多 *（如果可能的话可以再多些）作为三十位耶稣会士的旅行费用，要求预定的船舱要设于船尾，以利于通风和储藏；他还恳求国王提供一定量的面粉，让他们可以制作新鲜面包，而不是依靠船上的饼干为生；并要求额外的资金来支付里斯本到东方的旅行费用。塞巴斯蒂昂国王同意了范礼安所有的要求，并且额外给了他一些买酒钱。最终，经过两个月的最后训练，1574 年 3 月，四十一位传教士满怀热情地同范礼安一道出发了，并于 9 月份到达了果阿。[4]

尽管旅行的开端颇为顺利，但在仅仅一年之后，居住在葡属印度殖民地（主要是在果阿）的范礼安在一封信中以最黑暗的色调描绘了印度的未来，他认为政府体制太糟糕，以至于耶稣会士们不愿聆听文武百官的忏悔；而在其他方面，印度士兵军饷短缺，要塞防御简陋，军舰装备落后，司法体系不公。[5]

两年后的 1577 年，也就是利玛窦到达果阿的前一年，范礼安在前往马六甲的途中重新仔细评价了印度社会，这与其他葡萄牙人写的报告一样言辞尖利。印度气候炎热、疾病蔓延、社会堕落、死气沉沉。这些感受让他将印度人与非洲人相提并论，认为他们不比“凶残的野兽”强多少。他补充道：“这些人（我指的并不是所谓的‘白

---

* scudi，19 世纪以前的意大利银币单位。

种’的中国人和日本人）的一个共同特点是缺乏个性和才智。正如亚里士多德所说，他们天生就是为人服务而不是发号施令的人。”[6]对于印度当时在文化或哲学，或者说在历经千年的古老宗教方面所取得的成就，范礼安毫未觉察，也已经毫无兴趣。

利玛窦的经历也如出一辙。最开始，利玛窦刚刚达到果阿，莫卧儿王朝统治者阿克巴（Akbar, 1542—1605）便邀请了三位耶稣会士前往他的宫殿，并派遣了重要的使团，经水路前往果阿。这让利玛窦备受激励，为在印度取得成就的前景欢欣鼓舞。除此之外，同样让利玛窦斗志昂扬的，还有印度人对于基督教神学指导的需求，以及他并没有同他的同人一样，被认为是智识上的二等公民而受到歧视。

但是，在此后的一年左右，利玛窦备受疾病折磨，不得不前往交趾疗养。几个朋友的去世让利玛窦伤心不已，很多印度天主教同事的教育水平之低也让他苦恼失望，晦涩难懂的印度文学和文化让他困惑不安，这一切，让利玛窦变得像一个巡查员。在 1581 年的一封信中，利玛窦认为已经没有希望让阿巴克皈依基督，而阿巴克邀请耶稣会士前往其宫殿，仅仅是因为“他对于某种新的思想流派有着天生的好奇”，并希望在与自己兄弟的内战中取得葡萄牙人的支持。[7]利玛窦最为沮丧的语气出现在 1581 年 12 月 1 日，在一封写给耶稣会同事、历史学家吉安 · 皮耶特罗 · 马菲伊（Gian Pietro Maffei, 1533—1610）的信中，他表达了自己的沮丧和失望，他写道：

> 全体神父目前都很健康，工作相当忙碌，只有我没有事做，今年已两次患病，上司要我把神学念完，因为我不时参与杂事，所

以有时真该去忏悔一番了。……我宁愿承受十倍的旅途艰辛，去换取同尊敬的神父您和我亲爱的老朋友们待上哪怕一天的时间。[8]

利玛窦知道，这种思乡之情不会有助于情况的好转，而且对于那些在果阿试图用爱和鼓励来使他振作的人来说，这是心胸狭隘的行为。但是，在领悟之余，他仍然给马菲伊写信，他觉得自己已经“像一个老人一样，用所有的现在去缅怀过去的时光”。

但是，随着利玛窦对印度越来越失望，他就对日本越来越抱有希望。我们也再一次看到了范礼安是如何期待并影响到利玛窦的。1580 年 1 月 18 日，利玛窦从交趾给他之前在科英布拉的神学老师写信，信中兴奋地提到，马六甲教区的院长神父与玛弟亚 · 阿布格神父（Mathias d’Albuquerque）一同到了交趾，并带来视察员范礼安神父年报的复本。在书信中，范礼安宣布了五国领主后国（Bungo）大名归化的消息。1 月 30 日，利玛窦最初的热情演化成为羽翼丰满的希望，丰后大名及其儿子的皈依意味着“不但其统治的五六个国，而且整个日本都能皈依基督”。利玛窦称赞这些成就还有一个更为私人的原因，那就是一位传教士在京都（旧称 Meaco）使一万两千人皈依了基督教，这位神父名叫朱利奥 · 皮埃尼（Giulio Piani，1538—1605），来自马切拉塔，是利玛窦的同乡，家境富裕，比利玛窦年长十四岁。[9]

然而，这一时期始终充满了矛盾与不和谐，利玛窦所承受的压力也是极为复杂。正当利玛窦为范礼安传来的有关日本的消息而欢欣鼓舞之时，范礼安却改变了自己的语气。1579 年，利玛窦正在印度春风得意、对基督教在日本社会的成就充满热情之时，范礼安给耶稣会总长墨库里安神父写信说道，日本的五十五个耶稣会会士（其中只有二十三个牧师）不可能满足十万日本民众精神皈依的需要，教会对“他的圣子要求过多了”；此外，传到印度的有关传教在日本大获成功的消息也与现实大相径庭。范礼安意识到，那些原本被他称赞为“白色人种”和“绝对虔诚的民族”的日本人，实际上是“世界上最虚假和伪善的人”。他感到自己正处于“束手无策、焦虑不安的状态，找不到问题的答案”。他认为应该遵循严格的逻辑基础，首先为年幼的日本青年设立神学院，并且为欧洲人开办更好的语言学校。但是，“什么时候才能为日本人授予圣职并且依靠他们的帮助呢？我无法回答，我甚至看不到这一计划会实现”。[10]

日本人残酷、自尊、邪恶和伪善，个性过于复杂，让范礼安丧失了准确分析形势的信心。即使是皈依了基督教，日本人似乎也不会对此充满虔诚。或许，“有这样的基督徒还不如没有强！”范礼安将自己视为反宗教改革的领袖，认为仅仅对基督教一知半解是有害无益的。然而很多日本人坚信，只要念叨着“阿弥陀佛”，便可以获得拯救。人们不得不面对这样一个令人忧伤的事实，“他们对于称义的观点，与路德教类似”。因此，让训练不足的牧师带领信仰并不强烈的日本民众，反而可能导致异端教派的繁荣。[11]

在范礼安对日本人本性和品质的幻想破灭之际，他回想起了1577 年到 1578 年在澳门度过的十个月。对于他来说，似乎中国人才是“东方最有能力、最有教养的人”，而非日本人。[12] 1579 年 10 月，范礼安在日本起草了一篇关于远东问题的文章，比较了日本人和中国人的区别。尽管这一段在 1580 年被范礼安从整篇文章中删去，并没有被利玛窦看到，但是它也为我们生动地展现了一种连续性。1570 年代中期，由于对印度的失望，范里安开始对日本心怀好感；十年之后，随着对日本现实的沮丧之感逐渐加深，在范礼安主观认识当中没有受到玷污的中国成为欢愉之感的来源地。以下是历史学家舒特（Schütte）转录的范礼安的话：

> 在中国，没有人可以携带武器；而在这里人们总是全副武装地走动。中国人喜欢看流血的场景，打架斗殴乃家常便饭；日本人从来不殴打小孩或仆人，也不用粗暴的言语责骂他们，而会直接用剑毫不犹豫地将他们杀死。中国的贵族或上层阶级都居住在有围墙的地方，日本的上层则居住在乡下。中国男人留着与女人一样的长发，而日本男人不仅会剪短头发，还会剃成光头。中国人穿着长袍，而日本人穿着短衣，似乎是故意与中国人背道而驰。中国人严肃地求学问道，对于武器几乎没有兴趣，日本人却恰恰相反，他们几乎不关心学识。

谈到这里，范礼安稍作停顿，简单地说了说饮食的话题，认为中国人热爱肉食和快餐，这一点很像“欧洲人”；然而，“人们很难描述或想象”日本的饮食。接着他对比了中国人和日本人之间深刻的性格差异：

> 中国妇女非常居家和谦虚，很少或几乎不能在公共场合见到

她们，而日本妇女享受自由，在行为上比其他地方的女人更加散漫。中国人不太重视牧师，即所谓的僧人，不尊重他们，日本人则非常敬重僧人。中国人富有企业家精神，活泼，行动决策机智果断；日本人行动迟缓，犹豫不决，说话啰唆，他们从来不会了结生意上的事务，也不能期待他们会获得成功。中国人很难与外人建立友好关系或交谈，日本人则喜欢陌生人。中国人有着能够想象的最好的政府，并且有条不紊地坚持规则；日本人没有什么规则或政府机构。简而言之，日本人与中国人及其他民族的行为恰恰相反。[13]

范礼安到达澳门时，离那个丑闻肆虐的年代已经过去十年了。卡布拉尔神父和奥尔冈蒂诺神父（Gnecchi-Soldo Organtino，1532—1609）一直在为耶稣会的领导权而争斗不休，1569 年至 1570 年驶往长崎的“伟大之船”号的船长曼努埃尔·特拉瓦索斯（Manuel Travassos）用残暴的方式和粗暴简陋的商业交易激怒了当地人。在这座宁静的城市，范礼安学习了一些中国的知识后认识到，要在此获得进展，就必须要短期内强化中文。因此，尽管在当时他对日本非常感兴趣，但还是立刻富有远见地组织了一些有能力的耶稣会会士学习中文。为了响应这一号召，罗明坚神父（Michele Ruggieri, S.J., 1543—1607）于 1579 年从交趾抵达澳门。接着，他要求调动利玛窦（利玛窦与罗明坚神父一同到达印度并驻扎在交趾）参与他的工作。利玛窦于 1582 年春离开果阿，8 月 7 日到达澳门。[14]

令人费解的是，为什么利玛窦在印度感到不适、疲惫和深陷绝望，又在果阿到澳门的艰辛旅途中身患重病，竟然还能经历如此大的心理变化，用崭新的爱、坚韧和技能来拥抱他的北京之旅。在他此时从澳门写给朋友的一封信中，可以看出他的兴奋之情，他认为离开印度并不仅仅是一段旅程，更是一步“跳跃”（salto）。[15] 看上去似乎是中文的学习让他改变了心境，但是这原因过于简单了，是中文与希腊语的对比让他产生了如此变化。这一论点可以从利玛窦自己的信件中找到论据支撑。1580 年 11 月 30 日，在写给马菲伊的信中，利玛窦提到上级要求他教授希腊语强化课程，这使他感到再也无法从语法当中“解脱”出来了。尽管他的教学常常因为严重的病情而中断，在交趾康复之后，他又被派遣回果阿继续学习。利玛窦明确表示了自己的担忧，他不知道这一命令是否会促使他“结束语法的学习甚至是结束他的生命”。[16]

如果读者也有和我相似的经历——在学童时代就被迫长期学习希腊语却最终失败，深受其比拉丁语或罗马语更为复杂的语法所折磨，并为此深感沮丧——或许就能够理解利玛窦的信件了。1583 年 2 月 13 日，他从澳门写给曾经的罗马修辞学老师马丁 · 福尔纳里（Martin Fornari）：

> 我立刻学习中文，您要知道中国语文较希腊文和德文都难：在发音上有很多同音异义字，许多字有近千个意义，除掉无数的发音外，尚有平上去入四声；在中国人之间，有时还需借笔写以表达他们的意思，但文字在他们中间并无分别。不过中国文字的构造实在难以形容，除非亲眼所见、亲手去写，就如我们今天正学习的，真不知从何说起。有多少话、多少事，便有多少字，好

像七万左右，彼此都不一样，非常复杂；假使您让我给您寄几本中文书籍，我也会满足您的希望，并附说明。

所有的话都是单音的，他们的书法几乎等于绘画。因此他们用刷子(按:指毛笔)写字,正如我们用它画画一样。最大的好处是，使用这种文字的国家尽管语言大不相同，但都看得懂对方的书信和书籍。我们的文字可不是这样。

然后利玛窦以“天空”一词为例，该词以象形文字出现，因而可以被不同文化背景的人所理解，但是在日语、暹罗语和中文里，或者是拉丁语、希腊语和葡萄牙语中，它的发音都不同。这可能难以鼓舞身心疲惫的旅行者，但是利玛窦又谈到了中文的妙处，强调了与希腊语相比，中文那令人钦佩的简洁性。

（最有帮助的是）中文没有冠词、主宾格、单复数、性别、时态、语态的区别，不过他们用副词做补救，表达得十分清楚。[17]

利玛窦的乐观主义精神——他曾在不久前期待所有的印度人都会通过阿巴克而皈依基督，所有的日本人会因织田信长而信仰上帝——现在都集中在对中国人的希望上了。他在写给福尔纳里的信中说道：“我们希望更好地服务于上帝，因为中国人不太相信他们的偶像了，所以如果我们能够直接与中国人打交道，将很容易劝说他们皈依我们的真理。”[18] 利玛窦对澳门官僚的第一印象可以总结为一系列的图像，这与他在罗马、马切拉塔或科英布拉的教养和经历直接相关：这些官员如同神像一般，他们的厅堂之大堪比教堂，他们的长凳就如同圣坛，他们的帽子与红衣主教的帽子类似；他们抽打自己的臣民就如同欧洲教师抽打小学生一样普遍；这些官员像教皇一样坐在人抬的轿子里面；守卫都拿着如同罗马法西斯*般的标志。中国人颁布的法律特别严苛，这是一个不利因素，在1583年的时候利玛窦曾表示："他们对领土实行严苛的统治，以至于没有人敢抬起头来。"[19]

利玛窦似乎从来没有担心过这些严苛的统治会用到他身上；确实，他渴望加入耶稣会同事罗明坚神父和巴范济神父（Franesco Pasio, 1554—1612）的队伍，这两人已经于1582年12月进入中国。尽管他们两人最初曾遭遇挫折，但利玛窦仍于1583年进入中国，并在同年秋天与罗明坚神父一起在肇庆安顿下来。由此，人们开始关注利玛窦在中国传教的真正使命。[20]

我用"攀登北京之峰"来概述利玛窦的旅程，这些旅行构成了他的大半生。很明显，这里有个地图上的"上升"过程，利玛窦由南向北，一座城市一座城市地朝目标前进。他已经从果阿到达马六甲，之后到达澳门。1583年到1589年，他居住在广州附近的肇庆；1589年到1595年，广东北部的潮州；1595年到1598年，江西南昌；1599年到1600年，长江流域（在一次短暂的接近北京郊区的尝试

---

* 法西斯（拉丁文 fasces），本义是"束棒"，是一种被多根绑在一起的木棍围绕的斧头，在古罗马是权力和威信的标志。

失败之后）的南京；最终1601年完全定居在北京。[21]

另一方面，这里的“上升”也是指利玛窦的中文语言技能的进步，在澳门刚刚开始学习，1584年在翻译的帮助下进行布道和聆听忏悔；1585年已经可以摆脱翻译自由交流，读写能力也还不错（用他自己的话说是普通水平）；1593年，开始试着将儒家经典“四书”翻译成拉丁文；最终，1594年，在没有中国文人帮助的情况下开始进行原创写作。[22]

这个故事吸引了好几代的学者，利玛窦在这些中国城市的活动不仅仅在他自己的日记中有记录（金尼阁 [Nicolas Trigault. S.J., 1577—1629] 编，路易斯·加拉格尔 [Louis Gallagher, S.J.] 译），也被奥托·福兰阁（Otto Franke）、约翰·杨（John Young）、傅吾康（Wolfgang Franke）、乔治·哈里斯（George Harris），以及以四位耶稣会会士汾屠立（Pietro Tacchi Venturi）、德礼贤（Pasquale d'Elia）、乔治·邓恩（George Dunne）和裴化行（Henri Bernard-Maitre）为代表的数不胜数的传教士所记载。[23] 他们详细地记录了利玛窦所结交的中国朋友，他克服重重困难在传教方面所取得的缓慢却稳步的成就，以及他熟练地使用科学和数学的知识来拉拢儒家士绅，使他们学习并接受这些科学表面背后的信仰。正是由于他在传教活动中的机智和技巧，为他赢得了高度的赞扬，这原本也是利玛窦所应得的评价。

这里就不赘述这个传奇故事了。相反，我要强调的是攀登北京之峰的最后阶段，这一部分很少受人关注。首先，利玛窦在定居北京之前在中国游历了十八年，如果不观察他在这一时期的感情状况，则会显得过于武断。在这一时期，利玛窦比以往更为严肃地接受了中国的价值观；认真学习儒家思想，并以儒家经典来驳斥佛教的教义；放弃了他没来中国时曾热切追求的让印度、日本和中国的千万人皈依基督教的理想；他学会了如何在聪明却又充满怀疑和敌意的中国士人中有条不紊地耐心开展工作。这一时期，利玛窦最开始学习罗明坚神父的简单问答式教学法，通过逐渐复杂的修改，之后终于完成了语言和思想都颇为出色的神学理论杰作《天学实义》和《畸人十篇》等。

尽管利玛窦勇敢、努力地去面对他的工作，但仔细阅读他在16世纪八九十年代的书信，仍然能够找到一些个人的和精神上的痛苦的痕迹，这些痛苦贯穿在他公开的成就和明显日益加深的奉献投入中。他在写给福利嘉蒂的信中将中国称为“贫瘠的土地”（questa sterilita）；在写给其他朋友的信中，他说道，中国是块石头，是片沙漠，中国人优雅而高傲，他在其中感到“被抛弃”或“遗弃”（bottato）。他告诉弟弟奥拉齐奥（Orazio），中国人对于他的白头发感到很惊奇，说他是“岁数不大可看起来已经很老了”。利玛窦说，“他们不知道，他们正是这些白头发（cani capelli）产生的原因。”[24]

利玛窦在信的空白处引用的《圣经》语句同样引人深思，可能是忧郁的语气和暗示：《创世记》29:15—30，雅各被拉班欺骗，替拉班工作七年来换娶拉结；《创世记》47:1—31，为埃及法老服务；《诗篇》126:5—6，“流泪撒种的，必欢呼收割！”；《哥林多后书》第二卷11:25—27，关于石头、海难、水和强盗以及背叛；《马太福音》10:16，狼群中的羊。[25]

利玛窦攀登北京之峰的另一方面也非常引人入胜，这难以准确地描述，却也提醒着我们，不能以狭隘的历史眼光来看待这群反宗教改革运动中的人。利玛窦和当时很多优秀的传教士兼学者一样，其思想源于古罗马的沃土，还来自对文艺复兴人文精神的重新阐释。但丁在《神曲》中所描绘的形象在这里并不适合，但也许一个并不算过分延展的建议是，利玛窦在印度的岁月充满了《神曲 · 地狱篇》中提到的自知和悲痛，而利玛窦在中国的岁月有很多《神曲·炼狱篇》中提到的增长的智慧和奇迹。但是，更好的办法是在不同方向之间做类比，正是但丁那聪慧而忠诚的朋友维吉尔（Vergil），伴随利玛窦度过了朝圣的前两个阶段（这位拉丁诗人也一直陪伴着但丁直到迈往天堂的最后一步，才转变了方向，因为作为异教徒的他不能再继续前行）。

在这里，维吉尔代表的是古罗马传统的慰藉和智慧，而在利玛窦缓慢而艰难的攀登过程中，这始终伴其左右。史诗《埃涅阿斯纪》（*Aeneid*）叙述了埃涅阿斯获准到阴间去看望已故父亲安喀塞斯（Anchises）的故事。女先知西比尔（Sybil）警告说“下到阿维尔努斯（Avernus）去是容易的，黝黑的冥界大门是昼夜敞开的。但是你要走回头路，逃回到人间来，这可困难，这可是费力的”（6.124—211）。1596 年 10 月 12 日，在南昌的利玛窦在信中引用了这几句话，十足令人动容。[26]

除了这些忧郁的暗示之外，利玛窦的古典学识还从两个方面展现出来。首先，他试图用葡萄牙语和意大利语总结中国伦理和哲学立场，让他的老朋友也能够准确理解。因此，他谈到了修辞学在中国教育结构中的作用，谈到了四书就“在塞涅卡（Seneca）的道德静脉中”,或者用中国人的道德观建构可与西塞罗（Cicero）的《家书》（*Family Epistles*）相提并论的论证模式。[27] 将这些拉丁例子拓展开来，利玛窦也利用了希腊的类比，将中国的治理因素与柏拉图所想象的“理想国”类比并且将中国的达官贵人称为“伊壁鸠鲁派”。[28]

其次，利玛窦故意使用罗马和拉丁模式来向中国人传播思想，肯定是因为他感到与《旧约》或《新约》的画面相比，这种模式会有更大的启蒙影响。无论如何，他要避免佛教教义和基督教教义在中国人头脑中形成混乱，所以他时常会用拉丁的例子直接与新儒家思想对话。我们能够从利玛窦的两部作品中看到明显的痕迹：《交友论》和《西国记法》。这两本书写于1595年至1596年之间，随着利玛窦对于自己的中文能力越来越自信，他开始用中文写成原稿。在《交友论》中，正如德礼贤出色的研究显示，西塞罗、塞涅卡、奥维德（Ovid）、普鲁塔克（Plutarch）和昆体良（Quintilian）承受的重担远远胜过奥古斯丁（Augustine）、安波罗修（Ambrose）和屈梭多模（John Chrysostom）。[29] 在利玛窦的《西国记法》中，他高度重视此书对于中国人皈依基督教的最终影响力，他几乎借鉴了西塞罗、昆体良和塞涅卡的全部作品，其中最重要的是普林尼的《自然史》（*Natural History*）。当然，把这些转化为古汉语是利玛窦个人的功劳。[30]

最后，让我们以对第三个高峰——反宗教改革思想的考察作为本文的结尾，这一反思仅次于基督本人和但丁。彼特拉克在1336年被放逐法国的时候写下了他登顶旺图山的经历。由此，可以利用一个令人愉快的事实找到利玛窦和彼特拉克之间的联系。利玛窦

1601年一到达北京，便放声高歌；当然不是用嗓音歌唱，而是用笔。因为万历皇帝（1573—1620）很喜欢利玛窦进贡的大西洋琴，他命令这个传教士创作一些歌曲，让宫廷乐师能够用该琴演奏，利玛窦答应了。1601年，利玛窦奉旨完成的这些歌曲中，有八首流传至今。这些歌曲大多让人回想起贺拉斯的《歌集》（*Odes*）。但是第三首有所不同，这首歌讲述了一个牧羊的男孩，居住在山中闷闷不乐，幻想着另一个遥远的美丽山峰上更为美好的生活。经过千辛万苦到达之后，他却发现这座山峰并不比自己居住的地方美好。[31]

“哦，牧羊童啊牧羊童！”利玛窦唱道，“改变自己难道不比改变居住环境更好么？不管你到哪里，怎么才能把自己从自我当中解放出来呢？”彼特拉克也有类似的经历，根据他自己的叙述，在旺图山时，“他感受到一阵从未经历过的狂风和异常开阔的风景，因此让他一下子麻木了”，直到他认识到在山中欣喜若狂是多么的愚蠢，才开始把目光转向自己的内心世界。[32]但是彼特拉克能够拥有如此的洞察力，并非不借助外力而独立实现。他在同一篇文章当中提到，自己的精神领袖是圣奥古斯丁。当他站在山巅之时，是以圣奥古斯丁的《忏悔录》（*Confession*）为指引。这位大主教记录了一种“因爱慕高山”而“放弃自我”的人，这让彼特拉克感到心胸开阔。当然，圣奥古斯丁并不是彼特拉克思想中唯一的人物，他同样与古罗马思想家李维（Livy）进行着思想的交锋。李维记载了马其顿的腓力的登山之旅，直接刺激了彼特拉克的攀登活动。

因此，在1601年利玛窦实现其目标并最终定居北京之时，基督教的过去与现在，中国和古罗马暂时交织在一起，形成了一首和谐的颂歌。这时距利玛窦去世还有九年，在这九年的时间里，他完成了自己的中国计划，并且确定自己再也无法回到欧洲了。此时，他是否回想起了彼特拉克文章中另一段动人的叙述呢？

> 我最好环顾四周，看一看我想要看的风景。他们说，离别的时间正在临近。太阳已经西落，山之影也越来越长。我像是一个刚刚睡醒的人，转过身来面朝西方。[33]

甘博镜头下的中国

对于我们这些为了了解中国过去的动力和未来的前景而不懈努力的人来说，能够目睹任何过去的情况和事件都是有价值的。西德尼·甘博（Sidney D. Gamble）的作品对我们大有裨益，他从三个不同的视角观察中国，并试图将其构成一个连贯的整体画面。这三个视角分别是：第一，他深信基督教教义可以帮助中国摆脱困境；第二，他接受过社会科学和经济学的训练，能够积累一些数据，并最终实现从量变到质变的飞跃；第三，他热爱摄影，并且关注那个时代的危机，这为他的摄像头赋予了一双眼睛。

仿佛这些还不足以吸引我们的兴趣似的，甘博还曾在四个不同的时期逗留于中国，即 1908 年、1917—1919 年、1924—1927 年以及 1931—1932 年。这些年头恰恰是中国出奇动荡、变革和狂热的时期。甘博第一次到中国是 1908 年，正值晚清时期，十八岁的他和父母一起到杭州探亲访友。尽管我们对他第一次中国之旅所知甚少，但我们相信，对首次游历中国的他们而言，杭州以其山景林色、庭院楼阁在他们心目中形成了如梦般永恒的中国缩影。甘博借住在杭州的主人家本身就是真正的摄影爱好者。想必年轻的西德尼得到了极好的引导，务求抓住中国所能赋予影像收藏家的无尽机会，上了一门很好的入门课，了解摄影收藏家在中国的发展机遇。

当时的清朝正值穷途末路，内部的虚弱、持续的冲突以及外来的压力都加速了清朝的灭亡。这一点对于现在的历史学家来说再清楚不过了，然而就当时而言，王朝的前途并不明朗。慈禧太后和富有改革抱负却在政治上无能的光绪皇帝都在 1908 年去世了，将这个国家的未来交给了年幼的小皇帝和满族的摄政王。1912 年是甘博在普林斯顿大学的最后一年，同年 2 月，清帝被迫退位，中国走向了未经实践、羽翼未丰的共和制度，其命运被交予孙中山所领导的缺乏政治经验的革命组织，各省割据的军阀们也始终野心勃勃。

1908 年，杭州所在的浙江省正是激进政治活动的中心，许多新的西方思想——社会主义、无政府主义、社会达尔文主义——刺激着年轻的知识分子通过地方议会自治和法律之外的手段，如煽动性的论战宣传单、政治暗杀等，去撼动清朝统治的根基。而浙江当地的市井村民并不理解这一过程，仍然死守着他们日常的生活规范。1881 年生于浙江的鲁迅，在也许可以说是中国当代最伟大的短篇小说《阿 Q 正传》（写于 1921 年）中完整记录了这一时期的社会风貌。

鲁迅微妙而痛苦地控诉着中国人无法理解新出现的政治和文化变革的本质，这时，甘博于 1917 年至 1919 年完成了他的第二次中国之旅。这次旅行从一次摄影探险开始，甘博在朋友的陪伴下溯长江而上，经过宜昌上游的急流，到达四川重庆。这次惊心动魄的长江三峡之旅，以及那些辛苦劳作的纤夫洒尽汗水、迎着急流、拉着沉重船只的场景，后来被另一位年轻的来华旅行者、美国人约翰·赫西（John Hersey），镌刻在其小说《孤石》（*A Single Pebble*）中，令人难以忘怀。当时，甘博开始学习摄影和写作，他的朋友回忆起甘博随时都背着“笨重、难看的相机”，而甘博和当时所有严肃的摄影家一样，不得不一直在沿途的各种环境下冲洗底片；甘博在一篇日记当中就提到，他为了冲洗照片装了十七次水。[1]

这一小批旅行者和他们的十七件行李一共需要十五个挑夫抬着。那时，没有一个西方人——甚至是任何一个中等收入的中国人——想象用自己的双脚踩出一条布满尘土的路。确实，也正是在四川的艰苦跋涉之中，甘博拍摄出了精彩绝伦的照片。其中有一张是甘博坐在竹制的轿子上，头顶有防晒的顶棚，他潇洒地歪戴着宽檐帽，帽檐一直垂到了眼镜上方。他的膝盖旁有一个小桌台，打字机就靠在上面，甘博的手指则放在打字机上。这张照片是西方学者田野调研的绝佳展现，可以与摄影界留下的所有作品相媲美。

当时的甘博初出茅庐，并且立志要成为一个优秀的学者。1912年从普林斯顿毕业之后，他在加州工作过一段时间，之后到加州大学伯克利分校研究生院学习经济学。就好像预见到未来在中国工作的需要一样，甘博在伯克利不仅学习了劳动和产业经济学，同时还参与了加州移民和住房委员会的工作。为了更深入地理解团体和社会环境的影响力，甘博花了六个月在过失儿童改造学校工作，这也为他争取到了一笔研究奖金。

甘博一完成在四川的旅行，便应基督教青年会（YMCA）干事步济时（John Stewart Burgess）的邀请，前往北京。步济时于1905

年毕业于普林斯顿大学，是甘博的校友。他希望甘博能对北京普通居民的生活做一个社会调查，并且希望调查信息能对基督教青年会的日常工作有所帮助，也能加强普林斯顿的学生和基督教青年会的联系，从而为当地的政治领导人提供可靠的社会改革建议。

可问题是，自1912年清朝崩溃之后，中国的政治便几乎陷入了无政府的境地。北京名义上的宪政议会仅仅代表着部分残余势力，大多数通过合法选举上台的政治要员要么已经被清洗，要么已经辞职。走马灯般上任的总统和总理对于民主体制几乎毫无兴趣，他们被各大军阀操控、恐吓或贿赂，这些军阀控制着四分五裂的华北和东北的各个区域。

1917年，甘博回到中国的那一年，中国政府决定参加一战，加入英法协约国一方。两万中国劳工被派往欧洲，帮助协约国开展一系列运输和建筑项目，从而让强壮的欧洲军队从这些工作中解放出来，更多地开往前线去迎战德军。在欧洲世界陷入混乱的这段时间里，基督教青年会的会员们表现得非常积极。在中国，他们帮助分析中国工人的社会问题；讲授面向广大民众的课程，以打破几乎所有贫困人口都是文盲的社会困境；向公众介绍西方的民主思想，帮助人们获得尊严。

中国的统治者加入协约国一方，并非出于利他的目的，他们希望通过这些行为获得国际社会的支持，以收复在二十多年前外国帝国主义侵略时被德国“租借”的领土。但是，中国的政治家并不知道，英法美已经与日本缔结了一系列秘密协定，阻止日本与德国结盟，并实际上承诺将之前德国在华的领土和经济特权转移给日本。

1919 年 5 月，这一消息公之于众，北京等地成千上万的中国学生和市民进行了激烈的抗议和示威，指责政治领导人的无能和卖国，痛斥外国强权的欺骗和贪婪。北京此时正值暴风骤雨、群情激昂，在一些卓越的摄影作品中，甘博成功捕捉到了被激怒的年轻人的愤怒和绝望。

尽管甘博见证了这段历史，他仍然继续在基督教青年会工作。他不拿薪水，当然，身为宝洁集团创始人（普罗克 [Procter] 和老甘博同为创始人）之一的甘博家族的后代，他也不需要什么薪水。同时，他还同意了步济时的要求，着手汇编一个关于北京的社会调查。颇为幸运的是，当时恰逢北京各大高校的学生录取量激增，大量学生热衷于学习西方社会科学的方法，并将其应用于社会需要，甘博在社会调查和经济学方面的知识得到了很好运用。在这些学生和其他人的帮助下，甘博通过自身的努力，逐渐把在北京收集起来的调查成果整合在一起，做成表格，放到他的第一本著作当中。这本书名为《北京：社会调查》，在步济时的帮助下于 1921 年出版。

在这本书的序言部分，甘博小心谨慎地阐述了自己的观点：将基督教的使命与中国所面临的实际问题结合起来。他注意到，很多中国的非基督徒正在投身于促进社会改革的活动中，而与此同时，许多狂热的基督徒却仍然只是传教布道，未能将基督教教义与整个中国的实际相结合。甘博简明扼要地提出这个问题之后，借一位年轻的中国演讲者之口进行了以下论证：

正确的精神和态度并不足以改造这个国家。中国那些年轻的、

> 明智的领导者不仅需要博爱，还需要基督教的普世原则，甚至还需要一个远大的帝国目标，以及应用这些原则并实现理想的确切方法和过程。一个年轻的基督徒在新加入基督教时要心怀这样的信念：这是由男男女女组成的团体，目标是为了给国家带来以基督教原则为基础的社会新秩序。然而在他受洗的两个月后，他找到介绍他入会的牧师说，“你推荐我加入的是怎样的组织啊？我想你曾经说过，这个组织中的人的主要工作是在北京建立上帝之国。正是抱着这样的信念我才加入了教会，现在已经两个月了，可我除了在周日听取布道之外，什么事儿也没做过！”之所以缺乏由教会倡导的全面的基督教社会计划，并不在于说中外教会的领袖忽略了这一重要领域，而是由于在社会状况和社区服务方法方面缺乏准确的科学知识。

甘博认真收集了北京的人口数据——收入情况、健康状况、娱乐方式、职业状况和治安服务及孤儿院等重要事项的情况——这一工作立刻获得了西方评论家的称赞，其中包括哲学家约翰·杜威(John Dewey)。当时，杜威刚刚回国，之前在北京很多地方居住过。杜威称赞甘博的书“从基督教的观点出发，无疑是外国传教区中最好的社会调查之作”，它涵盖广泛的话题，是“深入研究中国不可或缺的作品”。

甘博回到美国后，于 1920 年到 1921 年间完成了此书的创作。这本书的一大特点是收录了甘博在北京工作生活期间拍摄的五十张照片。这些照片是从接近二千五百张照片中挑选出来并在写书时进行了分类整理，十分生动地揭示了当时中国的社会问题，令人印象深刻：例如参加游行示威的学生被逮捕；做家具的瞎子眼窝微微内陷，正在用灯芯草编织椅子；刚刚被从奴隶或妓女生活中解救出来的女童温顺地站成一排，脑袋下垂，只有两个被甘博的镜头所吸引，小心翼翼地朝他的方向偷看；一户乞丐家中有六个贫困孩童和一个家长，两个大一点的孩子明显共用一套衣服，一个自信地穿着裤子，另一个则紧张地往一旁张望，敞口的衬衫已经无法遮挡住他正在发育的生殖器；二十个犯人挤在宽十五英尺、长二十英尺牢房中，眯眼看着突然射进来的闪光灯，这意味着狱卒默许了摄影师的拍摄。

就照片的拍摄质量、想象力、技术水平和多样性来说，甘博不仅仅是在记录中国的生活和景色的普通摄像师，他是后人所认定的为数不多的伟大摄影师之一。他用镜头捕捉到了一个稍纵即逝的表情、一种姿态和一系列并存的要素的瞬间，那一刻这些要素不再仅仅是表现着它们自身，更蕴涵了整个时代及其文化。

在中国，摄影术有着举世瞩目的传统。早在1860年代，费利克斯·比托（Felix Beato）和约翰·汤姆森（John Thomson）就在表现战争的悲惨、中国人的脸型和职业以及风景的照片中达到当时最高的水平；1870年代，桑德斯（Saunders）和菲斯勒尔（Fisler）在上海摄影界的领导地位就如同格里菲斯（Griffith）在香港摄影界的地位一样；19世纪末，慈禧太后本人也开始对摄影艺术感兴趣，经常浓妆艳抹地化着寓言故事或宗教传说中的妆容，与她的心腹太监和宠臣一起照相；1920年代，一批中国摄影师也已经掌握了不同的摄影技术，并且开始大胆地记录他们的国家。

甘博的摄影有自己独特的风格。他的一些摄影作品正如同他在中国最杰出的后继者亨利 · 卡蒂埃 - 布列松（Henri Cartier-Bresson）一样，总能定格到抓人眼球的画面。例如有一张照片展现的是一位中国的老年贵妇，她的小脚上穿着一双绸缎布鞋，嘴上叼一根长烟嘴，鼻梁上搭着一副无框眼镜。

甘博于 1924 年回到中国，此时他已经同伊丽莎白·洛（Elizabeth Lowe）结婚。在基督教青年会的赞助下，甘博再次投入分析和记录北京生活的重要数据的工作中去。这次他决定着眼于小样本数量的家庭，详细记录他们的日常开销。在一批中国助手的帮助下，甘博记录了二百八十三户家庭在整整一年里每天的收入和支出，并一丝不苟地将这些收支分为三十七大类。他和助手将家庭收入和出生地联系起来，并且按照单位、年龄、性别、职业（五十五种男性职业，十四种女性职业）、食物类型、穿着、房租和生活用品分类，对比各类别的薪酬和消费水平。

除了研究北京家庭的城市生活以外，甘博进一步把研究触角伸向更具挑战性的中国农村生活领域。与此同时，在南京周边的农村地区，卜凯（John Lossing Buck）和他的学生也正进行着宏伟的项目，而且中国学者也试图对这些工作做出一些评估。1921 年成立的中国共产党迫切地想了解农村生活和农村所遭遇的真实情况，把党内的积极分子调往工作最有成效和人手最为紧缺的农村地区。但是甘博最早发现，此时开展农村调查并不会一帆风顺。1925 年的中国比 1919 年更加凶险——内战更加残忍，军阀及其军队更加贪婪。甘博在 1925 年 12 月 16 日的信件中提到：

> 我打算在农村进行的调研计划被战争阻断。由于货车被没收、赋税增加等，老百姓非常害怕，也不愿意为我们提供农村调查所需要的信息。但是，我们在北京仍然有收获。我们整理出了1900年以来铜银交易的历史，也还拥有同一时期工资、粮食等商品价格的数据，可以推测出北京工人生活水平的起伏变化。

甘博仍然继续做他的城市调查，但也密切关注当地农村的现状和军阀混战的情况。他在1925年、1926年到1927年末第三次中国行结束前所写的信件，成为了解当时中国情况的资料的重要补充。尽管甘博并不同情“学生当中的激进分子”（1925年12月16日信件），但是他仍然关心学生的活动和他们宣称的动机，他再一次用相机记录下了当时的街景，以及老百姓的表情和姿态。1926年2月18日，甘博在一封信中仔细记录了成千上万的伤兵涌入北京及其郊区时的情景，由于缺乏医生和药物，医院的空间也有限，这些断肢的伤员只能躺在刺骨的寒风中，忍受着冻伤的痛苦。甘博听到医生们在争论，如果知道无腿的乞丐将在北京过着怎样的生活，那么为“拯救伤员性命”而截去双腿是否人道？然而，正如1926年6月甘博在一封信中生动地写道，这批士兵或是他们的战友，在康复之后会给城市周边的贫困农村带去痛苦：

> 救济委员会最初打算在城墙外的主要农村出售粮食，但这是不可能的事情。即使老百姓有钱购买粮食，在他们将粮食买回家之前也会被士兵抢走。由于很难获得食物，很多难民拥入城市。

图一　甘博和他的古董打字机，四川，1917 年（甘博中国研究基金会）

图二　北京游行示威的学生，1918 年 11 月（甘博中国研究基金会）

图三　乞丐的一家，颐和园，北京（甘博中国研究基金会）

图四　寺庙的朝圣者，妙峰山，1925 年（甘博中国研究基金会）

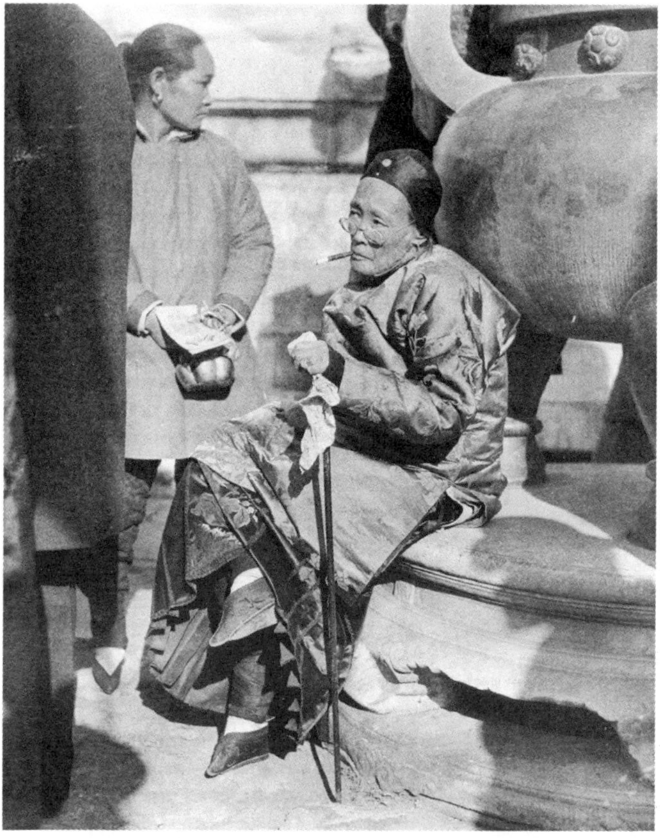

图五　小脚穿着绸缎布鞋的中国贵妇在观看一战停战纪念日的庆典仪式，北京，1918 年 11 月（甘博中国研究基金会）

图六 有钱人葬礼的祭品：福特轿车的 1:1 纸制复制品，其中还有纸做的司机，北京（甘博中国研究基金会）

> 据报纸报道，已经有四十万难民逃入城内，当然，这里有夸张的成分。在各种慈善机构开办的难民营中，收容了大约一万五千名难民，而更多的人住在城里的亲戚朋友那里。
>
> 马上要到收割小麦的季节了，最近有几场雨诱惑着难民回到地里，但似乎也收不了多少粮食。在一些地方，军队在小麦地里放马；在另一些村子中，听说有士兵拿着镰刀收割粮食供自己吃；甚至有些军队在小麦地中立起了标语，上面写着粮食归他们，其他人不得干扰。看起来，农村地区势必要在秋天之前遭受饥荒了。

有时，甘博的话恰好与中国最尖锐、最具才华的观察家的作品相呼应，且互为补充。例如，在 1926 年 3 月 18 日，军阀枪杀了四十多名示威游行的学生，其中包括几个来自北平女子师范大学的女生，她们是鲁迅先生的学生。鲁迅痛悼这三名被残害的年轻人，写下了凄惨壮美的悲文。而甘博则从一个西方人的角度表达了对此事的同情。在 1926 年 4 月 20 日信件的倒数第二段，甘博准确生动地描述了这一事件的细节：

> 3 月 18 日枪杀学生是一出残酷的悲剧。在天安门前集会后，群众结队前往段祺瑞执政府请愿，要求政府立即驳复八国要求拆除白河大沽口炮台的最后通牒。尽管在游行队伍中有共产党和国民党的代表，但大多数还是保守派的学生。我在哈德门（今崇文门）遇到了游行的人群，他们正在呐喊，但比起 5 月的游行更为有序。我们不知道在执政府门前学生是否会威胁使用武力，但军警的枪

一响，武力镇压就持续了十五至二十分钟。这些军警对伤者使用刺刀，还对死者实施抢劫。当一个女生从后门逃跑的时候，连眼镜都被抢走了。总共有四十八人被杀害或在受伤后死亡。

虽然甘博承担了很多实地调研工作，也有基督教青年会的事儿，还有城市和农村中发生的“人祸”，但他仍有自己的天伦之乐。在1926年4月20日信件的结尾，紧接着描述学生死亡和军阀暴行的段落后面，甘博几乎是不带感情地写道：“她的母亲说凯瑟琳·康诺佛·甘博（Catherine Conover Gamble）将于3月21日到达北京，这比任何政治新闻都要重要。”当然，甘博是故意追求这种修饰效果的。

1927年4月和5月上旬，甘博用头韵法写道，这是“政治、宣传、恐慌——谣言、骚乱、革命、难民”的时期（参见1927年5月13日的信件）。历史学家无不赞同甘博对于这一时期简洁而准确的总结。在这一时期，蒋介石和他的上海同党发动了对共产党和工会的攻击，在大街上杀害了上千人；在这一时期，汉口的共产党试图与从蒋介石国民党中分裂出来的左翼进行联合；在这一时期，东北军阀张作霖的军队闯入俄国驻北京公使馆，抓走了躲在里面的中国激进分子，并通过军事法庭审判，处死了二十多人。

然而，在中国农村，平民教育和土地改革正进行得如火如荼，其中最有影响的便是晏阳初在北京以南的河北定县领导的改革运动。甘博抽时间去参观了定县，并在家信中兴奋地提起了这一改革。让甘博深为感触的是，改革将平民教育和救灾减荒紧密地联系起来，这让他不禁对中国人那忙碌、兴奋且充满活力的生活状态加以评论。在 1927 年 10 月 1 日的信件中，甘博写道：

> 定县之行让我很好地了解了农村生活，我们能够深入到乡村中去与农民交流。现在正是农忙季节，很多农民正忙着灌溉、挑水，而很多水井就是在救济金的资助下挖掘好的。在有些地方，农民使用畜力，但是在大多数地方，都是依靠男女劳动力来挑水。
>
> 有一个村子里正在举行庙会。在乡村地区，随着庙会的举办，也会举行一些宗教仪式，但主要还是以买卖交易为主。这天是一个农闲日，四周的农民都赶过来参加庙会。乡村的小路被挤得水泄不通，四周都是商贩的小摊，摆满了农村日常生活所需的几乎所有器具，手推车、木材、牛、刷子、水井打水用的木桶、谷物、木凳、布匹和铁器。负责群众教育的老师将学生列成长队，登上乡村的舞台，表演群众教育戏剧。我多么希望我能够用语言来描述芦席凉棚下汹涌的“脸的海洋”。人们层层叠叠、摩肩接踵，从舞台上你真的只能看到数不清的面孔！戏剧终了，干事开始组织人们唱起了群众教育歌曲，歌词很押韵，我们还可以听到人们在回家的乡村小路上哼着这首小曲儿。平教会在农村第一年的实践让我感觉到，这会收获颇丰。我想我们也期待着，这一项目的发展会让农村的生活更加丰富多彩。

1928 年甘博回到美国后，仍然在孜孜不倦地研究他在北京的二百八十三户家庭中收集到的数据。这一成果在 1933 年发表在其杰出的著作《北平的中国家庭是怎样过活的》（*How Chinese Families Live in Peiping*）中。北京当时已经不是中国的首都，被称为北平。在对文盲家庭的研究中，甘博雇用助理来帮助他们完成简单的问卷调查。此次调研是在对社会分析、数据挖掘和穷人饮食评论上的卓越范例。例如，他们曾悲惨地发现，穷人家庭根本买不起任何奢侈品，甚至连每个月在蔬菜上的花销都不能超过二角二分，无论买什么水果，花销不能超过一角五分。甘博将“食物”单独做成列表，共收录了三百一十项，收录了包括布匹、住房、照明、婚葬、水和“杂项”的详细数据，其中“杂项”还包括少得可怜的教育、健康、旅行、家居用品和娱乐等方面的开销。如同甘博的第一本著作一样，书中收录了大量效果好、质量高的照片：卖水人抬起手推车、城市道路旁的神龛、陪葬用的纸人和美式轿车模型、中国妇女在金字塔一样的坟墓前为亲人的去世而哭泣。

1931—1932 年间，当这部著作的写作进行到最后阶段，甘博回到了中国，这是他第四次也是最后一次在中国逗留。尽管国民党蒋介石政权已经在形式上统一了中国，但是中国的面貌依然凄惨如故。日本军部在东北发动了“九一八事变”，亲南京的地方政权倒台，日本在华势力大为巩固。同时，日本军队武力进攻上海，使得中国的军队和平民伤亡惨重。而甘博仍在集中精力研究定县的农村改革，思索着这些颇具意义的项目对于中国社会和文化的影响。在之后的几年，甘博最后一次中国之行催生了三部更加非凡的作品。

由于甘博自身的事业、家庭以及第二次世界大战的爆发，《定县：一个华北乡村社区》（*Ting Hsien: A North China Rural Community*）

一书直到 1954 年才出版。这是一项内容丰富的复杂研究，样本超过四百户家庭，内容涵盖家庭、政府、预算、税收、灌溉、农田耕种和地方工业等方方面面的问题。这部著作也收录了大量当地人、风俗和科技的图片，尽管这些照片不如前几部研究著作中的那般卓越，且没有那么具有说服力，但仍然从整体上丰富了这一研究成果。在这部著作当中，甘博展现了他作为知识分子那无止尽的好奇心，收录了充满乡村文化气息的地方戏剧的翻译和剧情概要。这部著作中最为动人的章节，是对中国人地方政治觉醒的全新展现。

1963 年，甘博已经是七十三岁高龄，他发表了一部更加宽泛的有关中国华北农村的研究著作《华北乡村》（*North China Villages*），详细分析了中国华北的十一个村落。同样，这部著作数据翔实，阐述明晰丰富，寥寥几张附图却丰富多样、表现深刻、反响热烈：小男孩光着屁股在村里的祠堂外放猪；一个衣衫褴褛的苦力用手推车将一位女旅友推进了村里；一位年事已高的朝圣者，脸上沟壑纵横，如同船员使用的航海图，从她的脸上，我们似乎可以读到自甘博 1908 年访华起至当时为止的整部中国历史。

甘博于 1968 年去世，留下了他的妻子、四个孩子和十个——现在是十二个——孙儿孙女，以及四部杰出的著作。第五本书是在第三本的基础上完成的，在他死后于 1970 年出版，书名为《定县秧歌选》（*Chinese Village Plays from the Ting Hsien Region*）。至今为止，这本著作对于我们了解中国传统民俗文化，仍然是一个重要的补充。

西德尼 · 甘博的研究视野开阔、思维清晰、方法精妙（尽管也避免不了不同观点的学者的各种批评)、想象力惊人，并且——以图片的形式——热情有力、实事求是、毫无掩饰但又绝不残酷地、生动地展现了中国长年革命中那些深刻而真实的苦难。

马尔罗的诱惑

在《西方的诱惑》(1926) 一书的开篇，安德烈 · 马尔罗便给出了要读懂这本短小而又厚重的小说所需的线索：这是一首作者的幻想曲，甚至想到了马达的轰鸣。为了强调这一双重形象，马尔罗小说中的主角“A.D.”前往东方所乘坐的船只被命名为“香波尔”号；由此，象征西方力量的轰鸣的马达声之中，加入了对法国王室辉煌的殷殷召唤。香波尔城堡是 16 世纪初法国国王弗朗索瓦一世的狩猎行宫，气势恢宏，不仅展示了建筑上的辉煌，还意味着更多——它生动地展现了文艺复兴末期人们将火焰的美景与几何学结合起来的才能。同样是在这一部分，在马尔罗时代，西方人对所谓的“东方”种种典型的幻想，从“牛角形的水果”、掌状的屋顶到欲壑难平、令人恐惧的中亚游牧军队，全都被艺术性地穿插在马尔罗笔下的整个东方形象之中。

如果没有偏远的工厂加工和组装零件，也就不会有马达；与此类似，没有来自外部的刺激，幻想也不会自然而然地从内部产生。马尔罗试图向读者阐释清楚这一点：“只有乐于逐一捕捉生活形态并将其锁入书本当中的人，才算是做好了阅读我的思想状况的准备。”[1]通过虚构无名的先驱，马尔罗将故事的叙述者法国人 A.D. 置于一个比整个基督史（A.D. 字面意思暗含“公元后”）偏窄但依然相当辽阔的文化环境之中。中东的“东方”以回忆录、小说、诗歌和绘画之中都充满的“东方”的字眼为载体，如潮水般涌向 19 世纪的法国。到了马尔罗撰写《西方的诱惑》之时及 20 世纪前二十年，这些东方形象（有些时候会被挤出公众关注的范围）中开始出现中国元素。在 1900 年义和团运动后，以复仇为名的西方军队进驻北京城区；特别是在 1912 年清朝最后一任满族皇帝退位之后，北京对于西方来说就变得更加开放，据说当时西方人对北京的研究甚至可以精确到个人。

马尔罗一直热切地关注 20 世纪 20、30、40 年代的社会动荡和政治剧变——不管是在二战时期的越南、中国、西班牙还是法国——他的分析总是迫使自己更进一步，超越自身的时代和知识的限制。但是在写作《西方的诱惑》时，马尔罗尚且年轻稚嫩，因此，如果我们把他的中国观放在那些与他生活年代最接近的文学先驱的观点中，会比将他视为一个革命的空想家更有利于理解。

在我看来，马尔罗的《西方的诱惑》的风格和感情借鉴了同时代的三位长者：皮埃尔·绿蒂（Pierre Loti）、保罗·克洛岱尔（Paul Claudel）和谢阁兰（Victor Segalen）。这三位作家都曾长期旅居中国，著作颇丰，在当时深受欢迎。他们都曾生活在狂热的政治世界和现实中，也曾沉浸在他们的中国梦境中无法自拔，之后的马尔罗也是如此。“皮埃尔·绿蒂”（朱利安·维奥，1850—1923），是在中国服役的法国海军军官；保罗·克洛岱尔（1868—1955）是一名外交官，在1896—1905年担任法国驻福建领事；谢阁兰（1878—1919）是法国海军的随军医生，1906—1914年曾在中国居住过相当长一段时间。

皮埃尔·绿蒂的《在北京最后的日子》是20世纪早期法国文学界最为成功的作品之一，从1902年至1914年间再版五十次之多。这本书是绿蒂在1900年至1901年作为法国镇压义和团的远征军的一员，寄给《费加罗报》（*Figaro*）的笔录汇集而成。从表面来看，这是一本传统的冒险回忆录，但是绿蒂的独特之处在于将自己的思考和情感都融入了这本书中，从而将此书变成对异域中国的低沉的赞美诗，从以下两个例子当中便可见一斑。

对于绿蒂来说，北京的城墙已经不仅仅是城墙，而是让人觉得代表着整个中国。在第一次见到北京城墙之时，绿蒂便写道："当那前所未有的高大城墙肃穆哀愁地出现在我们面前时"，"城墙在灰蒙蒙、赤裸裸的孤寂之中无尽地绵延着，像是被诅咒的大草原。如同悄无声息地奇妙地置换了场景，却听不到置景师操作的声响，也没有管弦乐队的喧闹声，是在比所有音乐更庄严的静寂之中进行的"。[2]之后，法国军队驻扎在一幢中国古宅院中，自从清廷随着义和团的溃败而逃离北京后，这里便成了他们的驻扎地。绿蒂在这里又经历了一次更加可怕的遭遇。那天，绿蒂碰都没碰仆人准备的晚餐，他刚刚在那雕刻着可怕怪兽的大床上躺下并吹灭蜡烛，就看到了周围墙上和天花板上都是老鼠尖尖的嘴脸和闪闪发光的眼睛。熄灯之后，他很快就听见所有的老鼠都蹿了出来，争相爬到桌上的精致瓷器里啃起法式糕点来，瓷盘叮当作响。[3]

在《在北京最后的日子》一书中，绿蒂试图给读者传达一种失落感。这种失落感来自他对中国了解得太深入，这片禁地在抵抗西方意识入侵的过程中，偌大的中国毫无还手之力。类似的内容也可以在克洛岱尔的书中找到。克洛岱尔并未使用任何叙述性的言辞来展示他对世纪之交的中国的看法，而是用一系列的散文诗关注意向本身。由此，这个西方人在中国大地上闲庭信步、优哉游哉，有时目瞪口呆，有时惊慌失色，品味着其中的景象和味道。克洛岱尔往往能为马尔罗那些简洁的语句提供详细的背景。在《西方的诱惑》的第一章中，马尔罗粗略提到了一些令人讨厌的气味，让在河边漫步的游客感到“恶心”，不过这些游客依然“开心而兴奋”。但是，马尔罗并没有详细描述这些气味，而克洛岱尔根据自己在夜间游荡的经验，对其进行了详细的描述：在他看来，中国城镇的气味“浓郁得像爆炸物：有食用油、大蒜、动物脂肪、烟尘、鸦片、尿、粪便和垃圾的味道”。[4]

正如绿蒂笔下的城墙和老鼠，克洛岱尔也用自己在中国短暂停留的经历来建造思想大厦。但是与绿蒂相比，他的描写更加深刻，参与到了世界文学的对话当中，正如马尔罗对他笔下虚构的人物“凌”（Ling）的塑造一样。下面是克洛岱尔在孔庙中写下的“符号的宗教”：

> 碑文本身就表示了自己的价值，因此颇有点神秘意味。谁也不知道这些碑存在了多久，没有年代，它本身也没有任何说明。

它矗立在那儿，人们在仔细辨认那些还可以认得出的名字。

深邃的说明都在黯淡的金属华盖后面，虬龙神秘地盘绕着圆柱，两柱之间的那些符号显现出它本身的寂静。偌大的红色大殿充满了阴沉的色泽，巨柱上都髹以朱漆。殿内，在神圣的文字前面，只有两根白花岗石的柱子似乎足以做证，这地方赤裸裸的毫无装饰，其本身就既富有宗教意味，又十分抽象。[5]

绿蒂和克洛代尔都用浪漫的笔触来描写他们在中国的经历或梦境，但是可以确切地说，最感性、最强烈的中国形象来自谢阁兰，马尔罗同时代的文学家都难以与之媲美。1912 年谢阁兰出版了自己的惊世之作——诗集《碑》，当时他年仅二十四岁。在这些庄严而野性的诗歌中，我们可以找到很多马尔罗书中形象的影子，不管是侠盗勇士还是美丽姑娘。下面这首诗节选自《西面之碑》，我们从它生鲜原始、本能感性的活力，可以一窥谢阁兰的力量：

刀尖所向

我们这些马背上的人，对播种一无所知。
但马蹄可以翻耕的所有土地、可以踏平的所有草原，
我们都已踏平。
我们不消修筑城墙和寺庙，
但所有可以焚烧的城市、城墙和寺庙，
我们都已焚烧。

> 我们极其敬重我们的女人，她们全都具有崇高的地位。
> 但另外那些可以打翻、掠走、占有的女人，
> 我们都已占有。
> 我们的大印是一杆长矛，我们的盛装是一副露珠晶莹的盔甲，
> 我们的丝绸用马鬃织成。那些更为柔软、可以出卖的丝绸，
> 我们都已出卖。[6]

如果说在《西方的诱惑》中，马尔罗笔下的A.D.坚定地将自己置于中西方融合的背景之中，那么他的中国友人凌则对于现代西方及其历史基础进行了坚决的抵制。在中文中，"Ling"有很多含义,其中一个便是"零"。尽管我们不敢肯定马尔罗是否知道这一点,也不敢断定即使知道,他是否在意。但不管怎么说,在凌看来,A.D.为"适度的虚无主义"所做的微不足道的尝试，不可能长久地坚持下去，但这也并不意味着拒绝虚无本身。凌是一个在绝望边缘的男人，他攻击西方的折中主义，或者说这种折中主义所宣称的胜利的魄力。他对此所进行的攻击同样是不遗余力的。他承认，他只是带着"敌意的好奇"来到欧洲大陆,却为那里"精心安排的野蛮"而感到沮丧,因为它模糊了文明和法律的界线。西方的蓬勃激情唤起的只是凌的"厌恶"；在他看来，伟大的艺术并不是卢浮宫墙上悬挂的那点"可怜的堆积在一起的不幸艺术品"。他告诉A.D.，卢浮宫这样的博物馆"没有给我带来任何乐趣"，过去的"大师们都被关在里面"，乏味地证明着"西方人更喜欢一种批判的满足，而不是更为精致的理解的快乐"。当凌觉得欧洲的影响侵入中国，凌在一些南方城市中

看到的是悲哀而浅薄："电影、电灯、镜子、留声机，这些东西像新蓄养的家畜一样吸引着我们。对于城市里的中国人来说，欧洲从来就只是一个机械乐园。"[7]

就表面而言，凌的思想主导着《西方的诱惑》，他的信件数量是 A.D. 的两倍（凌有十二封，而 A.D. 只有六封），语气也更加严肃正式，对于 A.D. 的友善称呼"亲爱的朋友"，他总是回以冷冰冰的"亲爱的先生"。但是，我们是否意识到，是 A.D. 一直掌控着他们之间通信的节奏，并且常常迫使凌去回答一些自己也不确定是否想回答的问题呢？而且，小说的第一句话和最后一句话也都来自 A.D.。除了有一封凌的信件是发自马赛，从其他信件中我们可以断言他居住在巴黎。而 A.D. 不是在船上就是居无定所（见第八封信和第十二封信），直到最后才定下了行程路线，沿中国的主要城市一路向北——从广州到上海再到天津——这样的行程也许暗含着某种目的，虽然我们目前对此尚不完全清楚。

在对美学、历史、文化和性的长期讨论中，A.D. 和凌走出了时代映像的庇护，重新唤起了某种曾在 18 世纪到达顶峰的早期文学传统。这一传统的核心在于，运用表面上来自东方的模式来批判西方的不足。将最复杂的问题（甚至是带有政治危险性的问题）从看似幼稚实则精明的东方谈话者的口中表达出来，西方作者便可以在相对自由的环境下表达那些不宜表达的看法。从 1720 年代起，虽说孟德斯鸠的《波斯人信札》是在早期大量类似观点的基础上形成的，但它仍然是这类法国作品中最负盛名的一本。然而就小说风格、逼真性和论证的精妙而言，18 世纪最具影响力的对话体小说毫无疑问是爱尔兰作家奥里弗·哥尔德斯密斯（Oliver Goldsmith）在1762年出版的《世界公民》（*The Citizen of the World*）。

哥尔德斯密斯著作中的中国主人公李安济（Lien Chi Altangi）是个一心一意、偶有出格的无神论者，对英国宗教和政治的关注与对伦敦公园中的妓女和花花公子的关注程度一样。在哥尔德斯密斯的塑造中，李安济并没有一个熟悉的英国朋友作为他的共鸣板，他通过在中国的老友来表达观点，在这种情况下，文化差异在地理距离和时间差异当中被强化。同样的，马尔罗对于A.D.和凌之间通信的时间轴也交代得非常模糊。当明确的时间点出现时——如在第十二封信中，A.D.突然提到他在中国已经两年了——会使读者感到震惊，并促使他们重新仔细阅读这封信，寻找A.D.在这两年中加深了对中国的认识的证据。如果读者有足够的精力，此处也同样意味着另一个时间暗示，那就是凌在巴黎也度过了两年的时间。两个朋友对于命运和各自经历的“荒谬性”得出了同样的看法，比起两人在不熟悉的新环境中得出类似的结论，这更加令人沉痛。

在马尔罗的时代，对于孟德斯鸠和哥尔德斯密斯式“东方”的反思的争论重新开始于《“中国佬”信札——西方文明之东方观》，这本书于1901年和1903年分别在伦敦和纽约出版。尽管后来英国学者狄更生（Goldsworthy Lowes Dickinson）承认自己是这本书的作者，但是当时很多读者仅看到这八封书信的文献价值。威廉·詹宁斯·布莱恩（William Jennings Bryan）曾十分确定这八封书信都出自中国学者之手，他发表了一篇批驳文章来捍卫基督教和基督教国家的价值观，批驳中国人的非难。狄更生笔下的“中国”观察家所言与二十年后凌所说的话并无二致，都试图抓住中国文明的核心要义及其与西方文明的差异。正如“中国佬”在一封信中所言，西方的悲剧就是文明的悲剧，在现有的经济和科技力量虚伪的骚动中，已经迷失了进一步发展的轨道：

> 我们冒昧地认为，这种调查的结果恐怕并不令人振奋，就像神话中，你们好像是把竞争的妖怪从王子的囚室中放了出来，结果却发现再也控制不住它。你们过去几个世纪的立法一直都在徒劳无功地尝试控制你们自己混乱的经济系统。你们的穷人、醉鬼、无能之辈、病人、老人，像梦魇一样地嘲弄你们。你们已经消除了人与人之间的各种关系，徒劳地想用国家客观的行为来代替。你们文明的显著特征就是不负责任。你们解放了许多自己无法控制的力量，自己却被套在各种各样的束缚中。[8]

马尔罗笔下的凌，在罗马游历了很长一段时间后，写信给 A.D.。他说他很“厌恶”这座城市，罗马承诺了太多，也隐藏了太多。这座帝国故都留给他的是震撼和困惑：

> 从哈德良宫到台伯河沿岸的旧货商，他们收藏了那么多支离破碎的美。糖果店都装饰着镜子，镜子反射出作为意志象征的石头，一切都竞相表现出这座城市的无序，而这里却是你们法律的发源地。时间作为石头的附庸，以向地中海美景的边界提供残破的荣誉而自娱。有时，面对这种太过浅显怪诞的西式时光游戏，我看到

> 了对罗马的回忆与对亚历山大的回忆相重合，奢侈和平庸，清晨阳光中的偶像和宽阔广场上狂放不羁的白种人群。[9]

凌也看到了这样的混乱，文中的“欧洲”和“东方”读起来就像是狄更生作品的续集，尽管狄更生选择了利用“中国佬”的口吻来表达对基督教以及后来以基督教之名而信奉的价值观的反思：

> 数世纪以前，东方意味着性格温和，没受过什么教育，交游不广，经验缺乏的热心者所阐释的这些教义是与众不同的，不是因为这些教义温柔、感人地呼吁兄弟友爱，而是因为其对人类的所有其他美德持厌恶或漠视的态度。奥古斯都（Augustus）与提比略（Tiberius）的臣民生生死死，丝毫没有意识到罗马帝国的历史与命运，维吉尔与李维的同代人不能阅读他们用来书写的语言。具有诗人与神秘主义气质的耶稣，生在外省，职业是木匠，在短暂的人生旅途中，享受着短暂的一些机会，几乎没有显示出对旨在让国家繁荣的科学原理有任何兴趣。[10]

在第七封信的结尾，狄更生笔下的“中国佬”直言，自己和自己的同胞并不需要某种特殊的魄力：“这儿没有超人的道德，没有对自我的克制，也没有对人性中的基本事实进行批判的狂热。但是这种生活基于我们理性的信念，而且‘中国佬’相信这种信念有效、深刻，并能够取代武力。”[11] 这些，也都是马尔罗笔下的凌在触碰到西方的脆弱并探索重建对中国文明本身更深层的自信心过程中，一直试图抓住的思想核心。马尔罗小说中最为独到的一点是：与其说是 A.D.，不如说是一个叫王洛的中国政客击碎了凌的希望。在第十六封信中，A.D. 在上海见到了王洛，他为他的朋友凌记载了王洛对于 1919 年五四运动以来现代化世界的攻击。他将大学里激进的学生说成“满脑子糨糊的傻瓜”,他们继承了“病孩子们发动的革命”。一开始，王洛似乎对凌的西方观产生了共鸣，但是他告诉 A.D.，“我们最优秀的精神，欧洲人既想要获取，又有些嫌恶，就是今天中国的价值所在”。王洛说，中国陷入了一场焦虑的戏剧，而这种焦虑既不是来自西方的威胁，也并非因为内部的动乱，而是来自曾经保护和充盈了中国的儒家学说。“中国的意识”是“艺术品”，但是它正在消失，且无人为之惋惜：

> 我们中与旧中国相适应的人一个个消失了。再没有人能明白……我们的悲剧不是满身血污的演员演出来的，也不是每天晚上看到的死亡星座带来的。焦土一片的帝国像个受伤的野兽蜷缩着，历史的游戏有何意义？[12]

第十七封信是小说的高潮，身在巴黎的凌在信中表示，A.D. 转述王洛的话使他陷入了沉思。走在巴黎的街上，夜幕之下，城市安详的氛围扑面而来，凌已经被这样的论断所打败：中国要灭亡了。重新审视自己对卢浮宫那尖锐而深怀敌意的评论时，他看到“中国的北方是一个血淋淋的巨大战争博物馆”，“它重新回到了青铜时代”，而中国南方则深陷表面新奇却毫无目的的“革命”之中。当中国的新领导

“如同年轻水手掌舵的古老帆船撞碎了船头的雕像”，[13] 中国文明中遗留下的东西被砸碎，而年轻人却错误地对此表示出崇敬之情。

把任何一部作品称为具有“预见性”往往很不安全，甚至是愚蠢的，但是凌在最后一封信的最后两页所写的话，读起来就像是设定好的尾声，像是对中国长期革命的希望和恐惧的祝福，对成千上万为了未来牺牲的人们的祝福。“我还能对您说些什么呢？”凌问A.D.，也问我们，就这样结束了这封信件。A.D. 代表我们做出了回答，只有当“我们意识到我们的行动和内心深处的生命之间的对抗”，这种对抗让我们对荒谬的金属王国做好了准备，除此之外，无话好说。若是我们内心深处的生命被割裂开来，我们的头脑只能“转向虚无”，像是“被血滴玷污的美丽机器……”[14]

我们也许可以质问马尔罗，这个被玷污的美丽机器是不是那艘曾带领我们的幻想跨越大洋来到中国的“香波尔”号？与贯穿整部小说的风格一样，马尔罗简略地回答道：“每当白天结束时，人们都觉得在暗影里看到了财富”，当他们伸出手去拿，却发现“财富不过是消失的白天最后一道光亮的反射而已”。在我们航行的旅途中，我们需要自行决定将这一洞察力置于何用。在文末最后一段，马尔罗给我们描绘了三幅大海的景象，这似乎更加模糊了我们在“香波尔”号上所发现的令人骄傲的进步。首先，我们眼前是“光秃秃”的天际；同时，我们置于身后的海岸也同样忧郁，“远处的港口，汽笛声如同一只迷途的狗的嚎叫”。在最后几行，马尔罗写道：在“黄风呼号的沉重的夜里，就像在所有那些异国的夜，海风在我周围重复着贫瘠的大海那傲慢的喧嚣”……[15]

眺望东方：西方人眼中的中国

即使我们今天仍不甚明了自己对中国怀着怎样的感情，也请不要过度焦虑。从西方人第一次踏上这块土地之日起，不管有多少西方人，也不管他们多么详尽地描述过中国，他们对于中国仍是不甚了解。我们对中国的困惑可以追溯到四百多年前：西方第一次详细描述中国的文字出现在1584年耶稣会士利玛窦的家信中；一年之后，冈萨雷斯·德·门多萨（Gonzalez de Mendoza）开拓性的历史著作问世。虽然利玛窦这一代人受到了早期游历过中国的先驱先入为主的偏见的影响，但是他们以空前丰富的亲身经历开风气之先，仍有不没之功。

对于16世纪的西方人来说，中国幅员辽阔、国力雄厚、秩序井然。面对中国的地大物博，他们无不惊叹不已。早期的西班牙人曾夸下海口，吹嘘他们可以用几百人的精英队伍征服中国，因为他们是征服者的后代。但几乎没有西方人对此表示赞同。到过中国的那些敏锐的西方人发现，中国的城市外围城墙高耸，士兵巡逻严密；中国的军队规模庞大、战船丰富、装备精良；他们也目睹了中国的官吏如何严惩动乱、监视民众、拷打臣民、控制经济。

尽管一般来说，早期的耶稣会会士过于偏爱中国，但他们也无不从西方人的视角记载了中国阴暗和光明并存的两面。早期来华的西方人都热情洋溢地盛赞中国的伦理纲常，称赞那些地方官吏饱读儒家经典，通过科举考试，由皇帝亲自任命，为政清明；但是他们也记载了佛教复杂的斋戒仪式，道教的故弄玄虚，杀婴、贩婴现象随处可见，卖淫肆虐，男同性恋比比皆是等内容。他们记载了中国人在辩论神学问题时的深邃精到，但却发现这也相应导致了中国对基督福音的不妥协态度。他们赞美中国的印刷术和士人文化，这似乎给基督教的传播创造了机会，但却悲伤地发现这些都促进了反基督教传单在城乡快速传播。[1]

1644 年，明朝灭亡，满人南下入主中原，这段历史并没有让西方人对中国看法产生重大改观。当然，西方人与中国统治者的对话似乎变得更容易了：康熙帝于 1661 年到 1722 年统治中国，他对于西方充满了好奇，甚至对一些传教士尤为偏爱；而与他相反，1572 年到 1620 年统治中国的明朝万历皇帝则深居简出，几乎从来不召见传教士或商人，也不与他们对话。当然，在康熙统治后期，由于传教士卷入阿哥们的阴谋集团之中，康熙颇感忧心，也越来越警惕罗马教皇在信仰和精神解释上的绝对权威。17 世纪晚期，白晋（Bouvet）等传教士将康熙帝比作路易十四一样的“太阳王”——这是经过深思熟虑的，当时的法国是中国传教会的主要资金来源。白晋在写给路易十四的一封信中写了下面这段话，后来这封信成为《中国皇帝康熙传》的前言：

> 您几年前派到中国的传教士们，在世界的另一端惊奇地发现了一个法国外从未见过的君王。他像陛下一样，具有卓越而完美的天才和皇帝的胸怀，他能主宰自己和臣民，受到了人民的崇拜和邻国的尊敬……总而言之，他身上具有成为英豪的大部分高尚特性。如果没有您的话，他早已成为人世间一位无与伦比的皇帝了。[2]

尽管有些夸张的成分，但与他的前辈李明（Le Comte）和继任者杜赫德（Du Halde）一样，白晋用文字详细记录了中国的政治和文化。但其中也有偏颇之处，白晋故意掩盖中国的负面信息，使得让中国皈依基督的任务看起来不那么艰巨可怕。这些法国传教士甚至在思考，儒家思想有可能以某种方式成为普世道德，中国的象形文字也有可能成为超越方言和地域限制的普世语言。敏锐的哲学家莱布尼茨很快捕捉到了这些方面，他发现《易经》中六十四卦其实就是二进制的“中国版”，由此觉得中国有希望成为崭新的国际化全球科学学院中的一员。

与18世纪的其他学者一样，莱布尼茨也一度被索隐派（Figurist）所吸引。索隐派，正如其名所示，无视时代和儒家经典著作的包容性，试图从中国经典中找到圣经年表的准确依据，而圣经年表本身在当时已经受到了很大的质疑。历史人类学家认为，这是对人类“单基因”理论的最后辩护，这一理论将人类历史追溯到诺亚，并最终归于亚当。与之针锋相对的，是越来越有市场的“多基因”理论，这一理论认为人类起源是多元的，人类大家庭中会有退化的部分，也会有处于前理性区域的团体。多基因理论为所谓的种族主义的“科学”论断的兴起扫除了障碍。到 1730 年代中期，学者们开始做一件在利玛窦时代不可思议的事情：分析中国人头部的“圆锥形”特征，将中国人与巴塔哥尼亚人、霍屯督人和美洲印第安人一同划为“异人”（Homomonstrosus），从而与“智人”（Homo sapiens）从根本上区别开来，而这些学者宣称自己是“智人”人种。[3]

西方对中国认知的复杂性，部分源于耶稣会士在欧洲遭遇的政治猜疑，这些耶稣会士受到世俗知识分子和詹森派（Jansenists）的双重攻击，在中国也失去了曾经的影响力。换言之，在 18 世纪三四十年代，雍正末期到乾隆早期这段时间，他们分析中国相关著作的影响力达到了巅峰。这一影响力的形成，部分是由于中国正开始闭关锁国，限制外国人在华贸易和旅行，而这批耶稣会的历史学家能够提供关于当时中国的第一手资料。这些资料影响了启蒙运动时期的法国思想家，从皮埃尔 · 贝尔（Pierre Bayle）到伏尔泰，这些思想家抓住了耶稣会士的历史著作中的“数据”——特别是具有伦理道德的中国社会竟公然不是天主教国家的事实——用以批判天主教在欧洲社会中的作用。伏尔泰在著作中赞扬中国的“自然神论”，《风俗论》和《中国孤儿》这两本书便是例证。前者是关于世界历史的读物，而后者是一部舞台剧，均于 1750 年完稿，从这两本书中可以看到伏尔泰研究中国的方法，以及他对中国文明的认识：在第一本著作中，他认为中国为世界文明历史的开端；在后一本书中，他解释了成吉思汗如何被温文尔雅的中原人那纯净的道德所感染。

当时的读者一翻开伏尔泰的著作，发现世界历史以中国时间而非圣经年表来纪年，那种震惊之情，我们实难想象。在《风俗论》

一书的开头，伏尔泰便以挑衅的语言推翻了白晋将中国与查理曼帝国相提并论的等式："中华帝国从它存在之日起，就比查理曼帝国幅员更辽阔。"他接着又赞扬了中国的法律："在别的国家，法律用以治罪；而在中国，其作用更大，用以褒奖善行。"谈到孔子，伏尔泰写道，"他的伦理学跟爱比克泰德（Epictetus）的伦理学一样纯粹，一样严格，同时也一样合乎人情。"与无神论者不同的是，中国人对天堂有着独到的见解："对中国礼仪的极大误会，产生于我们以我们的习俗为标准来评判他们的习俗，我们要把我们偏执的门户之见带到世界各地。"[4]

强调中国人的现实力量和道德力量，以及中国人促进世界道德水平提升的潜力，这个话题直到18世纪晚期仍然备受争议。在很多最具影响力的著作中，法国的重农主义者都讨论了这一问题。在1793—1794年间，马戛尔尼伯爵代表乔治三世和东印度公司出使中国，他在游记中也认真地对这一问题进行了讨论。本杰明·富兰克林（Benjamin Franklin）买了不少有关中国的书籍，也讨论过中国的社会组织，他甚至考虑派使者前往中国，让"年轻的美利坚民族"可以学习中国历史悠久的法律。托马斯·杰斐逊（Thomas Jefferson）研究了中国的"自然贵族"。富裕的费城商人史蒂芬·吉拉德（Stephen Girard）在1795年组织了一个船队前往中国做生意，似乎是为了表达自己对这一传统的仰慕，他骄傲地将四艘船命名为"伏尔泰"号、"卢梭"号、"孟德斯鸠"号和"爱尔维修"（Helvetius）号。[5]

但是，如果吉拉德能够仔细阅读孟德斯鸠和卢梭，就会发现他们对中华民族、中国文化和政府都有意味深远的保留。这两位作家似乎都意识到了中国幻想的破灭，从 18 世纪开始，伴随着对中国的赞美，这种情感与日俱增。例如，在笛福的一些小说中，抑或在乔治 · 安逊（George Anson）的回忆录中，就显示出对中国人的敌意。乔治 · 安逊是一位令人敬畏的英国海军准将，1740 年代到过广州，他发现这是一个糟糕的地方，卑鄙的官员牢牢控制着虚伪懦弱的民众。在俘获了一艘西班牙大型帆船之后，他以英雄的姿态回到英国，随后，他的环球行纪出版。在这本畅销书中，安逊毫不掩饰自己对中国的偏见，他写道："确实，我们可以毫无疑问地断言，中国人诡计多端、虚伪不实、财迷心窍，在这些方面他们难以被其他民族超越；这些天赋综合起来，加之中国人在紧要关头的手腕，让外国人很难看穿。"这些文字的目的——安逊的书中充满了这样的字眼——是要治愈欧洲作家对中国"荒谬的迷恋"。安逊还特地花费一番工夫，来纠正欧洲人对中国道德的看法：

> 然而很多传教士告诉我们，中国科技确实比欧洲落后很多，但是中国的道德、正义教育和实践却是可以被我们奉为典范的。根据一些神父的描述，我们应该被劝服，中华帝国是一个统治井然有序、社会和气有爱的大家庭。唯一的争执在于，应当由谁来践行最高的人性和慈爱。但是，我们先前在广州接触的地方官吏、商人和店主的行为，已经足以推翻这些虚伪的描述了。如果从传教士书中的范例来判断的话，我们也能发现，中国人的道德理论仅仅会对某些精神有着荒谬、执着的追求，从不会探讨人类行为的适宜准则，或是合理公正的原则，来规范人与人之间的一般品行。

诚的赞美，那些人们普遍热衷于收藏中国家具、瓷器、壁纸和丝绸的“中国风”时期，随着沸腾如潮、积极猛进的早期工业革命和铁路时代的到来，便消失殆尽了。洛可可的光芒在维多利亚时代的自尊自大中也丧失了光辉。很多迹象表明，西方人对中国的兴趣在锐减：从歌德温和而不屑一顾的评价，到他忠实的好友艾克曼对中国文化的象征不过是明亮的柳条家具的断言，到查尔斯 · 狄更斯笔下的匹克威克先生 * 认为中国道德有意义是天方夜谭的评论，再到爱默生（Ralph Waldo Emerson）对于中国宿命论、出世哲学与西方的自由和动力论的比较分析。爱默生说过，中国如果想要进入先进世界，得由西方来使之“再生”。她曾是“世界童年的游乐场”，但现在必须强迫她成长。在卡尔 · 马克思的早期著作中也论述过中国问题。他写到，中国如想要将“自由、平等、博爱”镌刻在长城上，尚需时日。确实，西方帝国主义和殖民主义的到来对于中国历史性的革命具有一定意义，它们摧毁了中国闭关锁国的状态。闭关锁国，曾让中国一度得以在资本主义席卷全球的浪潮中坚守着封建主义的阵地。然而，也正是资本主义的传播，才带来了社会主义觉醒的种子。[8]

在 19 世纪末，少数传教士还会被中国的贫困或鸦片的祸害所触动，对于大多数欧洲人来说，中国已经成为一个遥远而被遗忘的政治问题了。但是，美国人却无法忽视中国，他们不得不面对一个令人头疼的新问题：从 1849 年起，越来越多的中国移民迁入美国西部。随着中国移民每年以成千上万的数量增长，他们在西部铁路

---

* 狄更斯的小说《匹克威克外传》中的主人公。

建设、挖矿、园艺和渔业等领域崭露头角，美国人才意识到中国的廉价劳动力正在抢夺他们这群欧洲移民的收入，这随即演化成为一个尖锐的政治问题。种族主义者开始讨论“黄祸”，带着厌恶和恐惧的情绪，将中国人视为玷污血统、传染疾病的源头，这成了政治竞选的一个话题。各州针对华人在住房、工作以及教育等方面的歧视性立法比比皆是。加利福尼亚和怀俄明州的华人被暴徒杀害。华人总是渴望叶落归根，回到祖辈生活的土地上，而不是定居下来建设一个更加美好的美国，因而美国人对中国人满怀厌恶之情。此外，唐人街的状况也令人震惊，地方残酷的立法恶化了这里的状况。1881 年和 1882 年，美国开始通过移民法限制中国移民；1900 年在华美国人遭到义和团运动的创伤之后，于 1908 年再次通过了《排华法案》，限制中国移民。限制中国移民的移民法——当时没有其他国家的公民受到这类歧视——成了 19 世纪末美国历史上一个忧伤的主题。[9]

小说作品要么是对现实世界的回响，要么是对现实的推波助澜，我们不必为此大惊小怪。到了 1890 年代，反华成了美国畅销小说的题材。一些小说宣扬中国人的威胁，称中国人会从水陆两个方向攻击加利福尼亚海岸；更加耸人听闻的是，在美国的华人将有可能联合印第安人和黑人，消灭美洲大陆上的白人。唐人街也成了有关欲望、欺骗和阴谋故事的绝佳场景。在 1900 年出版的小说当中，我发现了一个有趣的故事：一个叫作“堂”的犯罪头目——这个残忍的黑老大是一个中国人，毕业于耶鲁大学——在种族上的缺陷显然已经超越了东海岸常春藤盟校对他的教化，根本改变不了他的劣根性。但是他也没能战胜美国白人，这个恶棍还没将罪恶计划付诸实践，就被他的白人同学摧毁了，最后功败垂成。这不禁让我想起了“傅满洲”博士的讽刺漫画，傅满洲博士试图征服世界，但却在他的白人对手面前屡屡失败。[10]

在义和团运动之后，中国社会门户开放，后来清朝崩溃，民国初建，军阀混战，国共两党内战不止，西方世界并不期待从中国收获些什么智慧。当然，随着第一次世界大战、布尔什维克革命、大萧条和纳粹主义的兴起，西方人也无法自诩西方文化的尽善尽美了。但是，有趣的是，20 世纪初正是西方的中国学研究蓬勃发展的时期。继 19 世纪的先驱理雅各（James Legge）、威妥玛（Thomas Wade）、丁韪良（W. A. P. Martin）、卫三畏（S. Wells William）之后的，是爱德华·沙畹（Edouard Chavannes）和福兰阁的经典历史编纂学研究、阿瑟·韦利（Arthur Waley）的诗歌研究、喜龙仁（Osvald Siren）的艺术史研究、马士（H. B. Morse）的外交史研究和赖德烈（Kenneth Scott Latourette）的传教史研究，这些研究都取得了非凡的成就。即便今天活跃在中国学研究领域的学者，仍然要感谢这些先驱的努力。他们在 20 世纪早期就致力于中国学的研究，从中我们不难看出他们对于中国历史文明的尊敬。（当然，也有一些恶作剧的怪人诸如埃德蒙·拜克豪斯 [Edmund Backhouse]，他确实是一个异类。）[11]

上文列举的著名学者包括瑞士人、法国人、德国人、英国人和美国人，这说明 20 世纪西方视角下的中国研究已经吸引了全球范围内学术界的目光。这种国际性也许是得益于电报的发明、报纸外派记者的增多、印刷业的变革，或许还应该加上西方国家流行的自愿（或者是因政治流亡）客居他乡。能够确定的是，在 20 世纪，已经有越来越多的方式推动着中国学研究。因而，西方认识中国的视角繁多，若想弄清楚，我只能放弃按年代顺序逐一分析的方法，转而采用更宽泛的分类去研究它们。

我们可以依靠一个准确、翔实却有限的综述来了解西方对中国的研究。这就是伊罗生（Harold Isaac）颇具影响力的著作《心影录》。[12] 伊罗生将美国眼中的中国形象分解成几个时期：1905 年至 1907 年的“恩惠期”，1937 年至 1944 年的“钦佩期”，1944 年至 1949 年的“幻灭期”，以及 50 年代的“敌意期”。这一年表准确地描绘了在国民党时期、抗战时期、内战时期和共产党胜利初期美国对中国的反应。在这一段时间里，美国对华态度第一次被广泛而谨慎的政治力量所左右——从亨利 · 卢斯（Henry Luce）的《时代—生活》尝试影响美国人的对华观的努力，到麦卡锡主义者、百万人委员会（Committee of One Million）恐吓美国人以打消他们对中国大陆的同情……如果让我来接着伊罗生的年表往下写，我可能会加上 1970 年至 1974 年的“再度觉醒的好奇期”，1974 年至 1979 年的“天真的迷恋期”，1979 年至 1980 年代的“新怀疑期”。毫无疑问，将来还会有新的变化。

下面将不再重复或扩展伊罗生论述 20 世纪中国的公式，这需要对有关现代中国的历史和政治报告进行仔细的研究。而我想要简洁、集中地讨论影响人们观念的一些最重要的媒介，主要是小说（也包括小说之外的电影、电视），看它们是怎么展现主人公和中国人的关系的。

显然，最能认识这种关系的方法是研究在中国的中国人。这种方法当然是最具政治性和历史性的分析，也产生了有趣的小说效果。最具影响力的例子便是赛珍珠（Pearl Buck）的作品，描写了在焦灼、破碎的土地上的中国农民（以《大地》最为著名）。[13] 她以奇特的古韵之语，似乎要将当代中国的经历融入一个永恒的时空之中，这也正是很多西方人——包括孟德斯鸠和黑格尔——对华认知的核心。但是，其他一些作者却从中国场景中的中国人身上得出了不同的结论。在《狄公案》（*Judge Dee*）中，高罗佩（Robert van Gulik）塑造了一个战胜艰难时势、精明正直的主人公形象。在开龙（Kai Lung）的故事中，恩尼斯 · 布拉玛（Ernest Bramah）塑造了一个令人捧腹的“儒生”形象，他装腔作势、咬文嚼字，抓住汉字间的细微差别不放。[14] 近些年一些反思“文化大革命”题材的小说问世，从中我们可以看到陈若曦的《尹县长》的精细微妙，也有《北京最冷的冬天》（*The Coldest Winter of Peking*）的大胆豪放。[15]

与上述作品的视角截然不同，还有一些作品描写了中国土地上的外国人，让西方读者能更加直观地了解中国（当然，这些作品也有自相矛盾之处,因为要“贴近”西方读者就难免与中国精神的“现实”相脱离）。很多西方杰出的游记作家抓住了这样的机会，如埃德加·斯诺的《西行漫记》，格莱姆·派克的《两种时间观》，西蒙·莱斯的《中国阴影》，以及舒衡哲的《漫漫回家路》。[16] 与报告文学相比，这些小说和电影强化了主人公的形象，也将戏剧性的情节展现得更突出。例如约翰·赫西的《孤石》[17] 中那位年轻而奋发的工程师，抓住机会开发长江的水电资源；电影《袁将军的苦茶》（*The Bitter*

Tea of General Yen）中被绑架的女主人公，毅然投入了中国内战；詹姆斯 · 克拉韦尔和罗伯特 · 艾利根特的《大班》或《王朝》，[18] 将中国内地和香港联系在了一起。在这类小说或电影中，最出奇的要数艺术史学家谢阁兰的《勒内 · 莱斯》。谢阁兰塑造了一位聪慧的欧洲语言学家，并且精心描绘了内部腐朽堕落的清王朝逐渐丧失昔日光辉的过程。[19] 大多数描写在华西方人的小说，其结局都是以西方人的孤独感和沮丧感告终，他们都发现自己难以跨域“我们”和“他们”之间的鸿沟。约翰 · 赫西那引人入胜的小说《召唤》，写于1985 年，仍然继续讨论着这一主题。[20]

那么，如果我们将某个中国人放在西方的场景当中，会怎样呢？在这种情况下，我们寻求着同化中国人的可能性，而这种同化在西方人看来，是不可能在他们自己身上实现的。陈查理 *，一位笨手笨脚但总是能成功的探长，与傅满洲形成了令人欣慰的鲜明对比，他通过顺从西方社会，最终成功融入了身边的白人圈子。中国的功夫大师们——这些孤独、逍遥的英雄，与西方白人中那些独行、神秘的枪手非常契合，但在唐人街的喧嚣中却显得格格不入。他们内心强烈的孤独感如同对西方社会的融入感一样安慰人心，因为这是支撑西方社会的道德准则。同样孤独的形象也可以放在欧洲，或者

---

* 陈查理（Charlie Chan）是美国作家厄尔 · 德尔 · 比格斯（Earl Derr Biggers）笔下的一名华人探长，檀香山警察局里的一名警长，后来被提升。他和妻子以及十四个孩子一起住在 Punchbowl Hill（檀香山市里的一个区）。书中一些描述带有那个时代对中国人的笼统看法甚至偏见，但是总体看，陈查理是被当作正面人物描写的，与周围的白人是同等的。

是马来西亚、新加坡和中国香港那些模糊不清的圈子中，这些在保罗·斯科特（Paul Scott）、詹姆斯·法雷尔（James Farrell）和韩素音的笔下都有生动的描写。[21]能够用单个的中国人形象来打动西方读者的，最成功的作家还是住在美国的华人，他们以中国人的价值观为创作主题，出版了颇具影响力的著作：如汤婷婷（Maxine Hong Kingston）笔下的《女勇士》，[22]一个怒不可遏、结结巴巴但还算口齿清楚的叙述者。在这本书中，西方的文明白人摇身变成了魔鬼和幽灵，纠缠着女主人公的双亲。

我已经探讨了很多以不同方式展现中国的作品，这些作品都影响着我们对中国人和中国文明的认识。但是，以中国为背景的小说不一定就是关于中国的，正如在伏尔泰的笔下，中国可以是一个工具，或只是一种衬托。因此，有些以中国为背景的著作讨论的是作者自身的政治观，虽然相当有名，我们也不能把它们当成描写中国的作品。例如安德烈·马尔罗的《征服者》和《人的命运》，仔细阅读这些书后就会发现，书中的中国人很少作为主人公出现，而仅仅是在他人的言辞中被提及。[23]在贝尔托·布莱希特的《四川好人》中更是如此，中国只是一块背景幕布，并没有什么重要的意义。[24]贝尔托将故事背景设置在军阀混战时期那广袤、肥沃、封闭的西部省份，有些人相信这有深刻的现实意义，在得知贝尔托写作时认为四川不过是一个小县城之后，也改变了最初的看法。卡夫卡笔下的中国也同样如此，尽管描写得惟妙惟肖，但也只是空中楼阁，只是以幻影来探索孤独和时光的世界。（这种探索在他的短篇小说《中国的万里长城》中展现得更为生动。）[25]

另一部把中国仅仅当作工具的杰作是詹姆斯·巴拉德在 1984 年出版的《太阳帝国》，背景是第二次世界大战期间日军在上海设立的龙华集中营，作品中贯穿着对于痛苦和意志的深刻而精到的思考。故事通过主人公吉姆——一个在集中营中挨饿的孩子的视角审视了这场战争，再现了西方战俘和日本战机飞行员的双重悲剧，而其中的中国人大多以幕后的角色出现——暴民、沉默者或是尸体。在日本人用来交换战俘和放置掠夺品的废弃足球场上，“吉姆躺在那里不动。这时虹口油库起火，焚烧的火焰照亮了看台上抢来的电冰箱的门，照亮了白色凯迪拉克牌汽车的散热器格栅，也照亮了蒋总司令包厢中石膏女神的落地灯”。这是一个梦魇萦绕的世界，尽管长江从这里流过，“这宽阔的江流已经容纳不下死去的中国人了”。[26]

小说中的形象更是可以同中国相去甚远，在一些作品中，作者虽然研究了中国的人物形象，但仅仅用这些形象表达自己对其他事物的看法。虽然它们也堪称佳作，但于西方读者了解中国文化内涵却无所裨益。例如，克内希特（Joseph Knecht）在赫尔曼·黑塞的《玻璃球游戏》（*Glass Bead Game*）一书中所寻求之“道”，并没有什么中国文化的内涵。而埃利亚斯·卡内蒂的《迷惘》中所描写的狂热的、出奇的中国研究学者彼得·基恩（Peter Kien）则更是无所启示。在小说的高潮部分，彼得烧掉了自己的房子、自己的中国学图书馆，并且最终自焚而亡。[27] 尽管这些著作很明显具有中国色彩，但是作者最终还是着眼于人类生活的普遍意义。

即使是如此模糊而忧郁的人物，也并不意味着西方人放弃了从中国来寻找自身的道路，或是进一步挖掘中国那非同凡响的人民和文化的努力。不管作品中有多大的局限性，我们并不能把这些五花八门的观点简单看成只是反映了西方文明的偏见，或是对东方文明利用性的态度。爱德华·萨义德在他最具影响力和热情的著作《东方学》中强调西方学者的“认知帝国主义”，留下了很多值得深入思考的问题。[28] 在过去的四百年中，描绘中国过程中的挫折和磨难绝不是一篇综述文章就能概括得了的。但这项工作也本应如此，没有人能够轻松地让其一目了然。我们对于中国的认识越发迷离恍惚、越发叠床架屋，也许就越接近那难以捉摸的核心：真理。

儒学的冲击

康熙帝一生的七个阶段

康无为[*]最近发表了一篇题为《清中期的君主政体观》（Some Mid-Ch'ing Views of the Monarchy）的文章，其中称，他已经超越了"简单陈腐的一维观念"和"复杂老套的二维观念"，进而获得了能够揭示乾隆皇帝这个"复杂人物的不同侧面"的三维观念。[1]这个"三维"的提法立即促使任何一个心智健全的门外汉都试图再加上第四重维度：比前三个空间维度更具历史性的时间维度。

我们既然已经学会了识别老套、扭曲的形象，就可以回到历史当中，去研究年谱。年谱中的皇帝有血有肉，和他们的臣民一样，是被时代所束缚的凡夫俗子，他们的身体和思想都有局限性。他们必须要运用手中的工具和通过想象力制造出来的工具，在有限的地理空间内展示他们的雄才大略。考察皇帝一生有个简单方法，便是采用莎士比亚的人生七段论。莎翁在《皆大欢喜》（*As You Like It*）[2]

---

* 康无为（Harold Kahn），著名汉学家，斯坦福大学历史系教授，著有《皇帝眼中的君主政体：乾隆朝之形象与实践》。

中痛苦却又才华横溢地将人生浓缩为七个阶段，这比起历史学家的狭隘分期来说，更适用于全人类。1654 年出生的康熙，在六十八岁去世之前统治中国长达六十一年之久，完整地经历了人生的这七个阶段。他，既是一位皇帝，也是一个普通的男人。[3]

第一阶段，“最初是婴孩，在保姆的怀中啼哭呕吐”。这个婴孩，顺治帝的三皇子玄烨，在法理上来说是纯正的满族后嗣，但从血统上来说就不那么纯粹了。他的母亲来自佟氏家族，佟氏一族在归顺努尔哈赤成为旗人之前，长期居住于辽东，是明朝的官宦世家。[4]仔细考察佟氏家族会发现，这个年轻的满族皇子身上流淌着不少汉族的血液。他啼哭，至少在小时候他是会啼哭的，在他年仅两岁的时候，父亲迷恋上了一个妃子，便将小皇子玄烨送到宫外去抚养；他也会呕吐，因为他得过天花，还在脸上留下了疤痕，所以会比一般的婴孩更容易呕吐。但幸运的是，他的天花最终康复了，这还帮他夺得了皇帝的宝座，因为他对这个可怕的疾病有了免疫能力。他的保姆当中至少有一位因为抚养他而得到了奖赏：这位年轻的宫女姓孙，之后嫁给了正白旗的包衣曹玺。后来康熙帝惦记她的恩情，提拔她丈夫做了工部尚书，并赐予她“一品夫人”封号，她的长子曹寅也成为官至省级的皇帝宠臣。[5]

第二阶段是“背着书包、满脸红光的学童，像蜗牛一样慢腾腾地拖着脚步，不情愿地呜咽着上学堂”。但康熙当然没有什么可呜咽的。根据中国官方史料记载，康熙四岁起就喜欢读书，并乐此不疲；五岁以父为志，七岁为民祈福。后来，康熙曾告诉大学士高士奇，他四岁便能识字读书。[6]然而，这并非康熙的鼎盛时期。首先，尽管康熙精通满语，汉语口语也不错，但在写汉字——特别是在写汉字的偏旁部首时，还是会犯错，这种情况一直持续到他去世，[7]说明他接受的汉语教育并不完善。其次，在成年男性的世界中，那时的康熙毕竟还是个孩子。

1661年顺治突然去世，康熙帝即位，这个七岁的小孩自然是没有实权的。四位满族摄政大臣统治着国家，其中最具权势的是鳌拜。这四位摄政大臣拟定了顺治"遗诏"，在遗诏中，已故的顺治帝为自己过去所犯的错误深感自责。令人吃惊的是，这位清朝入关后的第一位皇帝犯下的错误竟如同"末代昏君"一般——迷恋宠妃、奢侈淫逸、用人不当（未能重用满人）、宦官滥权，等等。[8]我们很难相信康熙竟不去怨恨这份遗诏给先皇留下的羞辱。他也未能长期得到母后的庇佑：康熙的母亲作为皇太后，本来是极具影响力的，但她在1663年，即康熙年仅九岁的那一年，也去世了。

康熙至少对第三阶段应该是颇为满意的。这一阶段"然后是情人，像炉灶一样叹着气，写了一首悲哀的诗歌咏着他恋人的眉毛"——这景象着实就是一幅中国画啊！康熙在比莎翁诗篇中所说的还早的年龄便享受了爱情的果实。他十一岁就迎娶了孝诚仁皇后，之后记载的时间可能有误，但在十五岁之前，他与荣妃马佳氏生的儿子，也就是康熙的长子确实是出生了。[9]从此之后，有太多的史料说明这位年轻的皇帝卓尔不群。他并没有将自己局限在正式选秀召进宫的后宫嫔妃中，侍女乌雅氏——护军参领威武之女就在不太正式的场合生下了皇子，也就是未来的雍正皇帝。对于当时宫内的人来说，小皇子没什么特别之处，但对于下一代中国史官来说，雍正的出生毫无疑问充满了引人入胜的吉兆。[10]

这里采用莎士比亚的人生七段论就会模糊不清了。毕竟，一个中国的皇帝并非凡人，康熙年纪轻轻便开始对国家大事发号施令了。1690 年代，康熙御驾亲征平定噶尔丹；而在此之前，他便以军人的姿态出现过，“然后是一个军人，满口发着古怪的誓，胡须长得像豹子一样，爱惜着名誉，动不动就要打架，在炮口上寻求着泡沫一样的荣名”。我们也不得不承认，在当时康熙是掌控大炮的人，但他的胡须也从来没有“长得像豹子一样”。在康熙初长成人的时期，对他歌功颂德的文字并没有什么参考价值。不过，康熙帝从孩提时代开始就继承了满族的传统，是一个骑射好手。[11] 1669 年他击败鳌拜，其速度之快，显示了他有胆有识。也正是在这一年，康熙王朝才真正开始。1673 年，在大臣明珠、莫洛、米思翰的支持下，康熙帝又做出了一个关键的决定：平三藩，剥夺南方吴三桂等藩王的权力。经过八年的内战，大清帝国取得了胜利，平定了三藩之乱。

经历多年的危险之后，康熙政权最终得以巩固。到 1683 年康熙帝三十岁之时，可以说实现了孔子所说的“三十而立”。吴三桂及其他藩王已被铲除，余孽也溃不成军；康熙还从郑成功后人的手里收复了台湾。似乎是为了宣示他本人君临天下，1683 年康熙第一次西巡，次年第一次南巡至南京。[12] 不过在当时，康熙王朝还只是满人的康熙王朝，在巡游的过程中，康熙只住在城市中八旗军驻守的要塞，他的主要辅政大臣也都是满人。汉人学士，如高士奇，只是慢慢才得到了他的信任。这一时期还不是改革内政的时期，康熙的主要精力仍然集中于巩固北部和西部的边界。在他执政的前半段时间里，一直到四十岁初期，康熙都是一个“武帝”的形象，镇压国内的暴乱和开拓疆域。

但是，“武”只是“文”的另一面。随着时间的推移，“武士”的形象逐渐让位于“民政长官”的形象，战争一结束，康熙便要开始整修内政。这是自然而然的过程，而非条件反射；这是政治现实，而非假象。这便是莎翁所说的第五个时期，法官的时期：“胖胖圆圆的肚子塞满了阉鸡，凛然的眼光，整洁的胡须，满嘴都是格言和老生常谈。”此时的康熙帝，既有从生命中汲取的慈悲为怀，也有从经验中获得的冷峻严酷。在他统治的 1695 年到 1715 年间，这两个方面在康熙身上表现得淋漓尽致。

首先是慈悲为怀的一面。这一时期，康熙与耶稣会士相处得非常融洽。康熙之所以颁布允许基督教活动的圣旨，一方面是因为《尼布楚条约》的签订，另一方面是因为传教士用奎宁（金鸡纳霜）治好了康熙的高烧。即使是在中文的材料中也有记载，说康熙在巡游途中停下来与传教士们交谈，还邀请他们去行宫做客。康熙多次悠然南巡——1699 年到 1707 年就四下江南——在一些盐商为他专门修建的行宫中大摆筵席、品茗观戏。[13] 这一时期，康熙也多次下令大赦和减赋，1711 年之后开始执行“盛世滋丁，永不加赋”的政策，惠及后代。同时，康熙还下令进行大规模的文献编纂和重新绘制地图的工作。也正是在这一时期，热河的夏日行宫避暑山庄开始修建。康熙还大力提拔杰出和廉洁的官员，委以重任（当然，有时也会有差错）。[14] 对于情节较轻的腐败，康熙并不会过分追究：据一份官方的密报记载，某总督和其他官吏一年从盐税中非法贪污的银两高达三万四千五百两，康熙得知后，以“数目不大，如若追究，必使其他总督寒心”[15] 为由，没有严查此事。这一时期，康熙还特别注重协调汉人和满人的关系，保持满人集团和汉人集团的平衡，有时还会亲自出面阻止满人官员对汉人官员的排挤。[16]

虽说康熙有着慈悲心肠，但对此也不能赘述，毕竟他作为帝王也有冷峻严酷的一面。有充足的证据显示，1690 年代以后，康熙帝就致力于集中王权，避免大权旁落。皇家家奴（包衣）——这些先代汉族仆人的后代——都官居财政要职，如长期任职的两淮巡盐御史、粤海关监督、内地关卡监督、铜矿采购员、贡粮监督员等，他们的工作由皇上亲自督查。最初被任命为南京织造和苏州织造的包衣，从 1690 年代开始，便奉旨向皇帝秘报当地官员的行为和当地的财政情况，以便皇帝对日常官员行为进行多重监督。由此建立起的密折体系，甚至绕开了内阁大学士，从而成为康熙的私人情报处。这些奏折都被密封送到皇帝手上，由皇帝亲自打开，之后再通过专人秘密送回上奏者手中。[17]

康熙帝也相当乐意在公开和私人的场合表现出愤怒：例如，他曾当众指责张鹏翮治水不力，罚他在百官面前下跪；教廷使节铎罗（Maillard de Tournon）也见识到了康熙的龙威，对于教会统治中国天主教徒之精神的要求，[18] 康熙出语轻蔑，毫不让步。康熙还曾多次褒扬明太祖这位明朝初期厉行集权的皇帝。

但是，衰老最终还是到来了。这一阶段并没有起伏跌宕的大事，不像乾隆时期有大臣和珅——这位奸臣在二十六岁便平步青云，最终达到权力和财富的顶峰。康熙的衰老是一个缓慢的过程，他慢慢失去了曾经的英明果断，手中的缰绳也慢慢地松了。可以预见到的是，衰老会由身体显现出来。康熙晚年的肖像画也无奈地印证了莎翁的话："第六个时期便成了精瘦的趿着拖鞋的龙钟老叟，鼻子上架着眼镜，腰边悬着钱袋；他那年轻时候节省下来的长袜子套在他皱瘪的小腿上显得宽大异常；他那朗朗的男子口音又变成了孩子似的尖声,像是吹着风笛和哨子。"康熙的身体不如他的孙子乾隆健壮，他在幼年和青年时期都曾身患重病，也许正是苦难的人生让他早衰。据 1715 年的一份诏书记录，他的右手已经不能用了，因此所有密诏都是他用左手写的。那么康熙是否得过轻微的中风呢？ 1717 年，一位退休的知府得知他身体状况堪忧，便到避暑山庄中进贡一些特制的药材，但康熙并不愿意尝试。1718 年 12 月，康熙告诉李煦，他从夏天开始便身感不适；1721 年康熙又写信给年羹尧，说他身体有所恢复，但仍然非常虚弱。[19] 这段时间，密折从未被批阅，因为皇帝不会让其他人批阅密折，而他的身体又太虚弱而无法亲自批阅。这一时期朝政松懈，地方财政亏空，这些即使上报给康熙，康熙也已经无力处理了。他也无法阻止关于皇位继承人的争执，尽管他不停地警告，但是最有可能继位的皇子之间仍然形成了各个派系。毫无疑问，皇位继承人引发的争吵给康熙的晚年带来了真正的痛苦，他还被迫废黜了他深爱的二阿哥胤礽的太子之位。

幸运的是，康熙的第七个阶段很短。摄政王可以辅佐年幼的新皇，却不能代表年老的帝王，“终结着这段古怪多事的历史的最后一场，是孩提时代的再现，全然的遗忘，没有牙齿，没有眼睛，没有口味，没有一切”。在1722年末，雍正帝最终脱颖而出，逐渐接近父皇为他预留的皇位。篡改后的历史记载中充斥着他那长长的施政建议，也没有任何争执皇位的迹象。[20]雍正的继位仍然充满了疑点，似乎他并不是康熙选定的继位者，但他也不可能有谋害康熙的行为。雍正是一个小心谨慎且很有耐心的人，在康熙病重之时，他在隆科多的帮助下，仔细为今后的继位打下了基石。当康熙在北京寒冷的冬季驾崩之时，雍正果断行动，最终登上了皇位。

我们应该如何评价康熙呢？他是不是一个伟大的皇帝？什么样的皇帝才是伟大的皇帝？他是统治着一个强盛的国家还是创造了一个强盛的国家？同样，如何评价一个国家的强盛？评价一个人创造了一个强盛的国家是否有意义？对于我来说，一个国家的强盛蕴含着活力、力量和灵活性。具有这些优良品质的君王可以取得惊人的成果，但他的国家必须为此做好准备。历史偏爱康熙。他所统治的中国刚刚经历了李自成、张献忠军队的烧杀抢掠和满族入关后的征伐——谁又能忘记王秀楚在《扬州十日记》当中记载的大屠杀？[21]——这些屠戮劫掠所带来的恐惧震吓了民众，也荒废了土地。在百废待兴中，康熙顺时而动，节流开源，休养生息，恢复朝政使得经济富裕、社会安定。由此，中国可以消化掉迁界禁海所带来的破坏，也可以平定削藩所带来的南方八年的叛乱。康熙时期，政府征税不难，即使是平定噶尔丹那样的大战役，花销也不会给国库造成太大的压力。当然，康熙王朝也并非十全十美，没有必要粉饰太平。当时，很多省份都长期遭受饥荒，如 1708 年江苏的大饥荒、大江大河沿岸洪水肆虐、某些省份的科举考试腐败丛生。但是，国家粮仓充裕，饥荒能得到救济；河流整治工程颇有成效；舞弊行为能够得到惩治，考生的抱怨也得以上传，从而树立起了诚信考试的风气。

这也是一个文化繁荣的时代。不得不承认，这一时期很多杰出的作品都富含反叛精神——只需想一想画僧八大山人和画家石涛，或者是思想家王夫之、黄宗羲——但是他们的创作都是不受干扰的。与他们形成对比的，是词人纳兰性德和画家王原祁，以及官营织造出品的丝绸和官窑烧制的瓷器。可以说，康熙年间思想活跃、艺术精良，危机之后的社会进入了人人可见的稳步恢复时期。

我认为，这一时期的中国是个强盛的国家。康熙帝之所以能够成为一代明君，可能会有人认为是因为他统治中国长达六十一年之久——但这与康熙成为一代明君并无关联，而是因为他将自身的伟大之处融入了统治之中。一个不那么伟大的君王，就不会如此果断地对付鳌拜、吴三桂和噶尔丹。康熙忖度自身实力，甘冒风险，每一次都取得了胜利。除了勇敢果断、执行力强之外，康熙也是一个颇具个人魅力的人，这一点从耶稣会士的历史记载中可以清晰有力地得到证实，中国的文献也让我得出了同样的结论。

康熙并不是一个矫揉造作的人，他富有幽默感和好奇心，喜爱新鲜事物。他宽厚仁慈，不拘小节，也清醒地认识到自己作为皇帝所应承担的角色——这让他不得不表现出不苟言笑、不食人间烟火的一面。当然，他也遗传了父皇顺治帝的一些暴躁脾气，但却没有记载表明他也和顺治帝一样时常孩子气地大发雷霆。他可以很严厉，也时常嘲讽他人，但他并没有皇子雍正的辛辣狠毒。我觉得，在一定程度上，他把他的人格赋予了他统治下的中国。

这时的中国是个统一、富裕、强大的大国，在领土边界上极富进取性，内政外交极具灵活性，部分要归功于康熙帝的人格和能力。康熙时代的中国令人景仰，有助于矫正我们在研究中国 19 世纪到 1949 年前得出的印象。这才应当是研究当代中国的起点。

明朝生活的活力

明王朝从1368年到1644年统治中国。然而，这个幅员辽阔的大王朝却一直是西方历史研究的盲区，它要么被看作唐宋王朝盛世传统的结束，要么被认为是中国近代史“过早”的时期——对于历史学家来说，中国的近代史可以开始于18世纪，也可以开始于17世纪，但将其源头追溯到明朝未免有点过早了。不仅如此，“衰落的明朝”自1550年代起至1640年代止，经历着上百年的混乱和持续的动荡，研究其帝制和官僚机构的特点并无多大的价值。

黄仁宇这本《万历十五年》与众不同、引人入胜，[1]虽然很难在历史的范畴中提升衰败的明王朝的地位，但却实实在在地丰富了我们对这一朝代衰落原因的认识。不仅如此，他精心挑选的五个主角展现了中国社会对于即将到来的灾难的多种回应。

在这本书的开篇，黄仁宇便描述了天朝臣民从未见过的景象：传闻皇帝陛下要举行午朝大典，文武百官奔赴京城，北京的大街上熙熙攘攘，困惑的太监和守卫的禁卫军四处追查讹传的来源。黄仁宇用娴熟的手法为我们展示了明王朝政治生活中的仪式和人事，将错综复杂的细节用浅显易懂的语言描绘了出来。

他的故事结构巧妙，故意采用了矛盾的写作手法。就长期来看，如果 1587 年“实为平平淡淡的一年”，那么就不会在这一年发生了这么多事件，而每件事情都成为以后掀起波澜的机缘。正是在这一年，明王朝第一次听说，在遥远的北部，女真部落中一位名叫努尔哈赤的族人正在政治上崛起。尽管在当时这还是无关紧要的琐事，但在努尔哈赤 1626 年去世之前，女真人已经征服了满洲南部大部分地区，而努尔哈赤的后代则将在 1644 年建立清王朝，夺取皇位。

这一年，明代两位备受关注的官员相继去世：海瑞是正直廉洁的一代清官，他猛烈抨击贪赃枉法的官员和敲诈勒索的地主；戚继光是仁慈宽厚、足智多谋的一代名将，他在中国东南建立了一支英勇善战的军队，击退了倭寇的侵扰。也正是在这一年，黄仁宇笔下那个怯懦、学究气、难以控制政局的、聪明的和事佬申时行，当上了明朝的首辅大臣。

首辅申时行和令人难以捉摸的万历皇帝之间的关系是黄仁宇故事的主要内容。黄仁宇，这位对于明代政治经济有着深刻造诣的历史学家，专注于探索失败举措的历史意义。很多历史学家关注重大时刻、关键文献和重大政治转折，黄仁宇与他们不同，探索的是虚伪、无趣、老套的事物，探索阻碍皇帝和大臣进行统治的恐惧感。从当时的政治和法律结构中，黄仁宇找到了部分答案，但更为重要的答案来源于当时官员的一种自然倾向——他们反对专权的老臣和统治无力、思想古怪的皇帝，反对任何新形式的权力：

> 多少年来，文官已经形成了一种强大的力量，强迫坐在宝座上的皇帝在处理政务时摈斥他个人的意志。皇帝没有办法抵御这种力量，因为他的权威产生于百官的俯伏跪拜之中，他实际上所能控制的则至为微薄。名义上他是天子，实际上他受制于廷臣。万历皇帝以他的聪明接触到了事情的真相，明白了自己立常洵的计划不能成功，就心灰意懒，对这个操纵朝政的官僚集团日益疏远，采取了长期怠工的消极对抗。[2]

与此主题相对应，黄仁宇推出了他第五个也是最后一个案例：李贽。在黄仁宇的笔下，李贽是一个意气消沉、缺乏影响的马丁·路德，他努力践行着儒家士人的良心，但他身处的社会中，强大的政治和宗族观念强迫个体必须“维持集体观念”，他得不到同情和认同。李贽才华横溢但却性情暴躁，经历了悲惨的个人生活，官场失意，以文墨自娱，在黄仁宇笔下，这是一个悲伤的故事。黄仁宇写到，李贽的不幸在于他活得太长，李贽应该在 1587 年即万历十五年，也就是他剃度为僧的前一年离开人世，而他却活到了 1602 年。

正是在这一点上，那些喜欢研究明朝丰富而微妙的内容的学者可能会反对，认为黄仁宇过于将重点放在失败和无用的内容上。他们会理所当然地发问，李贽在生活中所产生的问题，能否真的被纳入黄仁宇的解释模式之中？李贽生于 1527 年，他的一生是一段不同寻常的传奇：祖上是泉州巨商，皈依了伊斯兰教，他自己则是一个极度个人主义的儒家学者，并深受佛教思想影响；他的故事反映了明朝的不同侧面，这个经济和社会极度活跃的朝代中，充满了敏锐和激昂的思想争辩。

1930 年代，李贽和耶稣会传教士利玛窦的通信引起了德国历史学家奥托·福兰阁的注意。1960 年代，中国的马克思主义历史学家开始研究李贽，因为李贽对于传统儒家思想家的尖锐批评，可以用来解释"官僚地主阶级价值观"之空洞。1970 年代，美国的历史学家逐渐开始研究李贽的哲学著作及其主观性的讨论。1980 年，陈学霖出版了《当代中国史学中的李贽》，出色地翻译和评论了中国大陆李贽研究的现状。现在，毕来德（Jean François Billeter）的新书可以说是到目前为止最为精深的李贽研究。[3]

有必要指出的是，毕来德所说的"Li Zhi"就是黄仁宇所说的"Li Chih"。Zhi 是标准汉语拼音，而黄仁宇在《万历十五年》中采用的 Chih 是威妥玛拼音（Wade-Giles），上文所提到的其他著作均采用标准拼音法。法语学者放弃了自己的拼法而采用标准拼音法，这对于英语读者来说无疑更好懂了。遗憾的是，我们现在还处于过渡期，学者（出于需要）和大众读者（如果他们愿意的话）都需要同时记住几种拼法。例如，富路德（L. Carrington Goodrich）和房兆楹主编的《明代名人传》（*Dictionary of Ming Biography*）就采用了威妥玛拼音，里面可以看到"Li Chih"的用法，"Li Zhi"对于经验尚浅的读者来说则更加晦涩难懂。

毕来德在前两卷中主要研究了李贽 1590 年之前的生活，正是在 1590 年，李贽出版了《焚书》。他将这本著作命名为"焚书"，颇具讽刺意味。毕来德认为，李贽的故事对于了解中国社会非常重要，同样有助于了解我们自己——李贽的著作"能够为我们的经验增添一些独特性，并在我们的经验中开创一场运动"。在李贽极富争议的著作和混合了佛教、道教、伊斯兰教、罗马天主教和儒教的思想中，毕来德找到了一条路来认识中国宋代以来社会和思想的变化。因此，他不仅仅把李贽当作一个普通人，更把他当作中国古代"官僚团体"中的一员来分析。这一阶层可以从迄今为止其他学者所研究的"乡绅"和"地主"阶层中独立出来。李贽的一生凸显了儒教社会的内在矛盾，特别是在李贽出生的中国东南沿海。在那里，儒家思想作为一种强有力的意识形态，摧毁了使当地富裕起来的商业，从此只有在以儒家经典为基本内容的科举考试中取得成功，才能进入有利可图的官场。

毕来德主要研究李贽在1560年代所接受的、赋予李贽以思想力量的"启蒙"思想，以及这种"象征性资本"与李贽的地主阶级下层地位之间的关系。为了分析李贽对于自身力量的评价和对于人性的定义，毕来德仔细分析了李贽与其重要的良师益友何心隐、罗汝芳之间的关系（在李贽看来，在何心隐最需要帮助的时候，他的哲学家朋友却背叛了他。1579年何心隐被捕入狱）。在描写李贽对海瑞的崇拜之情（黄仁宇的书中写作"Hai Jui"）、与耿家兄弟（耿定向、耿定理）的辩论、决定抛家弃子隐退麻城僧院等事件时，毕来德拓展了黄仁宇的描述，并刻画了李贽那躁动灵魂的运动轨迹，最终这个灵魂发出了"不要依赖任何人"的誓言，并试图在被虚伪玷污的世界中找到一片属于自己的净土。

毕来德的著作基于大量一手材料和最新发掘的资料，并翻译了大量的李贽作品。毕来德评论说，一定要把作者李贽看作读者李贽，看作一个被他人的话和自己的回答所困扰的人。在一封写给朋友的信件当中，李贽写道：

> 凡人作文皆从外边攻进里面去，我为文章只就里面攻打出来，就他城池，食他粮草，统帅他兵马，直冲横撞，搅得他粉碎，故不费一毫气力而自然有余也。[4]

因为当地官绅参劾李贽妖书惑众，致使李贽被捕入狱并于1602年在狱中自刎。毕来德认为，这主要是李贽对自我的分析能力相当自负，并坚持批判官场错误的“幻象”。毕来德引用的另一篇文章当中，李贽生动地描写了作为作者而非读者的痛楚：

> 且夫世之真能文者，比其初皆非有意于为文也。其胸中有如许无状可怪之事，其喉间有如许吐而不敢吐之物，其口头又时时有许多欲语而莫可所以告语之处，蓄极积久，势不能遏。[5]

但是一旦决堤，作者便“尽情表达着欣喜之情，宣泄他的激情，高声呼喊，泪流满面，泣不成声，完全沉浸在自己的感情之中”。毕来德的这些未经润色的华丽文字可能略微有些过度翻译了——“完全沉浸在自己的感情之中”的中文原文是“不能自止”。[*]尽管如此，毕来德已经用华丽的文笔为我们展现了一个充满激情的文人形象。

---

* 此处的原文为：“既已喷玉唾珠，昭回云汉，为章于天矣，遂亦自负，发狂大叫，流涕恸哭，不能自止。”参见李贽：《焚书 · 杂说》，北京：中华书局，1961年，第97页。

李贽作品中表现出来的真情实感，在其他一些中国早期文学作品中也有体现。毕来德提到，李贽阅读面广，从《水浒传》到《西厢记》都有涉猎。中国历代文学批评家公认的这种浪漫主义情怀，在汤显祖的昆曲《牡丹亭》中达到了巅峰。汤显祖与李贽同一时代，生于1550年，略晚于李贽。汤显祖家境殷实，似乎仕途光明，但之后致力于戏曲写作。和李贽一样，汤显祖深受罗汝芳的影响，在写作中追求表达生活的"真情实感"。李贽和汤显祖有过交情，在李贽死后，汤显祖逆潮流而行，甘冒风险为李贽写下了悼词。[6]

1587年的时候汤显祖已经开始写戏曲剧本，但其代表作《牡丹亭》最终完成于1598年。现在，白之（Cyril Birch）教授将《牡丹亭》全部翻译为英文，[7]能够让我们从另一个视角审视明末的社会。在这个朝代，情感和礼节都有其力量和意义。这是一个关于纯洁、爱情、绝望、死亡、复活、婚姻和满足的长篇故事，白之抓住了其中浪漫、放任和活泼的风格，他的译本也使读者倍感愉悦。当然，他也成功地向现代读者展示了原著的广博学识。他在必要的地方恰到好处地采用注释，而其他时候就让故事流畅地发展下去。他用熟练的英文技巧引导着故事的节奏，展现了中文原著的态度和风格。（的确，除了戴维·霍克斯 [David Hawkes] 翻译的18世纪作家曹雪芹的《红楼梦》之外，白之翻译的《牡丹亭》是我见过最细致入微的译作。）

白之对于汤显祖的作品深有感情，他的译本中汤显祖笔下的小人物也不会失真——爱搞恶作剧却精明机灵的女仆、粗俗却虔诚的道姑、妄自尊大的私塾先生、好色贪杯喋喋不休的北方大兵——笔法仿佛是莎士比亚的喜剧和莎士比亚的措词。《牡丹亭》讲述了一对有情人在阴间和尘世被迫分离却又最终团聚的感人故事，这个故事有着强大的感情画面，让我们感受到官场和宫廷之外明朝生活的脉搏。

在这样的另一个世界中，充满了喧嚣和活力、放屁和大笑，当然，不管是在1587年还是明朝的随便哪一年，这都构成了明朝文化的一部分。模糊了历史典籍，摒弃掉古文古诗，大众文化浮现在小说的方方面面。在中国小说的发展史上，晚明是一个辉煌的时代。当然，要进入中国古代小说的世界，我们需要导游和翻译，为此，韩南（Patrick Hanan）教授为读者提供了不可或缺的帮助。

与论述中国短篇小说的早期专著相比，这本论述16世纪末17世纪初中国小说的《中国白话小说史》[8]对于大众读者来说更通俗易懂。在《万历十五年》中，黄仁宇也没有忽视这一话题——实际上，他对于万历年间的大众文学和禁书有过精彩的评论。毕来德对于李贽小说爱好的研究也已在上文提及。但要进一步探索毕来德在其著作副标题中阐明的主题——“晚明仕宦社会学考察”（sociologie du mandarinat chinois de la fin des Ming），仍然需要韩南教授通过大量阅读小说和序言所提炼出来的细节材料。

韩南展示了白话小说如何从占据主导地位的儒家经典著作之中兴起的过程，他描述了“白话”小说这个概念的发展，并探讨了白话小说和古典文学分道扬镳的条件。他赞同李贽的观点，即白话有着批判主流价值的作用，而且白话小说以其叙事技巧、目标和不同的叙事模式、风格和语言，产生了新的影响，远超此前文学作品所达到的成就。

早期白话小说的人物主要是盗贼和士兵，到了晚明则变成了商贾和店主，这种人物转换显示了明代经济的发展。叙事者的角色日渐重要，而曾备受追捧的小说中的“概念”因素被淡化，昭示出人们观念发生的类似变化。明末冯梦龙是学者、改编者、文学家、编辑、出版商、官员、商人、李贽的敬仰者、道德家，也是下流之事的记录者，种种身份集于一身。韩南著作的中间章节谈到了冯梦龙，他成了考察明朝社会的新焦点。冯梦龙甚至大胆地更正汤显祖《牡丹亭》的音律，使之更适合昆腔演唱。这彰显了冯梦龙追名逐利的一面，以及读者圈的规模和品味。[9]

黄仁宇在提到女真人努尔哈赤的时候，才对明朝的结局有所暗示。韩南则避免了这样的问题，一直写到了1644年明朝灭亡，女真人入主中原建立大清王朝。在新朝，白话小说失去了发展的动力，滑向了露骨的情色作品，与之前的文学传统分离，成为某种意义上的色情文学；或者是成为了逃避现实的作品，抑或变成了谨慎的道德相对主义作品。[10]随着无聊空虚的万历皇帝退位，新一代君王继位，作家和读者也都退到了更为安全的地带。但是，清王朝树立的新道德无法掩盖衰败王朝的繁荣和天赋，上文提到的四本作品证实了逝去的文化曾拥有的活力。

画家石涛的圈子

石涛这个人颇令历史学家感到困惑。石涛在绘画、理论和诗歌方面都很有成就，历史学家也一直在孜孜不倦地研究他。但是，大家找到的不过是他大概的生卒年、寥寥几位朋友，以及他访问或居住过的地方而已，确凿的资料很少。尽管如此，我们知道他生活在中国历史上最具戏剧性的时代，因此仍有必要更细致地审视这个时代，揭示石涛所经历的社会和政治情势。下面我将从三个范围逐步缩小的议题讨论石涛：第一，石涛所生活的中国；第二，石涛所生活的省份；第三，石涛的圈子。这是目前历史学家研究所能企及的最大范围。

石涛所生活的中国

石涛生于 1641 年，约卒于 1720 年。也就是说，他出生于明朝晚期，成长于清朝的顺治年间（1644—1661），成年后的大部分时间是在康熙年间（1661—1722）度过的。

石涛出生在一个分崩离析的时代，明朝两大灾难的预兆已经分外明晰：内部统治腐败、外部民族入侵。明末的皇帝已经无力重整国家秩序，他们时而闲散懒惰，时而有意为之，国家大权逐渐旁落于阉党手中。阉党一直被认为是明朝崩溃的替罪羊，而实际上，他们既是明朝灭亡的原因，也是其灭亡的征兆。从宋朝开始，到元朝，再到明朝，中华帝国的权力日益集中，皇帝的负担日渐加重。只有能力卓越、孜孜不倦的人才能胜任帝王的职位。皇帝要监管全国的官僚体系，统帅军队；而作为天子，他还要沟通天地。因此，皇帝希望既能享有统治的特权又能下放权力给信任的大臣，也就不足为奇了。但是，如果这些皇帝信任的大臣肆无忌惮，那么其他正直明断的大臣再怎么做也无济于事，因为最终的决断权在皇帝手中，大臣和皇帝之间的联系由此被截断了。因此，晚明的批评者，如东林党人和复社的文人，就算没有失败，也会遭遇挫折。

17 世纪早期，中国出现的内部纠纷和腐败使得军队无法有力地对抗外部威胁。当时最严重的外部威胁来自中国东北，居住在此的女真人在两任杰出首领——努尔哈赤（1559—1626）和皇太极（1592—1643）父子的统领下，逐步稳固了政权。1641 年石涛出生的时候，满人已经征服了朝鲜，并开始向中原进军；石涛一岁的时候，明朝的两员大将战败投降，被清军收编。其他的将领要么战败，要么因为派系纷争被谗言戕害或召回。

但是，明朝的灭亡并不是因为满人，而是因为陕西李自成的起义军。李自成于 1644 年 4 月攻陷北京，明朝末代皇帝崇祯帝自尽。清军则趁机打着为明复仇的旗号挥师入关，一举击溃了李自成的起义军。明朝最有权势的大将吴三桂投靠清军，1644 年清军进入北京。

在此之前，满洲军队已经开始使用汉人士兵，并将汉人降军按照清军的模式改建为汉八旗。因此，清朝取代明朝是满人和汉人共同作战实现的。在全国范围内，归顺新朝是常见的现象，只有在少数孤城或仍然宣称效忠于明的地方才会有反抗。归顺会受到重用和嘉奖，反抗则会招致血腥的镇压。忠诚的明末将领史可法誓守扬州、拒绝投降，最终经过七日血战，清军攻陷扬州，屠戮全城。1645 年南京陷落后，两位将领试图在嘉定组织反抗，也在失败之后遭到屠杀。对于大多数汉人来说，这样的教训是用鲜血凝成的，尽管仍然有李成栋这样的人物出现，但反清复明的希望已经非常渺茫了。李成栋是明末清初的将领，早期率部降清，后又起兵反清，最终战死。到 1650 年代，广东、广西这两个明朝抵抗的最后堡垒也被清军征服；1662 年，最后一个宣称继承明朝正统的永历皇帝退入藩国缅甸（永历屡战屡败，一路西退到贵州、云南)，在中缅边境遇害。

从 1644 年到 1671 年，石涛而立之年时，清朝至少出现了四次政权更迭，这对于当今的历史学家来说远比对于当时的石涛和他的朋友更为清晰。第一阶段是 1644 年到 1650 年，多尔衮摄政时期。爱新觉罗 · 多尔衮是顺治帝的皇叔，也是实掌皇权的摄政王。正是在他的治理下，清军成功入主中原，并逐渐实现了经济的复苏。他原封不动地继承、保留了明朝的大部分制度，并定期举行科举考试，向汉族士大夫表示清朝对于传统秩序的尊重。有的时候，他会积极宣布尚未被清朝征服地区科举考试的时间和地点，毫无疑问，这是一种有效的宣传手段，用以辟除关于清军烧杀抢掠的谣言。当时，主要城市都驻扎满八旗和汉八旗，满人和汉人也都可以在城市中各个部门为官。

第二阶段是1651年至1661年，这是顺治帝亲政时期。多尔衮生前与其亲信四处树敌，死后声名狼藉。顺治的统治颇为开明，看起来更像一个汉人皇帝而非满人皇帝。他努力学习汉语，对汉语文学颇感兴趣。他脾气暴躁，身体虚弱，易受外部影响。从耶稣会士汤若望（Adam Schall von Bell）、禅师行森、玉林通琇，到太监吴良辅、宠妃董鄂妃，都对顺治帝产生了很大的影响。

我们很难说顺治是不是一个有才能的统治者，但这一时期的中国，确实在战乱之后享受了和平，继续沿着多尔衮的政策前行。在顺治死后，他的统治备受非议。由此开始了第三阶段，从1661年到1669年，鳌拜摄政下的康熙时期。鳌拜的摄政体现了满人对于顺治年间汉人地位上升的反抗。在鳌拜的摄政下，顺治帝因为宠溺董鄂妃、宠信太监吴良辅（在顺治死后，吴良辅被处死）而备受指责，同时被认为对于天主教过于宽容（后来汤若望也被囚禁）。在这一时期，满人要重新找回他们英雄的尚武精神。

然而，鳌拜此人极其残忍无情、贪污腐败。1669年，少年康熙一举擒拿了鳌拜，将其关进大牢，清初政权进入了第四阶段，即康熙亲政时期。康熙亲政并不意味着即刻的和平与稳定，直到1697年，这一目标才得以实现。首先，从1673年到1681年，康熙面临着三藩之乱——雄踞南方的吴三桂等三藩势力成为清朝统治的威胁，这也说明清朝统治力量在南方之薄弱。其次，1688年到1697年，康熙又不得不平定西北噶尔丹领导的准噶尔叛乱。等到天下太平之时，石涛已经快年过半百了。

尽管战争连绵不断，但清王朝的荣华却绝不逊于以往任何一个朝代。石涛的朋友们想必能够看到，清朝效仿明朝奢华的宫廷仪式：在重金猎捕的大象、官服华丽的朝臣、成群的家臣和侍卫的环绕下，皇帝坐着雕花镶嵌、彩绘环绕的大轿前往天坛祭天。在这些仪式之外，满人增加了一项具有尚武精神的做法：皇帝的宫廷侍卫是一群年轻而训练有素的八旗子弟，而非明朝皇帝周围那些瞎转悠的太监。这些侍卫擅长骑射，这也是满族作为游牧民族的特长，这一特长既要求力量又讲求技巧，为满人成功入主中原奠定了基础。在每年的狩猎活动中，数以千计的八旗兵按阵仗在长城以北排开，在皇帝的带领下围猎猛虎和野鹿。普通汉人只是听人口口相传，知道一些皇帝狩猎的情况。在中原和华南地区，也有很多人见过各地驻扎的满八旗训练骑射的情景。

满人一直保留着自己的军事技巧和风俗传统，但同样吸收了一些汉人的文化传统。康熙是在满人的世界中成长起来的，但其统治方式却非常汉化，也非常体察汉人的需求。在他漫长的统治中，他有意地、娴熟地调和着好战的满人集团与汉人集团之间的关系。毫无疑问，他是一位杰出的皇帝，也必然是中国历史上最伟大的皇帝之一。他在平息国内叛乱、保卫边疆、开疆拓土和繁荣经济的各种政策上，确实是有力而灵活的。这种灵活性表现了康熙帝个性当中有趣的一面：康熙不仅乐于尝试，还抱有好奇心。据耶稣会士的记载，在向康熙帝进贡西洋琴之时，康熙饶有兴致地弹奏了一番；他学了一点西方数学来检验中国历法；在身患疟疾之时，康熙同意服用金鸡纳霜（耶稣会士同康熙一样，对于金鸡纳霜也几乎是毫不了解，但是它真的起了作用，治好了康熙的病）；同样，康熙也对绘画深感兴趣。

> 王原祁入职南书房任供奉（供奉，较低的官职名）后，康熙常常到南书房来，命令王原祁作一幅山水画。康熙会倚在王原祁作画的桌旁，聚精会神地看，忘了时间流逝。他在王原祁的画上赐诗一首，其中提到“画图留与人看”。王原祁将康熙的六字题词镌刻成印，以铭记皇帝盛赞。[1]

所以，康熙帝要么亲眼见过石涛的作品，要么是从宫中的学士那里听说过石涛，于是邀请他到北京来作画，这也就不足为奇了。正是康熙的邀请，王原祁和石涛才有机会在 1691 年合作《兰竹图》，并被收藏于宫中。

对于石涛和康熙来说，17 世纪末是一段愉快的时间，这两人都取得了巨大的成功：石涛的画技日新月异，手法也更加炉火纯青；康熙平定了内外之乱，实现了国家太平。但是到了 1720 年代，这两人都面临着年龄渐增带来的问题：对于石涛来说可能不过是反应变慢，这可能是自然衰老或者是因某些不为我们所知的疾病所导致的；而对于康熙来说，可能就不那么简单了，身体每况愈下，他仍要坚持处理政务，朝廷中枢向下分权的体系依旧不够完善。因此，康熙晚年的朝廷仍然充满了皇子及其派系之间的争权夺势，还有中央、地方政府部门的贪污腐败和玩忽职守。

1722年到1735年是雍正帝统治的时期。康熙的四皇子雍正，在位期间实行铁腕统治，进一步巩固了中华帝国。这时石涛已经去世，他的朋友们也都相继离开人世，大清的艺术走过了其辉煌时代。也许，画家和皇帝都一样，能够从动荡中走向繁荣，从挑战中吸取力量。这些是否正确，我们都无从得知了。但是，如果不去大胆引申什么因果关系的话，我们可以这么说：伴随着18世纪的政治稳定而来的，是艺术发展的停滞；康熙统治下的激情岁月是艺术活力和创造力迸发的年代。

石涛所生活的省份

研究中国的西方人在很久以后才逐渐接受了按照省份或地域单位来划分中国历史的方法，但中国人很早就开始这么做了，这从西方国家图书馆中大量馆藏的地方志和县志便可见一斑。中国幅员辽阔，省份自然成了研究的划分法。皇帝、高官、将领和外国使节都会不自觉地首先想到国家，但对于普通的中国人来说，生活都是家乡当地的小圈子，对于石涛来说亦是如此。

石涛出生在广西，但大半辈子都在云游四方，在江苏扬州、南京和安徽都居住了很长时间。因此，他可能会被认为是江南一带的人。按照清朝的行政划分，江南包括当今华东的江苏省和安徽省。江南是清初的文化中心、政府税收的主要来源地，也是个人英雄主义传统和反清思想最为强烈的地方。也正是因为如此，康熙至少六次下江南，分别于1684年、1689年、1699年、1703年、1705年和 1707 年南巡，时间跨越了从平定三藩到康熙年老的漫长岁月。在数次南巡中，康熙体察当地民情，考察地方官吏，通常会在苏州、南京和扬州这些经济文化中心居住一周或者更长的时间。而这些城市总会装扮起节日的盛装，迎接圣驾。家家户户都会燃起熏香，大街上张灯结彩；到了晚上，数千盏灯笼高挂，灯火通明。皇帝的行宫也是提前数月就开始准备，装潢奢华，夜夜歌舞升平，盘盘佳肴珍馐。不仅当地的官吏士人忙着接驾，就连盐商也大兴土木，修建起园林，内设假山供康熙攀登游玩，一览美景。据记载，康熙每次南巡都有扬州的盐商陪同。说不定康熙行宫的园林垒石就是石涛所设计，而且石涛本人在扬州就有几处风景宜人的园林。

就算盐商分担了康熙消遣的部分开支，皇帝南巡的主要开销来源仍然是普通老百姓层层缴纳的捐税。当地的官吏无孔不入，毫无疑问，与官僚体系之外的老百姓一样，石涛也厌恶他们。但是，与那些平民百姓不同的是，石涛的教养、名气和才华使得他免受官吏的搜刮。他也可能认识一些江南官府的朋友，有些还是在任的官吏。

江南地区共设一名总督和两名巡抚，这些人是当地最高的行政长官，负责维持地方稳定，并征收地方赋税上缴中央。为了完成征税的任务，省府下设了两个重要的官衔：布政使司和按察使司，分管财政和法务。在石涛生活的年代，只有极少官职是普通汉人通过科举考试及第后担任的，大多数官吏仍然是旗人，八旗是清朝的军队编制，是清朝入主和驻防中原的中坚力量。他们当中有些是满人，先辈曾追随努尔哈赤从东北一路南下，征服中原地区，也有些是汉人，先辈可能是在满人入关的过程中归降清朝的。总之，八旗主导着清朝的省级官位，因为他们与清朝政权的特殊关系，自然而然成了清朝初期皇帝最为信任的人。

在下级官职上，满人非常乐于选汉人为官，而他们也必须这么做。一则旗人当中没有足够的才学之士来填补官缺，二则清朝多少继承了明朝的官制和选人制度。这类官职主要是知府和县令，管辖主要城市及周边地区。这些官员手下还有一批负责各个具体部门的官员，包括盐官、粮官和主管地方书塾的官吏，等等。旗人和地方官吏可以划分为两大集团：八旗精英集团和汉官精英集团。

但是，这两大精英团体都必须要和第三个精英团体密切合作，那就是地方精英。这一团体通常被称为“乡绅”，是当地的富绅或学士。在地方名门望族的支持下，国家从中选拔治国之才，这些乡绅深感自身对国家的重要性。同时，他们拥有土地，是当地经济财政生活的主导者。通过慈善和教育，乡绅对当地政府产生了很大影响，也成为统治者和民众之间的媒介。失去乡绅的支持成为明朝崩溃的一大重要原因，而得到乡绅的效忠则是清朝繁荣的关键因素。

在江南地区，还有第四大精英团体，力量尤其强大。这个团体是皇室集团，这些人要么与皇室有着特殊的关系，要么直接领命于朝廷。这一团体主要包括扬州或南京监管关税、盐税和皇家织造的满汉包衣。这些职位油水丰厚，而这些人也通常是颇有艺术修养的有识之士。

研究石涛时代的江南历史，就要考虑这些集团及其相互间的关系。我们可以看几个例子，首先是两江总督噶礼。噶礼是满洲正红旗人，于 1709 年至 1712 年管辖江南。噶礼才能卓越，康熙帝亲征噶尔丹时，他负责督运中路兵粮并担任山西巡抚。但在担任两江总督后，噶礼日益跋扈，纵吏虐民，遭到弹劾，后复命，最终自尽。与他相反，之后的两江总督张鹏翮则备受拥戴，得以颐享天年。张鹏翮进士出身，被选为翰林院庶吉士，是一代治水名臣，官至吏部尚书，兼文华殿大学士。

巡抚的情况也大同小异，不少旗人都被历史遗忘了，但宋荦的名字却流传了下来。宋荦是清朝著名诗人和鉴赏家，累擢江苏巡抚，在任达十四年之久，深得民心。他在苏州的住所成为文人的聚集之地。但是，学识和正直并不保证官途畅通，另一江苏巡抚张伯行便是这样一个例子。张伯行也是一位饱学之士，却因为官不力而被康熙罢免。皇室集团内也情况各异，有的满族旗人负责监管食盐专营，仅仅一年就因为贪赃掠夺而被免职；也有诸如曹寅的内务府包衣，能官至江宁织造。曹寅爱好收藏艺术品，常资助文人，因而享有盛誉。此外，他还负责将官吏的所作所为密报给皇上。

这些官吏的轮替，以及他们与当地文人之间的交情，使得石涛所在省份的生活丰富多彩。此外，该省的自然环境也同样重要，因为气候会影响收成，从而影响物价、税收和官吏政绩等诸多因素。1708 年的江南饥荒影响了各个阶层的人们，从几近饿死的农民到地主、盐商等地方精英，无不饱受江南饥荒的影响。地主收不到地租，盐商也完成不了配额，负债累累。扬州这个海盐集散中心，大运河上进贡皇粮的调度中心，遭受到危机的巨大影响。石涛的家就在扬州，不管他持怎样的政治态度，江南饥荒都必然成为他生命中的一段艰辛历程。

同样，不管他的政治态度如何，在扬州，他肯定也感受过科举考试中学子济济一堂的场面。他们来到扬州赶考，参加三年一度的乡试，乡试考中者则成为举人，举人是科举考试的第二等功名；中举的士子将前往北京参加会试，考中者称为进士，中进士则意味着平步青云，官职从县令到翰林不等。石涛是否捕捉到了学子的激动或是愤怒呢？他肯定不会错过1711年的科场舞弊案：科举考生大闹贡院，怒斥考官舞弊行径。此事越闹越大，惊动了康熙皇帝，康熙下令严查此案。最后，一名总督、两名巡抚被问罪，其他大小官员、行贿的考生和中间人都受到了处罚。

上述人和事，都成了石涛生命当中的匆匆过客。我们常常认为石涛是个怪人，或者是名隐士，但他也摆脱不了自己身处的时代。尽管比起1659年郑成功北伐金陵和1670年代的三藩叛乱来说，江南的科场舞弊和饥荒并不算什么，但在石涛生命的大多数时间里，江南始终不是一个平静的地方。所有的这些过往书写成了江南的历史，也丰富了石涛的生活。我们可以这样总结：石涛的生命在动乱中得以丰盈，石涛的艺术在动荡中得以升华。但是，不能遗忘的一点是，这些动乱都是发生在清朝稳定的大背景之下的；毕竟，只有在稳定的大清王朝，石涛才能漫步乡野，从山水之间汲取灵感。

石涛的圈子

在讨论完石涛所生活的中国和江南的大背景之后，顺理成章地要来细说石涛本人了。遗憾的是，关于石涛本人并没有太多资料，而已有的资料也都已经被其他学者讨论过了。我无意复述他人的研究成果，所以这里我主要研究的是石涛的圈子，即他周围这些有史料可循的人。我的基本结论是：石涛是前朝皇室的小人物，他属于反清的明朝宗室后裔，而他的朋友们和他一样，也是效忠明朝、反对清廷的前朝遗老。

有很多证据可以支撑以上论断。石涛对于佛教长期而模糊的感知让他结识了不少为远离清政权而遁入空门的朋友。他的书画风格和“古怪”的生活方式不妨看作一种叛逆，而这种叛逆与政治上的某种叛逆相关联。石涛的很多朋友都效忠明朝，他与“岭南三大家”——陈恭尹、屈大均和梁佩兰私交甚好。陈恭尹的父亲和三个兄弟均在1640年代死于明末岭南抗清战争中，他自己也曾投奔南明进行反清斗争。南明亡后，陈恭尹归隐，后又涉嫌参与“三藩之乱”。屈大均也力挺南明，支持过郑成功的北伐，并曾在吴三桂麾下任职，揭竿反清。梁佩兰是这三人中唯一参加过科举考试并谋得一官半职的人。但在南明亡后，陈恭尹和屈大均都不再反清，1680年代他们与新王朝和解，从而避免了被处决的命运。不仅如此，他们还在官员圈子中左右逢源。石涛结识了他们，也为他们作画，但并未做出什么逆反或鲁莽之事。

与石涛交情最深的还是与他同时代的两大画家：八大山人和髡残。不过，这两人似乎过着更加隐居的生活，对佛教的情愫更重，个人性格也更狂野怪异。这两人的年纪都长于石涛，明亡之时都到了弱冠之年，所以归隐之事是在他们审慎考虑后做出的决定，而非心血来潮之举。归隐对他们来说是一个严肃的决定，而对于后来的石涛来说更多是一种姿态。三年之后，石涛也走上了归隐之路，而隐居道路上的障碍都已经被前两人清除了。他给八大山人写道：

> 公皆与我同日病，刚出世时天地震。*

石涛只是含蓄地提到了明朝灭亡的1644年，并没有反叛的意味。他之所以出世，是因为他希望过隐居的生活，而非内心对于前朝的忠诚所致。

确实，石涛最亲密的朋友也选择了隐居的生活，甚至并非出于个人意志，只是简单的需要而已。这个人就是画家梅清。梅清家住安徽，两人私交甚密，石涛还经常到梅清家中去住上一段时间。1654年梅清三十一岁时曾中举，但此后“屡次会试不第”。显然，梅清并不是那种因为不满清政权而放弃科举考试的人。从1670年甚至更早，石涛和梅清就成了朋友。石涛也了解梅清要入仕为官的想法，每当梅清落榜之时他都不忘安慰一番。到了1670年代，梅清的兄弟梅庚暂居京师，结识了内务府包衣曹寅，也与满族词人纳兰性德有些交情，之后梅庚还当上了知县。不难想象，同为年轻人

* 该句出自石涛的《题八大山人瀟草堂图》，原诗如下：“西江山人称八大，往往游戏笔墨外。心奇迹奇放浪观，笔歌墨舞真三昧。有时对客发痴癫，佯狂诗酒呼青天。须臾大醉草千纸，书法画法前人前。眼高百代古无比，旁人赞美公不喜。胡然图就持丫叉，抹之大笑曰小伎。四方知交皆问予，廿年踪迹那得知？程子抱犊向予道：雪个当年即是伊。公皆与我同日病，刚出世时天地震。八大无家还是家，清湘四海空霜鬓。公时闻我客邗江，临溪新构大瀟堂。寄来巨幅真堪瀟，言犹在耳尘沙历。一念万年鸣指间，洗空世界听霹雳。”参见《石涛诗录》，汪世清编，河北教育出版社，2006年，第28页。

的梅清和石涛可能结交了这些人，特别是这个圈子中还有大学者朱彝尊和施闰章。到了 1690 年代，梅清和石涛已经结识了其中一些人，下文中将具体谈到。

清初的诗人、画家和学者大都居住在少数几座大城市中。他们要赶考或者赴任之时，总会先四处游历一番。他们很多人很可能彼此相识或有共同的朋友。虽然没有足够的资料来考察石涛的圈子，但还是可以通过考察其他人的圈子来认识石涛和几个主要画家的社交圈。

我选择的是曹寅的交游圈，原因很简单，这是我研究过的唯一的圈子[2]。曹寅确实是研究石涛很好的切入点，不仅因为他是皇帝的宠臣，更因为他的品味和财富是中上层汉人的典型。曹寅和石涛有两大直接联系的途径，一是通过清朝官员、文学家周亮工，二是通过满人收藏家博尔都。此外，曹寅也认识梅清的兄弟梅庚。曹寅还与宋荦有交情，而宋荦认识且赏识安徽画家弘仁和查士标。曹寅与苏州的韩菼是密友，而韩菼又认识王翚。为纪念其父曹玺，曹寅还请画家禹之鼎、恽寿平作画，尽管这是经他人介绍的，但曹寅很可能见过这两位画家。曹寅的朋友施闰章也是文人方以智的朋友。周亮工是曹寅的竹马之交，他也与髡残和龚贤有交情。这里提到的都是出类拔萃的画家，他们当中有很多居住在江南，石涛可能结识其中的大部分人。即使不认识这些画家本人，也都知道他们和他们的友人。

下图就是石涛身处其中的广泛的社交圈。

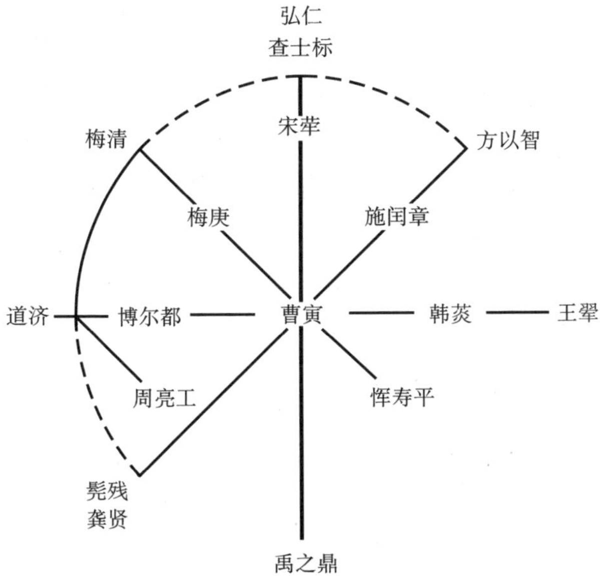

除了梅清和八大山人，石涛和博尔都之间的交情也值得研究。爱新觉罗·博尔都是满人，也是皇室成员，他的祖父塔拜是努尔哈赤的第六子。博尔都是清皇室宗亲爵位的第十等级——辅国将军，这是一个很小的头衔，属于第三类。博尔都还是一个出色的画家，在北京过着悠闲的生活，因为皇室宗亲是不能入朝为官的。

石涛和博尔都是如何结识的呢？这两人的交情又有何种意义？想必石涛不会欣赏博尔都的画作。1966 年在日本大阪举行的“中国美术五千年展”上，曾展出一幅满人的绘画作品，一幅简单的山水画，分远近两景，近景是几处小山、萧瑟的树木和一座孤亭，远景是零星点缀着松树的一座高山（大阪目录，第 56 页，第八段，绘画编号：97）。这幅作品不过是当时流行画法的习作而已，石涛肯定不以为然。这种满人的粗制滥造之作，只能成为明朝遗臣讽刺清朝的绝佳弹药。

但是石涛还不至于对明朝忠心耿耿到拒绝结识博尔都，也没古怪偏执到憎恨博尔都的绘画风格。石涛和博尔都可能是通过梅清，进而通过曹寅或纳兰性德而相识的。博尔都还赞助过石涛，如同其他文人墨客一样，石涛接受了他的赞助。石涛在参观完博尔都的家后，曾无不羡慕地写道："数年来得东皋博氏收藏人物甚富，皆系周昉、赵吴兴、仇实父所写。"1644 年清朝入主中原之时，博尔都的父亲拔都海曾经被赏赐过不少豪宅和明朝皇室藏品，这些藏品一度代表着中国艺术收藏的巅峰水准。这样一个热情好客、家财万贯的家庭，特别是这么多的艺术珍宝，恐怕只有愚固不堪之人不会为之所动。

尽管腰缠万贯且为皇室宗亲，然而在变化无常的政治斗争面前，博尔都并不比他的同辈更安全。1669 年，博尔都和三位堂兄因坐事被追削爵位，同年，其皇叔班布尔善被处死，这几个人均因鳌拜失势而受到牵连。1680 年，博尔都和一位堂兄复爵，但与此同时，另有两位堂兄被削爵。原因是他们在吴三桂的三藩之乱中是否显示了对清朝的忠诚。在族谱记载的博尔都子侄辈的九人之中，只有四人太平无事，而其他人都遭到削爵。显然，皇室宗亲的名号也并非免死金牌。

从现存的诗歌和题字来看（见傅抱石：《石涛山人年谱》，第 86、93—94 页），我们知道博尔都曾要求石涛临摹仇英（即仇实父）

的作品。石涛答应了，并花了三年时间才完成。不仅如此，石涛的临摹画还颇为成功，博尔都还将其展示给朝廷上那些有权有势的朋友们看。石涛还为自己在人物画上的不成熟表示歉意，他写道，自己更擅长画山石、花鸟和鱼虫。但是从一首曹寅在石涛临摹画作的题诗来看，这些作品还是相当绘声绘色。石涛可能是出于与博尔都的交情才答应临摹的，但更可能是博尔都以重金或者酒水款待酬谢了石涛。类似地，我们可以推断，石涛的朋友们，或是博尔都和曹寅酬谢过他，这些达官贵人的出手都相当大方。

石涛将仇英的原画归还给博尔都，写下了这样的诗句：

> 汉殿轻凉秋七夕，漏点无声银河白。*

在反清复明思想时有发迹的年代，诗句开篇的一个“汉”字，再加上诗中满怀的哀悼之情，立即被警觉的清朝官员发现并罗织成罪，认为他眷恋故明，反对清政权，是汉人对满人皇帝的反抗。但是，这更可能只是对仇英画中景物平铺直叙的描述。这则小故事并非要诋毁石涛那公认的创造力和天赋，只是提醒我们，不能因为认定石涛效忠明朝和个性古怪就模糊了我们的视线，石涛毕竟还是这个社

---

* 该句出自《题仿周昉百美图》，原文如下：“汉殿轻凉秋七夕，漏点无声银河白。未央虬钥扃千门，露落芙蓉深宫掖。越罗嫌薄怯宵沉，红粉含羞恨月魄。重重绮槛珠栊开，一一衣裳裁锦匹。翠髻花钿笑语低，九孔笙笛吹云碧。香缄叠成比目鱼，锦绣衣裳凤凰翮。鲜云半敛起微风，苑外人家散香泽。当时秘事谁得摹？仇英写来摭点缀。流传世上只有一，今为东皋问亭得。兹轴向年余所临，亦付收藏比拱璧。”摘自《石涛诗录》，汪世清编，河北教育出版社，2006 年，第 42 页。

会中的一分子。有句古语或许适用于石涛，也适用于我们：谁出钱，谁点曲。

清官张伯行的崩溃

1714年的夏天，江苏巡抚张伯行将自己关在苏州城中拒绝出城。他不愿意离开苏州前往常州府去主持会审，还将宵禁延长到天明之后，以至于影响到了当地的商业活动。此外，他逮捕了一批来自陕西的帽商，理由是他们有谋逆之心。他还命令地方官员派遣专门的侍卫来保护他。张伯行这一系列古怪举动，按照他自己的话说，是因为有人要谋害他：可能是海贼，也可能是前任满人总督噶礼的亲信。

听说这件事之后，康熙帝非常困惑，他颁布了措辞严厉的密诏，任命两位大臣前去调查张伯行的古怪行为。漕运总督郎廷极在奏折中写道："抚臣之操守，皇上久已稔知，毋庸奴才陈奏。惟是才短性偏，多疑苛细，以致事件迟滞。凡人言人之善者，疑之；言人之过者，信之。遂有小徒造作无根之言，影向之事，迎合其意，以希信任。"苏州织造李煦也有类似的评价："臣煦细察抚臣为人，大抵多疑多惧。多疑则遇事吹求，不能就事完结，自有无辜拖累而罗织多人矣。多惧则中心惶恐，小人无稽之谈尽为腹心之托，而昼夜不安，举动未免颠倒。"[1]

按《清史列传》的记载，张伯行是一位著名的理学家，更是一位名声在外的清官，他的品行是毋庸置疑的。但是，仔细研究1714年夏天以后的历史记载我们就能发现，这样的名声让张伯行付出了巨大的代价，从这些历史记载中，也能窥视到康熙的某些性格特征。

清顺治九年，即1652年，张伯行出生于河南，是当地一家大户的独子。张伯行自幼聪明好学，从小就接受了孔子儒学的严格教育。虽然他在每个级别的科举考试中都落榜过一次，但还是在二十五岁取得了功名。康熙二十年，即1681年，张伯行考中举人，四年后中殿试三甲八十名，赐同进士出身。在之后的十五年中，张伯行经过考选，历任内阁中书等三个职务，但都任期较短。显然，张伯行更希望回到家乡河南过一种以思考为主的学者生活，因此，随后大多数时间他是在老家河南仪封度过的。他常常与友人喝酒吟诗，偶尔也参与灌溉或赈灾，以尽乡绅之责。1695年父丧后，张伯行慷慨地将家产施与乡邻。期间，张伯行育有两儿三女，还修建了请见书院，占地一千五百亩，讲明正学。毫无疑问，张伯行的生活可谓安居乐业。

1700年，正值张伯行四十八岁，他因为人正直、治河有方，被河道总督张鹏翮上疏推荐治理河务。张伯行以经验不足、有病在身为由拒绝，但未获批准。两年后，张伯行督修黄河岸堤有功，被提拔为山东济宁道。张伯行虽然办事不力——他至少搞砸了两项任务——但毫无疑问的是，他为人正直，体恤民情，还从家中运粮食救济灾民。因而，他在1706年升任江苏按察使。

张伯行并不喜欢这个职务。在走马上任的第一个月，他就屡次和巡抚发生冲突，并递交了辞呈。但是他的辞官未能成行，因为此时康熙帝已经启程南巡，而他还有重任在身。他与省级官员的关系也非常糟糕，感觉自己根本不适合这个新工作。但是不久后，他又被升职为福建巡抚，这次是康熙帝亲自破格提拔的。

康熙在南巡期间常常与当地人交流，亲自考察民情，以显仁君风范。为了保障所有人的利益，康熙亲自惩恶扬善。1707 年春康熙再次南巡时，曾多次提到张伯行的名字，将其作为清官的榜样。到南京后，康熙命江苏总督及巡抚推荐德才兼备的官员，而张伯行并没有被推荐。这时候康熙帝表现出了儒家君王的风范，他当众召见了张伯行，谕从臣曰："朕至江南，方闻张伯行居官甚清，最不易得。"根据历史记载，当时康熙接着问，"有官如伯行者乎？"在场者皆无异词。康熙帝接着说："汝等何莫保举，朕保之。将来居官好，天下以朕为明君，若贪赃枉法，天下笑朕不识人。"[2] 康熙当即下诏，令吏部提拔张伯行为暂时员缺的福建巡抚。

据记载，在张伯行前往福建就任巡抚之前，康熙帝曾说过，"各地风俗各异，自古王法不能绳。若以内地民情治之，断不能行。历来如此，不过将就大概治之"。张伯行回答说，臣虽才疏学浅，但至少能做到为官清廉，恪尽职守。康熙冷冷地说，臣子都这么说，唯有时间能够证明。张伯行恪守廉洁之操守，而如有同僚犯事，也不轻易弹劾，只有劝说不成、示法无效之时，张伯行才予以弹劾。

作为福建巡抚，张伯行也颇具儒家风范。他上疏请求减免三县赋税并获准，还稳定了物价，增加了福建的举人名额，强化了保甲制度。他将皇上圣谕以三种版本下达，一种引经据典，针对文人墨客；

一种文采平平，针对中等阶层；一种通俗易懂，针对平民百姓。张伯行还亲自校刊哲学经典。但在其他方面，他却显得呆板僵化，甚至偏执，并没有按照康熙帝的指示行事：他毁掉了当地人看来是主宰“生死福祸”的祠堂；命令百姓赎回当尼姑的自家女子，为她们选择配偶婚嫁；他不顾福建多年的习俗，禁止不符合礼仪的葬礼；他还计划将所有天主教士驱逐出福建地区。

康熙帝完全可以将张伯行的行为看做抗命不遵，但是恰恰相反，康熙认为这是张伯行正直廉洁的表现。适逢江苏巡抚因腐败贪污被罢免，张伯行奉命调任江苏巡抚。对于康熙来说，张伯行是这个江南财政大省巡抚的不二人选。

1710 年初，张伯行走马上任，也正是由此开始，诸事不顺。他和总督噶礼在减轻赋税、分配粮食和联名上疏等问题上都发生了争执。江苏省的财政事务本来就纠缠不清，张伯行还开庭重审噶礼已经结案的案子。到这一年秋，张伯行已经忍无可忍，并以年老多病为由请求辞官，而康熙帝再次拒绝了张伯行的请求。噶礼控告张伯行胆小懦弱，未能逮捕上海附近的海贼，而张伯行直接就抓捕了噶礼的手下，指控其为海贼。在庭审之前，这名噶礼的手下竟然死于狱中。1711 年秋，张伯行和噶礼再次在扬州科场案上爆发了冲突。康熙派遣钦差大臣前往江苏调查张伯行和噶礼的互参案。钦差不久奏报，认为噶礼清白，张伯行不仅无能，还诬告上级。考虑到协调满汉关系和张伯行的正直廉洁，康熙帝逐一否决了这些奏报。最终噶礼被革职，张伯行留任原职。

1713 年末，江苏布政使缺员，张伯行疏荐三人候选，但康熙拒绝了张伯行的上疏，钦定湖北按察使牟钦元擢任。牟钦元并非张伯行的友人，但仕途生涯令人敬佩，皇上认为没有必要取消对牟钦元的任命。1714 年初，张伯行对福建省日益增多的海贼深感忧虑，上疏请求康熙下令长三角的船只上的船员必须持有登记证书，才能合法经营，而这一登记过程相当繁杂。初夏之时，因为害怕被暗杀，张伯行将自己禁闭在扬州城中。7 月，张伯行弹劾新上任的牟钦元将海贼隐藏在官署中。康熙下令严查此事，而继任噶礼的新总督和康熙钦定的钦差大臣都奏报牟钦元是清白的，没有证据显示苏州藏匿海贼或是张伯行的生命受到威胁。每一次康熙都念及张伯行的正直廉洁而下令重新调查。最终，钦差大臣还是坚持认为张伯行诬陷大臣，应该斩首，康熙才最终罢免张伯行，并将其召回北京。康熙批准了吏部的判决，将牟钦元官复原职。康熙在专门与张伯行进行了一番谈话之后，颁布了类似于向大臣道歉的谕旨：在 1715 年 12 月 18 日，康熙在谕旨中提到张伯行“甚属糊涂、实不堪任巡抚”。康熙最终罢免了张伯行，但仍然宽大处理，任命张伯行担任总督仓场侍郎这一芝麻官。

张伯行的晚年甚是和平。他顺利完成了一系列不太困难的任务，继续写他的理学著作。雍正年间他被提拔为礼部尚书，1725 年去世，享年七十三岁。

这是一段奇妙的故事，关于张伯行的历史传记肯定会颇为有趣，深深吸引读者。虽然学术界对于长江一带的海贼情况、噶礼派系及主要人物、张伯行的朋友圈子、其哲学和别的著作都有细致的研究，但史料状况仍然不尽如人意，大量谜团仍未解开。我认为，要理解张伯行的一生，特别是1714年他所遭受的冲击，要将精神研究纳入历史研究的范围中来。

我觉得张伯行患有一种叫作妄想症的精神疾病，1714年他在苏州所做的就是为了创造一种妄想的“社群”环境。这种被假想出来的被歧视和被迫害，“源于个人试图对于环境及所发生之事加以解释的行为，而这些事情往往是个人不合群的行为、态度和幻想的产物”。幻想的形成往往由一些导致个人怀疑自身能力的不幸事件所触发，患者会对某些事情特别敏感，从而对不利或危险的信号反应过度。之后，患者会从周遭的环境中，挑选那些符合自身对世界的解释的事情。如果他的基本前提成立，幻想就将牢不可破，极富系统性和逻辑性。妄想症的症状容易出现在那些自视清高、以自我为中心、自命不凡的人身上，这些人往往道德感强，颇孚众望。妄想症患者有很强的事业心和高智商，还具备有条理、朴实和顽固三大性格特征。

随着妄想症的发展，即使患者实际上并没有遭到联合攻击，也没有遭遇那些被他指责和令他恐惧的事情，也会在心理上将周围的一切都编织成一种环境，在这种环境中，“态度和意图都是妄想的”。正如耶鲁大学精神病学教授诺尔曼·卡梅隆（Norman Cameron）的研究所显示，“假象的环境会不断发展，直至对患者的清白或生命构成严重威胁。患者通常会先将威胁直接斩草除根，然后爆发出一系列防御性或报复性的行为。患者已经在精神上演练过多次，要对假想的诽谤者和迫害者进行系统、公开的回击。而处在真实环境中的人却不赞同患者的态度和反应，会进行有力的反抗或还击，其强度取决于人们将他的爆发视为妄想症还是邪恶行为”。

在张伯行传记中有如下一些事实，这都是精神解读的例证：张伯行是独子，为人谨小慎微，家教严格；在复杂的问题面前时常感到困惑；尽管长期刻苦学习，但在科举考试的每一级都曾落榜一次；一直不愿做官；仕途开始之年已经年过半百；拒绝幕僚协助其工作；1712 年已经耗尽了所有家产；被康熙认定是清正廉洁的清官，一直受到信赖和支持。

传记当中的其他细节也暗示了张伯行精神的崩溃，尽管西方学者通常认为这些话是陈词滥调：他很早就开始读书，早年就成为很正统的人，不愿意和别的孩童玩耍；十三岁时母亲去世，他表现得悲恸逾常；父亲是个行峻言厉的人；他拒绝为任何一官半职支付例银（也可以说这是贿赂），严格遵守所有的礼仪规定，并且深刻地渴望能够效仿过去的贤能之士。

张伯行的精神崩溃也有清朝社会规范的原因，尤其是社会要求独子承担的责任和义务。父母对孩子过高的事业期待；以及复杂多变的官场——需要为人圆滑、精通人情世故；为了避免上级的折磨，还要定期交纳例银等，这些都可能成为张伯行精神崩溃的诱因。

已过半百之年的张伯行对为官之道一窍不通，因此，他所承受的压力也更大。与噶礼和海贼的矛盾冲突深深困扰着他，这是他第一次精神崩溃的原因。为了证实自己的假想并将之系统化，张伯行把苏州想象成一个充满海贼和刺客的地方，还将布政使牟钦元作为接替噶礼的假想敌。随着恐惧与日俱增，他开始了复仇行动。因为他官职甚高，他的行动免不了要惊动皇上，皇上则派遣钦差大臣进行全面的调查。在 1712 年与噶礼发生冲突之时，张伯行还是比较清醒的，可到了 1714 年，他的目标不过都是些虚无的想象。

正常的仕途也许能将张伯行从崩溃当中解救出来，要是早些年因为不能胜任而被撤职，或许他能够与这一官僚体系和平相处。但现实却是，康熙帝为了展现儒家君王风范，将张伯行推到了一个极其复杂的境地，而他长期以来所接受的高度理想化的教育尚不能适应这一环境。颇具讽刺意味的是，将张伯行突然从压力巨大的高官显位上撤职，并且让他去从事与自身能力相匹配的日常工作，康熙帝在不经意间找到了当今医学界所认可的成功治疗妄想症的妙方。

充满活力的儒学

在人类历史上，没有一种政治文化能像儒学这样连续、持久且富有活力。儒家文化的道德伦理体系在公元前 5 世纪到公元前 4 世纪的时候就已经成形，它主要汲取了五百年前的历史传统和礼仪规范；在公元 1 世纪到 2 世纪之时，儒家学说被编纂成文，并得到进一步发展；12 世纪，主要的哲学家仍在不断修正和完善儒家学说；直到 18 世纪，儒家学说仍然富有活力、精妙而细致——这一发展历程着实令人惊叹。儒学思想家探讨的是人和人之间、君臣之间、父子之间和夫妻之间的纲常关系，同时也触及最困难的一组关系——人与自然力量的关系，并对伦理和政治行为等核心问题进行了探讨。

儒学范围之广、内容之深邃，使它很少超出特殊的汉学研究圈。对儒学兴趣的减弱，在一定程度上是因为将它与近代以来崩溃的政权联系在一起。对于 19 世纪的西方学者，以及 19 世纪末 20 世纪初的民族主义思想家来说，将儒家学者与儒学分开来看是很难的，他们认为也没必要去研究满人统治者所宣扬的“国家儒学”所蕴含精妙之处。

1920年代，鲁迅和一批有影响力的中国作家认为儒学是腐朽和伪善的；二战后的西方学者出于对中国传统文化的同情，试图修正这一观点，却未得到那些致力于打破传统的中国学者的认同。即使是颇具影响力的学术大师，也将20世纪的儒学看作荒唐或欺骗之说。例如，加州大学伯克利分校的已故学者约瑟夫·列文森（Joseph Levenson）就倾向于认为儒家学说是荒唐之言。在他的笔下，20世纪早期的儒家文人都是“侏儒”。他还嘲笑袁世凯——1912年继孙中山之位的民国大总统——坐着全副武装的“龙辇”去天坛祭天是一场滑稽的闹剧。这种荒唐感被引入了列文森那复杂的思想体系之中，列文森从中看到了19世纪儒学世界的自我意识在不安地觉醒，紧接着又被西方控制下的中国社会和现代化进程中的各种紧迫需求所忽视。

蒋介石的理论家们试图用自己的价值观取代清朝19世纪中兴诸臣的价值观，在研究这一思想过程中，耶鲁大学的已故学者芮玛丽（Mary Wright）则更多地看到了现代儒家思想的欺骗性。她警告西方的读者，不要被这种式微的、对曾经辉煌的传统唯利是图的拙劣模仿所欺骗。她之所以认为现代儒学是欺世盗名之说，是因为她坚信，必须彻底地研究中华民国时期的混乱和失调，我们才能明白，塑造中国只能通过革命的手段。

因此，当系统地考察儒家价值观和学说之时，20世纪五六十年代芮沃寿（Arthur F. Wright）主编出版的丛书影响最为深刻[1]——儒学往往被视为已逝文明的价值观和学说。在这套多卷本研究中，列文森尤其强调这一观点。对20世纪中国的历史研究几乎都是在探讨意识形态问题，集中于讨论中国的共产主义——共产国际的先驱们，抑或共产主义在中国的本土特征。人们认为，共产主义是在旧式儒家官僚社会体制分崩离析、西方帝国主义大肆入侵的社会条件下孕育出来的，本身就与儒学水火不容。

狄百瑞（W. Theodore de Bary）主编的两部著作标志着儒学研究的重大转向。[2] 与芮沃寿的多卷本著作一样，在《明代思想中的个人与社会》和《理学之开展》这两部作品中，狄百瑞与一批学识渊博的学者深刻探讨了儒学的精神特性。不仅如此，两本书还收录了哲学家唐君毅的文章，狄百瑞向学识渊博的学者传达了该书领域之外的一个重要信息：尽管唐君毅的文章讨论的是明代哲学家王阳明（1472—1529），但他本人也是一位不容忽视的现代哲学家、教育家，虽然生活在香港，这却并不妨碍他深刻认识并发展理学思想，还尝试使其适应他的现代需求。

现在，很多读者开始认识到他们对儒学的看法太过局限，有些人甚至更进一步指出他们是“现代化”理论的受害者——“现代化”理论没有对变革时代的传统给予足够的重视。与此类似，随着对中国的共产主义越来越熟悉，西方公众对于毛时代中国的态度经历了从敌意到敬畏、再到接受、再到现在的怀疑的过程。将中国的共产主义与其传统文化相关联不再是难以想象的说法。人们对中国保守主义的评价也有了转变，开始将其视为 20 世纪中国生活中一种富有活力的多样化力量。

张灏对唐君毅的研究让我们看到了儒学研究的又一次飞跃。唐君毅先生作为一位哲学家，他本人也成为研究的对象，而不再仅仅是一位研究其他哲学家的历史学家。费侠莉（Charlotte Furth）主编的《变革的局限》一书收录了张灏研究唐君毅先生的论文。《变革的局限》收录了20世纪的中国哲学思想，是一本引人深思的专著。在这篇引人入胜的论文当中，张灏开篇便引用了1958年唐君毅先生和三位港台儒学家共同署名的哲学宣言。这一时间本身就很有意思，在中国历史上，1958年被历史学家归入中华人民共和国“大跃进”的起始时期，在儒学历史上几乎没有什么重大意义。

张灏雄辩地论证了“新”儒学不仅仅是对现代化的反应，而是持续的、强大的传统的一部分，这一传统被视为对现代社会深刻的意义危机的反应。张灏对列文森的很多观点提出了强有力的反驳，特别是关于19、20世纪中国人精神上遭受的创伤及其影响的问题。张灏还写过一本研究梁启超的著作，在这本书中，他继续反驳列文森在梁启超研究上的观点。梁启超是19世纪中国的改革家，他早年接受的儒学思想对他的影响甚是模糊。张灏指出了新儒学在“本体”和“发用”上的复杂性，例如“性”（指人类心灵的道德创造实体）和“仁”（指同胞之爱畅流于人世间），还阐述了这些概念的宗教意义。张灏还敏锐地发现了1950年代唐君毅的著作与16世纪研究“心学”的儒学家王阳明之间的联系，并且讨论了他们共有的“人人可成圣贤”的观点。这一观点得到唐君毅的进一步完善，显示出在我们的时代，民主和现代科学对“仁”的产生具有多么重要的意义。但是，张灏也指出了唐君毅核心思想中的弱点：

在唐君毅的《人生之体验续编》里，他试着从面对没有精神道德的理想所引导的人生迷暗里，彻底去了解儒学的价值。从“何处来，何处去”的问题，审视人类存在之谜，他将生命比作夜里矗立于大海中孤立的小灯塔。正如灯塔被无边的黑暗所包围，生命在生死之外也是笼罩在深不可测的神秘里。

假如生命的终始被视为无明和悖理的，那么生命过程内的每个片断则是许多艰难和痛苦所形成的谜，原因在于，生命和各种强烈欲望有着不可分割的关系。陷在每种欲望里，如生理需要的满足，爱情、名誉，甚至于现实高尚的理想和价值等欲望，都无法避免失望和挫败。鉴于充满在生命里的艰难痛苦，许多如佛家、道家和基督教等高级宗教，几乎都起源于对生命的悲观前提，这是不足为奇的。

依唐氏的观点，儒家提供一项无价的精神支柱的来源，使人们能以平静和勇敢的态度来面对生命的存在处境。唐氏这一观点，在徐复观更进一步的考察里得到回响，也从牟宗三那里获得强烈的支持，认为儒家起源于“忧患意识”，“忧患意识”在周朝时会遍布在人们对这个世界的展望上。[3]

在同一本书中，杜维明在谈论唐君毅的哲学导师熊十力时，也批评了列文森关于儒家价值观崩溃的说法，并且重申即使是在20世纪新的外观下，这一传统仍然是复杂且具有活力的：

熊十力的人格具体体现在其哲学论述里，因此去研究他，即是去体味其深厚睿见如何开展的途径；他的睿见深植于中国传统

> 里，并且独特地关涉许多现代世界的重要论题。……虽然他的思想具有深远的涵义，但是这些思想都指向一个具体的关切：如何在当代中国日益物化的压力中，真实地做个顶天立地的儒学思想家。[4]

将以上的论点与《变革的局限》中其他有关当代儒家哲学的文章相结合，我们能发现一些反复出现的主题：儒家学说之深奥，儒家学说对个人危机的回应；哲学对真实性的需求，否定人类伦理道德努力的力量；哲学对生活中的孤独和痛苦的承认，以及面对孤独痛苦的智慧和勇气的追求。

这些主题也同样出现在墨子刻（Thomas Metzger）的《摆脱困境》[5]一书中。这本力透纸背、出类拔萃、发人深省的著作一开篇便集中讨论了唐君毅。我认为，墨子刻这么写有两大用意。

第一，为他所要讨论的实用性做铺垫。在墨子刻看来，“唐君毅向我们展现了20世纪的哲学家是如何思考哲学的”。在《摆脱困境》的第二章中，墨子刻更是进一步强调了唐君毅的思想体系中的基本概念。这包括了对西方理性观和冲突观的排斥，以及对洛克、休谟的思想学说的拒绝，寻求一种避免“保持事物的静态的内在运动（‘执着’）”的道路。他的核心思想是“自我对体认的实在过程的参与”——也就是说，他推崇前文所提到的“仁”的概念，这是人类认知当中最基本的部分。

唐君毅也非常重视孝顺的观念，因为它不仅仅是个人道德体认的一种重要体现，对于“完成自我”也是必不可少的。他认为人是可以“配天”的,也正是在“配天”中,自我展示出神一般的性质,“人是实现使世界秩序化的道德主张的唯一现实媒介”。因为世界中存在着道德衰败和腐化,“自我确认”对于儒家来说尤为重要,但是“自我确认”与西方个人主义无关，儒家追求的是“人可以与至高的慈仁本性、与人所共有的慈仁之心相通的能力”。显然，墨子刻对这些概念更感兴趣，甚至是接纳了这些概念。其间，他也表达了对某些观点充满关怀的批判，如对于唐君毅“潘格洛斯式的乐观主义”，他认为有“一种令人愉快的基督教青年会式的形而上学味道”。

第二，墨子刻认为唐君毅是他完成一项尤为艰巨的使命的重要盟友，这一使命是要重建理学关于自我与世界的核心思想的传统和拉力。换句话说，他将唐君毅看成他的前辈，是鞭策自己前进的力量。墨子刻的题目当中所说的“困境”是指陷于儒家的“相互依赖的精神气质”之中的人的困境，这一“相互依赖”是唐君毅所说的“似神的力量”和“对道德失败的焦虑”，或者说是自主和焦虑之间的相互依赖。墨子刻花了很大工夫来确认和分析焦虑和失败感，这可以说是这本书中最难懂的概念，也是他竭尽心智和笔墨想要表达的东西。

在描绘儒家的“天命”观念——“上天所定之命运”——的时候，墨子刻形象地总结了他试图表达的东西。这里他通过讨论朱熹的观点评价了“天命”观。朱熹（1130—1200）是宋代的哲学家，他对于儒家经典的批注使他成为上一个千年中最有影响力的中国思想家。

> 可是，虽然“天命”观念首肯了人类干预意志的重要性，但也强调了这种意志所处的困境。由于“天命”观限制了人类在善恶冲突中决断胜负的能力，故朱熹所说的“人”能“制裁天地”的论点也就充其量不过是充满热情但过于简单的空话，因为它忽视了“天”的力量。天不仅作为道德力量的源泉，发挥这个力量的绝对命令和通过发挥这个力量为征服的对象而存在，它还能阻碍自我可以调集的任何道德力量的展开。自我注定要永无止境地在客观世界难以预测的波谲云诡和令人敬畏的无限性中穿行，一忽儿感到一个弱小的牺牲者的悲哀，一忽儿又感到一种半神的尊严。自我具有无限的能力，但却只能在变幻不安的宇宙中施展这种能力。[6]

墨子刻坚信这种困境并不仅仅是少数哲学家或者善于反思的政治家所体认，相反，他认为这种困境感在 11 世纪后的中国普遍存在——在别的著作中，墨子刻将这种困境总结为“一种与不断接近真理的追求相矛盾的疏离”。这种老生常谈之言已经形成了一种基本“语法”（墨子刻承认这里受到了肯尼斯 · 伯克 [Kenneth Burke] 的影响），传统理学就是基于这点来讨论的。因此，“引起理学争论的，并不是他们发现自己置身于可怕的困境，而是他们所探讨的摆脱困境的方法”。

这是一个颇具挑战性的观点，在墨子刻的书中用篇幅最长的、博学而精妙的第三章，力图为中国历史上儒家言论的盛行找到足够的证据，并证明其困境的存在。当然，历史学者可能会对墨子刻的有些假设提出质疑。尤其重要的是墨子刻的假设——自从 11 世纪宋朝时期王安石变法失败之后，中国的政治家和学者就被一种强烈的失望感所包围：

> 理学的困境意识现在已经很清楚了。无论现代学者如何分析宋代社会出现的伟大“革命”，但随着对王安石改革的失望，政治和经济事务的“外部”领域已显得毫无希望了。理学家把他们的社会看作一个耽于追逐私利且受着制度化弊端限制的社会，故他们只能在实际事务中转向温和现实主义的立场，却不能再希望去追求社会和谐、政治清明、经济繁荣的传统理想。
>
> 然而他们仍然决意要追求这一理想，于是就转而把道德努力的“内在”生活作为千里之行的第一步。但在程朱学派和陆王学派看来，他们在这里又面临着基于不可避免的宇宙条件之上的强大的道德失败趋向，这在他们自己内心之中就能很容易地体验到。世界是一片道德荒芜的原野，过去如此，现在依然如此。[7]

墨子刻的另一假设是关于恐惧失败感的重要性，他认为这是传统中国社会的推动力。有趣的是，墨子刻将这种恐惧感与关于水的想象联系起来，因为水是既能再生也能被压制的。此外，墨子刻还发现在明清时期的哲学论述中普遍存在“对洪水猛兽般的邪恶的感知”，他认为这种普遍的对邪恶的感知来自儒家传统的三个方面：一是个人随意做出的坏的选择；二是人类意志的普遍软弱；三是存在本身固有的腐败力量，及其不断地“制服”自我的威胁。

然而，墨子刻的另一个假设是关于朱熹及后世哲学家的激进现实主义的转向。激进主义和温和现实主义之间的平衡和转换是墨子刻的一个重要论点，这提供了一种将理学与毛泽东思想联系在一起的途径。墨子刻将毛泽东思想与儒家思想中暗含的激进因素相联系，最终进入了本书的尾声：关于摆脱困境的讨论。

不过，墨子刻在这一部分的论述就不那么详尽和深刻了，问题在于他试图一次性讨论太多问题。他想要批判列文森关于儒家传统的中断标志着"现代"中国的到来的观点。他想要反驳马克斯·韦伯，认为韦伯未能看到儒家核心思想中的巨大焦虑和对宗教的质疑所带来的张力。他还基本上拒绝了理查德·所罗门（Richard Solomon）的观点，即中国家庭和政治生活中的传统心理"依赖"模式已经转移到了现代中国政治文化当中。他还简短快速地介绍了西方学术界对毛泽东思想，或者更广泛地说，对中国共产主义思想的研究。如果我草草不恭地做一总结的话，墨子刻在试图揭示儒家传统中的"激进"因素，这一"激进"的羽翼已长期备受痛苦折磨，而正在到来的西方冲击复活了一种"彻底改革的传统热忱"，实现道德顿悟的热情可以再一次奋发前行。

这就能够解释为什么在20世纪中国的政治诉求当中，突然爆发了激进乐观主义。在唐君毅和中华人民共和国的历史中都能够看到激进乐观主义的影子，因为二者都有"不断增长的寻找出路的意识"。长期以来，中国人习惯于把屈辱的震荡性灾难视为历史的正常部分，这种文化"很大程度上将道德行为确切地定义为一种对付几乎难以忍受的灾祸的过程"。墨子刻指出，这种热情一旦冷却下来，就会再次滑入道德失败的泥潭，因此旧有的儒家困境就会在新的政权高层中再度出现。随着毛泽东思想逐渐让位于更加审慎的邓小平理论，对这一思想状态我们可以拭目以待。

因此，墨子刻认为，在一个漫长的时间范畴和广泛的社会范畴中，儒学都是一种富有活力的力量。一旦我们看到了它激进主义的潜力，就会明白它并不是呆滞地属于保守主义的范畴，当今时代的很多儒学思想家的观点既非荒唐之言，更不是欺骗之说。

正是因为墨子刻抓住了儒学的相关性，他的作品才显得自然而然。确实，在我阅读的有关中国近代共产主义的著作中，这本书相当具有活力和生机。读罢此书，你会觉得中国的历史编纂开始出现了转机，即使目标不甚明晰，大致的方向也是明确的：要对已经盖棺定论的领域中那些丰富而复杂的内容重新进行探索。即使学者们并不乐于这么做，墨子刻的著作也已经以其丰富而独创的内容将学者们推向了新的方向。

中国科学技术的对话

> 1583 年中国南方某些官员决定邀请一些正在澳门待命的耶稣会士到中国来。这件事以后被证明是那么富有成果，以致很少有别的历史时间能够与之相比拟。这是世界科学在东亚渗透的漫长过程中具有决定性的第一步，同时也是中国同欧洲间伟大文化相互沟通的开始。

对于当代中国的历史学家而言，李约瑟（Joseph Needham）在《中国科学技术史》（*Science and Civilization in China*）第四卷中的话（第二分册，第 436 页）极具参考价值，尤其是在他们反思李约瑟对中国科学的考察对自身研究领域的影响和帮助时。李约瑟的研究无疑是广博精到且雄心勃勃的，其范围囊括了 17 世纪前的整个中国科学。这段引文展示了在科学技术交流的世界性趋势下这一具有重大意义的时刻。正如在第二卷中李约瑟指出的那样，“中国在 17 世纪与世界现代科技相融合”（第 577 页）；在《中国科学技术史》新出版的第五卷《化学及相关技术》（第五卷第一分册，第 xxxviii 页）当中，他进一步强调“所有科学具有根本的连续性和世界性”。在第三卷《数学、天学和地学》当中，李约瑟同样强调这对于理解文化相互作用的意义，他写道:“对于今天的我们来说，非常重要的是应该认识到，17 世纪的欧洲并没有产生本质上的‘欧洲’或‘西方’科学，而是产生了普遍有效的世界科学。换句话说，与传统科学和中世纪科学相对立的‘现代科学’产生了。”（第 448 页）在谈到合成胰岛素的时候，李约瑟援引了思想家王夫之（1619—1692）的“动态平衡理论”和思想家戴震（1724—1777）的“唯物主义一元论”（第二卷，第 511、513 页），并根据学科特点和耶稣会士的政策来解释，为什么“17 世纪早期以来的数学和天文学能取得成功，而 18 世纪末之后的化学却未能成功”（第五卷第三分册，第 221 页）。[1]

李约瑟认为某一科学领域“取得成功”的观点实在有些令人难以捉摸,而他认为 1583 年是“决定性的第一步”的观点也值得探讨。李约瑟的特点在于，他一贯从中国的视角来看问题，因此他才认为“中国南方某些官员”邀请耶稣会士进入中国是“决定性的一步”。而在此之前，西方学者并不会重视耶稣会士带着某种技艺在中国的边境澳门等待被邀请入境的这一事实，至多从宗教和政治史的角度来讨论它。但是，无论偏好哪一种研究方法，1583 年耶稣会士利玛窦带着棱镜和钟表来到肇庆的时刻，确实具有深远的意义。这两件普通的物品，可以被看作早期中西交流中至关重要的要素，但是我越是思考它们，越觉得它们雄辩地向我展示了早期交流的失败。这也就是为什么有人认为，直到 20 世纪，中国的科技才融入世界现代科技之中。

在第四卷的时钟机构部分，李约瑟详细讲述了1583年以前中国时钟机构的历史。李约瑟援引中国钟表发展的历史，材料丰富而又雄辩地证明了，早在宋元时代（10世纪到14世纪）中国的时钟机构就已经有了很大的发展，而非像利玛窦所言时钟是“中国历史上从未见过、听过甚至想象过”的东西。即使是这样，考虑到中国那些精美的时钟在明初（1368年）被故意破坏，制造时钟的技艺失传，因而利玛窦才会忽视中国钟表的辉煌历史，这也情有可原（第四卷第二分册，第210、298页）。从比较历史学的角度来看，欧洲的时钟在当时颇具吸引力，似乎是因为欧洲的时钟非常小巧。到了16世纪晚期，欧洲的钟表匠发明了更好的发条，使得钟表的直径可以小至二三英寸。据李约瑟的研究，中国当时的小型机械也发展到相当高的水平，比如在制造小型机械玩具方面，但是这种技艺并没有被应用到钟表制造领域。不幸的是，虽然钟表的大小在现在看来是毫无意义的，但是在当时，根据利玛窦的记载，“只有小巧的钟表才是精品”。[2]

在一开始赠送时钟礼物之后，到1583年底又发生了几件大事。是年底，利玛窦和罗明坚居住在肇庆城郊，受到肇庆知府王泮保护。王泮很想要一块钟表，而当时的耶稣会正在四处筹资兴建他们的第一所教堂，罗明坚在回澳门筹资的时候就打算给王泮买一块钟表，王泮则答应给罗明坚丰厚的酬金以示感谢。当时的澳门还是葡萄牙的殖民地，主要依靠与日本商船的贸易往来。但是当时日本商船还没到，罗明坚也没有筹集到捐款来给王泮买钟表。无奈之下，罗明坚想到一个办法，他请了澳门最好的钟表匠，让其去肇庆找利玛窦。

根据利玛窦的描述，这位钟表匠是一位“来自加那利群岛的黑人，曾在印度居住过”。王泮迫切地想要钟表，便派遣了两位从事金属加工的肇庆工匠来协助这个印度人。于是，中国历史上出现了中国人和欧洲培养的工匠师的短暂合作，他们负责从事技术工作，并由中西方学者指导监督，不受外界干扰。这确实可以看作全球科技合作的典范，但遗憾的是，在工作完成之前，印度人被王泮遣回了澳门。因为当时社会上流传着基督教士拐骗儿童的传闻，中国那些愤怒的反基督教人士将黑人钟表匠当作了替罪羊。尽管利玛窦说他最终完成了钟表的制作，并将其送给了王泮，但不久王泮就将钟表送了回来，因为在衙门中没有人会摆弄这玩意儿，显然他们也不想请利玛窦去干这件事。[3] 尽管在这之后，中国成立了钟表工作坊，并且在之后的两个世纪之中一直雇佣传教士，但是从那时起，上文所描述的资金、立法、种族和宗教等方面的紧张关系一直困扰着中西方之间数不胜数的合作。

1583 年的这一插曲说明李约瑟关于钟表学的论述是多么具有启发性，也说明种种具有前景却又最终失败的合作还值得我们进一步去探究。与上述事件形成对比的是棱镜的故事。耶稣会士描述道，他们的钟表对于中国人来说是“全新”的。这一描述虽然展现了中国科技落后的一个侧面，但却实在昧于中国早期的成就，逐渐形成了中国科技落后的印象。棱镜的故事对中国社会产生了不小的影响，其中耶稣会士的所作所为也更加具有渗透力和危害性：西方冒险家和殖民者所讲的“印第安人和玻璃珠”的故事对于欧洲读者已经司空见惯，现在这些耶稣会士通过“中国人和棱镜”的故事来讲述中国的落后和中国人容易上当受骗。在利玛窦的信件和日记中反复出现这样的事情：只要将简单的玻璃棱镜作为礼物送给中国的官僚，就能换取耶稣会士在当地的居住权。尽管早在汉代，中国人在玻璃工艺上已经取得了很大的成就，并且已经能够精确地计算固体棱镜的体积，但他们却没有将这二者结合起来。当 1583 年中国人看到利玛窦带来的玻璃棱镜时，他们深受触动，将其称作“无价的宝石”。[4] 据李约瑟的说法，金尼阁版的《利玛窦日记》当中提到了约瑟夫·普里斯特利（Joseph Priestley）的记载，说有一个中国人付五百金购买了一个棱镜。在前往远东做生意的欧洲商人圈子中，这种故事在 16 世纪以前就已经流传开来了。没有人可以说清楚，在这些商人对中国人的印象上，这些故事究竟产生了怎样的负面影响。这种夸张的倾向大致还是有迹可循的，值得一提的是利玛窦最初的叙述——“以二十达克特 * 卖掉了一个玻璃棱镜和一些其他物品”并用这笔钱于 1583 年修建了教堂——在 1611 年被金尼阁做了修改，“其他物品”被删掉了，而“达克特”也变成了“金币”。[5] 换句话说，棱镜的故事只是冰山一角，欧洲人早就认定中国人是富有而无能的，但是这一事件却出现在李约瑟所说的具有“决定性”意义的 1583 年，这不得不说是历史学家要面临的干扰因素。

至于那些没有“取得成功”的科学，道家的化学疗法传统为近现代中国研究的学者提出了不同类型和范围的难题。丰富而复杂的道家自然哲学以及科学试验是李约瑟的中心话题，而席文（Nathan

* 达克特（ducats），旧时欧洲各国发行的一种金币。

Sivin）在撰写第五卷《炼丹术的理论背景》时，把道家传统置于中国整个哲学文化背景下来考察。在评价化学传统退步的时候，李约瑟意识到，宋朝末年（13 世纪早期）中国的化学水平便开始严重退步，向纯粹的“心理—生理炼丹术”倒退。无论炼丹术的概念多么精细，最终都走向了“传统化学的破产”。书中还提到，最后一批在朝廷颇具影响力的道士不过是江湖郎中罢了，他们负责服侍世宗皇帝（即嘉靖皇帝，1521—1567 年在位），很有可能直接导致了皇上的死亡（第五卷第三分册，第 208、217—218、212 页）。化学衰败的情形随处可见。在一首名为《长生》的有趣的诗词中，* 16 世纪的大哲学家王阳明（李约瑟在第二卷第 510 页写道，王阳明是最反对格物致知的儒家学者，因为“他没有能力去掌握科学方法的最基本的概念”）将后一种道家传统置于他的信念之中，他认为要坚信每个人内心的良知力量。王阳明说，因为“苦乏大药资”，所以良知的觉醒告诉他根本没有必要去寻求炉和鼎来炼丹药，即“非炉亦非鼎”。一个世纪以后，即 1630 年代，中国伟大的综合类科技巨著《天工开物》的编者宋应星这样描写“朱砂银”：“凡虚伪方士以炉火惑人者，唯朱砂银愚人易惑。”[6]

当然，这些例子令李约瑟描述下的衰落传统变得具体可感，但证据显示这些实验性质的传统在当时可能比我们想象的更加重要，

---

* 王阳明《长生》全文如下：长生徒有慕，苦乏大药资。名山遍探历，悠悠鬓生丝。微躯一系念，去道日远而。中岁忽有觉，九还乃在兹。非炉亦非鼎，何坎复何离？本无终始究，宁有死生期？彼哉游方士，诡辞反增疑；纷然诸老翁，自传困多歧。乾坤由我在，安用他求为？千圣皆过影，良知乃吾师。

尽管看起来十分荒谬。我们可以通过阅读利玛窦得到些启示（利玛窦生活在17世纪初期的北京，作为一名旁观者，他没有必要为道家吹嘘）。利玛窦讽刺道家从水银当中提炼稀有金属和通过“丹药和修炼”实现长生不老的荒唐举动，然而他却发现，他们的炼炉数量和投入的资金数量大得惊人，同时他也发现通过修炼以求长生不老的人有增无减，其中富人、高官和太监的数量也不断增加，与此同时，传授修炼之术的道士的级别也越来越高。[7]从利玛窦所记载的与学者瞿汝夔（字太素）初期的交往看来（利玛窦对此有丰富的记载），道家的传统并没有完全沦落到仅仅是“精神—生理炼丹术”的地步。人们熟知的是瞿汝夔沉迷于炼丹术，他与利玛窦接触是因为他听说利玛窦神父会炼丹术。而不为人们所知的是，从第一次见面开始，利玛窦便知道瞿汝夔沉浸在炼丹炉的绘制和建造当中难以自拔。正如利玛窦在日记的手稿中所写的那样，瞿汝夔“不仅仅把在我们这里能找到的全部绘图及尺寸一一记载在本子上，他的制造手艺丝毫不比我们逊色，他还制作了很多测量工具，例如地球仪、天体观测仪、象限仪、钟表、磁罗盘以及很多精细仪器——部分是木制的，部分是铜制的，还有很多是银制的”。[8]正如李约瑟提醒我们的一样，中国人精细的木制品技术在早期原创的木制钟表手艺中就已经体现得淋漓尽致，而且显然，瞿汝夔并非那些将炼丹修炼活动严格限制为——用李约瑟的话来说——“静坐沉思和朴实的生理修炼术（内丹）”的人（第四卷第三分册，第499页；第五卷第三分册，第208页）。或许，对清朝道家学派的全面研究，能够揭示更多我们未预料到的技术和活力，同时也让我们在明末的化学医疗思想与华蘅芳和徐寿的研究之间找到更加重要的内在联系。华蘅芳和徐寿于 19 世纪末供职于江南制造总局，两人技术娴熟，是传教士傅兰雅（John Fryer）的得力助手。李约瑟将 18 世纪耶稣会士巴多明（Dominique Parenin）等人的“物理化学技巧”与晚明时期方以智（1611—1671）或 18 世纪中国耶稣会士、科学家高慎思（约 1734—1790）的思想相对比，为我们开辟了一条道路（第三卷第三分册，第 218、228 页）。但是，这些早期道家耶稣会士的故事向我们强调了：除非中国的价值观体系得到彻底的修正，否则中西合作是不可能实现的，这对普世科学的形成是进一步的沉重打击。

李约瑟的研究对于之后的历史学家来说之所以重要，是因为他总是迫使我们提出这样的问题。他的观点直截了当且富有挑战性。例如，基于上文对瞿汝夔的阐述，同时别忘记瞿来自苏州颇有声望和影响力的书香门第，一个活在清朝社会的书生该如何思考李约瑟在这部巨著当中贯穿始终的论调——儒家“对于科学的贡献几乎全是消极的”，理学家的经典著作不承认“科学的地位”，只认可“传统技术的地位”（第二卷，第 1、29 页）等结论呢？如果过分强调儒家思想和道家思想在自然观上的分歧，当道家思想不再活跃在知识分子阶层时，后来的中国历史学家可能就看不到这些曾经水平高超的科学思想，而这将是非常危险的。正如李约瑟谈到 13 世纪的一个中国学者时所说，“从他身上，人们可以感受到，满口官话、毕恭毕敬的官员与从事手工的工匠之间的分野”（第五卷第三分册，第 208 页）。但是如果我们沿着这样的思路更进一步，就会与很多西方游客一样，得出一个讽刺性的结论：晚期的中华帝国就犹如一个疲惫不振、不切实际的精英，为了自身的利益，被胁迫着卷入现代世界之中。

当然，李约瑟仔细思考了这一问题，这一思考过程在最新出版的《化学及相关技术》当中有所体现。李约瑟审慎地思考了席文的观点，暂时放弃对核心问题的讨论。席文认为，“为什么中国从未自发地经历过相当于我们的科学革命？这个问题很接近比较科学史的核心”。但是，“要想把中国的传统从内部充分弄清楚以前就得到任何答案，简直是浪费时间和徒增烦恼”。李约瑟写道：

> 但是这种阐述在这里可能再次暗示某种纯粹是内在主义者的或意识形态的解释，以说明近代自然科学没有在中国文化中产生的原因。我并不认为最后我们将会主要求助于被当作一种隔绝的斯宾格勒单元来看的中国思想界所固有的抑制性因素。想必人们总是希望，这些智力限制的因素有些是会被识别的，但就我而言，我仍然相信，如果社会和经济条件曾有利于中国近代科学的发展，上述诸因素中有许多因素是可能克服的。（第五卷第四分册，第xxxvii页。）

这一论断充满了陷阱，但也饱含宝贵的可能性。一方面，我还不能确信李约瑟在其著作中已经证明了他反对儒家传统而支持道家思想的观点，因为这里的概念非常靠不住。以北宋时期为例，李约瑟将北宋描绘成一个儒家官僚的改革派打击封建地主和小手工业者的时期，因为和这些改革派相关的道教人士一开始就有着反对封建官僚社会的情结，从而充当了“各种原始科学和技术知识以及实践的促进者和管理者”（第四卷第二分册，第 496、501 页）。研究宋代社会、政治以及宗教史的学者们，在做出更清晰的阐释之前，需要进行更加深入的研究。利玛窦发现，中国传统官僚精英对科技的发展是持鼓励态度的，因此我认为诋毁儒家阻碍科学进步的说法甚为不妥。瞿汝夔的实验爱好可能来自炼丹炉，但利玛窦最著名的合作者——徐光启和李之藻，对西方科学也有着浓厚的兴趣，并帮助利玛窦将欧几里得的第一本著作翻译成了中文。这两人都来自中国富饶地区的书香门第，都曾高中进士，还在明王朝官居高位很多年。此外还有宋应星，他也曾中举人，任县学教谕，1637 年所著的《天工开物》常被李约瑟引用。在《天工开物》的序言当中，宋应星简洁明了地指出了对待知识的一般态度，不仅仅是用中文，用任何语言来说这都是高贵之言：“世有聪明博物者，稠人推焉。乃枣梨之花未赏，而臆度‘楚萍’；釜甑之范鲜经，而侈谈‘莒鼎’。”宋应星还写道，“丐大业文人弃掷案头，此书与功名进取毫不相关也”。[9] 如果有更多的钱，宋应星说，“欲购奇考证，欲招致同人商略赝真”。总的来说，宋应星是社会中舒适阶层的一员，交际甚广。这与李时珍不同，李时珍所在的阶层地位更低。约 1593 年，李时珍出版了医药名著《本草纲目》，之后其子中举人，其孙中进士，一定程度上弥补了李时珍的社会差距。

另一方面，在考察清朝的时候，我越发确信某种“社会经济条件”阻碍了 1583 年以后中国科学在已有的基础上继续建设性发展的脚步。但是，或许又有些自相矛盾的是，与李约瑟的观点针锋相对，我斗胆提出这样的观点：科学技术上的失败造成了十分严重的后果，致使在任何意义上来说，中国这一时期都不能进入普世科学的世界之中。尽管这些社会和经济因素很难被准确地归类，但大致可以归于三大类门下：满人因素、儒家官僚的地缘政治因素，以及影响传教士的因素。

1615 年至 1683 年，满人入主中原的过程是一段漫长的历史。在这一时期，中国出现了新的民族紧张因素以及政治控制动向。由于在明朝，新儒家官僚关系适时发生了某些变化，明朝的学者在儒家伦理的压力下（通常也是自觉地）拒绝为新的清王朝服务。当然，这些效忠大明王朝的学者在耶稣会士在华初期就已经在思想上日渐成熟了。然而，他们的事业却在关键时期被大清王朝的建立拦腰斩断。李约瑟常常提到的热衷于科学的学者，包括方以智、王夫之和顾炎武。满人在推翻了明朝之后，不可思议地继续尊崇儒家学说。但是，满人强加给百姓的是朱熹对于儒家思想的严格阐释（李约瑟在书中常提到朱熹，见第四卷第二分册，第 503 页提到：朱熹家有一具废弃的浑仪，他尽力钻研水力驱动的结构，以便再现这种水运装置，但未能成功）。这种所谓的正统也必然限制科举考试对儒家典籍的选择和注释。与此同时，因为人口爆炸，科举考试的竞争性也越来越强。清政府的紧张不安蔓延，特别是在对于反清作品的检查当中。举一个简单的例子，就是李约瑟常常提到的宋应星的杰作《天工开物》。这本被李约瑟称为“中国最重大的技术经典著作”于 1637 年出版，反响很好，但在 1644 年之后却几乎销声匿迹，仅在日本保存了一份原版的摹本。李约瑟认为，这一现象的出现大概是因为书中提到的造币、制盐和军火制造都为政府所垄断（第四卷第二分册，第171—172页）。可是，当我考察涉及这三大话题的其他著作时，我发现这一解释很难令人信服；更重要的是，尽管只是轻描淡写，宋应星在《天工开物》一书的序言中曾指出南满地区和吉林都是蛮荒落后之地。在我看来，这本书被禁的原因就在于此。很多作品在明朝原本是没有问题的，却在1644年清朝统治之后成为大逆不道的叛国之作，所以在清朝初年政治迫害之时，没有人敢翻印这些作品；1770年代之后，乾隆皇帝大兴“文字狱”，细查所有反朝廷的作品，就更加没有人敢翻印这类书籍了。

不可否认的是，早期的清朝统治者自身曾怀着巨大的热情拥抱西方科学。例如顺治帝与汤若望（Adam Schall）的情谊，康熙帝与南怀仁（Ferdinand Verbiest）和白晋（Joachim Bouvet）的交情。但是总体来说，满人皇帝会把耶稣会士科学家和技术员限定在宫廷内，由内务府负责食宿，并派包衣和太监对其进行监视。这一时期，在绘图、数学、天文、军备、测量和医药领域，一些重要的作品得以出版和修订，但在文人当中影响不大。这是因为，最具天赋的耶稣会士科学家的工作被限定在与宫廷相关的领域，其工作坊设在北京内城，其工作的成果也被安置在皇宫之中。在《物理及其相关技术》一卷中，有一节名为“旧技术机械：耶稣会士的新事物和并非新的事物”，李约瑟用一张项目平衡表对科学技术的传播及其制图进行了评价（第四卷第二分册，第211—228页）。我们发现，从耶稣会士的角度来看，当时的成就并不可观，对欧洲机械的专业“技术”制图解说并不完善，致使同时代的中国人感到费解。耶稣会士经常被迫为宫廷研究一些机械方面的小东西，或是绘制一些毫无用武之地的图纸：即使是在乾隆时期，耶稣会士奉命设计的宏伟夏宫也只限于皇家使用。这些夏宫建于北京郊区，于18世纪中叶完工，建筑宏伟华美。但这离利玛窦的梦想差距甚远，1583年利玛窦在肇庆曾自己建造住所，他梦想着有朝一日所有中国人都能住进比例优美、屋窗雅致的西式建筑之中。清朝宫殿成为名副其实的西式古董堆砌站，这些小古董虽然价值连城，却毫无实际用途。显然，中华帝国更喜欢收藏上百块时钟、手表，而非将这些时钟和手表背后的技术推广开来。

在当时推广机械和实验科学方面，我所说的儒家官僚的“地缘政治因素”似乎也无所作为。随着历史学家对儒家的深入了解和研究，他们发现儒家对自然现象也真切地存在着浓厚的求知欲、生动的想象力和天然的好奇心，所以，李约瑟所说的“中国思想界所固有的抑制性因素”并非导致清代以前中国未能发展出近代科学的主要因素，这对于清朝同样适用。但是，清王朝统治下的北京似乎比明朝时期少了些自由。随着最后一批道士仓皇四逃，1644年满族八旗军攻陷北京，整个北城的居民被迫迁出，为八旗军驻军腾出地方，北京能够进行实验的机会就更少了。清皇室内部成员争权夺利，严密监控着其他满族宗室（与明朝宗室散居在全国各地所不同，清朝宗室主要居住在北京的内城）。所以，清朝根本不可能出现明朝皇子朱橚和朱权那样典型的科学家，在李约瑟的书中，对这两位皇子也有叙述（第五卷第三分册，第209—211页）。清朝的官员通常任期很短，并且常常被派到远离家乡的地区为官。尽管这一点可能是微不足道的因素，但我却认为，这妨碍了不少清廷官员——毕竟他们才是社会最有钱的人——来发展李约瑟所说的“实验设备”。值得注意的是，大多数地区设施发展不完善并不意味着缺乏兴趣，数学领域的情况恰恰相反。在清朝，从梅文鼎到其孙梅谷成，从阮元到罗士琳，数学似乎得到了空前的繁荣发展。人们不禁会问，清廷周期性的采矿禁令，还有华中、华东的滥砍滥伐导致18世纪中叶出现的严重的环境危机，这些事件对科学实验的不同层次产生了何种影响？此外，李约瑟还谈到了早期中国科学发展中科学机械和熔炉的情况。显然，清朝的冶金术、燃料供给以及学者实践条件匮乏等一系列情况还需要进一步的研究。

说起北京的不利环境和以扬州、南京和杭州为三角的江南地区的富饶，我们不得不重新考察1851年到1864年间太平天国运动对清朝科学发展的影响：至少令人吃惊的是，在太平天国运动过程中，数学家罗士琳、戴煦和徐有壬相继遇害或自杀，而李善兰（李善兰是伟烈亚力 [Alexander Wylie] 的出色助手，他们合作翻译了欧几里得《几何原本》后九卷，这本书的前几卷由利玛窦和徐光启翻译）也在战乱之中失去了自己的书房。太平天国运动之后，以阮元为首的一批才华横溢的知识分子纷纷南逃至广州。到了19世纪末，康有为、梁启超等人以香港为庇护，才得以重新评价中国的思想传统。

最后讨论的是传教士因素的影响。从明朝到清朝，传教士的情况发生了很大变化。尽管教会和政权之间的冲突时有发生——正如1598年丰臣秀吉入侵朝鲜时，利玛窦被迫离开北京所意识到的那样；

又如高一志（Aflonso Vagnoni）* 在 1617 年受到沈漼的迫害当中所体会到的那样。但是在清朝，部分地区因为上文所提到的宫廷的态度，致使西方科学和西方传教士事业均招致了不幸。1644 年清朝入关之后，有些传教士加入了流亡的反清复明的队伍当中；在鳌拜摄政的 17 世纪，有些传教士因为天文技术的派别争斗而锒铛入狱；1708 年罗马天主教宗教特使铎罗到达中国之后，有些传教士接受教令而关门禁闭，还有些传教士与雍正皇帝的皇兄弟有所往来，使得性格猜疑的暴君大为恼火。这些政治纠纷，尤其是最后一件，使得天主教在清朝被认定为“邪教”或“异端”（最初是非正式的，后来成为法令）。一直以来，清朝只会将那些极端的或地下的佛教和道教宗派，或是一些追求不正常性行为的人称为“邪教”。18 世纪的中国文人还写了不少抨击天主教的著作，指责天主教借口给死人祷告忏悔，实则挖人双眼，用这些眼睛“和铅、水银混合而制成银”。[10] 中国文人矛盾地用古老的“炼丹术”概念来命名这一行为。尽管在 1773 年禁令颁布之前，为清廷工作的耶稣会士看起来令人尊敬，但是要让中国的文人冒生命之险去从事科学研究，仍然十分困难。在中国，天主教和新教的传教士都身败名裂。随着帝国主义势力侵略中国，19 世纪开始向中国倾销鸦片，带来的道德败坏和社会破坏，使得传教士无法置身事外。我们可以说，直到 1850 年代，满人统治摇摇欲坠，清廷四面树敌，叛军四起，中西合作成了重整国家的

* 高一志（1566—1640），原名王丰肃，字则圣，意大利耶稣会传教士。1605 年来华，1616 年南京教难时被逐出境，后于 1624 年底返回中国，至山西传教，因识之者众多，于是改名高一志。

途径，直至此时，“世界性科学”才在中国有了清晰的意义。

以上的这些思考都源于李约瑟的《中国科学技术史》，这套书为清朝研究打开了新的视野，在大约十年前，很少有人涉足这一领域。如何进行研究又是另一个问题，这需要一定的科学知识和坚实的古汉语功底，这将是一项珍贵而艰巨的工作。我认为，只有当我们摆脱了对儒家经济角色的轻视，只有当我们认识到科学技术也内涵于儒家的自我定义之中，只有当我们更加广泛地阅读和学习与文学、哲学同在的历史文献时，我们才能真正理解所谓的儒教社会的最后一幕。李约瑟向我们展示了这未被开发的资料库是如此庞大，每每翻开他的著作，我的眼球总会被其中的汉字所吸引。这些汉字是李约瑟在翻译或解释大量的科技术语或准科技术语时罗列出来的，背后有着特殊的传统根基。他的著作让我不禁产生了这样的想法：在李约瑟完成了这样的一部巨著之后，出版社或许应该校对整理出一份带有注释和交叉引用的词汇索引表，以便于想要从事类似研究的学者能够系统地学习李约瑟的研究成果，然后再深入地思考“中国是否以及何时真正参与了世界科技的对话”这样的问题。这将是李约瑟对于理性探索精神最好和最终的献礼。

身为中国人的钱穆

进行中国学研究的人大都会问起这样一个简单却又难以回答的问题："身为一个中国人究竟意味着什么？"什么样的价值观或文化因素与历史经验、共同民族起源相互联系，才能将中国人维系在一起？

邓尔麟（Jerry Dennerline）的著作《钱穆与七房桥世界》[1]是我所见过的对此问题最细致、最敏锐也是最合理的回答。邓尔麟为我们讲述的是历史学家、哲学家钱穆的故事。钱穆，1895年生于中国，1949年新中国成立之前都居住在中国大陆，之后先后定居于香港和台湾。钱穆在江苏省一个名为七房桥的村子中长大，钱氏一族祖业辉煌、生意亨通、良田丰盈、广施博济，无论在实际上、精神上还是经济上都是七房桥的领袖。正如邓尔麟所说，在清朝灭亡、旧的官僚体制崩溃之际，钱穆在思想上属于"向前看"的群体。但是1911年的辛亥革命、清帝退位并未带来一个解放的新时代，它带给中国的反而是军阀混战、连年战乱和日本的入侵。

邓尔麟并非要探讨钱穆生活的历史大背景，这对于他的追问并不重要，他是要梳理清楚钱穆是如何信仰了他所信仰的一切。在“最糟糕的时代”中，钱穆笃信着某些真理并且毕生致力于传播这些真理。所以说，邓尔麟这本书既是一部思想史，值得读者仔细品味每一句话，也是一部地方史，生动地记载了七房桥的故事。在写这本书之前，邓尔麟研究了地处中国江南的江苏省的知识分子对1640年代清朝取代明朝统治中国的反应，这为他重新评价两个半世纪之后同样具有重要历史意义的江苏农村巨变奠定了基础。[2]

邓尔麟分别在1983年和1986年两次采访了钱穆，他还重新探访了钱穆在中国大陆的老家七房桥，而钱穆自己却难于成行。年事已高、双目失明的中国学者和刨根问底、年轻有为的美国学者交流畅谈，使得邓尔麟的书中充溢着友谊的愉悦。邓尔麟试图在中国寻找旧有价值观的残存痕迹，他告诉了钱穆一个感人至深的事例。他在无锡甘露镇遇到了一位残疾姑娘，自幼双腿失灵、不能行走，在当地政府办的残疾人工厂中工作，靠自己的劳动赢得了尊严和一定的固定收入。邓尔麟认为她的工资能够给予她迫切需要的经济独立，因此问她将如何安排收入，而她却对这个问题感到奇怪。她说，她认为自己还是家庭中的一员，所以每个月都把工资交给家里。邓尔麟优雅地写道：“听了我的这个故事，双目失明的钱穆先生一面在脑海中勾画着姑娘的形象，一面轻轻地拍着桌子对她表示敬意。”

本书在结构上非常巧妙而紧凑，主要以两条线索展开。第一条线索是用丰富的资料充实两篇关键的理论分析：第一篇是钱穆对中国文化和历史的总结，由邓尔麟采访并整理；第二篇是邓尔麟身为历史学家对上述观点的理解和诠释。第二条线索连续用三个章节展现了七房桥世界：其中一种理解是钱穆的视角，述说的是他记忆和缅怀中的七房桥；另一种是身为社会历史学家的邓尔麟的视角，是他在实地考察七房桥后所作。全书的最后是钱穆，这个年迈的中国学者，在父母离世很久之后写下的简短却又满怀深情的《八十忆双亲》。正是这篇文章,引发了邓尔麟对钱穆的兴趣。他第一次将《八十忆双亲》全稿翻译成了英文（大约有三十五页的篇幅），对历史学、文学和个人传记都具有重要的意义。邓尔麟将这篇缅怀之文放在末尾而非开头，意在让读者尽可能去体会和评价其丰富内涵。

我所说的“第一条线索”，是钱穆和邓尔麟对中国文化和社会的观点，这一部分很难总结，因为原著已经非常精炼了。钱穆试图向邓尔麟传达的，是他对中国传统文化中“礼”的认识，正是“礼”将中国社会联结在了一起。对于钱穆来说，他所深深眷恋着的中国人的故土仍然是地方性的，并不能被定义为中华民族的文化。但是在地方实践着“礼”，并以此赋予其生活的乡里和家族以意义和秩序的士人，凭一己之力将家庭、礼仪、乡里转化成了——在整个“民族”的意义上——具有文化力量和民族力量的概念。钱穆认为，无论邓尔麟多么细致地考察地方乡里，都找不到具有广泛意义的中华民族文化。

在这一部分的结尾，邓尔麟以不同的方式阐述了相似的观点，这主要是基于他自己对于中国社会中错综复杂的关联和结构的认识。邓尔麟认同“礼”是钱穆时期中国家庭世界的核心，但他认为这对于整个民族文化甚至是地方文化都充满了意义。士人实践着“礼”的观念，同时也运用这一概念来塑造他们的乡里社区，从而使得士人可以充当地方和国家间的缓冲器。只要符合“礼”的规范，士人就会将这种地方风俗解读为具有文化上的尊严和意义。因此，中华民族及中华文化的核心则在于地方文化的多样性和丰富的社会家族礼俗。中国文化具有内在的有效性和思想上的统一性，即使与地方乡里和风俗之间的联系已随着农业革命和工业化发生了改变，任何中国政府想要复兴现阶段的中华文化，也必须要先把握这种联系才行。

如果这听起来非常抽象（我觉得确实如此），邓尔麟的第二条线索则非常生动具体，能够让读者清晰地明白两位学者的观点。钱穆先生最初对自己在乡里和民族文化中的定位是在政治中挣扎的知识分子，父亲的早逝使得他的处境更加困难重重。但是，从父亲那里习得的“礼”的观念，从农村乡里中得到的内部秩序和节奏的观念，钱氏一族的藏书、学识和几个世纪的历史传承，这些都赋予了钱穆一种内在的思想力量。钱穆能够反抗和挑战已经愚钝的权威，他也确实这么做了。但是更为关键的是，身为学生和老师（钱穆十七岁便开始在当地的中学任教，为家庭增加了额外的收入），他总是追求达成共识而非强制。他传道授业并非依靠管教，而是通过鼓励学生探寻事物全貌的“活教室”方法。非常恰当的两个例子便是，钱穆曾在作文课上要求学生描写红烧肉的确切味道和风穿过松林的真实声音。

通过学习、思考和探索文化遗产的内在意义，四十二岁的钱穆已经准备好了第一次展示自己对国家及其源起的思考。1937 年至 1938 年，钱穆完成了《国史大纲》，向大家讲述了中国三千年来的盛衰兴亡、外族的入侵和同化以及社会文化的演变，被邓尔麟称为“中国现代学术史上的不朽著作”。照钱穆看来，这种历史模式是中国特有的，与西方社会不同：

> 中国史犹如一首诗，而西洋史就像一出剧。前者总在和谐和节奏中按照同一个规律转移到新的阶段，而后者则从一幕转到另一幕，剧情时在变换。前者在大治时得到扩大，在大乱时遭受分裂。而后者则在冲突动荡中前进但以悲剧告终。[3]

西方学者可能永远都理解不了中国的诗歌和韵律，因为他们追求的是“世界性的西方戏剧模式”。

历史学家钱穆在写作《国史大纲》时的文思泉涌和踌躇满志，要拜他写作时的环境以及伴其左右的人们所赐。他住在昆明附近的岩泉下寺，地处中国西南，风景旖旎、青山清泉环绕、远离尘世。慈善而忠厚的张妈负责其起居，张妈擅长烹饪，每餐必购当地新鲜食材。在这段时间里，钱穆所结识最奇特、最聪慧的人便是岩泉上寺的静庵道士了。静庵道士甚爱诗词，嗜鸦片烟，一年的生计尽赖于倒卖黄豆。

这本书记录了钱穆的成长和写作历程，邓尔麟将这一部分的标题取名为《学而时习之》。在儒家看来，“学而时习之”是正确的行为。邓尔麟这里借用了这一儒家名言，既是用来表达对儒学的尊敬，也是邓尔麟对钱穆的教养的总结。书中下一章节题为“水乡”，这是中国人用来形容钱穆家乡的词语，这一章节是独立的一章，也是对社会历史极其娴熟而形象的描写，邓尔麟的目标是展现晚清时期“礼”的观念是如何发挥作用并影响了“潺潺溪流”旁边的钱氏一族和其他居民的生活。我们看到,“礼”编织成了一张社会风俗之网，来保护和延续这片“小天地”。在这片“小天地”中，四万两千多人在不足一万亩的贫瘠土地上求生；在这片“小天地”中，上百年的发展形成了一个复杂的土地所有制体系。在这个体系中，土地的权力被分为了“田底权”和“田面权”，所以那些有权在土地上耕作的人并不具有“田底权”，或者说无法主张对这片土地最终的所有权。详细的社会等级划分也正是基于这些权利，同时还基于在宗教仪式、婚庆奏乐中的多种风俗义务。这种等级划分给予每个家庭成员以地位和身份。除了向国家缴纳一定税收之外没有其他费用的义田，是经营家族土地的一种方式。不太富裕的家庭仍然能够以此获得教育和一定量的粮食。正是这种体系，使得钱穆在父亲去世之后仍然能够成为一代学者。邓尔麟写到，我们可以将无数的片段拼接起来形成完整的环境，而钱穆却做不到这一点。比如说，钱穆就不能参阅邓尔麟找到的一些地方志。通过对水乡的深入研究，邓尔麟看到了一部“与价值观无法割裂的历史”，正是这部历史，让钱穆的一生中，“深深地尊敬中国的老百姓，尊敬他们的乡土观念和对家乡的眷恋和责任感；他也深深地尊敬中国的乡绅志士，尊敬他们的平等观念和为追求平等的决心”。

接着，邓尔麟将钱穆的《八十忆双亲》翻译成了英文。这篇文章于 1975 年写于台湾，前后花了八天的时间。如果钱穆的双亲还未离世的话，当时应该已经一百一十岁高龄了。习惯于阅读起伏跌宕的当代传记的西方读者，乍一看可能会认为这篇文章平淡无奇、乏善可陈，但是他们完全错了。钱穆用不同的写作风格，富有韵律地详细讲述了这个家族的故事。邓尔麟那饱含深情的英译本也很好地抓住了这一特点。钱穆用那些塑造了他的价值观来塑造了一个世界：这首先是一个充满了爱的秩序的世界，无论生活是多么的艰难困苦；这种社会价值观通过日常的礼仪规范、行为举止和内在的正义感展现出来。换句话说，这是一个以"礼"规范的世界。这就是钱穆想要表达的东西，在此之前，没有学者如此成功、深情地传达过这一思想。这与钱穆的父亲沉迷于鸦片烟无关，与钱穆的母亲大字不识也无关。对于钱穆来说，重要的是中国人，是中国人那种符合乡里和家族规范的行为，是中国人的那相互交织的行为和观念。而钱氏一族的另一支脉已经丧失了这种意识，丢掉了学识和责任感，转而醉心于斗蛐蛐、放风筝这样的闲情逸致。对于钱穆父子而言，儒家经典"五经"才是有意义的男人生活的象征。这本由钱穆祖父手写的"五经"，浸透着老人的泪水，在钱穆孩提之年仍保留在家族的藏书馆中。

《八十忆双亲》共有十二小节，前八节主要是讲述钱穆的父亲，后四节主要是与钱穆的母亲相关，讲述在父亲早逝后母亲是如何支撑下来的。文章的核心主旨——钱穆为什么要写这篇文章，而邓尔麟又为何将其作为本书的中心——意在告诉读者，只有在家族和乡里的环境下才能理解父母双亲，将他们孤立于环境的分析是没有意义的。他们内化的价值观外化为他们的社会行为，正因为这样才使得他们受到社会的普遍尊崇，所以在父亲死后，钱穆到店铺购买货物，铺中人拒不收钱。在钱穆的眼中，这并不是毫无意义或深受束缚的，它恰恰证明了这是一个有序的社会。在这个社会中，充满了坚定而热烈的爱。

幼子侍奉病危的父亲是中国人的回忆录中常见的场景，在哲学家康有为的描述中尤为悲惨辛酸。其父病重，四十年前便已去世，但康有为的回忆带有傲慢色彩，令人难以接受。而钱穆的笔下全是他的父亲而非自己。对敬爱的母亲的哀悼也是中国人的回忆录中常见的话题，但是很少有人能够将对母亲的回忆写得如钱穆般悲情而简洁。钱穆的母亲在七十七岁那年去世，当时四十八岁的钱穆远在成都，不能伴其左右、为其送终。钱穆写道："常念古人以慈恩喻春晖，每于先母身边，获得深切之体会。即家中养一猫、养一鸡，先母对之，亦皆有一番恩意。"[4]而命运却不能让他们母子相聚，钱穆悲伤地写道："综计自民国肇建以来，获与先母长年相聚，亦仅此三年而已。"在邓尔麟那温情的笔下，经历了民国历史的钱穆，重新与我们分享着他的价值观。我们也许不会完全赞同，但是很难否认，在他的人格当中确实有些精髓是值得探寻的。

社会百态

食[*]

嘉庆年间（1796—1820），大清学者管同写了一篇有关“饥荒之地”的文章，内容离奇而残酷。在这片饥荒之地上，庄稼不长、动物不生，没有鱼，也没有果子。前往饥荒之地是一段极为恐怖的旅程，但如果能葆有一颗勇敢的心，人们也能在十天之内到达。届时，人们会发现一个“世外桃源般开放而愉悦的国家，在这里，管理变得多余、思考也趋于停止了”。[1]这是那片死于饥饿的人们的领地，对于管同而言，如果说只有自杀才能保存名节的话，那么来到这片饥荒之地便也同样具有了道德价值。然而，对于许多中国人来说，在清朝以及前前后后的朝代里，饥荒之地是别无选择的可怕现实。尽管这篇文章是讨论粮食和饮食的，但如果我们认识不到饥荒或者饥荒对于普通老百姓的威胁，就难以公正地讨论这一话题。正是饥荒的威胁，才赋予了农业以重要的地位，也使得饮食成为一种享受。“是年，人相食”，即便这里只是用了一种暗喻手法，我们也可以从地

* 感谢谢正光（Andrew Hsieh）教授对本文的指导。

方志里这样的字句中找到这种酸辛的蛛丝马迹。同样，在西方学者不辞劳苦的记载中也能发现饥荒之年人们的食物：树叶、木屑、蓟草、花生壳、浮石粉等。[2]

平民之食

这一节主要研究清朝时期穷人的主食。令人印象深刻的是，各地的食物都会被仔细地记载在当地丰富的地方志中。虽然这些资料的范围和详略有所不同，但它们仍然值得营养学家、经济学家和社会历史学家进行系统的分析研究，即使只是粗略地翻阅一下富庶地区的地方志——例如《江南通志》编纂于1737年，清朝国泰民安的鼎盛之年，是这方面极为全面而丰富的史料（第86卷）。卷八十六中列举的粮食产品有小麦、𪎊麦、豆类、小米、胡麻，类穤之属、高山之属、类晚之属，还对各类作物的不同品种进行了详细叙述。在介绍全省概况的卷首，《江南通志》按照传统的分类方法对食物进行了分类，可分为：蔬之品、果之品、竹之属、草之品、花之品和药之品；在禽之属中记载有各类家禽动物；接着是鳞介之属（即鱼类）、鲯介之属（即贝壳类）和虫之属。在此之后，编者还用长达三十三页的篇幅对各州府的特产进行了记录。

府县志中也有同样丰富的记载。1696年编纂的《云南府志》在分类上与《江南通志》大体类似，但又根据下辖十一个州县的具体情况做了更进一步的分类记载，使读者可以更方便地找到某一地区的特产资源情况。我们可以从这本书中了解到，昆明县有着最为繁荣的农产品经济，这里盛产茶叶，丝织业发达，矿产丰富，下辖各区也有自己的特产，如富民县的草纸、罗次县的麻、呈贡县的面条、昆阳州的蜜和冬瓜，以及禄丰县的醋。不过，整个云南地区的县志有一个共同的缺点——缺乏对有尾动物的任何记载，甚至没有提到羊、牛、狗、猪这些动物。[3]

与此呈鲜明对比的是 1754 年的《福州府志》。《福州府志》的内容非常丰富，但没有分门别类地进行区域划分，记载的食物种类由十个扩大到二十个，覆盖长达四十九页的篇幅（卷二五、二六）。从《福州府志》中，我们可以了解到该地区的饮食习惯，它比《云南府志》更加详细，新增了不少种类：有瓜之属的越瓜、黄瓜、胡瓜和芋瓠，还有竹之属、藤之属，每类都有完整的部分；鱼类从鳞之属当中区分开来单独成为一类，草之属、杂植之属也同更广泛意义上的木之属当中独立出来。例如，茶和烟草便属于杂植之属，关于烟草的注释是这样写的："种盛闽中郡，一名淡巴菰，明万历中始有种者"（卷二五，叶 24）；在蔬之属中也出现了不少外国的品种并配上了注释，例如番薯，在《福州府志》中有一页很长的注释（卷二五，叶 4），根据这一注释，当地在明万历甲午年（1594）遭受饥荒，巡抚金学会引进了番薯这一品种，并教老百姓种植。金学会的本意是教百姓种一种可以应付干旱之年的作物，不想却成功抗击了饥荒灾害。这一举动带来了意义更为深远的结果。正如注释当中所言，番薯"润泽可食，或煮，或磨为粉，于是耄耋童孺、行道鬻乞之人皆可以食，下至鸡犬皆食之。其种也，不与五谷争地，盐卤沙岗皆可以长"。

即使是小地方的县志，也多少记载了当地饮食的状况。山东南部穷乡僻壤的郯城的县志（1673 年编纂）也有两页是关于当地物产的介绍（《郯城县志》卷三，叶 33—34），不过没有对不同品种的物产进行详细介绍，也没有食品制作过程的信息。其中有两点值得我们注意：第一，没有列举任何家畜，只提到了兔子、两种鹿、狐狸和狼这些四足动物；第二，药用植物的规模很大，总共列举了三十六种之多。1764 年的《郯城县志》与 1673 年的相比，食物方面的内容并没有增加（卷五，叶 33—36），但是鹿、狼和狐狸已经没有了，新增加了关于羊、牛、骡子、马和猪的记载。药用植物的数量减少到了十九种。虽然没有确凿的证据来证明，但药用植物的大量减少可能是因为清初瘟疫和战乱肆虐，对药用植物的需求高，现在情况有所改善，对药用植物的需求也就不那么紧迫了。此外，可食用家畜数量的变化也反映出当地生活方式发生的巨大变化。[4]

虽然西方的农作物传入中国是在明朝晚期，但是真正产生革命性的影响却是在清朝。这些新传入的农作物的重要影响不在于它们丰富了穷人或富人的餐饮（尽管确实有这样的作用），而在于它们刺激了人口的增长，使得中国人口在传统资源的极限之外再创新高。清朝的人口爆炸——从 18 世纪早期的一亿五千万增长到 19 世纪中叶的四亿五千万——如此剧烈地增长，影响了当地生活的方方面面，即使到了今天，学者的研究也未能穷尽。在何炳棣的中国人口研究中，他发现新传入的农作物有几大重要影响。[5] 他论证了玉米、甘薯、马铃薯和花生如何在清朝成为中国人的主食，以及这些粮食作物的传播是如何与中国的土地开垦过程相契合的。

到了18世纪初，甘薯已经成为东南沿海地区穷人的主食，一系列的上谕和省府告示劝谕农民大规模种植甘薯，甘薯由此传播到中国的西部和北方等地区。根据何炳棣的估计，到了18世纪末，“在多山的山东沿海，甘薯常常是穷人近半年的口粮”[6]。清朝早期，玉米改变了云南、贵州和四川的农业生活，当长江流域低地地区人满为患时，数百万移民从人口稠密的东南地区进入长江内地省份，以及汉水流域的陕西和湖北高地地区，他们发现，玉米是开垦丘陵和山地的关键作物。也是在这些地区，直到清朝中叶，马铃薯的引进使得农民能够在一些贫瘠得不能种植玉米的土地上定居下来。[7]相较之下，花生带来的变化并没有那么剧烈，但是何炳棣仍然发现了花生的广泛影响力：

> 在过去三个世纪中，花生逐渐引起了沿长江下游、黄河下游、东南海岸，尤其是在福建和广东以及内地无数江河边利用沙地的一场革命。甚至在一些水稻地区的众多作物体系中，花生一般也在轮栽中占一席之地，因为农民虽然不了解花生作物根瘤的固氮作用，却凭经验懂得它有利于保持肥力。在中国这样一个大国，花生与稻麦不同，只是一种副食；但不包括东北在内，中国在1931—1937年间的年生产量也达280万吨，与印度一样是世界主要的花生生产国之一。[8]

尽管难以获得准确的数据，但据何炳棣估计，稻米在全国粮食总产量中所占百分比可能已下降了近一半，从明末的70%下降到

1930 年代的 36%。同样在比重上明显下降的还有大麦、小米和高粱。[9]

由于地方志和专门的人口研究资料不足，详细资料稀缺，想重构一个地区的饮食习惯非常困难。但幸运的是，一些地方官员对此有过记录，如 1750 年代在浙江余姚县任县令的李化楠。李化楠对地方饮食非常感兴趣，在宦游江浙时，凡遇到厨师烹制的美馔佳肴，就立即前去访问，把烹制的方法记录下来。[10] 李化楠的记载虽然没有像地方志那样分门别类的体例，但也是从最基本的谷类和豆类食品开始讲起的，并依次记载了猪肉、家禽、猎物、鱼、鸡蛋、牛奶、乳品、糕点、饽饽、番薯、香菰、酱瓜、甜姜、梅杏，各式蔬菜，以及蒜头和萝卜、花生、青菜和南枣等食物。他的记载属于随笔性质，内容丰富但没有什么特别的主题。显然，李化楠感兴趣的是食物的储存而非其口味和种类。我们可以大胆推测，李化楠的这一兴趣与当地的实际情况有关。粮食作物有严格的季节特征，当食物短缺时，正确的储存方式就至关重要。例如，在介绍以豆类或谷类制酱的过程中，李化楠特别提到要用芥子或川椒研碎入酱使其不生虫，同时要洁净身子眼目和缸坛，用水要清洁，开盖闭盖、日夜阴晴等条件都有详细的说明。[11] 相类似的还有李化楠保存蛋的方法：用芦草灰，木炭灰或稻草灰亦可。二灰用六成、七成，黄土用四成、三成，有黏性，能粘住即可。灰土拌成一块，每三升土灰配盐一升，以酒和泥，塑蛋。大头向上、小头向下，密排坛内。十多天或半月可吃。和泥千万不可用水，一用水，蛋白就坚实难吃。接着还记载了一些与蛋有关的简单食谱：白煮蛋法和蛋卷法，乳蛋法，杏仁浆法，以及将鸡、鸭、鹅蛋打破装入冲洗干净的猪尿胞内过夜保存等。[12]

最后一道食谱反映出李化楠在猪肉烹饪方法上的娴熟，这也再一次明显地反映出当地的风俗民情：猪肉相当昂贵，对于日进百钱的人来说，一磅猪肉也要花掉一半的工钱。[13] 关于猪肉，在《醒园录》中有很多相关的记载：将猪脚用盐炒过，置入桶内，上面用大石压之，五日一翻，过一个月，将腿取出晾于风处的腌火腿法；将猪肉作条片的腌猪肉法；将猪肉用白水煮熟，去白肉并油丝，腌入好豆酱内晒之的酱肉法；将猪板油切极细，加鸡蛋黄而成的做猪油丸法；猪后脚与香菰一起炖食；猪小肠可入食谱；以水煮熟，取出，用冷水浸冷，再煮即烂的煮老猪肉法。李化楠还发现了一些保存猪肉的方法（同样也可用于鸡肉）：猪肉切作条子，中间剖开数刀，用盐于内外及剖缝处搓得极匀，用蒜头捣烂，和好米醋泡之。用竹片搭十字架于灶内，或铁丝编成更妙。将肉铺排竹上。取起收入新坛内，口盖紧。[14] 李化楠还记载了新引进的农作物如番薯和花生，不过这些农作物并没有引起他的特别注意。李化楠提到，将番薯去皮干净，安放层笼内蒸熟，用米筛磨细去根，晒去水气，作条子或印成糕饼晒干。花生则用水煮熟，下盐再煮一二滚，或用水煮熟，捞干弃水，腌入盐菜卤内。[15]

虽然有这么细致的地方说明，但仍然很难确定农作物的产量和这类食物的饮食之间的关系。这里有两个不易确定的变量：各种食物的价格和消费者的购买力。当然，还存在着很多地区差异和价格波动，因此要做一个概括性的总结尤为困难。不过，幸运的是，清初对各种食物有着详细的价格记录——那就是关于光禄寺的“支用”项的相关记载。18 世纪初期，这些价格都是稳定的，并且比之前的价格有所回落，这可能是因为明末清初铺张浪费的习惯或货物短缺的情况造成了通货膨胀。清初这一记录只反映北京地区的价格水平，而且可能只代表高质量产品的价格，但至少能够让我们进行不同主食之间的价格比较，这对于清朝食物调查至关重要。[16]（见表一）

表一：18 世纪早期北京食物价格

物品		价格（铜钱）	单位
谷类	小黄米	1300（即一两三钱，下同）	每仓石
	小米	1050	每仓石
	荞麦糁	1200	每仓石
	白豆	1100	每仓石
	红小豆	800	每仓石
肉、禽、鱼类	（五十斤）猪	2500	每口
	羊	1430	每只
	鹅	520	每只
	鸭	360	每只
	鸡	120	每只
	水鸭	60	每只
	鹌鹑	25	每只
	鸡蛋	3.5	每个
	猪肉	50	每斤
	羊肉	60	每斤
	鱼干	300	每斤
	鹿肉条	120	每斤
	猪蹄	28	每斤
	猪肝	27	每斤
	猪小肠	19	每根
	猪胆	6	每个
水果	橙子	50	每个
	苹果	30	每个

（续上表）

物品		价格（铜钱）	单位
水果	红桃	20	每个
	黄梨	15	每个
	柿子	8	每个
	槟子	5	每个
	核桃	1	每个
	杏子	3	每个
	李子	3	每个
	荔枝	100	每斤
	干葡萄	80	每斤
	鲜葡萄	60	每斤
	樱桃	60	每斤
	鲜藕	20	每斤
	瓜子	40	每斤
乳制品	牛乳	50	每斤
	乳油	180	每斤
菜蔬类	白蜜	150	每斤
	白糖	100	每斤
	海带菜	100	每斤
	红蜜	80	每斤
	酱姜	70	每斤
	鲜姜	46	每斤
	酱菜	30	每斤
	酱瓜	25	每斤
	豆粉	25	每斤
	粟米酒	21	每斤
	汽水	20	每斤
	酱油	12	每斤
	醋	8	每斤
	豆腐	6	每斤

* 假设 1000 厘等于 1 两。

这组数据可以在18世纪晚期前往中国的游客笔下找到佐证，这个人就是马戛尔尼。在记载1793年出访中国的日记中，马戛尔尼记载了不同商品的价格，也是以铜钱为货币单位的：一磅（一斤约合1.33磅）羊肉或猪肉，五十钱；一只鹅，五百钱；一只鸡，一百钱；一磅盐，三十五钱；一磅米，二十四钱。根据他的观察，一个中国普通农民每天最低花销约为五十钱；为马戛尔尼做向导的渔夫每天可以收入八十钱；中国的士兵每月有一千六百钱的饷银，十斗大米（每斗约相当于一百三十钱），如此一来，士兵平均每天可以挣一百钱。[17] 罗伯特·福琼（Robert Fortune）考察了1850年代中国采茶工的工资，发现每个采茶工每天可以挣一百五十钱，其中三分之一的工钱是现金，而另外三分之二的工钱则以食物代替。他觉得，尽管这些人的饭菜很简单，“在中国，最贫苦的人民都比我家乡苏格兰的穷人理解食物的艺术”。他将中国人的饭菜与自己的家乡苏格兰做了对比，在苏格兰，“收割工的早饭包括粥、牛奶，午饭包括面包和牛肉，晚饭还是粥和牛奶”。[18]

不过，即使穷人的食物还算充足，但其多样性也是个未知数。清朝晚期，麦高文发现中国华北的苦力每天吃三顿番薯，一年到头也没有什么变化，仅有变化就是少量的腌萝卜、豆腐和酸豆角[19]。更细致的分析来自孟天培和甘博，从食品售卖者的相关记录来看，晚清时期食物的种类较单一。他们的研究还为我们提供了比较精确的价格波动，让我们更清晰地了解北京地区工人的主食情况（见表二、三、四，表中列举的价格单位为银圆，一银圆相当于0.72两白银）。据计算，在清末和军阀统治初期，北京地区的食物价格有所上涨。

表二：面粉及谷类每百斤每年平均银元价格

年份	白面	小麦趸售	小米面	老米	豆面	小米	小米趸售	玉米面
1900	6.41	—	3.90	6.32	5.55	4.45	—	3.06
1901	5.76	3.71	3.29	4.27	5.26	3.62	2.70	2.14
1902	5.52	3.75	3.84	5.37	5.17	4.00	3.40	2.92
1903	5.77	3.87	4.36	6.01	5.38	4.56	3.74	3.48
1904	5.29	3.33	3.90	5.52	5.08	4.35	3.39	3.11
1905	4.88	3.39	3.80	5.35	4.84	4.25	—	2.87
1906	5.71	3.90	4.08	5.80	5.05	4.50	3.47	3.24
1907	6.32	4.50	4.25	6.25	4.95	4.90	—	3.13
1908	5.75	3.91	4.36	6.11	5.07	5.01	3.57	3.65
1909	5.85	3.98	4.32	6.08	5.29	4.98	3.35	3.25
1910	5.94	4.21	4.26	6.53	5.58	5.01	3.73	3.48
1911	6.77	4.88	4.90	7.33	5.97	5.56	4.34	3.74
1912	6.10	4.37	5.10	7.40	6.60	5.91	4.66	3.97

资料来源：孟天培、甘博：《二十五年来北京之物价工资及生活程度》，第 28 页。

表三：猪肉和羊肉每百斤银元价格

年份	猪肉		羊肉	
	平均数	最高价	最低价	平均数
1900	9.45	16.20	11.10	14.00
1901	8.75	18.40	12.30	15.30
1902	10.10	13.80	8.70	10.00
1903	10.40	15.60	8.90	11.30
1904	10.80	—	—	—
1905	10.70	16.00	12.80	14.60
1906	10.70	15.90	11.60	13.80
1907	11.40	18.10	9.80	14.80
1908	11.40	14.10	11.10	12.50
1909	10.80	13.10	8.50	10.50
1910	11.40	13.30	9.00	11.00
1911	11.40	19.40	10.80	14.63
1912	11.20	19.50	9.80	13.10

资料来源：孟天培、甘博：《二十五年来北京之物价工资及生活程度》，第 38—39 页。

表四：油、盐、咸菜每百斤每年平均银元价格

年份	香油	花生油	盐	腌萝卜
1902	16.00	13.20	2.98	1.11
1903	16.70	13.30	2.98	1.25
1904	16.40	13.60	2.98	1.11
1905	17.40	13.85	2.98	1.25
1906	16.95	13.20	3.62	1.11
1907	18.09	13.85	3.62	1.25
1908	17.50	13.60	3.62	1.25
1909	17.22	13.30	4.45	1.39
1910	18.09	13.60	4.45	1.25
1911	17.85	13.85	4.45	1.39
1912	18.09	15.25	4.17	2.08

资料来源：孟天培、甘博：《二十五年来北京之物价工资及生活程度》，第 57 页。

表五：各类食品消费占百分比例表

	1900—1924	1913—1924
白面	42	49
小米面	87	11
玉米面	102	59
米	14	53
小米	58	17
黑豆	150[b]	47
绿豆	122[a]	44
豆面	40[a]	17
猪肉	101	62
羊肉	14	3
香油	44[c]	18
花生油	44[c]	37
盐	56[c]	7
腌萝卜	109[c]	4
酒	31[c]	31
酱油	40[c]	44
黄酱	37[c]	24
醋	150[c]	118

（续上表）

	1900—1924	1913—1924
棉布	160	51
煤球	16	37
指数	80	44
铜元兑换	264	106
铜元工资		
大工铜元工资	258[a]	80
小工铜元工资	232[a]	100
银元工资		
大工银元工资	61	48
小工银元工资	27	34
实际工资		
大工实际工资	-2	12
小工实际工资	-17	8

资料来源：孟天培、甘博：《二十五年来北京之物价工资及生活程度》，第 71 页。

a. 1900 年至 1924 年中　b. 1901 年至 1924 年　c. 1902 年至 1924 年

"—" = 减低

研究还表明，价格的涨落亦与北京政局的变动有很大关系。以面价为例，1900 年 1 月，每百斤为 5.84 元，5 月为 5.15 元；9 月为 8.33 元，12 月为 6.94 元，到 1901 年 7 月，回落至 5.53 元。[20] 但是这些数据还是不能说明清朝时期每名工人饮食消费的精确价格——最新的研究成果是陶孟和对北京地区贫困家庭生活水平的研究，为我们提供了不少资料。在贫困家庭中，丈夫多为黄包车师傅，妻子则靠替人缝补或制作手工花来补贴家庭的微薄收入。到了 1920 年代，这些家庭的饮食状况仍然能够很好地反映出清朝时期的情况。陶孟和发现，每家每户都购买的食物有：谷物、小米、小米面、白面和玉米面，另外还有白菜、香油、盐、黄酱和醋；唯一能够买得起的肉类食品是羊肉；超过 90% 的家庭还会购买白米、荞麦面、腌水圪垯、白薯、黄豆芽、蒜、韭菜、芝麻酱、虾米，其数量基本相同。[21] 如果按每类的百分比来表示，工人收入的 80% 用来购买米面类食品，9.1% 用来购买菜蔬类食品，6.7% 用来购买调和类食品，3.2% 用来购买肉类食品，只有 1% 是用来购买零食的，其中还包括了购买水果的花销。[22] 相比之下，同一时期的上海磨坊工人的食物种类就更为多样。他们只用收入的 53.2% 购买米面类食品，18.5% 购买豆蔬类，7% 购买肉类，4.4% 购买鱼类和海鲜，1.9% 购买水果。[23] 虽然这些工人的收入还算是可以维持生计，但也几乎没有其他开支的空间了。在对上海的 230 户家庭的调查中发现，只有 0.3% 的收入用于购买清洁用品，0.3% 用于娱乐消费，0.2% 用于教育消费。[24] 在清朝时期的农村，生活水平可能会高一些，从地方宗教节日的记载上来看，娱乐和饮食的变化都是季节性的。[25] 嘉庆年间来到中国的约翰·巴罗（John Barrow）曾经断言：就食物的菜色品种而言，在中国，贫富之间差距可能比其他国家都大。[26] 我们至今也很难改变这一断言。

文人食客

清朝时期很多起义都是因饥困而起。居住在边缘地带的下层人口膨胀，西方帝国主义带来的严重破坏都加重了人民贫困和饥饿。与此同时，在士人阶层弥漫着一种文化自豪感，他们为继承了古老悠久而丰富多彩的文明而自豪。在这种文化中，烹饪艺术是一件重要的事情，属于精神生活的重要范畴。正如德行有道、文章有道一样，中国人讲究饮食亦有道。食物以某种形式成了清朝文人墨客笔下的主题。一般来说，文人墨客只是简单地回应、评论不同的食谱；但有些人，例如李渔、张英、余怀、吴敬梓、沈复和袁枚，这些清朝文化史上鼎鼎有名的文人对于饮食有着自己独到的见解，并且在他们的作品当中有力地表现了出来。

吴敬梓的这本《儒林外史》写于乾隆年间，他将我们带入一个美食的世界。这本小说不仅仅用饮食品位来塑造人物，还用饮食方式来表现人物，真正是以食见人。例如，《儒林外传》中对周进和王举人的描写简洁而有力：

> 彼此说着闲话，掌上灯烛，管家捧上酒饭，鸡、鱼、鸭、肉，堆满春台。王举人也不让周进，自己坐着吃了，收下碗去。落后，和尚送出周进的饭来，一碟老菜叶，一壶热水。周进也吃了。叫了安置，各自歇宿。

> 次早，天色已晴，王举人起来洗了脸，穿好衣服，拱一拱手，上船去了。撒了一地的鸡骨头、鸭翅膀、鱼刺、瓜子壳，周进昏头昏脑，扫了一早晨。[27]

将正气和贪婪做一个简单的对比，就可以在讨论盐商的时候变成纯粹的笑谈。盐商们一本正经地谈论美食“雪蛤蟆”，也常常成为文人笔下的笑料。[28]而鲁家那大摆排场的婚宴是另一种滑稽之态。在这尤为阔气的场面上，先是一只老鼠从屋梁上掉下来，掉进了燕窝汤中；接着是管家跷起脚来踢狗，不想那狗不曾踢着，用力太猛了，结果把一只鞋踢脱了，砸到了宴席上的两盘点心上—— 一盘猪肉馅的烧卖，一盘鹅油白糖蒸的饺儿。[29]上好的宴席就被这么糟蹋了，但却真切地击中了社会的要害。

这种文字表达是士人文化与美食生活紧密结合的一个方面。在清朝一批热衷于美食之道的文人墨客当中，袁枚可以说是最负盛名的一位了。在他的食谱《随园食单》当中，有大量的篇幅描写了“须知单”、“戒单”，强调了要做成美食切不可忽视的程序。对于厨子或者是有心美食的读者来说，这本书就是有用的指路牌。对于任何一种食物来说，最首要的原则就是要了解它的“先天”禀性。[30]因此，猪宜皮薄，不可腥臊；鸡宜骟嫩，不可老稚；鲫鱼宜扁身白肚为佳，等等。大体上讲，一席佳肴，司厨之功居其六，买办之功居其四。厨者之佐料，也不可有丝毫偏差的，酱、油、酒、醋各有千秋。袁枚并没有就此泛泛而谈，而是接着提出了具体的建议。18世纪中叶，袁枚居住在南京一带，他认为苏州店的上等“秋油”最佳；醋要重其色，其味，镇江醋颜色虽佳，而味不甚酸，失醋之本旨矣；醋以板浦醋为第一，浦口醋次之。[31]洗刷食物也同样非常重要：燕窝去毛，海参去泥，鱼翅去沙，鹿筋去臊；肉有筋瓣，剔之则酥；鱼胆破，则全盘皆苦。[32]

袁枚接着谈到调剂之法，按照食物的天性，必须清楚地区分不同食物的风味，相物而施：酒和水、盐和酱，是分开使用还是混合使用，这是一个重点；味道、颜色、浓度的平衡是另一个重点。若置蟹粉于燕窝之中，放百合与鸡猪之肉，简直荒谬绝顶。味太浓重者，只宜独用，不可搭配鳗鱼、鳖、蟹、鲥鱼、牛羊等。[33]

《随园食单》一开篇便展现了袁枚作为食客对饮食之道的看法。在接下来的“戒单”中，袁枚又用了两个亲身经历幽默地解释了什么是糟糕的饭菜：

> 极名厨之心力，一日之中所作好菜，不过四五味耳。尚难拿准，况拉杂横陈乎？就使帮助多人，亦各有意见，全无纪律，愈多愈坏。余尝过一商家，上菜三撤席，点心十六道，共算食品，将至四十余种。主人自觉欣欣得意，而我散席还家，仍煮粥充饥。可想见其席之丰而不洁矣。
>
> 余尝谓鸡、猪、鱼、鸭，豪杰之士也，各有本味，自成一家。海参、燕窝，庸陋之人也，全无性情，寄人篱下。尝见某太守燕客，大碗如缸白，煮燕窝四两，丝毫无味，人争夸之。余笑曰：我辈来吃燕窝，非来贩燕窝也；可贩不可吃，虽多奚为？若徒夸体面，不如碗中竟放明珠百粒，则价值万金矣，其如吃不得何！[34]

袁枚的很多“须知单”都是写给厨师的，要掌握好火候、器具要得当、烹饪要洁净，等等。例如，他将火候分为两种，煎炒用的武火和煨煮用的文火。蚶蛤、鸡蛋、鸡肉、鲜鱼——都有各自适宜的火候，司厨者应能知火候而谨伺之；屡开锅盖，则多沫而少香，鲜鱼如死肉，味尽矣，“明明鲜鱼，而使之不鲜，可恨已极”。另外，味太浓重者，只宜独用，不可混而同之。“今见俗厨，动以鸡、鸭、猪、鹅一汤同滚，遂令千手雷同，味同嚼蜡。吾恐鸡、猪、鹅、鸭有灵，必到枉死城中告状矣！”厨具也是同样的道理：“切葱之刀，不可以切笋。捣椒之臼，不可以捣粉。闻菜有抹布气者，由其布之不洁也；闻菜有砧板气者，由其板之不净也。工欲善其事，必先利其器。良厨先多磨刀、多换布、多刮板、多洗手，然后治菜。至于口吸之烟灰，头上之汗汁，灶上之蝇蚁，锅上之烟煤”，必不使玷入菜中。[35]

在《随园食单》中，袁枚还批评清初文人李渔的烹饪之方过于“矫揉造作”。[36]这并非简单的“文人相轻”，李渔（号笠翁，1611—1680）也是有名的大学者。袁枚所反对的，是牵强行事，将原本很高贵的食材粗制滥造，异想天开，这与袁枚所提倡的顺物之天性背道而驰。李渔并非素食主义者，但在他的书中，他批评“肉食者鄙，未能远谋”，指责食肉者是粗俗不堪缺乏头脑的人，他认为食肉应根据动物的天性而定（这与袁枚强调的根据口味和质感有所不同）。李渔并不愿意讨论食牛或犬，“以二物有功于世”；鸡亦有功者，天之晓也，报亦明；而鹅肉无他长，取其肥且甘可食之；鱼虾供人刀俎，较他物为稍宜，因水族易繁，少则一母数子，多亦数十子而止矣。[37]李渔也不吃葱、蒜、韭，因为这三者“能秽人齿颊及肠胃”，所以他只吃一点韭菜芽；他建议用味香而淡的香椿头来代替这三者。[38]李渔也拒绝吃萝卜，因为“其食后打嗳（即打嗝），嗳必秽气”；但是他吃芥辣汁，因为“困者为之起倦”，所谓“食之者如遇正人”。[39]为了能够做出最好的粥饭，李渔“尝授意小妇，预设花露一盏，俟饭之初熟而浇之”；但是花露最好勿用玫瑰，李渔认为玫瑰味浓，食者易辨，故不予推荐。[40]同样，食面，李渔也追求一种纯的味道。他追求面汤味淡，这种过于精细的做法和袁枚类似：所谓“面俱五味而汤独清，先以椒末、芝麻屑二物拌入面中，后以酱醋及鲜汁三物和为一处”。[41]

一位现代的烹饪批评家认为“李渔不免有些装腔作势”。[42]显然，李渔的道德偏见以及过分的精细影响了他对于健康食品的追求。他同样声称自己饮食有道——“五香膳己，八味饷客”[43]——而这恰恰是袁枚反对的。袁枚认为，严格的定式只在少数场合下有用，就像唐诗的五言八韵试帖，并不为名家所选，否则，今官场之菜名号有十六碟、八簋*、四点心之称，种种俗名皆恶厨陋习，都使得满族和汉族的宴席太过俗套。[44]

设宴请客的礼节对于袁枚来说也同样重要，在这一点上他同那些富有的同辈之人是一致的。袁枚认为，凡人请客，相约于三日之前，自有功夫平章百味。若做客在外，行船落店，必须预备一种急就章之菜：如炒鸡片、炒肉丝、豆腐及糟鱼、茶腿**之类。至于器具，明代烧制的器皿极为贵重，很担心被损坏，不如干脆用清朝官窑所制器皿，也就够雅致华丽了。一道菜之中，用贵物宜多，用贱物宜少，煎炒之物，多则不透，故用肉不得过半斤，用鸡、鱼不得过六两。但有的菜肴以多为贵，白煮肉非二十斤以外，则淡而无味；粥亦然，非斗米，则汁浆不厚，则味亦薄矣。上菜自有上菜之道，一道一道做，一道一道上，切不可一下子都堆在席上。良厨要尽可能地用尽鱼或者其他食材的有用部位。[45]这里，袁枚和李化楠的省俭精神基本是

---

* 八簋，犹现在所说的八大碗。簋，古代食器。

** 茶腿，用茶叶熏过的火腿，肉质火红，味鲜清香。煮熟后，随时可用作冷盆。

一致的。与袁枚同一时代的沈复，在《浮生六记》当中便记载了其妻陈芸的勤俭持家：

> 贫士起居服食，以及器皿房舍，宜省俭而雅洁。省俭之法，曰“就事论事”。余爱小饮，不喜多菜。芸为置一梅花盒，用二寸白磁，碟六只，中置一只，外置五只，用灰漆就，其形如梅花。底盖均起凹楞，盖之上有柄如花蒂，置之案头。如一朵墨梅覆桌；启盖视之，如菜装于瓣中。一盒六色，二三知己可以随意取食。食完再添。另做矮边圆盘一只，以使放箸酒壶之类，随处可摆，移掇亦便。即食物省俭之一端也。余之小帽领袜皆芸自做。衣之破者移东补西，必整必洁，色取暗淡以免垢迹，既可出客，又可家常。此又服饰省俭之一端也。[46]

沈复提到，“余素爱客，小酌必行令。芸善不费经烹庖，瓜蔬鱼虾一经芸手便有意外之味”。这种简朴典雅的生活备受清朝中期文人墨客的推崇。所以就沈复这一感官主义者看来，能够品尝到岭南的新鲜荔枝，不可不谓人生之享受；南游途中，以蟹浸酒而食，不可不谓生活之乐事。[47]在曹雪芹的《红楼梦》中，也满是美味佳肴的名字，令人心旷神怡：糟鹅掌、酸笋鸡皮汤、琼酥金脍、糖蒸酥酪和灵柏香薰的暹罗乳猪。[48]

与袁枚同一时期，德川幕府时期长崎地方长官中川忠英对乾隆年间到长崎暂住的苏浙商人的饮食习惯做了研究，他发现这些商人“平日早晚之菜为饭、茶、醋、大豆、腌菜、南瓜和黑豆之类，分盛于三四大碗。早饭多食粥及干菜、酱瓜、干萝卜等菜。鱼、肉菜则只用于午晚餐”。[49]但在宴请宾客之时，则严格按照十六碗上等菜类准备，包括熊掌、鹿尾、燕窝、鱼翅、海参，以及羊羔、猪蹄（按照东坡肉的做法，这一做法是经李渔推广开的）、两种鸡（野鸡、炒鸡）、全鸭、鹅、蒸鲥鱼、蟹羹、蛏干、鱼肚[50]；如果是十碗中等大菜类宴客，则减掉熊掌、鹿尾、野鸡、鹅、鱼翅、蟹羹和蛏干；如果是八碗中等大菜的话，则再减掉羊肉及鱼翅。[51]

中川忠英还发现，在长崎的清朝商人酒量很大，这提醒了我们要注意清朝饮食习惯中的另一个方面——饮酒。沈复便是好酒之人，他曾坦言道，在1780年洞房之夜时，“余在洞房与伴娘对酌，拇战辄北，大醉而卧，醒则芸正晓妆未竟也”。[52]袁枚则认为，纵酒过度不能知食之美恶。但是他也是爱酒之人，曾饮溧阳乌饭酒（一种味道甘鲜的溧水黑酒）至十六杯，犹颓然未忍释手。还有一回，饮苏州陈三白酒，酒味鲜美，饮至十四杯。[53]书中有一段，袁枚做了一个精彩的比喻，将烧酒比作人中之光棍，县中之酷吏：打擂台非光棍不可，除盗贼非酷吏不可，驱风寒、消积滞，非烧酒不可。山西的汾酒最佳，山东高梁烧次之，能藏至十年，则酒色变绿，上口转甜，亦犹光棍做久，便无火气，殊可交也。如吃猪肉、羊尾之类，非烧酒不可。苏州酒俱不入流品，绍兴酒过于高估，至不堪者，扬州之木瓜酒也，上口便俗。[54]

在纵酒问题上很难区分个人和社会的不同责任，但是这绝非清朝中期才出现的现象。康熙年间（1662—1722），礼部尚书韩菼就因嗜酒而亡。同样是在康熙年间，大学者汤斌、沈荃和张英都是“宫僚雅集”的成员，各有酒杯，内镌诸公姓字。[55]余怀在《板桥杂记》当中描写了康熙初期南京的宴饮场景：饮至天明诸君皆大吐，或横卧地上，衣履狼藉。[56]在妓院之中，人们自然容易纵酒。而能劝酒、会喝酒、善酒令的妓女往往能够得到嘉奖。[57]行酒令这样的游戏其实在普通场合也颇为常见。沈复的妻子陈芸就曾与他将纳的小妾畅饮甚欢。[58]蒲松龄的《聊斋志异》中也讲到过有趣的酒令，输赢取决于能否从《周礼》当中找到有关饮食的词句。[59]有足够的证据能够表明，在文人墨客之中，美酒佳肴是优裕生活的重要组成部分。

酒可以败食，亦可以乱性。在清王朝奢侈淫逸的风气下，对于有权有势的人来说，腰缠万贯，美女如云，美食和性欲的交织不足为奇，这使得很多关于食物的词语沾染上了情色的味道。沈复就用“瓜期未破”来形容十六岁的少女憨园，他和妻子陈芸都非常喜欢这个女子。[60]这种比喻在男人笔下的诗句中也屡见不鲜，一般来说他们喜欢使用含苞待放的花朵和绿叶之类的字眼来形容女子。至少从 18 世纪开始，这类形容在女诗人的笔下也变得非常普遍。我们可以读到名妓赵鸾鸾那令人浮想联翩的诗句，“纤纤软玉削春葱”，“衔杯微动樱桃颗”，“瓠犀颗颗缀榴芳”，“灵华凉沁紫葡萄”。[61]在清朝，这类诗句数不胜数。《红楼梦》中的一些例子颇值得我们关注，研究其中对于清朝饮食的叙述与本文主题相关。《红楼梦》的读者也如同上文提到的食客一样，通常精通饮食之道：文人墨客、书香世家、富商大贾、熟读经典的大家闺秀。从曹雪芹那超越传统的极富想象力的描述之中，读者获得了极大的享受：描写元春的“省亲别墅”是“说不尽帘卷虾须，毯铺鱼獭，鼎飘麝脑之香，屏列雉尾之扇”；

描写小丫鬟是“腮凝新荔，鼻腻鹅脂”——即便曹雪芹此处有自嘲之嫌；“爱吃人嘴上胭脂”的宝玉看见林黛玉裹着“杏子红绫被”，湘云披着“桃红绸被”，鸳鸯穿着“草莓红的绫子袄儿”。[62]

随着清代小说情节结构的复杂化，与饮食相关的词汇也不断丰富。一种新形式的隐喻也有了发展的空间，使用前后呼应的手法——并非是与过去风格相似的作品相呼应，而是与同一作品前面的章节相呼应。曹雪芹创作陪衬情节的呼应方法就是将其与饮食联系起来。有一回讲到，在李嬷嬷吃掉宝玉留给袭人的酥酪之后，宝玉听说了袭人的家人可能会将她赎走的消息，他第一次意识到贾家也不可能掌控所有的事情。而这一幕在之前的情节中也早有铺垫。在袭人房中，宝玉笑道：“你就家去才好呢，我还替你留着好东西呢。”这里似乎说的是酥酪，实指两人云雨之事。袭人悄笑道：“悄悄的，叫他们听着什么意思。”一面又伸手从宝玉项上将通灵宝玉摘了下来。《红楼梦》英译本的译者戴维·霍克斯指出，通灵宝玉意指宝玉生活中的“性”，而酥酪最初是皇妃元春赏赐的礼物。[63]

同样的前后呼应也体现在对秦钟之死的描写当中，这无疑也增添了悲痛的氛围。书中先是提到秦钟与智能儿情投意合，与宝玉抢着要智能儿倒的茶，而智能儿抿嘴笑道：“一碗茶也争，我难道手里有蜜！”后来，秦钟病重，宝玉带着家丁来至秦钟门首，悄无一人，遂“蜂”拥至内室，只见秦钟“面如白蜡，合目呼吸于枕上”。[64]

在曹雪芹复杂的首尾意象中，蜂和蜜不过是一个简单的片段，却被编织到了两个年轻的男子身上：宝玉和秦钟是在吃饭时认识的；后来贾家仆人焦大趁着酒兴乱嚷乱叫贾家的丑闻，被土和马粪满满地填了一嘴，之后宝玉和秦钟得以一同上私塾；秦钟和香怜窃窃私语，被金荣取笑做“好烧饼”；[65]秦钟与智能儿的初次云雨、与宝玉的初次性接触都发生在“馒头庵”（之所以叫“馒头庵”，因他庙里做的馒头好，就起了这个诨号）；秦钟在受了风寒之后，“懒进饮食”，大有不胜之态；最后秦钟在回光返照之后哽咽而死。

同样充满错综复杂而模棱两可的隐喻的，是《红楼梦》当中的田园诗，最具代表性的是这首《杏帘在望》：

杏帘招客饮，在望有山庄。
菱荇鹅儿水，桑榆燕子梁。
一畦春韭绿，十里稻花香。
盛世无饥馁，何须耕织忙。[66]

曹雪芹并没有让他的读者沉浸在田园牧歌之中。这些诗词都是贾府为了迎接皇妃元春回乡省亲所做的装饰。宝玉还引用了“柴门临水稻花香”的诗句，似乎是在呼应父亲贾政的沉思。此时的贾政还沉浸在分畦列亩、佳蔬菜花……漫然无际的景色之中，不免而心生“归农之意”。这里的讽刺更加明显，与宝玉先前的想法相呼应。他想起了自己在不久之前唯一一次到乡下的经历，他去和乡下丫头对话，也开始明白“谁知盘中餐，粒粒皆辛苦”的含义。虽然是这样，宝玉还是局限于他的名门望族之中，习惯于山珍海味、美味佳肴。有一次宝玉到袭人家中，袭人母兄已是忙令齐齐整整摆上一桌子果品来，但袭人仍黯然见宝玉“总无可吃之物”。[67]

宫廷御膳

在皇宫之中，食物有多种多样的角色。其中一种便是象征和祭祀之用——用食物来祭祀神灵，从琐碎的祭祀器皿到食物的盛放都有严格的规定。[68] 清朝遵循历朝历代的先例，在祭祀用品上并没有太大的不同。但是，满人新增了一种祖先的萨满宗教仪式，在他们的庙宇中增加了猪和谷物作为祭品来抚慰他们的神灵——然而，早在乾隆年间，他们的神灵的名字、甚至是祭祀的意义和重要性就都已经被遗忘了。[69]

维持粮食生产是朝廷的主要政务，正是农民所缴纳的赋税维持了整个帝国和官僚体系的正常运作。这里，清朝再次遵循了历朝历代的做法，在修建和维护堤坝、紧急稳定粮价、制定和收缴赋税，以及由南向北经大运河向京城运进贡粮等方面，清朝的政策并没有发生大的调整。清朝最大的变化就是土地税在税收总额中所占的比例，尽管清朝时期土地税的收入稳步上升，但其在税收总额中所占的比重却从乾隆年间的 73.5% 下降到清末的 35.1%——大量新增税种的出现，如海关税和厘金，成为土地税比重下降的主要原因。[70]

和历朝历代一样，清代宫廷御膳的保障也是重大问题。到了清朝，皇室逐渐放弃了依赖于皇家庄园种植农作物以及各地“朝贡”土特产的传统做法，转而由内务府财政部门进行集中采购。到了乾隆末年，内务府年均购买七十五万担粮食、四十万枚鸡蛋，以及一千斤酒，[71] 尽管这些仅仅是全部宫廷饮食的一小部分。清朝皇室的御膳房，正如清代会典所言，是负责肉、茶、奶、糕点、酒、腌菜和水果供应的网络系统。大量的厨子和帮厨负责准备皇室不同等级成员的一日三餐，从皇帝到后宫嫔妃再到阿哥格格们，供应的食物数量依次递减。[72]

尽管皇帝的御膳以奢华著称，但是仍然有证据显示，很多清朝皇帝的口味其实是颇为清淡的。例如康熙，他喜欢简单烹制的鲜肉、鱼和新鲜水果；[73]光绪皇帝的早膳只有牛奶、米粥和小麦甜饼。[74]下面是1754年乾隆的宫廷御膳，看起来美味有加，但并不奢华。[75]

主菜

肥鸡、水煮鸭以及豆腐，由常二烹制；

燕窝、熏鸭丝，由常二烹制；

一碗清汤，由荣奎烹制；

炖鸡丝，由荣奎烹制；

熏肥鸡白菜，由常二烹制；

盐水鸭和猪肉，由荣奎烹制；

宫廷炸鸡。

糕点

竹笼蒸饺

米糕

蜂蜜米糕

酱菜（装在有蜀葵花装饰的陶瓷器皿中）

卤水腌白菜

豆瓣黄瓜

酱茄子

米饭

煮米饭

皇帝个人的口味与宫廷御膳的规模和花销的关系并不大。宫廷筵席严格遵循礼仪规制，对所有主菜都有严格和详细的规定。

在晚清时期出版的《光禄寺则例》的记录当中，我们能够看到一些变化。满席分六个等级而汉席分五个等级，因此可以从宴飨的级别推断出官职的级别。例如，蒙古王贝勒按照满席头等席赏赐筵席，而喀尔喀王子按满席第三等赏赐筵席，喇嘛进贡来使则赐予第五等满席。[76] 对于外国贡使，无论是朝鲜、琉球还是安南，均赐予第六等满席，在顺治和康熙年间第一批来到中国的西方使节也是这等待遇。汉席也有相似的等级划分：头等宴为修书宴，赐予《实录》等书籍的编纂者；二等宴为文武会试宴，赐予殿试监试官；三等宴赐予侍卫及御医；第五等宴为恩荣宴，赐予殿试的状元、榜眼和探花。

各等级宴席食品的数量和种类都是不同的，可能也会按照每桌的人数而有所不同，只有这样不同的数量才显得比较合理。在满席头等席上，每席的物料定额如下：头等面一百二十斤，干豆粉八斤，鸡蛋五个，白糖十八斤，白蜜四斤，芝麻六斤，各种干果和时令水果等。[77] 而第六等筵席的物料定额如下：二十斤白面，二十八斤白糖，没有鸡蛋，而干果的种类比头等席要多。[78]在光禄寺的记载中，满席几乎全为素菜。那么，究竟在哪些筵席上提供荤菜、提供哪些荤菜、用以招待哪些使节，这都还需要进一步的细致研究。1680年康熙宣布新年御宴改用汉席而非满席，因为满席需要宰杀大量的动物；[79]1721年约翰·贝尔（John Bell）跟随沙俄使节来访中国时，皇帝赐宴上有丰富的上好的炖牛羊肉。[80]

肉类和鱼类只在汉席中出现，汉席的头等席包括了猪肉、猪肠、鸭肉、鹅肉、鸡肉和鱼肉，也包括了种类更为齐全的调味品。[81]清朝烹饪史中颇为有趣的一点是，在《光禄寺》的附录中，对于汉席头等席中的每一碗菜都有详细的记载。每席有三十四碗主菜和四碟调味品或酱菜。举几个例子来说，一只鹅可以盛三碗，一只鸡可以盛一碗，一斤八两猪肉为单独的一个菜，二两海带和六两猪肉组成一个菜，每道鸡蛋做的菜用五个鸡蛋，包子十二个一碗，每个用二两白面和五钱猪肉。[82]

同样，光禄寺还精确记载了每顿筵席的后勤花费：例如，上等的满席需要八十斤柴火、五十斤木炭；每十桌筵席（大约两百人）需要一套炉灶、四个大碗、一个蒸锅、一个煎锅、一个金属长勺、一个烤盘、一块红布以遮挡飞虫以及一块红桌布。此外，还需要木墩、餐盒、砧板、长凳、菜篮、不同网眼大小的筛子、扫帚、漏勺、木桶以及长勺等。[83]此外，象牙筷子只在汉席使用，满席则不需要[84]。

如此精确的规定其丰富程度令人惊叹，也将我们引入了关于清朝宫廷御膳最后一个重要的话题——膳食资料的编纂和整理。正如编纂和整理王朝历史一样，对于有关农业的典籍也有官方的编纂整理，饮食是其中的一个重要部分。在乾隆年间，由官方完成了对工程浩大的《四库全书》的提要汇编《钦定四库全书总目提要》，以内容提要的形式整理了收入《四库全书》的著作。在《钦定四库全书总目提要》的农业部分，收录的第一本书就是16世纪的农牧业经典著作《齐民要术》(《提要》，叶2074)。官方有关食物及食品税的资料都编纂整理在《皇朝三通》当中。《皇朝三通》又称《清三通》，是在继承宋代百科全书《续三通》的基础之上编纂而成，于乾隆年间出版刊行。实际上,完整的中国饮食史和粮食生产整理在巨著《古今图书集成》之中。此书的编纂始于康熙年间，但因编纂者陈梦雷被流放，直到雍正年间才得以完成。其中有约五十卷的内容（全书总计有一亿字）是食品和酒水方面的，囊括了自古以来至17世纪早期有关礼仪典籍的书籍。在内容上包括了醋、酒、糖、蜜、油、米、有毒食品、节日庆典食品等，还收录了历朝历代歌颂美味佳肴的诗作（第257—307卷)。宋代绘制的《耕织图》，在康熙和乾隆年间先后两次被重新绘制，高度赞扬了中国的耕织艺术。明代与食物有关的典籍，例如药典《本草纲目》，也在清代由私人赞助进行了扩充；其他典籍，例如《天工开物》，虽然在清代没有重印，但是其中有关食物科技的珍贵资料也被收录进《古今图书集成》。看来读者和宫廷的编纂官都认为，饮食和粮食生产极为重要。清朝组织编撰和印制的有关农业科技的典籍《授时通考》是一部细致的文献，由鄂尔泰和张廷玉在1792年编纂。这本著作被研究中国农业史的学者石声汉誉为“对《齐民要术》的补充和评注，是对《齐民要术》的正统发展”。[85]

直到 19 世纪，这样的情况并没有发生大的变化。尽管在太平天国被镇压之后，中国皇帝也确实对西方的冲击有所回应——例如，建立了江南制造总局以及同文馆等新式学堂——扩大国内农业似乎并没有成为统治者最为紧迫的首要任务，军事和机械，以及工程、物理、化学和数学等科学知识吸引了统治者的注意力。19 世纪 60 年代到 90 年代间，傅兰雅在江南制造总局主持翻译的典籍当中，只有两部著作是有关农业生产的：一部农业方面的参考书目，另一部是农业化学方面的著作。[86] 直到 19 世纪末，一些以“自强”为旗号的改革者才指出了农业对于富国强兵的重要意义。在 1901 年联袂上奏的《江南会奏》当中，刘坤一和张之洞指出：很少有关于农业的西方著作被翻译过来；日本有一些不错的现代著作，应当为中国所用。孙中山在兴中会的宣言当中，也指出科学农业的重要性，呼吁改善农牧生产，实行机械化，解放、节约劳动力。[87] 与清廷的其他官员相比，张之洞在实践上更进一步，他邀请了两位美国农业专家调查湖北的农业现状，并试验新的农作物品种。1902 年，张之洞在武昌附近建立了一个占地约两千亩的试验田。张之洞希望以此让同时代的人看到这样的现实：西方的粮食亩产量远远高于中国的粮食亩产量。[88]

这样的探索远远超越了他们的时代。当时的中国，对西方饮食的评论仍然含糊不清，但其态度同样颇为引人注目。[89] 1868 年傅兰雅在向英国订购的私人书单当中就包括了一本《家庭烹饪》(*Family Cookery*)。[90] 他是否想要将英国料理的一些做法介绍给中国人，我们已经无从知晓。同样，我们也不知道这是否是寓居上海的外国人的常见饮食：

> 晚餐的开胃菜是一道丰盛的汤和一杯雪利酒；接着是一两道配菜、少许香槟；接着是一些牛肉、羊肉、鸡鸭肉和培根，酒水为香槟或啤酒；然后是米饭、咖喱和火腿；会有一些活动；接着是布丁、糕点、果冻、奶油冻或牛奶冻和稍多的香槟；然后有奶酪和沙拉，面包、黄油和波特酒；在多数场合还有橙子、无花果、葡萄干和核桃……以及两三杯红葡萄酒或是其他酒。[91]

尽管当时的中国已经比较“开放”了，但是在烹饪上仍然保守传统，威廉·亨特（William Hunter）对于中国人对待西餐的态度的戏谑也不算太离谱：

> 现在，你判断一下这些人吃东西的品位吧：他们坐在餐桌旁，吞食着一种流质，按他们的番话叫做 Soo-pe*。接着大嚼鱼肉，这些鱼肉是生吃的，生得几乎跟活鱼一样。然后，桌子的各个角都放着一盘盘烧得半生不熟的肉；这些肉都泡在浓汁里，要用一个剑状的用具把肉一片片切下来，放在客人面前。……啃了一些大块大块的肉，吃剩的都扔给一群咬来咬去的狗。这些狗被允许在人腿之间走来走去，或者躺在桌子底下。它们还不断地哼叫、打斗着。接着又端上来一味吃起来令嗓子里火辣辣的东西。我旁边

* 即英语 soup（汤）的粤语发音。

> 的一位用夷语称为咖喱，用来拌着米饭吃。对于我来说，只有这米饭本身是唯一合我胃口的东西。然后是一种绿白色的物质，有一股浓烈的气味。他们告诉我，这是一种酸水牛奶的混合物，放在阳光下曝晒，直到长满了虫子；颜色越绿则滋味越浓，吃起来也更滋补。这东西叫 Che-Sze*，用来就着一种浑浑的红色液体吃，这种液体会冒着泡漫出杯子来，弄脏人的衣服，其名称叫做 Pe-Urh**——天啊，想想吧！他们吃的就是这些，仅此而已。[92]

且不论对于西餐的看法如何不同，对于年轻的皇帝溥仪来说，他的王朝已经走到了尽头。宫廷御膳在表面上仍然沿袭着 17 世纪以来的传统，即使是在溥仪被软禁的民国初期，这一传统、奢侈的仪制仍然得以保留：皇帝一吩咐“传膳”，太监们便抬着摆满了菜肴的餐桌到养心殿，银碗放在盛有热水的瓷瓦罐上，用来保温；这些菜肴通常提前就已经备好，但是溥仪向来是不动这些“御膳”的，因为他根本吃不了这么多丰盛的菜肴。于是，菜肴便又被原封不动地退回御膳房，留给御膳房的师傅们大饱口福了。皇帝一月的膳食要消耗八百一十斤肉，二百四十只鸡鸭。然而实际上，溥仪食用的美味佳肴不多，主要来自太后或太妃们各自的膳房。但是不管他吃什么，吃了多少，饭菜是好是坏，领班太监的汇报总是显得皇帝的饮食俭朴，这被认为是爱惜粮食的美德，现在听起来却滑稽可笑：“奴

---

* 即 cheese（芝士），粤语至今称乳酪为“芝士”。

** 即英语 beer（啤酒）的粤语发音。

才禀老主子：万岁爷进了一碗老米膳（或者白米膳）、一个馒头（或者一个烧饼）和一碗粥。进得香！”[93]

供应与销售

食品的供应与销售是一个庞杂、繁冗的话题，需要对中国社会和经济史的深入了解，而本人在这方面的知识有所欠缺。但是，清朝食物供应的某些方面是值得我们深入研究的。

在清朝，各种组织盛行。在最低的层次上，几家贫困人家集合起来，利用十分有限的资源偶尔相聚分享食物——即使是乞丐也组成了类似的组织，来减轻生存的困境所带来的悲伤之情。[94]富裕一些的人家组织起了强大的会馆，主要成员是客居他乡的同乡商人和官员。在他们的聚会大厅中，他们可以品尝用会馆会费购买的食物，并保持着家乡的饮食习惯。[95]

商行从事某一特定领域的食物生产或销售，并且操控着食品的价格。例如，在宁波，福建商人主要从事盐、鱼和橙子的生意，也涉及一定份额的糖的生意；很多商行为商人提供七十天左右的免费储存服务。在宁波的山东商人曾一度垄断了豆类和豆饼的运输，从而成功保护了自己的利益，甚至以此对付了外国商人；他们给商行经营谷类生意的成员四十天的账期，给经营油类和豆饼的成员五十天的账期——而同一城市中的厦门商行只给面食类商人十天账期。温州的磨坊业内有一个由十六个磨坊主组成的领导小组，能够提前一个月确定价格；[96]而宁波的鱼商会馆，以七十万美元的储备资金，几乎垄断了整个渔业的方方面面：渔船、过秤、质量和零售。[97] 夏季为鲜鱼肆提供护鱼用冰的冰商也有组织良好的行会，从而促进了渔业的发展。[98]

清朝有关商行的碑文留下了宝贵的资料，让我们可以深入地观察这些互助组织的情况，包括他们欺压弱小以及保护自身免受压榨的行为。从苏州城的丰富资料中我们可以发现，苏州府曾为当地的猪行商人设立了讨账公所，制定统一的猪肉价，并且规定屠户不得以猪身杂物作工钱，最终这一公所因为滥用职权而被苏州巡抚公开批饬。[99] 其他有记载的事件还有贩卖干海货的商人联名状告南濠牙户，茶食业商人寻求官府帮助以杜绝不法之徒的苛敛，枣商争取到公平称重的“公平秤”。此外，酱坊业还打击了偷造酱货、借牌营私的官酱店，保护了商人的利益。[100]

当然，食品的运输和分配也是异常耗时耗工的浩大工程。透过中国商人的生存手册，我们可以追溯到很多贸易线路和重要的枢纽站。[101] 至少在清朝晚期，帝国海关工作人员一丝不苟的记载让我们能够勾勒出至少三种食品的流通方式。第一种向特定省份货物流通的相对层次：例如安徽从芜湖进口了大量的红糖，并购买了相当数量的蘑菇、胡椒和海菜。[102] 第二种是不同省份货物采购、转运内地的不同层次：河南南阳是最大的红糖消费市场，湖北襄阳是最大的肉豆蔻和糖果市场，重庆、四川是最大的海菜、胡椒和墨鱼市场，湖南长沙是最大的干蛤市场。第三种是中国向外国出口：除茶叶之外，还包括糖、面条、豆类、豆饼、水果、药品、果脯和大黄等。但是，进入国际食品市场的过程中值得注意的是，中国的农民开始受到国际贸易价格波动的影响。例如，我们可以从 1884 年汕头的报告看出，欧洲农民甜菜产量大增直接影响到了中国的甜菜价格。[103]

根据现存的资料，我们可以看到清朝至少有三大食物生产和销售的场所：饭店、流动商铺和厨师。在清朝时期的中国，餐馆和旅店为人们提供了不同档次的风味食品。在李斗那引人入胜的《扬州画舫录》中，18 世纪的扬州是吸引游客的名胜之地。在扬州，游人喜茶肆，因其饮食善也；[104] 小东门街多食肆，有熟羊肉店，就食者鸡鸣而起，排队购之；有家如意馆食肆，有周大脚者为其走堂者，每席约定二钱四分，酒以醉为程，名曰包醉，食者可观秋门蟋蟀、东门鹌鹑；还有出售各地名酒和按季节自酿酒的酒肆；有食肆以糊炒田鸡、酒醋蹄或板鸭著称；有食肆名听萧园，当炉之妇，脍炙一时，故游人多集于是，题咏亦富。扬州的游船画舫也是非常有名的，这也正是李斗笔下"画舫"二字的由来。游客多有城内肆中预订者，谓之订菜，每晚则于堤上分送各船，主客可以尽情享用，还可购酒于附近酒船。[105] 其实这类游船多为格调高雅的食肆，有些也供游客游玩，或者说是妓院，就像沈复在 18 世纪末在广州游河观妓时所见，其中的妓女都来自不同省市。[106] 这类船只装饰有镜、炕、帘、灯等；至少在乾隆统治末期，不少游船开始出售鸦片；到 19 世纪末，广州吸食鸦片的人遍地都是，甚至在北京的一些餐馆也出现了鸦片。[107]

在很多小镇上，客栈和饭馆是社会交际和闲谈的中心，这在蒲松龄的《聊斋志异》和吴敬梓的《儒林外史》当中都有描写。不少佛寺皆为大厨房，以备节日百官饮食。[108] 据记载，在乾隆时，寺院为竞争食客，研制出素面，风味绝佳。选鸡胸肥美者入面中，故汁浓而无脂，味鲜而不腻；或选涤器之布，满涂鸡脂入厨后，沃以沸汤，可以得最浓厚之鸡汁，因为不这样做则笋菌瓜瓠之属不能使之悦口。[109] 在农村地区，客栈和饭馆也自然是社会交际中心，但也可能暗藏诈骗。例如时任山东郯城知县的黄六鸿写道，有些前来上诉的农民，受诓骗而被迫居住在某些客栈，因打点衙门信差或是客栈侍者，肆中价格飞涨，这些农民一不小心就破了产。[110] 对于另一些穷人来说，这些客栈是他们逃避官府眼线的碰头地点，是策划起义和购买军火的秘密场所。[111] 可能正是由于这一原因，清朝规定，所有客栈的投宿者都要严格登记，并定期交往县衙审核。[112]

清代时期有很多游记，后来被方豪发现并整理出版，可以让我们得知清朝食物价格的不少细节。例如，1947 年休宁饭店的账单中，九碗一席，每席九钱（十钱为一两）；而大篚九碗席，每席一两零八分；烧卖汤每桌五钱；订席数量多还会有优惠，据记载，一次预订十一席九碗席，每桌仅七钱二分。像这样接大单的餐馆，从其保留下的账单来看（万安街的汪万成馆），面"每碗不折一阶二"（即一分二），故一百五十六碗，共一两八钱七分二。同样在这家餐馆流传下来的菜单中，十一碗一席的菜肴包括炖肉、蹄包、鹿筋、鱼元、蛏干、鱼翅、鲜鱼、鲜鸡和皮蛋。[113]

但是对于大多数游客来说，这样的价格还是令人望而却步。我们还可以从其他记载当中看到价格的比较和少量出现在街头的铜板：1790 年 11 月，杭州的冬笋每斤三十文，苏州略贵为三十二文，猪肉每斤八十文，牛肉一斤三十八文，家乡肉每斤七十二文，鱼头每斤五十文，鸡一只一百一十五文。就普遍的购买力而言，这些食品的价格可以和日常消费相比较：烛二斤二百二十文；剃头三十文至四十文，不同地点价格不同；绍兴酒或是苏州酒，均一斤二十八文。[114] 光绪元年（1875 年），有六人结伴自休城至金陵参加乡试，据其记载我们可以比较一个世纪以来的商品价格，尽管经历了太平兵燹，很多价格的变化不大。例如，大米在 1790 年是每担二千一百文，1875 年涨为三千二百文；猪油，之前是一斤七十二文，涨为一百二十八文；但是在金陵，猪肉仅从每斤八十文涨为九十六文，在乡间仍然是八十文左右或是七十五文。[115]

在穷人的饮食中，餐厅与沿街叫卖的小商小贩混合在一起。餐厅常常设有小摊，可以买到简单的饭菜，或是带回家食用。此外，“尽食客既果腹而行，其席次所余之羹肴，餐馆役人，往往从而捡之，杂投于釜，加以烹饪，而置之碗中以出售”；“江北妇女置饭及盐菜于篮，携以至苦力麇集之处以饷之者也”。[116] 即使薪水微乎其微，也可以在小商贩那里买到些吃的，花生糖、棉花糖或是蜜糖，每块只要一文；[117] 糕团每件售五文七文，猪头肉每件七文，粥每碗售十文，饭每碗售钱二十文，盐肉每碗售四十文。[118] 那些没有炉火的人，可以到有热水的沿街小商贩那里，以尽可能低的价格自己做一顿热气腾腾的饭菜。[119]

绘画和木刻比起文字更能表现当时的多样性：在清朝早期的一幅风俗画中，母亲和女儿在购买饮品，而一旁有文人正在品茶。另有一幅木刻画，画了 1717 年北京街头的景象，数不胜数的食货小摊、小亭和货棚，饥渴之人可以在此歇歇脚，恢复体力。很多货摊都备有制作热食热饮的器具，其功能就如同流动餐厅；同客栈一样，这

1717 年北京街头的货摊与餐馆

些货摊也成了市井之人的闲谈之地，以及起义之人接头、买卖军火的地方。同样，在大城市中，这些货摊也是节日活动不可或缺的组成部分。从顾禄对清代苏州地区节日的研究来看，小商贩和零售商人一道，按照宗教节日和季节顺序来准备食品，极大地丰富了城镇居民的饮食：正月立春，商贩供卖春饼，自书其标或沿街叫喊；三月，市上卖青团、烤熟藕；四月立夏，宴饮则有烧酒、海蛳、芥菜和咸鸭蛋为佐；五月端午食粽子；立秋之日，吃西瓜；中秋佳节，馈贻月饼。到了年终，廿四夜送灶，以米粉裹豆沙馅为谢灶团（这种团子被认为可以软化脚骨，所以这一天通常也是年轻女孩子第一次裹脚的时间）；年终之时，为迎春节，家家户户还要备初冬的湖蟹（据说冬季湖蟹肚中的卵最好吃）和宿岁之储的年物。[120]

最后，我们可能需要讨论一下厨师。通常人们并不了解厨师这个行业，有些厨师可能会非常粗鲁。苏州地区的官府会专门发布公告规范厨师的行为。[121] 在扬州，厨师可能会因为他们的烹饪之技而为人所知。[122] 北京的厨师在广州做完学徒之后可以自己开餐馆，再雇几个跑堂负责外送，加上四个主厨，就可以负责有钱人家的餐饮。[123] 山东的厨师一度以精湛的厨艺统治了明朝的宫廷御膳，到清朝之后逐渐让位于满族、浙江和苏州的司厨。到了乾隆年间，中原菜系逐渐崭露头角，于是中原的厨师便因其烹饪的菜肴而出名。[124] 袁枚在《随园食单》中也对厨师提出了苛刻的要求，他写道：厨者皆小人下材，一日不加赏罚，则一日必生怠玩。[125] 但在《小仓山房文集》当中，袁枚记载了他家厨师王小余的观点：“作厨如作医，吾以一心诊百物之宜……则万口之甘如一口。”[126] 在谈到王师傅的厨艺时，袁枚的话可以说是对清朝饮食口味和乐趣的最好注释：

（小余）初来请食单，余惧其侈然，有颖昌侯之思。唶曰："予故窭人子，每餐缗钱不能以寸也。"笑而应曰："诺。"顷之，供净饮一头，甘而不能已于咽以饱。客闻之，争有主孟之请。……

小余治具，必亲市物，曰："物各有天。其天良，我乃治。"然其簋不过六七，过亦不治。又其倚灶时，雀立不转目，釜中瞠也，呼张噏也，寂如无闻。……曰"羹定"，则侍者急以器受。或稍忤及弛期，必仇怒叫噪，若稍纵即逝者。……（吾）曰："八珍七熬，贵品也，子能之，宜矣。嗛嗛二卵之餐，子必异于族凡，何耶？"曰："能大而不能小者，气粗也；能啬而不能华者，才弱也。且味故不在大小、华啬间也。能，则一芹一菹皆珍怪；不能，则虽黄雀鲊三楹，无益也。而好名者又必求之于灵霄之炙……不亦诬乎？"[127]

药*

对于19世纪传教士在中国的传教事业，学术界已经有了大量的研究，取得了丰硕的成果。季理斐（Donald MacGillivray）的《新教在华传教百年史》[1]和《中国传教手册》[2]已经成为历史学家研究的典范。赖德烈（Kenneth Scott Latourette）明晰透彻的著作《基督教在华传教史》[3]按照时间和教派势力范围进行了梳理；王吉民、伍连德的《中国医史》[4]则更为完善地总结了西方医学对华影响的历史年表，还整理出了一份19世纪在华内科医师的名录，以方便研究者查阅。除了这些基础研究以外，目前还有大量的教会出版物、手册、传记、调查、期刊和档案，收藏于耶鲁大学神学院图书馆的中国档案项目之中。截止到1972年夏，该项目已经整理出了满满五千一百二十个立式文件夹的通信档案、一百七十六个立式文件夹的日记及记录。新的档案还在不断地被吸纳进来，整理工程远未结束。[5]

这些浩繁的史料及受其启发而成的拓荒著作价值何在呢？当然，这些史料可以用来写作传教士的传记，内科医师的传记，关于西方传教士、医院和医学院的开拓和传奇故事的传记——或是可以表达对圣贤的崇敬、或是仅仅以冷漠的态度平述史实，抑或为了揭穿这些人的丑恶嘴脸。但是，这似乎并不是一项紧急的任务，至少从目前对中国近代帝国史的研究来看，这并非重点。对我而言，这一大批史料的价值在于，如果我们能以新的方式利用它，提出新鲜的问题，与中国的数据相结合，则必将深化我们对中国社会的理解。

因此，我的兴趣在于追随郭适（Ralph Croizier）在《现代中国的传统医学》一书中所走过的道路。[6]这本书的副标题可以清晰地揭示出这一路径：“科学、民族主义和文化变迁中的张力。”尽管教会的记录会有意无意地谈到冲突与困惑，记载的常常是“不正常”事件，但它们和中国的官方医学史料一样，可以带领我们了解相关领域的行为规范。这些记录还可以拓宽我们对中国社会的认识，加深我们对于列文森（Joseph Levenson）的三部曲《儒教中国及其现代命运（1958—1965）》[7]的理解，帮助我们像郭适一样进一步地研究探讨。同时，这些记录还可以增强我们在看待晚清时期西方人和中国人的冲突问题时的敏感度，让我们能够沿着柯文（Paul Cohen）在《中国和基督教》一书中的分析继续走下去。[8]

我并非医药史学家，也没有细致地研究过这一领域。在读罢《中国博医会报》上的医学文章和报告之后，我深受启发，我将仅仅讨论一些我认为值得深入研究的话题。《中国博医会报》通常是以小册子的形式发行，主要刊登一些医院的采样报告，或是西方医师的传记。来自中国的补充材料主要是画刊《点石斋画报》和报纸《申报》，它们提供了一些与西方医学史料处于同一时期的资料。在阅读了有限的资料之后，我深深地感受到了这一领域问题的复杂性，也发现了一些在寻找答案的过程中我们所能学习到的东西。

中国人的西医观

也许我们应当从患者讲起——中国的患者。中国的患者在寻求西医的帮助时要面临怎样的内部压力？在他们眼中，男医生或女医生有何不同？1880年代，广州一位船夫的妻子难产，接生婆束手无策，只能放弃。邻居建议船夫带着妻子去广州博济医院求助西医。把媳妇送去西医院本身就是个艰难的决定，可是，船夫到了医院后又遇上另一个难题：女医生都不在，可以让男医生接生么？这位船夫还是同意了。可是第三个问题又接踵而至：要想保住母亲的性命，就必须进行剖腹产手术，可以接受吗？这位船夫又一次同意了。随后，医生便将船夫的妻子在手术台上固定好，进行麻醉，很快一个可爱的女婴顺利出生了。最后，医生给她缝合了刀口，这位母亲在休息了几天之后便可以哺乳了。[9]

对于这对夫妇来说，这样的经历非同寻常。这件事发生在怎样的背景下呢？1893年，美国医生如约翰·汤姆森（John Thomson）等人，痛批中国接生婆的无能，她们掌控着那些无知的女人，在接生过程中稍有并发症状，便可能导致阴道和宫颈撕裂、子宫破裂、甚至在难产过程中出现婴儿胳膊断裂的情况。[10]但是我们必须注意，汤姆森是在有意贬低中国的接生水平，以此来反衬美国医院医术的高超与安全。但至少在那位船夫看来，他所熟悉的接生婆的接生方式并不需要动手术，男医生也不得碰女人，也不需要用一种莫名其妙的方式将人麻醉，或者是用针线来缝合身体。

19 世纪中国患者对于西医的态度，是一个重要但目前还没有研究透彻的问题。大量的教会医疗报告，如哈罗德·斯科菲尔德（Harold Schofield）1881 年在上海写道，他的中国病人带来了鸡蛋、茶叶、糕点、酒、土豆、苹果和面粉作为礼物答谢医生。[11] 但是，有些人或许并不像斯科菲尔德在报告中所写的那般真心实意，1883 年的时候，斯科菲尔德曾多次向当地官员报告他遭到抢劫，但是警署和地方官对他的报告都漠不关心。而他被盗的医疗器械接二连三地出现在当地当铺的柜台上，直到另一位传教士最终抓住了窃贼并将其送到官府。[12] 在这里，感恩的情怀似乎与盗窃的事实格格不入。再举一个例子，在嘉约翰（John G. Kerr）的精神病医院中，有窃贼凿墙而入，捆绑并抢劫了医院中的医生。[13]

另一个值得讨论的问题是，提供免费医疗服务的西医能否享有与中医同等的尊敬？郭适写道："对于出于慈善目的行医的医者而言，他们享有最高的声望而非金钱的报酬……最关键的事情在于，他们行医布道完全是出于个人的能力，或出于慈善的情怀，并非为了经济上的收入。"[14]

看起来，19 世纪来华的西方医师似乎并不大可能消弭中国人对其"慈善"背后的动机的怀疑；相反，他们提供的免费医疗服务可能会招致新的敌意——可能是来自地方士绅，他们担心自己在地方的影响力遭到侵蚀；可能是来自同行的中国医师，他们担心自己的生计受到威胁。中医本身是一项非常复杂的技能，而西医的免费医疗服务有可能会打破已有的平衡。有很多证据显示这样的困扰确实存在：据一些外国医师记载，有“恶作剧者”打电话请医生去看病，使用的往往是假地址，医生到了才发现是一场闹剧，而要看病的人家对医生也非常冷漠；[15] 还有一些医师与中国同行的关系处于紧张的停战状态中。1893 年便发生过这样的事，在事故中受伤的病人去找西医治疗头上的伤口，再找中医治疗胳膊上的炎症。[16] 还有一名医生只能在他曾经治好了病的中国患者的陪同下才能出诊，还必须要穿上“中国的服装”。[17] 要评价这些外国医师的角色，需要充分认识到“令人尊敬的医生”与“受害的局外人”的不同，还要考虑到更多不同的影响因素。

中国人对医生的态度与对传教士的态度有何不同？这是一个更为棘手的问题。不管西医如何坚决否认，外科手术带来的谣言，不会比教会孤儿院引发的争议少。[18] 实际的行医过程可能并不如报告中所写的那样成功，我们也不必天真地去完全相信那些报告。弗雷德里克·史密斯（Frederick Smith）在 1871 年出版的《中国本草的贡献》一书的“克罗酊”（一种止痛药）一节不无讽刺地写道：“一些传教士喜欢用这种立竿见影的药来显示自己的医术高超，而实际上它既无害也无用。”[19] 对于那些表面上接受过系统医学训练的医生，他也有类似的警告。

问题不仅仅在于那些来华的医生在本国的医术是否高超——这可以通过美国及英国所实行的医师等级考核制度来检验——更在于他们所接受的医学训练是否符合中国的国情。1901 年高夫医生（E. Gough）便这样问过自己。[20] 我们需要仔细地考虑，一些重大的医学项目，例如伯驾（Peter Parker）常用的肿瘤切割术，就长期而言是否在医学上是对人有益的？与西方国家的情况相比，在中国常常使用的鸦片制品是否就已经满足了中国的需求？我们发现，舒高第（V. P. Suvoong）医生在福州曾给一位徐姓文人治病，这个人已经是鸦片成瘾，因吃多了新鲜螃蟹而导致消化不良，舒高第医生仍给他注射了吗啡。此后，舒高第发现，此人“对西医的信任感”增加了。我们需要重新来评估类似的说法，这种通过给鸦片吸食者注射大量或定量的吗啡来“治疗”疾病的做法在 19 世纪的西医当中是否常见？[21]

当然，西医疗法在某些领域确实具有创新性和极好的疗效，疾病控制和卫生措施的引进对于瘟疫预防也有很大的作用，卡尔·内森（Carl Nathan）对此已经做过探讨。这里我简明扼要地重点讨论两个领域，其中一个便是盲人的教育问题。1906 年至 1910 年广州明心书院[22]的报告介绍了盲人教育的一些情况：学校只能建在地价便宜的地方，因而地势低洼、土壤贫瘠；为了改善学校的土地状况，盲人女童甚至还从家里带土壤到学校来。* 她们在学院里学习了经过加兰小姐（Miss Garland）改革后的布莱叶点字法，并将它改良使其更适用于普通话体系；她们还学习了编织技术，可以将编织品卖钱。1910 年，明心学院也开始招收盲人男童，他们在学院里学习了东京盲哑学校发明的按摩技术，得以走向社会谋生。

---

* 1913 年 12 月，“大英圣书公会”（The British and Foreign Bible Society）和“美国圣经公会”（American Bible Society）联合邀请有关方面在上海召开会议，商讨制定一种标准的汉语盲文体系。该会议最终形成了一种新的体系，称为“和合布莱叶法”（Union Braille System），中国人称为“心目克明”。这里盲童学习的方法便指的是“心目克明”。加兰小姐参与了编辑新盲文教科书的活动。

嘉约翰的惠爱医癫院

谈到社会互动，精神病的治疗问题更加复杂。说到治疗精神病的先驱，就不得不提到嘉约翰。1898 年嘉约翰的惠爱医癫院*在广州落成，他终于实现了自己二十五年来的梦想。嘉约翰为医院制定的宗旨是：第一，精神病患者是病人，他们的行为不应当受责备；第二，患者住的是医院，不是监狱；第三，对待患者要有人道主义的精神，患者不应受到非人的待遇。他宣称自己的疗法是劝导式的而非暴力的，是自由式的而非限制式的，他通过让患者尽可能地休息，给病人提供热水浴并且友善地对待他们，来建立起健康的室外生活模式。嘉约翰的另一目标是尽可能地为患者提供就业的机会。由于嘉约翰的医院地处低洼地，“对健康和生命造成了威胁”，仅在 1907 年这一年中，当地就爆发了白喉、脚气、霍乱和痢疾等疫情。尽管环境艰苦，惠爱医院一年还是要治疗两百多名男女患者，30% 的患者得以“治愈”，15% 的患者病情得到了“改善”。[23]

嘉约翰发现，大多数病人是被绑到医院来的，[24]根据他的描述，当时的精神病人常常遭到等同于麻风病患者的粗暴对待。[25]但是嘉约翰是在特殊环境下工作的西方医生，他接触的病人数量有限，只有在我们研究了清代医疗的整体情况以及地区、阶层之间的差异之后，才能对嘉约翰工作的成效做出正确的评价。我们现在确切知道

---

* 惠爱医院于 1898 年由美国人嘉约翰在美国基督教长老会支持下创办，为中国最早的一家西医精神病医院。

的是，当时精神病院的院长与地方长官的关系密切，很多病人是被当地衙役送过来的，因为他们也不知道该如何处理这些精神病患者，因此，政府会给这些精神病患者发放一定的津贴。除了衙役送来的精神病人之外，也有当地普通家庭送来的病人，还有英国当局从香港和威海卫送来的病人。

在其他一些有探讨价值的领域，我们也收获了不少珍贵的资料。例如，有学者已经开始试图对中国人学习西方文化所带来的精神压力与学习自身文化所带来的压力（如高要求的科举制度）做比较研究。1909 年惠爱医院有一位患者毕业于美国哥伦比亚大学，他曾在美国和德国从事过外交工作[26]……还有别的类似案例值得研究。

惠爱医院根据病人的症状将患者进行了分类，如果我们可以跟踪这些定义在不同时期的变化，就可以了解清代末年的一些地方性疾病。例如 1916 年，在广州的二百七十六名精神病患者中，有九十名男性和三十一名女性被诊断为早发性痴呆症，四十七名男性和三十七名女性被诊断为狂躁抑郁症患者，而其他类型的病症数量不多：七名患者有酒精性精神病，三名患有老年痴呆症，还有一名患有更年期忧郁症。[27]

药品广告

与其他专业领域一样，西药也可能被滥用或误传。1901 年，高似兰（Philip Cousland）医生写道，一些“以前的家仆、医院的苦力工人及学童”沿街兜售药品，宣称自己是“西药医师”。[28] 早在同治年间（1862—1874），《申报》上便充斥着药品和药方的广告。这些广告结合了西方的商业、医学实践和中国的兜售技术，本身就是重要的研究材料。综合各种文稿和广告，我们发现，在1872年至少有以下四类药品广告。

1. 以传统中医为旗号——例如，有药品打着这样的广告："此丸专治肠红、久痢、烟漏、痔疮，男女大小服皆灵效，百发百中，孕妇不忌，每服足大钱五百文。"或者是以古秘方为旗号——这些秘方往往是记载在最近才发现的雕版印刷的书上,例如广告中的"眼浴"疗法。[29]

2. 以祖传秘方为旗号——例如，有一则广告说："治伤食痞满泄泻，孕妇忌服恐动胎气，何制军家传秘方。"[30]

3. 以仙药为旗号——例如，"纯阳祖师吕祖大仙降乱传授，上天司药神所制，马道士诚心设坛祈祷请得"。[31]

4. 以西药为旗号——例如，"此粉专治伤热，西医研制，美国进口，畅销海外，每瓶三元"。[32]

在1883年的一份《申报》上，刊登的医药广告十二则之多，其中包括爽肤粉、止泻药、咳嗽哮喘药、漱口水和洁齿粉，等等。从众多的广告中，我们还可以看到一些有趣的社会现象。例如有让妇女拥有"三寸金莲"的"缠脚妙药"，此药"不但能使脚易小，并可免缠紧胀痛，每瓶五十六文；又至妙散，专治妇人缠烂之脚，每瓶七十文"；又有一广告称，"湖南新到（名医），专治一切疑难杂症内症，符到病除，永绝外症，不用刀针即能移去，凡来看症，自带香烛到坛，只取号金一百六十八文。寓宝善街中北西洋间壁元亨栈内”；另有“法国精制羊痫风药”，“兹有法国监疯院林医生在院历二十年之久处心积虑炼得一方，将方抄给法国大药局、上海大英医院药房代售，每瓶价洋五元”。[33]

此外，报纸上还刊有日本眼药的广告。在此我要提醒西方历史学家注意光绪朝以后日本对中国的影响，这是经常被忽略的部分，学界尚未给予足够的关注。此外还有男性的壮阳药，女性的妇科杂症药。[34] 还有起诉医院的内容，控告那些拒绝出诊而导致病人死亡的中国医生。[35]

中西方社会药品互动另一个有趣的方面是戒烟药。尽管对于那些外国医师主治、地方政治支持的戒烟所，历史学家已经有过一些研究，[36] 但是对中国方面的资料尚未进行过系统的整理。翻翻《申报》上的广告，便能发现一个颇为矛盾的现象：尽管中国人越来越强烈地反对吸食鸦片，指责西方人将鸦片倾销给中国，但用于戒烟的西药却享有很高的声望，很多戒烟药都打出洋药的旗号。在 1872 年，有一则广告写道：“今本药房秘置外国戒洋烟药粉最妙，非但戒绝洋烟，而日补爽元气，戒绝之后切不再恋。”[37]《申报》馆另有戒烟药“非寻常戒烟之药可比，今从英国新到若干瓶，托本馆账房代为销售，每瓶廿四片计银五钱”；[38] 老德记药房还发告白称，“现所售各药皆系真品，只此一家，并无分出，近有无耻之人假冒本行招牌将次药销售以鱼目混珠”。[39]

但是到了1880年代，随着通商口岸之外的农村市场被开发出来，大批专营戒烟药的外国公司，例如屈臣氏，[40] 遭遇了多种中国药品的强劲竞争。有一家广东公司在上海的分店称，其生产药品绝对有效，若有鸦片膏或烟灰混杂，愿遭天谴；还有一家药店还出售一种“三香戒烟膏”，约四十天烟累尽除，受累廿年一旦如释重负；另一家药店则称服药者可继续吸食鸦片，只要同时服用此方，“无论士绅富贾，药到瘾除”。[41] 另有一则广告是关于一本书的，皇子、皇族和上海道台都推荐这本书，因为按照此书中的药方，“戒烟之后身积滞烟油竟由毛孔出”。[42]

正如 1870 年代国产鸦片开始与进口鸦片竞争国内市场一样，为了占领戒烟药市场，中国药商和外国药商也展开了激烈的争夺。[43] 在这两个研究领域中，我们都忽视了对中国方面的资料的研究。

西方人的适应

在文化适应方面，我们一直都着眼于中国人对西方文化的适应，而很少关注西方人对中国文化的适应。在一些西方人指责中国缺乏卫生系统、缺乏正规的药品和医疗常识之时，另一些人则开始研究中国的药品文献库，尝试规范西方对中医术语的翻译。最初这些项目的目标是有限的，史密斯在《为中国药物学及自然历史做贡献》一书的前言当中生动地将其目标概括为：“希望这本书能为在中国内地的游客、军营或炮艇、教会医院和在国外的中国苦力提供帮助，介绍最好的可获得的药品，或在需求和经济条件限制的情况下可以寻求的替代药品。”[44]

很多医生展现了惊人的创造天赋。文恒理（H. W. Boone）发明了一种特殊的“救护车”，用来救护贫穷的患者，这种救护车只需要前后两人抬着即可，还可以防雨防冻，适用于地势艰险的地区。这一发明只需要耗费十块五墨西哥鹰洋。[45] 威廉·威尔逊（William Wilson）只身前往中国西部，改良了当地的压缩设备用来自制亚硝酸酯的酒精溶液。他通过煅烧当地的石膏替代了熟石膏，他还把当地的羊毛在半盎司纯碱中煮开，在阳光下晒干自制成吸水绵。当得知当地的流行病是疥疮而大多数患者都是穆斯林后，他放弃了使用含有猪油的硫黄软膏（穆斯林不能接受猪油），而改用当地的硫黄和石灰自制的药膏。[46]

如果我们想要系统地考察西药和西医医务人员在中国社会中的作用，就应当对这些纷繁复杂的话题及其不同侧面进行研究探索。这种研究也必须根植于中国传统医学实践和医学典籍之中。我们需要根据中国的历史，来阅读西方传教士和西方医学的史料，要充分将西方医学专业化的缓慢进程考虑在内，在夸张或扭曲的结论面前保持清醒。只有这样，我们才能理性地认识、合理地评价那些看起来很荒谬的事实。例如，《点石斋画报》中曾有这样一幅插图：一位很了得的欧洲绅士到了美国，美国人让他以玻璃、磁铁、汽油、石蜡、硫酸和水银为食，之后他嘴里就冒出了烟。[47] 即使是这样一幅荒谬的插图，也并非完全脱离现实：这位绅士可能是个演员，和雒魏林（William Lockhart）医生的病人没什么两样。雒魏林医生曾经诊治过一名中国患者，他是一位有名的杂耍演员，常用各种针钩道具表演杂技，有一次他失手了，将六根针从不同的方向扎进了食道。雒魏林医生的灵丹妙药也未能奏效，五天以后，这位杂耍演员兼瘾君子就命归西天了。[48] 如果一些非凡的奇特事情可以被解释成不过尔尔的话，我们可能就要留意一些寻常之事的特殊意义了。同样是在《点石斋画报》中，记载了一些支持引进天花疫苗的上海高官的话，当接种疫苗的医生离开后，他们又请了另一位医生在英租界开办了诊所，免费接种疫苗。[49] 在这些简单的事情背后往往暗藏着纷繁复杂的历史背景。

中国也有一批诸如康爱德（Ida Kahn）和石美玉（Mary Stone）这样的年轻女医生，但是她们的先驱作用还没有得到深入的研究。这两个人都没有缠足，毕业于美国密歇根大学医学院，1896 年回到江西九江，开了一家免费的诊所。根据西方史料的记载，这二人归国后受到了当地人和当地中医的欢迎，但是我们并不知道当地中医的专业水准如何，所以尚不能就她们的受欢迎程度下一个定论。[50] 在进行深入的研究之前，我们也还不能够确定，这两个人身为中国人的事实是否促使当地人接受她们所学到的西方医学技术。

这是一个大问题：20 世纪初期，皈依基督教的中国医生对中国人的治疗可能只是这个复杂等式的一个变量。在这个等式中，我们需要仔细考察的是：中国医生接受西方医学培训的类型、到西医就诊患者的性别、从业类型（翻译、买办、学生、医生等）。这些问题将我们带到一个更加扑朔迷离的领域：种族通婚。一个有趣的案例发生在 20 世纪初的重庆，一位德国医生与他的中国女仆结了婚，结果遭到中国人和西方人的共同反对。[51]

与西方人对中国社会的适应问题一样，这些问题都还没有被探讨过。也许对在中国接受西医培训的中国学生的研究，可以作为对这一领域进行研究的起点。1898 年，聂会东（James Boyd Neal）在《中国博医会报》上发表的文章将接受西医教育的中国学生的情况做了整理（见表一）。这些学生从这本 1887 年创刊的杂志上学到了不少医学知识，正如它的发刊词中所说，“我们穷尽一生，在志不相投的陌生人之间穿梭”。[52] 西式医学教育应当放在中国教育环境的大背景下来考察。由于受到拘谨的礼教约束，我们发现即使是在皇家的解剖书中，关于阴茎和睾丸的部分也被删除了 [53]；又因为禁止解剖人体的禁令，研究人类内脏的医生只能从刑场或者动物身上学习到点什么。[54]

虽然资料变得越来越丰富，但实证的材料还是不够令人满意。我希望我在此已经对中外医学的互动和问题的范围以及多样性做出了充分的阐释。

嘉约翰的《广州及其近郊指南》

最后，我们来考察一下构成中国社区医疗的关键要素，不过我还不太了解各因素间的相互作用。在中国的西方人很少从这一角度来考察中国的社区。嘉约翰在广州生活、工作了很长一段时间，他写的这本指南涵盖了很多医疗机构的信息。[55] 例如，桨栏路上有很多大药店和药房；在十七区的潘氏宗祠设有“本地诊所药房”，耗资六万美元，而且基本维持了收支平衡；有三名医生提供免费医疗、棺材和免费的教育，还设立了牙医诊所；玛丽 · 富尔顿（Mary Fulton）在多宝街开设了女子诊所和罗马天主教孤儿院，雇用了中国护士；北边郊区是“往生者之城”，在黄道吉日安葬入土之前，棺

接受西式医学教育的中国学生情况表（19 世纪末）

地点	内科医师	受教育学生人数	供职教会人数	供职私人诊所人数	受教育中男生人数	受教育中女生人数	完成教育和教育中人数总和	受教育年限
广州	Kerr	79	不详	不详	18	6	103	3/4
天津总督医院	Houston	—	—	—	26	—	26	—
苏州	Park	9	5	3	10	6	25	5
杭州	Main	12	7	5	8	3	23	5
香港	Thomson	7	—	7	12	—	19	5
福州	Whitney	14	2	10	3	—	17	5
青州府	Watson	16	8	5*	无	无	16	—
福州	Masters	6	2	4	—	9	15	6
奉天	Christie	9	2	7	6	—	15	5
济南府 †	Neal	10	3	7	5	—	15	4
北京	Curtiss	4	2	2	9	—	13	4
保定府	Atterbury	13	—	13	无	无	13	—
福州	Goddard	4 ≠	无	无	—	6	10	6
南京	Stuart	4	1	2 §	5	—	9	5
常州	Fashmy	3	—	3	6	—	9	5
重庆	McCartney	3	3	—	5	—	8	5
鼓浪屿	Otte	4	—	4	4	—	8	5
金华	Barchot	2	1	1	4	—	6	5
烟台	Scott	3	3	—	3	—	6	4
曹州府	Cousland	—	—	—	4	—	4	5
恩城	Cross	—	—	—	4	—	4	5
平度	Randle	—	—	—	3	1	4	4
锦州	Brauder	1	—	1	2	1	4	4
成都	Kilborn	—	—	—	3	—	3	4
其他	共 15 地	65	22	41	21	1	87	—
		268	61	115	161	33	462	

* 三人死亡

† 沂州府的杨顺（Dr.Johnson）协助培训了五名学生。

≠ 全部死亡。

§ 一人死亡。

资料来源：聂会东，《中国博医会报》第 12 期，1898 年。

材可存放于此，收取每月十美元的费用；在药神庙请神之后，朝拜者还会把神祇带回家拿给家里的病人；孙中山先生曾习医的博济医院由伯驾创立，经过嘉约翰的发展，到 1904 年已经拥有三百个床位，在广州南郊有十一幢大楼；关于广州敬老院的信息；1698 年广州建立了弃婴所，收容了三百个婴儿，每四个婴儿配有一名奶妈；杨神庙有棺材存放处和祭祀的神坛；老年妇女收容所；设有五百间房的盲人院，每间住四人，盲人靠乞讨或制作手工艺品来获得每天六钱的收入。此外，《广州及近郊指南》对附近的麻风病小区、其他棺材存放地、新教徒墓地和犯人公墓、在河南片区最大的棺材制造商、供奉二十位神灵保佑孩子每个成长阶段的母神庙、美国斯堪的纳维亚教会、基督教联合兄弟会、外国公墓和精神病医院都有介绍。[56]

这就是晚清的世界，如果我们想要理解西方的医学对中国渗透以及中国对这一过程的回应，就必须要仔细观察这个世界。这是一个包罗万象、盘根错节而且扑朔迷离的世界，在这个世界中有着重重历史的回音，有着丰富多彩的现在，也有着梦魂牵绕的未来。

税

在研究中国历史的过程中，学者们往往要面对很多重大而持久的问题。例如说：在幅员如此辽阔的农业大国，土地是如何进行耕种的？土地所有制以及租赁形式是怎样的？国家是如何收取农业税的，又是如何将其再分配到其他不同的行政领域？联系乡村社会的意识形态是什么？创造意识形态的学者与国家之间又有着怎样的关系呢？中国的历史源远流长，相关问题纷繁复杂，这使得学者很难得出一个确切的答案；但是曾小萍（Madeleine Zelin）、黄宗智（Philip Huang）、艾尔曼（Benjamin Elman）三位学者的杰出著作带领我们在寻找答案的道路上更进了一步。[1]

三人的著作都在不同程度上对18世纪的中国进行了集中的讨论——曾小萍通篇皆言中国，在黄宗智和艾尔曼的书中也大量探讨了中国问题——其成果证实了学术界最近在中国历史编纂上发生的重要转变。在研究晚清中华帝国时，至少在美国学术界，研究重点在过去四十年中发生了几次大的转变。最初，学者们侧重于研究19世纪中国对西方贸易、战争和科技的压力的回应。到了1960年代，尽管这些领域仍然是研究 19 世纪历史的重点，但已经有很多学者转向了对辛亥革命的研究。1911 年的辛亥革命推翻了清王朝，将中国带入了军阀混战的年代，直至后来出现了共产党组织。

到了 1970 年代后期，大批年轻有为的学者开始追溯更早的历史。他们开始研究明末的历史，研究 1644 年明朝灭亡的原因，以及在 17 世纪后半叶清王朝统治下知识分子对生活的回应。在 1980 年代中期，我们突然进入了一个新的阶段，开始将 18 世纪的中国作为一个整体来研究。

这三位学者的研究都清晰地表达了一个观点：在中国近代史的研究中，我们过分强调了西方帝国主义的作用。这一点对于我们理解中国历史的形成具有无可争辩的重要意义。曾小萍在《州县官的银两——18 世纪中国的合理化财政改革》一书中指出，18 世纪末财政改革的受挫证明 19 世纪的经济灾难早在一个世纪之前就埋下了祸根（有历史学家将 19 世纪的经济灾难视为 20 世纪革命的主要动力）。

黄宗智对中国华北农村的小农经济进行了研究，在仔细考察了 18 世纪土地所有制的形式之后，他发现了农村劳动力“半无产化”的趋势以及经营式农场的发展，而且对于某些经济作物如棉花的过分依赖，使得世界市场对中国发挥影响的时间已经大大提前了。因此，这些都不能被看作后来触发革命的新现象。

在分析从“理学到朴学”的过程中，艾尔曼发现在 18 世纪的儒学圈子中“考据学风”弥漫，儒学家们开始系统地研究儒家经典；但也正是儒家思想使得 19 世纪的中国文人在西方先进的军事和科技的冲击下茫然无措。

三位学者的研究不仅仅是建立在掌握大量中国档案文献和珍贵原始史料的基础之上，同时也借鉴了当代日本学者对中华帝国晚期的研究成果（对于那些阅读日语有些障碍的读者，最近有两本日本学者的著作被翻译成了英文，读者可以发现日本的学术研究题材多样、细致入微，具有相当大的借鉴意义）。[2]

曾小萍在题目《州县官的银两》当中所说的“银两”指的是清朝收缴赋税时作为官方称量货币（每盎司银子）的交换单位。“州县官”指的是掌管县级事务的长官，负责收缴辖区内地主向国库上缴的赋税。1730 年代，中国大约有一千四百个州县，州县官是征税过程中的重要环节，他们有权从所有向国库解送的地丁粮钱中提取一部分。大多数州县官都通过了科举考试，所以可以说他们都是文人，至少是饱读儒家典籍的士人；在走马上任之前，他们可能并没有任何财政或管理的经验。

曾小萍主要讨论了雍正年间（1723—1735）的财政情况。与之前的其他学者一样，曾小萍将雍正视为一个精力充沛、雄才大略的改革家和统治者，这位统治者尤为重视管理的细节和效率。对于雍正帝本人，曾小萍并没有花多少笔墨，但是对于雍正年间的财政情况，她做了非常细致的分析。为此，她阅读并使用了大量台北故宫博物院收藏的宫廷档案和北京第一历史档案馆的文献。对于史学界的学者来说，曾小萍对于帝国政治决策和农村税收系统之间的关系的研究是一丝不苟、非常引人入胜的。

曾小萍拒绝接受中华帝国冥顽不变的观点，她写道：“我们必须学会将帝制晚期的中国视为有生机的国家，一直在为设计一套特有、合理而高效的官僚体制而奋斗着的国家。”她在雍正君臣（如雍正帝与布政使田文镜的互动）推行“火耗归公”*的决策过程中找到了帝国存在活力的证据。

在今天看来，这样的改革似乎不值一提，但是曾小萍有力地指出，在1720年代，这样的改革具有相当大的冲击力。改革的关键在于要在中国的不同省份之间确定切实可行的火耗率，确保州县官充裕的收入，还能够将火耗收入用于灌溉、土地改善、交通和教育等社会工程。将火耗保留在各州县，农民不用再受到苛捐杂税和非法勒索的重压，各州县也不再拖延亏欠国库的财政税额，还可以鼓励地方自行设计有创造力和独立性的项目，这就逐渐奠定了巩固国家的基石。

在华北和西北各省，特别是山西、河南、直隶和陕西，这些改革措施得到了最为有效的实施：这些地区的土地所有规模较小，税收和监管都相对简单。在西南地区和东南沿海，情况就要复杂得多：这些省份赋税的起征点低，特殊列支款项多，包括了抚恤外乡人用银和修建战船贴费等。特别是在江南，主要是长江东段的江苏省和安徽省，这里是中国的富饶之地，保护地主利益的地方势力强大，即使是皇帝和巡抚，也都遭遇到了地方上的强烈抵制。

* “火耗归公”是雍正时期实施的财政改革政策。各省官员被授权从向中央政府解送的地丁银钱中征收一定比例的额外费用（即火耗），火耗存留在当地省份作为官员的“养廉”和“公费”。养廉银使得官员薪俸有了根本性的增加，同时可以用公费承担一定的管理责任以及实施有益于当地的工程项目。

在《州县官的银两》当中，曾小萍为我们描述了各式各样的抵制行为以及年过古稀的朝廷命官殚精竭虑地推行改革的过程。她为读者仔细分析了包揽、重复登记、赈米管理、木材销售、贪官污吏、虚假旱涝报告、密码账册副本、私改印票和篡改账目等改革措施所遇到的障碍，展现了孜孜不倦、探索不息的学者精神（这对于研究今天的税制改革同样具有借鉴意义）。

在结论部分，曾小萍把握住了18世纪末税制改革失败的原因，她说，"不建立一个强大的官僚机构来根除地方势力及其影响下的非正式体系"，清朝的改革永远都不可能成功。但是，当时的社会既不能容忍也无力支持这样的条件存在。18世纪末的中国，"合理的财政管理已经死亡，非正式的经费体系又一次成为中国官僚体制的特点"。此时，中国的人口已经超过了三亿，农村人口土地分散，经济商业化迅速发展。

黄宗智对于农业经济的分析范围更大，侧重点也有所不同。与曾小萍一样，黄宗智也看到了18世纪中国社会所发生的变化，但是他关注的重点是雇佣劳动力的经营式农场中的富农与出卖劳动力的贫农和雇农之间的差距越来越大的问题。他所考察的变化是发生在人口高速增长、土地继承可分化、耕种模式不断变化、经济作物选择性发展的背景之下的。他总结说，"远在中国接触近代世界经济之前，小农经济就已经经历了显著的变化"。

在很多方面，黄宗智的分析比曾小萍的更为丰满，他考察的时间段更长，并且对华北农村进行了大量的调查——特别是河北省和山东西部的村落（黄宗智更喜欢用新式罗马拼音，如果按照威妥玛拼音的话，这两个省份的英文名应当是“Hopeh”和“Shantung”）。

黄宗智灵巧地运用史料，从中提取出了丰富的细节信息。黄宗智的考察是以满铁调查资料为起点的，这组资料是在 1935—1942 年间由南满洲铁道株式会社调查机关组织编纂的（“满铁调查”）。黄宗智按照社会经济结构要素，将三十三个村庄分作七种类型。在 1980 年代早期，他获准前往其中几个村子进行调查，研究在中华人民共和国管理下的土地使用模式，因此有机会采访当地农民，获取关于过去的土地占有和耕种模式资料。他还前往北京参考了藏于中国第一历史档案馆的清代刑科题本，考察了 18 世纪关于土地使用和租赁的命案（尤其是 1736 年、1737 年和 1796 年的命案）。此外，他还参考了宝坻县刑房档中 1800 年至 1911 年有关土地税收的残件。

黄宗智的书内容非常丰富，我认为这是目前为止研究中国华北农村最好的一部著作。他对于诸多关于小农生产和农村商业化的理论特别感兴趣，并且用不偏不倚的中立精神为我们分析了有关这些问题的史料。他特别关注农村的生态环境，从干旱的高地到沼泽的低地，他一一留意了水井、灌溉系统、居住形式和宗族组织。他分析了 1930 年代经营式农场的生产率，对比了清代前期的小农经济和庄园经济，分析了“雇佣劳动力”和大地主之间的关系，以及地主阶级的构成。他还考察了租佃的持续增长、小地主与农业工人之间的关系，分成租约的出现以及经营式农场与家庭式农场的对比。更为重要的是，他仔细对比了人力和畜力的生产率，发现按 30 年代农场雇工的工资水平计算，一个雇主可以用一头驴一天的成本来雇用一个短工。

1930年代存在大量非经济的、处于生存线以下的小农场，这促使黄宗智提出了引人深思的问题：与当地手工业结合的农场和部分商品化的农场之间存在怎样的联系？是否因为在忙季时贫农外出充当雇佣短工使得自己的土地耕作不足，而最终不幸被卷入了周期性跌落的世界经济当中，从而不得不承受经济作物价格的剧烈波动？黄宗智在他那简洁有力的总结中说道：

> 人口压力和社会分层结合起来，在一个停滞的小农经济上导致了一个特别恶性的顽固体系。贫农被困于同时依赖家庭式农作和佣工来求生，无法摆脱其一，又不得不忍受两者所赋予的低于维持生活所需的收入。他们的廉价劳动，又转过来支撑着一个寄生性的地主制和一个停滞的经营式农业。贫农们，甚于农村其他社会阶层的人，必须在人口过剩和不平等的生产关系双重压力下挣扎生存。

值得赞扬的一点是，黄宗智用整整一个章节讨论了自然村落与国家之间的关系，他比其他学者更强调中国自然村落的闭塞性和隔绝性。他注意到了在清朝灭亡后，中国的政权多次试图渗透到自然村落当中去，但这一努力直到1949年广泛的革命之后才得以成功。

这种“成功”是否为农村带来了翻天覆地的变化？总体来说，答案是肯定的。但是正如黄宗智在书中所指出的一样，这是“一个经历数世纪之久、在内卷和阶级分化的双重趋势下形成的贫农经济”，所以，中华人民共和国的集体化政策成型的时间可能比我们所想象的要早。共产党领导下的生产队和生产组，与旧式农场类似，“合作化了的生产队和大队与家庭农场，有一个基本的共同特点：它们同时是生产单位和消费单位。在生计所需的压力之下，会忍受资本主义企业所不可思议的劳动高度集约化的内卷农作。和家庭农场一样，生产大队是不会解雇它的剩余劳力的”。

可能会有人问，在新中国实行改革开放废除了大部分集体所有制的今天，黄宗智的研究成果是否已经丧失了时效性？恰恰相反，他的研究成果有助于我们理解中国的现状，以及中国现在所面临的巨大挑战。正如黄宗智在第十章“经营式农业何以发展不足”中所谈到的，解放后中华人民共和国实现了很多成就，这主要是通过大范围的社会投资而实现的，如国家投资并领导农民建造灌溉系统，从而扩大了蔬菜种植，实现了套种；洪灾曾迫使人们大面积种植耐涝但低产的高粱，在解放后的集体努力下，大部分地区实现了平整土地以及挖建排水渠道系统等工程；集体化之后，农村引进了拖拉机，提高了耕种和收割的效率；同时，国家积极鼓励养猪，增加了有机肥产量。在这样的基础之上，新兴的农场主想要建立不降低农民生活水平、不迫使农民出卖劳动力的模式来发展，就会遇到很大的挑战。

在讨论清代的经营式农场“发展不足”时，黄宗智指出，“人人都清楚，通往真正富贵之途，不在农场经营，而在进入商业与仕途”。土地本身作为一种财富来源，与经营式农场有着很大不同，“在这个上层社会中，一个家庭只需在几代中有一次入仕的机会，便可以拥有一般经营式农场主不可思议的大量土地”。

在我看来，这是对于清代官僚社会的浪漫式描绘，曾小萍的分析已经令人信服地指出，在州县为官，获得足够的薪俸已经相当困难；而在农村为官，稳定性更不足，一不小心还会因为渎职或莫须有的罪名而丢掉乌纱帽。但是，黄宗智的观点同样让我们看到，知识阶层对于仕途的一贯热衷和儒家经典在科举考试中的垄断地位。

实际上，正如艾尔曼在《从理学到朴学》这本书中所指出的，在 18 世纪大清王朝及其知识界动荡不安，正在经历着巨大的转变。儒家士人竟开始使用金石学、训诂学、数学等学科来分析自身的文化传统，特别是那些确立国家伦理道德的儒家典籍。

艾尔曼为我们清晰地分析了 18 世纪中国知识界的发展趋势，加之曾小萍和黄宗智的研究成果，都是极具启发性的。这三本著作为我们描绘了土地所有制关系、帝国限制地方士绅权力的努力，以及学者对于考据的追求。清朝的文人深感被前朝背弃，农民起义和满族入关推翻了曾经辉煌的明王朝，他们试图寻找明朝灭亡的原因，不仅从军事、经济和政治上，更是从道德和哲学上。他们认识到，内圣之学与经世致用已经式微，堕落到了空想与形而上学之中；他们追求对典籍、书法和考古的实证主义考据，从而更精妙地把握儒家思想的真谛。

清朝文人从宋朝（960—1279）的注疏开始研究（宋明理学在清初思想界占据统治地位），接着追溯到东汉（25—220）与西汉（前202—9）的典籍，一点点接近他们所认为的真正的儒家传统。因此，他们运用全部技能来查考儒家经典，早在 1690 年代，一些儒家经典中便有所误阙，到了 18 世纪中叶，这些儒家思想又被尊为历史，而历史本身又被局限于本身的定义之中。1787 年，王鸣盛阐明了清代历史考证学的宗旨："盖学问之道，求于虚不如求于实，议论褒贬皆虚文耳。作史者之所记录，读史者之所考核，总期能得其实焉而已矣。外此又何多求耶？"

艾尔曼推测，西方科学和数学（主要是通过西方传教士的著作传入中国）也对中国的知识界产生了影响，在这些西方的学问中可能蕴藏着新的必然性。他引用清代历史学家钱大昕的话指出，"自古未有不知数而儒者"，而后人却认为"中土之善于数者，儒家辄为小技"。"中法之绌于欧罗巴者，由于儒者之不知数也。"正如黄宗智带领我们思考是否是邓小平的改革消弭了中国的集体制一样，艾尔曼则迫使我们反思中国的新实证主义和修正马克思主义中的核心——"实事求是"精神。

艾尔曼将 18 世纪的思想家置于丰富多样的背景之下。在灵活而新颖的行文中，艾尔曼不仅仅为我们展示了他们的思想，并且为我们描绘了他们思考的过程，他们求学的经历，他们的经济背景（很多人是商贾出身），他们的藏书、传记以及社会活动等内容。我们同样知道了学术出版业的相关情况，以及有关活字印刷和雕版印刷的争论。艾尔曼写道，尽管中国发明了活字印刷，但在出版各种书籍时，出于降低成本的考虑，仍采用雕版印刷。雕版便于保存，如精心管理，可供反复使用。若采用活字印刷，印完一部书后，再印一书即需要拆版，成本高昂。反过来，若采用雕版印书，二次翻印成本非常低廉。但是随着 19 世纪连年内战和帝国主义的入侵，很多雕版遭到毁坏，这成了江南地区学术式微的原因之一，随后新的学术中心南移，迁至长沙、广州一带。

长期以来，科学史家试图向我们阐明知识领域的转变是怎样发生的，而新的“范式”又如何从一连串看似不相关的史实中形成。最终，看似“异常”的成了意料之中。我的猜想是，在西方对18世纪中国的研究上，我们正在见证类似的过程，[3]中国历史上最后一个独立发展的强盛时代正在获得全新的解读，摆脱了将中国本土发展跟西方帝国主义挂钩，或是与毛关于农民起义必然性联系起来的事后分析范式。

鸦　片

清代的烟瘾是个很大的课题。[1]从一个层面来说，这是国际贸易、战争和外交的问题；从另一个层面来说，这是中国人的精神需求或精神颓废的问题；同时，这也是种植和销售熟鸦片的地方经济管理问题。从更深层次上说，这是有关西方列强和中国人之间最为复杂的互动关系问题：这意味着贸易利益对道德的胜利，意味着古老农业文明理想的破灭；这也意味着"西方列强"的"罪恶"形象，意味着地方特殊利益集团如广州商团、天地会、山西票号和帕西人商行的成长；这更意味着皇帝的君父形象的灰飞烟灭。

迄今为止，对于中国鸦片的研究主要集中在国际贸易和外交领域。[2]但是，吸食鸦片是一个从根本上影响中国社会各个层面的大问题，我将讨论一些相关的话题，希望能够借此拓宽鸦片研究的领域。此外，我还将收集到的史料进行整理分类，以进行两个领域的比较研究：第一，将吸食鸦片作为一种越轨行为，并讨论清朝对于烟瘾的控制；第二，将吸食鸦片作为一种经济和社会问题，与其他文化中的吸毒问题相比较。为此，我将关于鸦片的讨论分为以下四个方面：鸦片消费、禁烟运动、鸦片销售和鸦片的经济功能。

另一个方面，吸食鸦片的“动机”问题，本来应该单独列为一类进行讨论，但是相关的史料实在是非常匮乏。在中国，鸦片很受重视，因为它既是一种药材（能够止腹泻，治高烧），[3] 也是一种春药。[4] 因此，人们患上烟瘾一方面可能是因为在治病过程中服用了大量的鸦片——例如在 1821 年的霍乱流行时期，[5] 另一方面可能是因为那些有精力、有闲暇和有钱的富人想要娱乐消遣。[6]

以上只是在一般情况下的考虑。显然，不同职业和不同经济阶层的烟民有着不同的吸烟动机，在很多情况下，我们只能推测这些动机可能是什么。对于太监和皇亲国戚来说，宫中的生活无聊乏味，而手中又不如以往握有实权——明朝末年的太监和清朝早期的满族宗亲便是大权在握；[7] 而士兵，无论是旗兵还是绿营兵，日常生活常规无趣、枯燥无聊，他们也不能参与到贸易或其他营利活动当中，不仅如此，士兵鸦片成瘾的好处就是不会被派上重大战役的战场；[8] 对于中国的文人、幕僚和官员来说，鸦片是仕途受挫、家庭重压下的解脱[9]；同样，对于那些在蛮族统治下深感耻辱的汉人来说，鸦片是隐居山野、闭门不出的消遣品。如果这样的分析合情合理的话，那么 1842 年之后的情况就更令人沮丧了，连满族的统治者也在与外国的交战中感受到了耻辱，这就可以解释为什么著名的西方政治理论翻译家严复先生也会成为烟鬼。[10] 有的时候，商人吸食鸦片是因为相信鸦片可以使他们更加敏锐，帮助他们在与竞争对手的贸易竞争中变得更为精明；[11] 中国的商人和富人在宴请贵宾之后，会以提供鸦片作为招待来宾的社交方式；[12] 考生会在大考来临之际吸食鸦片，认为鸦片有利于他们在考场上更好地发挥。[13]

有些时候，人们吸食鸦片是因为一些颇为扭曲的理由。根据《厦门志》记载，“更闻厦门富家恐其子孙之嫖赌破财也，许在家食鸦片，谓可收束其身心”。[14] 1916 年，幻仙影片公司制作的第一部电影《黑籍冤魂》就取材于这种扭曲的社会现象。《黑籍冤魂》讲述了这样一个故事：“富翁曾和度（谐音‘真糊涂’）吝啬成性，其子曾伯稼（谐音‘真败家’）热心地方公益，施济贫寒。曾和度忧虑伯稼因此败坏家业，诱逼他吸食鸦片，以达到闭门守业的目的。”[15]

对于富人或者钱财盈余之人，吸食鸦片可以让他们目光敏锐、游刃有余、忘记烦恼、混淆时光。然而可惜的是，18 世纪中国对于烟草的赞扬之词洋洋洒洒，而竟没有关于鸦片的作品能够与之媲美。[16]

那些每天定时定量服用鸦片的人，基本上不会因为烟瘾而引发身体情况恶化；[17] 但对于穷人来说，烟瘾却是个很严重的健康威胁（讽刺的是，即使是这样，穷人沾染上烟瘾往往是因为身体健康的需要），因为他们会将手头仅有的钱都花在鸦片上面，根本没有钱去购买食物。对于穷人来说，吸食鸦片能够缓解长时间劳作的辛苦，在短期内增强工作能力。[18] 因此，往往是那些苦力或是轿夫[19]、逆流行舟的船夫，以及在冰天雪地里工作的石匠才会沉迷于吸食鸦片。[20] 最不可能沉迷于鸦片的人似乎应该是中国的农民，但是随着鸦片种植范围的扩大，中国吸食鸦片的现象也随之增加。到了 1902 年，人们可以看到整个村子因为所有人都吸食鸦片而衰落破败的景象。[21]

到了清朝末年，似乎没有什么职业的人不吸食鸦片了。我们可以根据人际关系来指出一些被遗忘的鸦片吸食者，如陈独秀的祖父、郭沫若的兄弟、冯玉祥的双亲、胡适的继兄弟、瞿秋白的父亲、鲁迅的父亲等。[22] 在小说中也不乏这样的记载——巴金在《家》中写道，小觉慧常常躺在马房里轿夫的床上，在烟灯旁边，看着老轿夫一面抽大烟一面讲述青年时代的故事。[23]

我们可能很难说清楚为什么人们会吸食鸦片，但是至少，我们可以梳理出人们是怎么获得鸦片的。

鸦片消费

在中国，吸食鸦片的习惯是从吸食烟草的习惯上衍生和发展出来的。在明朝万历年间（1573—1619），烟草传入福建沿海，[24] 最早种植在漳州的石码镇。[25] 之后，烟草种植在中国如火如荼地发展起来，很快成为国内重要的经济作物，打破了葡萄牙人企图为他们在巴西种植的烟草建立东方销路的美梦。[26] 到了康熙年间，吸烟已经成了中国人的全民爱好，石码等烟草品牌迅速占领了北京城中上千家烟草店铺的招牌，[27] 甚至于很多烟草就种在城墙边上。[28]

在我阅读到的中文文献中，关于吸食鸦片的最早记录是明代学者张汝霖（卒于 1626 年）在《澳门记略》中的记载。张汝霖在介绍了鼻烟之后又记述了关于鸦片的内容："又有鸦片烟，初如泥，炮制之为烟，有禁勿市。" [29] 张汝霖及其家人从鸦片中获得了感官上的愉悦是众所周知的，[30] 可以说他们是中国的第一批烟民。有证据表明，在雅加达的中国人早在 1617 年便开始吸食鸦片，在巴达维亚的中国人在 1671 年便开始从事鸦片—烟草混合物的生意。[31] 更多关于吸食鸦片的记载出现在1690年代，爪哇岛的荷兰医生恩格尔伯特·肯普费（Engelbert Kaempfer）注意到有商店向行人兜售鸦片和烟草的混合物。[32]台湾的鸦片是从荷兰传入的，早在17世纪，荷兰人就统治了台湾，但是关于鸦片的记载出现得较晚——1724年，清廷官员蓝鼎元在平定台湾朱一贵之乱以后，才记载了有关鸦片的情况。[33]

蓝鼎元将鸦片比喻为一个危险重重的陷阱，是台湾的蛮族之人想要引诱汉人的武器："诱后来者，初赴饮不用钱，久则不能自已，倾家赴之矣"；"愚夫不知传入中国已十余年，厦门多有而台湾特甚殊。"蓝鼎元并没有对吸食鸦片的方法做出详细的说明，仅仅谈到"煮以铜锅，烟筒如短棍，无赖恶少群聚夜饮遂成风俗"。黄叔璥则记载："鸦片烟，用麻葛同鸦土切丝于铜铛内煮成鸦片，拌烟另用竹筒贯以棕丝，群聚吸之。"[34]

这些史料都没有关于吸烟者的详细记载，也没有说清楚究竟吸的是什么东西。蓝鼎元和黄叔璥只是提到吸烟者是罪犯或是受人教唆，而张汝霖根本没有提及吸烟的人。关于禁烟的记载本可以帮助我们了解吸烟的人，但是，这类记载与关于吸烟者的记载类似，最早出现在1729年的禁烟令只是大体提到"引诱良家子弟者照邪教惑众律处置"。[35]

1729年的禁烟令打击了售卖鸦片的商人，但是对吸食鸦片者却没有形成什么影响，这条法令似乎也并没有得到有力的贯彻。尽管没有证据佐证，但是我们可以推测，吸食鸦片与烟的混合物的现象在18世纪的中国已经蔓延开来。法国商人夏尔勒·德·贡斯当(Charles de Constant）记载了 1780 年代广州人普遍吸食鸦片和烟草混合物的情景；[36] 英国人克拉克 · 阿禅尔（Clarke Abel）写道，无论是将鸦片裹在烟叶里，还是将烟叶浸泡在鸦片溶液中吸食，在“帝国各地”都随处可见。[37]

这些扑朔迷离的史料只能让我们大致了解吸烟者是何人、鸦片烟为何物以及何时吸食等问题，有些学者甚至完全拒绝使用这些史料。陈其元阅读了 1729 年以后的记载，认为“夫鸦片即鸦片烟，岂又须加入烟草，乃成鸦片烟之事？足见当时吸食者极少，故尚不识鸦片烟为何物耳”。[38] 如果我们了解到语言表达中的鸦片其实有两种，就可以解决这一疑问了。18 世纪末，大多数中国人吸食的是一种叫作马达克（madak）的烟，它并不是纯鸦片。马达克是未经加工的生鸦片溶于水后的产物，经过煮沸、过滤，再煮沸至糖浆状，与碎叶混合便可吸食。与吸烟草一样，吸食马达克时也使用常规的烟杆，每克大约产生 0.2% 的吗啡。[39] 1723 年黄叔璥对此过程也只是半知半解，才认为鸦片是用“麻”和“葛”的叶子混合而成。[40] 当然，这并不是孤证，荷兰人瓦伦汀（Valentyn）提到 1726 年在雅加达看到有人吸食马达克，可以作为佐证。[41] 吸食马达克，或者是将烟草与鸦片溶液相混合，可以看作从烟草到真正鸦片的过渡阶段。马达克能够带来较为温和的快感——可能与吸几口大麻不相上下——但是当纯鸦片被开发出来之后，马达克便无人问津了。经过恰当的提炼和存放，每单位可吸食鸦片可以产生 9%—10% 的吗啡。[42]

尽管没有足够的证据来确切地证实鸦片烟何时成了“纯鸦片”，但是一般认为，中国人于 1760 年代开始吸食纯鸦片，这一时间点是合情合理的。[43] 1780 年代，贡斯当发现中国人突然间“疯狂地迷上了一种令人陶醉的东西”，[44] 这种新的“迷恋”也许可以从成四倍增长的鸦片进口量中得到印证。1773 年，中国的鸦片进口量仅为一千箱，到了 1790 年增长为每年四千箱，[45] 这是中国吸食鸦片导致需求量大幅增长的结果。尽管如此，这一需求并不是无边无际的。1782 年英印总督希斯丁(Warren Hastings)运了一千箱巴特纳(Patna)极品鸦片到广州，却发现在广州找不到买主，最后不得不以每箱 210 美元的低价给了一个叫辛奎（Sinqua）的人。[46]

赵学敏的《本草纲目拾遗》对吸食鸦片有着极为详细的记载。根据前言，这本书成书于 1765 年，因而是关于乾隆年间中国人如何看待吸食鸦片的珍贵史料。虽然赵学敏也同意前人所言鸦片与烟草混合吸食的说法，但是显而易见，他在这里讨论的是吸食纯鸦片：

> 凡吸必邀集多人，更番作食，铺席于坑，众偃坐席上，中燃一灯，以吸百余口至数百口。烟筒以竹为管，大约八九分，中实综丝头发，两头用银镶首。侧开一孔如小指大，以黄泥掐成葫芦样，空其中，以火煅之，嵌入首间小孔上，置鸦片烟于葫芦首。烟止少许，吸之一口立尽，格格有声。[47]

虽说“吸百余口至数百口”可能有些夸张，赵学敏也没有指出在吸食鸦片之前，鸦片是如何在烟灯上加热的，但这也足以说明，此处吸食的毫无疑问是纯鸦片，而不是烟草或马达克的混合物。

尽管当时鸦片已经开始如瘟疫般扩散，但并没有引起清廷足够的重视，直到 19 世纪初，清廷才采取了相应措施。此后的法令和奏折可以让我们发现一些官员吸食鸦片的细节。1813 年，很多宫廷侍卫吸食鸦片，嘉庆皇帝怀疑太监当中也不乏染有烟瘾者。[48] 在嘉庆帝驾崩之后，他的怀疑得到了证实。道光十一年（1831），内务府大臣进行了一次轰动一时的搜查，发现一批太监吸食鸦片烟已有二三十年，同吸者又有贝子、贝勒等人。[49] 而在四个月前，太子少保、大学士、管理刑部事务大臣卢荫溥与其他六部尚书、侍郎联合上奏了一份鼎鼎有名的奏折，指出吸食鸦片者甚众，而奸商贪官是烟患的罪魁祸首。"（窃查鸦片烟，来自外洋）其始间有劣幕奸商，私自卖食，浸浸而贵介子弟，城市富豪，转相煽诱，乃沿及于平民。""现今直省地方，俱有食鸦片烟之人，而各衙门为尤甚，约计督抚以下，文武衙门上下人等，绝无食鸦片者，甚属寥寥。"[50]

毫无疑问的是，1832 年的军队中已经烟瘾成患，以至于无法形成战斗力。道光十二年，两广总督李鸿宾的部队在镇压广东连州（位于广东东北部，近湖南和广西边界）瑶民起义的战争中惨败，据钦差大臣禧恩奏："该省调至军营战兵六千余名，不惯走山，沿海各营兵丁，多有吸食鸦片烟者。兵数虽多，难于得力。该省营伍，皆属总督统辖，如果平素整顿操防，实心训练，一兵得一兵之用，何至临阵恇怯？"[51]

事态的严重性惊动了道光皇帝和朝廷大臣们，朝廷当中关于鸦片的讨论趋于白热化，1836 年主张鸦片合法化和主张禁绝鸦片之间的争论达到了最高潮。有关烟患蔓延的最为生动的描述出现在 1836 年朱嶟的奏折之中，他在奏折中声讨了以许乃济及广州学海堂为代表的弛禁派。弛禁派主张，“至文武员弁士子兵丁等，不得任令沾染恶习”，“其民间贩卖吸食者，一概勿论”。[52] 而朱嶟指出，允许鸦片纳税进口，“其言不顺，其名不美”，根本无法杜绝鸦片交易。“今之食鸦片者，大凡起于官员之幕友家丁，延及于市廛游民，而弁兵、士子亦渐禁（染）其习，所不食者，乡里之愚民居多耳。”[53]

鸦片开始向平民百姓蔓延，可以从三种史料中得到佐证：进口数据、国内产出统计，以及有识之士的估测。

首先是进口数据。1820 年以前，从孟加拉、马尔瓦和土耳其进口的鸦片数量一直保持在四千至五千箱；到了 1820 年代，这一数据陡增为一万箱；1828 年再次激增为一万八千箱；[54] 1832 年已经超过了两万箱；1839 年达四万箱。[55] 增长趋势毫无衰减迹象，到了 1865 年达七万六千箱，1884 年八万一千箱。[56] 进入 20 世纪后，鸦片进口量开始减少，稳定在五万箱左右。[57] 因进口鸦片质量优良、味道浓郁、劲道浑厚，大多被富人消费。[58]

中国国内种植鸦片的历史可以追溯到唐朝，当时在中国西部省份，尤其是云南、四川和甘肃等地已经开始大面积种植罂粟。[59] 根据各地地方志的记载，到了清朝初年，贵州、福建等地也开始种植罂粟，但是对于种植方法及其用途尚无说明。[60] 道光十六年（1836 年），许乃济在奏折中指出，“闽、广、浙东、云南，向有栽种罂粟制造鸦片者”。[61] 为了论证他的弛禁论，许乃济指出，“其实中原土性和平，所制价廉力薄，食之不甚伤人。上瘾者易于断绝”。他还举例说道，“前明淡巴菰，来自吕宋，即今之旱烟，性本酷烈，食者欲眩，先亦有禁，后乃听民间吸食，内地得随处种植，吕宋之烟，遂不复至，食之亦竟无损于人”。但是，许乃济的说法并不能成立，因为更受富人欢迎的是进口的烈性鸦片，而不是温和的土鸦片。康熙年间最负盛名的医学家张璐在1705年写道，“土鸦片亦能涩精止泻，但力薄少效”。[62]到1840年代，进口鸦片和土鸦片的差距仍然存在，而此时中国的鸦片种植已经扩散到广西、湖南和湖北等地。[63]据英国外交官威妥玛估计，1847年广西的土鸦片产量在八千担到一万担之间，在国内非常畅销，常常用来与洋烟做比较：“闻起来与巴特那鸦片类似，但不如孟加拉鸦片劲道……若存放两年，则胜于洋烟。”而另一方面，福建的土鸦片“质量低劣，口味粗糙，难以与进口鸦片相提并论”。[64]不过，这种次等的土鸦片价格低廉，每担约价二百五十元。而据许乃济的记载，进口鸦片价格高昂，进口鸦片之类有三：一曰乌土，出明雅喇；一曰白皮，出孟买；一曰红皮，出曼达喇萨。乌土为上，每箱约价洋银八百元，白皮次之，约价六百元，红皮又次之，约价四百元。[65]

广东地区并非土鸦片的主产区，由此可以推测西部省份的土鸦片产量应该远远高于八千担的水平，内陆地区鸦片的价格也应该比二百五十元更低一些。因此，中国的鸦片产量和消费量都远远高于1847年英国领事估计的数量[66]——也远远高出了赫德于1863年在大清海关总税务司做了一番调查之后所给出的估计量。[67]这样看来，最初以占有有钱人鸦片市场为目标的土鸦片，最后恰恰是满足了苦力们的需求——特别是轿夫和船夫。到1870年代，中国苦力吸食鸦片的情况已经相当普遍。[68]除了价格低廉——在甘肃，印度鸦片的价格高于土鸦片十倍有余[69]——此外，中国的土鸦片还有一个优势，其残留烟渣也可以用来吸食，而印度鸦片就难以实现这一点。[70]

根据当时满人的描述，中国的工人也乐意接受掺假的鸦片——不仅仅是掺杂罂粟壳或罂粟荚，同样也掺杂猪油、芝麻籽、柳叶芽和蓟汁。[71]尽管有钱人一般是将土鸦片与印度鸦片混合后吸食，但在弹尽粮绝之际也会转向土鸦片。1875 年到 1878 年芝罘一带长年饥荒，富家子弟也不得不节俭开支，转而吸食土鸦片了。后来，他们逐渐习惯了土鸦片，并不再迷恋于进口鸦片，结果这一地区印度鸦片的销售量猛跌。[72]随着中国的鸦片种植者明智地开始提高土鸦片的质量，越来越多的人吸食土鸦片，消费土鸦片的富人也与日俱增。[73]

我们同样可以推测农民吸食鸦片的情况。大约是在 1870 年代，中国农民开始大规模地吸食鸦片，这一时期土鸦片的产量增长迅猛。鸦片的种植刺激了种植者自身吸食鸦片，之后的历史也证明了这一事实。美国学者卜凯（J. L. Buck）全面考察了 20 世纪二三十年代的中国农村生活，他发现农民自己的鸦片消费量约占其种植量的四分之一。[74]尽管鸦片的产量受到气候条件的限制，但是作为一种经济作物，种植罂粟还是利润颇丰的。一亩罂粟至少可以生产出两倍于谷类植物的利润；[75]每年 10 月份种下去的罂粟，到了第二年 3 月即可收割，恰好在这段时间内其他农作物也没法生长；要是有足够的肥料，罂粟在贫瘠的土地上也能生长，还可以与豆类、土豆或烟草套种。[76]对于佃农来说，在租赁的土地上进行冬季种植更是利润丰厚——因为他们只需要按照夏季作物产量的某一固定比例上交地租。[77]不仅如此，虽然采集罂粟汁需要大量劳动力，但是技术难度不大。

渐渐地，人们也在质地良好的土地上种植罂粟了。不妨将李希霍芬（Baron von Richthoven）在 1872 年的调查结果与斯宾士（W. D. Spence）1882 年的调查进行比较，我们能够发现中国西南部罂粟的种植已经从山地转移到了河谷地带。[78] 赫德试图以人口数量和罂粟产量的比例来估计中国的烟瘾程度，最后得出吸烟人口占全体人口的比例不到百分之一。[79] 但是很多学者认为这一比例太低了——张之洞坚持认为，在山西，城市的吸烟人口比例高达 80%，在农村地区这一比例也高达 60%，[80] 而曾国荃认为农村的吸烟人口比例高于城市，[81] 在甘肃有人也认为这一比例高达 80%。[82] 我们很难判断准确的数据是多少，但是理雅各（James Legge）提出的 10% 的估测似乎比较合理，这个比例是理雅各乘坐小驴车颠簸着前往孔庙的途中，根据山东的罂粟地估算的。[83] 理雅各的推断可以与经验丰富的雒魏林博士的数据相互印证，雒魏林估计中国有 10% 的人口吸食鸦片，但是只有 3% 至 5% 的人口“过度”吸食。[84] 根据这个估计，1890 年中国有一千五百万烟瘾人口，如果他们每天吸食三分之一盎司的鸦片，或是每年吸食七磅的鸦片——这是华人学者普遍认同的数量 [85]——这就意味着每年将消费掉一亿五百万镑的鸦片。那么根据这一推算，1880 年代四川八万五千亩地生产了十七万七千担鸦片（两千三百五十万镑），平均每亩只生产五十盎司，这显然就不合理了。[86] 一种可行的方式是对 20 世纪的鸦片销量进行反复核算，以获得更加精确的数据：云南昆明约有两万九千七百五十亩罂粟地，[87] 仅四川涪州的鸦片产量便为两万三千担，[88] 山西约有一百万亩罂粟地，[89] 陕西约有五十万亩罂粟地和一百五十万人口吸食鸦片。[90] 对于世纪之交的地区贸易而言，一般的估计认为：国内每年约有一亿两白银的大米交易，一亿两白银的食盐交易和一亿三千万两的鸦片交易。[91] 不可否认的是，中国有大量人口在吸食鸦片。

禁　烟

清代中国禁止鸦片的历史在很大程度上是围绕着如何找到先例的问题，禁止烟草在逻辑上看似一个说得通的起点，但不论是从法条上还是从执行上来说，中国对烟草的禁止都是相当模糊的。

皇太极（清太宗）在 1635 年讨论过烟草问题，并且注意到了其中的模糊性。他说，吸食烟草当然是不好的，官员在家里可以随心所欲，但是在官府衙门则要严禁吸烟。这并不是说树立榜样很重要，也并不意味着下级必然会效仿上级，但皇太极表示他无论如何都要禁止烟草，原因有且仅有一个：吸食烟草之人在烟草上大肆消费，而全然不顾家臣处境之艰辛，这是不可饶恕的。[92] 显然，鸦片问题也关系到军队的士气。1638 年两名满人将士把在奉天西部收缴的烟草当众销毁。1641 年朝廷颁布并实施了打击烟草买卖和烟草吸食的措施，然而就在同一年，这些禁烟的措施就被废除了。此后种植鸦片烟草供自家享用成了合法行为，朝廷还规定了每斤烟草三钱的定价。[93] 皇太极对于这种转变的部分解释是，实践证明禁烟的举措是无效的，与操练懈怠相比，吸烟是再小不过的过失，满人当以精通骑马射箭之术为头等要务。[94]

1620 年代，朝鲜便有了有关烟草的记载，他们把烟草叫作“烟茶”或是“烟酒”，认为吸食烟草可以获得预知未来的能量；他们也注意到了吸食烟草会上瘾，所以称其为“妖草”。[95] 中国人也同样相信烟草具有巨大的能量，还能够帮助人们治愈疾病。明代学者张介宾在权威医学著作《景岳全书》中记载了自己用烟草拯救深陷疟疾的云南军队的事迹，从此烟草声名鹊起。[96] 明朝末期曾于 1637 年和 1640 年两次下令禁烟，因为他们认为正是烟草帮助了满人军队的兴起：暗中兜售鸦片之人，并将其售予外国人者，无论数量多少，一律问斩。他们还特别说明，关外之人因严寒致疾，唯有烟草可以治愈。[97] 后来，明朝取消了这一禁令，因为他们的军队没有烟草而士气低落。[98] 康熙帝从小便吸食烟草，但是他在 1676 年颁布了宫中的禁烟令。他之所以禁烟是害怕烟火，并没有道德提升方面的考虑。[99] 显然，这一禁烟令并未奏效，康熙在 1684 年重申了这一禁令。康熙申明皇祖母担心宫中火灾，因此吸烟者切记不可大意。[100]

到了雍正年间，烟患成灾，雍正想要禁烟却发现并无先例可循，吏部大臣只有从《大清会典》当中去寻找依据。第一部禁烟条例成形于雍正七年至九年（1729—1731），我们从条例中可以看出它的不可靠性。[101] 条例规定如下：“兴贩鸦片烟照收买违禁货物例，枷号一个月，发边卫充军。若私开鸦片烟馆，引诱良家子弟，照邪教惑众律以绞监候。如兵役人等借端需索，计赃照枉法律治罪。”雍正八年（1730）又颁布了关于流寓台湾之人兴贩鸦片烟之条例，其中规定“台湾流寓之民，应逐令国税，交原籍收管”。[102] 大概是因为大家都认为贩卖鸦片者才是罪魁祸首，因而对于吸烟者及种植者的惩罚并不严酷——凡种植鸦片或吸食鸦片者，依照触犯皇条罪杖责一百。

为加强和配合禁烟法令，清廷又相应地采取了一些举措。1736年大学士方苞上奏主张禁止种植鸦片，1751年山西布政使张若震也上奏了同样主张的奏折。至少从后来清朝的法律规定来看，禁止吸食旱烟和水烟是禁烟成功的必要条件，方苞和张若震的上书没有得到其他部门的支持，使得鸦片的泛滥不可避免。[103]

另一个令人困惑的是清初鸦片的输入问题。中国自明万历年间起，就将鸦片列入关税表中，作为药材准其输入，其税率屡次提高。最初万历十七年（1589）鸦片每十斤税银二钱，到了康熙二十五年（1686）鸦片每十斤纳税三钱。[104]在康熙朝末期，我们可以看到将烟草和鸦片以一定比例混合吸食的现象。在这段历史时期内，我能够找到的关于处罚案例唯一的详细记载，是1729年8月福建漳州府一名叫作陈元的鸦片贩子的案件[105]——这一案件显示了执行禁烟法令过程中的复杂性。因为官方严禁出售“鸦片烟”或“食用鸦片”，人们要想获得作为药用的鸦片也绝非易事，鸦片烟和药用鸦片难以区分开来，它们只是在之后的提炼过程上有所差异。陈元正是因为将鸦片兜售给了县州府的密探，而被当地知县依据新法处以枷刑并发配充军。后来上级巡抚推翻了这一判决，认为陈元出售的是药用鸦片，这一做法得到了雍正的赞同。但是，巡抚和雍正帝都认为热心过度的知县也不应该受到惩罚，以防无知的百姓认为“禁烟有所松弛”。

虽说中国的这些禁烟法条在解释和执行上都很困难，但它们在同时代的外国商人眼中却是相当严肃的。正如1733年6月英国管理会向东印度公司下发的一项非常重要的命令中所言：

6 月 16 日于“温德姆”号船上。

“前时经圣乔治要塞开来的船只，经常带鸦片到中国出售，现在不知你的船上是否有这种商品带往该市场，我们认为，我们有责任（或恐怕你不知道）通知你，中国皇帝最近制定严厉禁止鸦片的律令。科罚办法是，凡在你的船上发现，一律没收，不仅没收船只和货物，而且敢于将你们的购买者处以死罪；顾虑及此，必须采取更有效的办法，防止这种不幸事件发生。为此，你必须尽可能用最好的办法，严密查询并检察你的船，查看船上有没有这样东西，如果有，你应立即在离开马六甲之前，将它从船上拿走，无论什么情况，都不得携带也不准你的船运载这样的东西到中国，否则你要负违反公司命令的危险责任。”[106]

1729 年之后，禁烟法令就再也没有什么新的进展了，这一情况一直延续到了嘉庆年间（1796—1820）。嘉庆帝看到了国内严重的烟患和外国商人的肆无忌惮，于嘉庆元年颁布了新的禁烟法令。该法令虽然对国内日益增多的鸦片烟也有所规定，但主要打击的是从印度贩运鸦片来中国的外国商人。[107]直到 1813 年（嘉庆十八年），中国才严肃地加紧制定国内法律，来规范日益增长的外国贸易和鸦片走私。

1813 年刑部发现，虽然之前的法律（例如 1729 年颁布的法令）中规定了对鸦片贩子和鸦片馆馆主的惩罚，但在清朝律例中与购买者和吸食者相关的法律一直都不甚明确，最多的是提到违反天朝条例会处以一百杖刑而已。刑部认为，现在是时候加强法律并且明确官民在处罚上的区别了。[108] 新的法令对于鸦片吸食者的惩罚规定如下：将士和文武百官处以一百杖刑，开除公职并枷号两月；士兵、平民处以一百杖刑，枷号一月。对于鸦片贩子和烟馆馆主的惩罚保持不变，但是要注意区分主犯和从犯。嘉庆帝基本同意了这些提议，并且提到了他听到风声，皇宫内有太监吸食鸦片；嘉庆帝规定如有太监吸食鸦片，一经发现，将枷号两月，之后贬为奴隶发配至黑龙江。

实践证明，用“枉王法”的方式，并辅以其他惩罚措施来治理烟患不够有效，1821 年阮元逮捕了十六名澳门鸦片贩子的案件便是一个明显的例证。[109] 1830 年，御史邵正笏奏请朝廷，指出今年内地奸民有种植并兜售鸦片烟的现象，之后朝廷便迅速进行了一系列立法。[110] 此后，种植和提炼鸦片的人均按旧法中贩卖鸦片之罪来惩办；地方官员如有受贿，与主犯连坐；新例加等治罪，若有种植罂粟者，遂处以协查锄毁一次，田地入官。但是，道光帝对“锄铲”二词颇感怀疑，在批注中批评了阮元等人提出的方法不过是空谈。[111] 此外，各省巡抚、总督等高官也命下属要一丝不苟地反复核查各乡镇，以保证各地方不再种植鸦片，完成向皇上保证的生死状。1831 年又增补了新的规定：制造烟具者，发配充军，与制造赌具者同罪；提供吸烟场所的船夫和地主与租赁赌博场所同罪，发配充军或予以杖责；鸦片吸食者之家长，照“不能禁约子弟为窃”定罪，杖责四十。[112] 在同一年，又在现有的惩罚措施中增加了新的举措：只要吸食鸦片者交代鸦片贩子，并协助将其缉拿归案，则按照普通吸食者定罪，与赌博者交代制造赌具者同例；若吸食者拒不交代，则将吸食者照贩卖鸦片罪重处。[113]

刑部大臣努力让这些法律发挥效力，但实际案例表明，他们在处理烟瘾的过程中遇到了不少特殊情况，在执法上仍然存在很大的争论。以 1872 年广东潘亚太等贩卖烟泥一案为例，在该案中，潘亚太贩卖鸦片烟泥，其兄等人受到牵连，在该案的判决中，刑部批复了广东省巡抚“所拟各罪名尚无出入”的决定，将主犯潘亚太依例拟军，而其兄等照为从减等律拟徒。[114] 对于从事鸦片贩卖是否属于“斗殴杀伤之类损人之事”，官员内部仍然争论不休。1831 年安徽巡抚和刑部之间争论的结果是：鸦片烟虽系害人之物，而贩卖者意在图利，非有意于害人。[115] 但是，在另一起案子当中，就特别强调不能宽大处理贩卖鸦片者，即使该犯“供明亲老丁单”，仍不准其留养。[116]

朝廷分别于 1839 年、1850 年和 1870 年新增了鸦片犯罪的类别并进行了更为细致的区分，[117] 这一做法增加了禁烟法条的复杂性和严峻性——但并未更加有效地控制鸦片泛滥。鸦片吸食者对于新增的一旦戒烟便可免除刑罚的法条也没有什么反应。[118] 当时的清朝官员充分意识到了执行严刑峻法所面对的困难，贺长龄曾有奏疏论及此事：凡论罪必须衡情，食烟者非有凶暴害人之心，亦无狂妄悖理之事，不过如酒色过度之自戕躯命耳，而与杀人同科，勿乃过当……且科条愈重，则勾结愈密，摘发益难，讹诈愈多，滋扰益甚。[119]

从瞿溶在道光十一年（1831 年）上奏的折子来看，鸦片战争以前索诈之事便频频发生。瞿溶时任山西道监察御史降二级留任巡视北城臣，据说他围捕从事鸦片勾当之人很有一手。[120] 据瞿溶奏报，捐纳光禄寺署正温灼桥，在玄武门外门楼胡同地方赁房居住，由原籍广东私带鸦片烟进京，在寓所吸烟。经厨役王升向房役杨升告示伊主吸烟情由。杨升复向番役王三告述，商量一同前往索诈，遂于一日向该员并同吸烟之黄姓、蔡姓，一并锁住，获鸦片烟两匣半，约重数十两，鸦片烟管三枝，番役王三等人向主人吓唬索诈银一千两。温某等畏惧应允，先付王三银二十五两，王三当谢给厨役王升银十五两，随勒令该员写立一千两银票，票内改温姓为张姓，约期付给。遂有友人阻止该员不给银两，复经该役将该员拉至家中，逼勒付给银六百两，叫该役等收受。王三复将起获之鸦片烟，挑出十余两，给散役等卖钱分用，未经报官。

这样的案例说明，当时社会上欺诈和恐惧盛行，这也进一步印证了朱嶟这样的禁烟派的说法。朱嶟强烈反对“驰禁派”的方法——如“只禁文武员弁士子兵丁”，“其民间贩卖吸食者，一概勿论”等。他在奏折中写道（1837 年 1 月《中国丛报》将其翻译成英文，并且译得更为雄辩）：

> 至官弁士子在家安而食之，何从查禁。苟为不核，则书役仆隶将挟其短而擅其废置。防讹诈而讹诈之端启，票（禁）栽赃而栽赃之衅除（疑为开），父不能诫其子，兄不能保其弟，主不能制其仆，岂非滋之扰也哉？幸不至是，则阴相煽诱，互为容隐，又事之长，无足怪者。故听民间贩卖吸食而额禁员弁士兵，不可得也。[121]

朱嶟所呼吁的是——这与许乃济、林则徐是一致的——禁烟法律要有一贯性，否则便建立不起有效的控制体系。但是在 1842 年之后出现、在1860年成为法条的禁烟法却只是杂乱的拼接：在合法的外国鸦片进口和国内日益增长的鸦片种植的背景下，禁烟法却只有对鸦片违法行为的零星处罚。[122] 19世纪七八十年代《京报》上的各种案例便可以反映出鸦片违法行为的处罚范畴，而其本质也生动地展现了常见的鸦片违法类型。

一位皇亲国戚因为在北京城北开设烟馆而被罚；[123] 福州船政局的射击教练因为仆人弄断了他的烟杆而将其杀死；[124] 江苏的县官因为贩卖鸦片而被发配充军；[125] 太监在皇宫内吸烟并在内务府开设烟馆而被斩首；[126] 科举考试的阅卷大臣都是瘾君子；[127] 少年因为向其母亲提供鸦片而被处以凌迟——这位少年显然是以为母亲要吸食鸦片，哪知母亲会用鸦片自杀，他因"故意致死其母"之罪被判处死刑；[128] 一轿夫开设了自己的烟馆，与某军官相串通；[129] 有两人用自己的巡逻船走私鸦片而被治罪；[130] 一举人竟然有胆量起诉破坏他自营烟馆的地痞流氓；[131] 而最具历史警示意义的可能是，大量官员因为吸食鸦片而被罢免，[132] 在这些瘾君子的名字中我们看到了芜湖道台、曾显赫一时的条约谈判大臣琦善的儿子。[133]

这些案例让我们看到，禁烟过程中法条的模糊和不连贯性，使得鸦片吸食的泛滥和鸦片交易变得无法控制。

鸦片运输

吸食鸦片的人越多，鸦片运输网络便越复杂，想要弄清楚运输网络的各个部分就越困难。这部分主要是集中分析中国的鸦片贩子，恐怕会因此显得有些松散和零碎。

早在 1674 年，一位叫庞士克（音译，Bonsique）的中国商人从巴达维亚（Batavia）的荷兰烟贩手中购买了大批鸦片，但他又不知该如何处置，最后在一个公开拍卖会上把鸦片卖掉了。[134] 仅仅三年之后，荷兰人与爪哇岛的马塔兰（Mataram）王子签订了条约，其中一条便是要联手抑制中国商人发展起来的大规模布匹和鸦片贸易。[135] 庞士克和其他中国商人是否与台湾有贸易往来，我们无从得知，但是这条巴达维亚—台湾—厦门的贸易路线肯定是存在的。同样，早期的鸦片交易领域通常和烟草交易领域相重合，业已建立起来的烟草运输和市场格局也被用来进行马达克交易。在前文中我们提到了在 1729 年因贩卖鸦片被判刑后又获免的陈元，他便是从广东一位不知名的商人那里获得了鸦片。他用从福建带来的橘饼交换鸦片，然后自己将鸦片带回漳州府，并在店中作为药材销售。[136]

张馨保在他的书中描述了 19 世纪早期广东窑口的鸦片交易，中方合作人从停泊在口岸的外国船只上提取鸦片，并从中牟利。[137] 他们拿到鸦片之后又按照三条固定的线路出售鸦片：一条向西到达肇庆，之后运往广西和贵州；另一条向北到达乐昌和南雄，之后用船运往湖南和江西；还有一条向东经过潮州运往福建。[138] 陈元走的便是第三条向东的线路。

湖广道监察御史冯赞勋[139] 在道光十一年（1831）上奏的折子可以进一步佐证我们以上的分析。冯赞勋对于广州的鸦片交易非常感兴趣，并在奏折中详细报告了广州的情况。[140] 冯赞勋写道："溯查夷船私带烟土来粤……然其货远在洋面，奸商不敢出洋贩卖，夷人亦不敢私带入关，于是沟通土棍，以开设钱店为名，其实暗中包售烟土，呼为大窑口。如省城之十三行、聊兴街，多有此店。奸商到店，与夷人议价立券，以凭到趸交货，谓之写书。然其货仍在洋面，难以私带也。则有包揽走漏之船，名曰快蟹，船之大可容数百石，帆张三桅，两旁尽设铁网，以御炮火，左右快桨，凡五六十，来往如飞，呼为插翼。……无如各巡船通同作弊，按股分赃，是快蟹为出名带私之首，而巡船包庇行私，又罪之魁也。其销售各路，除福建之厦门，直隶之天津，广东之雷琼二府，将货过船，不须快蟹包带，然必由窑口立券，方能到趸交货。……其由大窑口分销内地，则有奸民串同各衙头役，开设私局，是为小窑口。散布各城乡市镇，指不胜屈，所在皆有。”

1831 年其他大臣的奏折为我们的研究补充了更加丰富的材料。在山东，鸦片烟土即由个别船家带于偏僻处所，上岸销售，不由海口正路而行；[141] 在贵州，唯与滇、粤等省毗连，民人贸易往来，沾染习气；贵州虽然没有开设盐官，但省城也是五方杂处，不免有潜匿私卖之人；[142] 在广西，所种均系水稻杂粮，而因毗连广东省，因此贩运鸦片的奸商，当然就都由广东省私运入境，沿河上下各关，就成了私贩必经之路；[143] 在四川，既有人吸食鸦片，也有人种植鸦片。四川总督称，“再食烟之人广，贩烟之人必多”，建议“自应于各关隘口，严密稽查。夔州府为浙江、广东等省入川要路，宁远府为云南省入川要路，广元县为湖北等省入川要路，现饬行各关隘，凡遇客商过关，务将货物逐细查验，不得仅以征收税课了事”。[144]

北京城内的鸦片交易也颇为复杂，1831 年夏天，巡视西城给事中便在北京西城抓获三名烟贩。[145] 在宣武门外拿获售卖鸦片烟之王二，供认买土卖烟属实，其房内的骰子及账簿在听闻风声后已被烧毁；又于魏染胡同富顺客店内拿获卖鸦片烟之焦四，其屋内搜出骰子骨牌各赌具；于粤东会馆内拿获卖鸦片烟之萧升。“于该处起获烟袋铜锅及熬土食烟器具各数十件”，各犯均为买土卖烟，“各犯所卖鸦片土，或称贩自天津海船，或称卖于广货担上，切实究诘，皆不肯供出姓名”。

我们已经注意到，到了1831年，清朝的禁烟举措仍然没有成效，无法迫使吸食鸦片者说出供货商。在这个案件中，我们也发现官方未能从小鸦片贩子那里得到大鸦片贩子的信息。下面是太监张进富在回答内务府审讯时的话，从中可以看到为了避免被官府发现，吸烟者可谓大费周折：

> 从前所用鸦片烟，系零星买自民褚大之手，后闻天津，经秦宝托素识之杨魁元，向张二等用价钱二百四十吊，买得烟土一百六十两，杨魁元得钱三吊八百文，事毕回至朝阳门，当被弋获各等供。[146]

在这个特定的案子中，我们可以从严密的审讯结果和案犯的坦白招供中发现如下线索：从吸食鸦片者到中间人B、到中间人C、再到鸦片贩子。但是这一案件中的鸦片贩子也不过是小商小贩，正如我们从在北京抓获的三个烟贩身上所看到的那样，案件的审理也就到这些小的中间人为止，没有进一步涉及大烟贩。要将大烟贩一网打尽，需要地方官府的通力合作——警察署、捕役和巡逻。而当这些巡逻的衙役也卷进了敲诈勒索和贩卖鸦片的勾当时（例如 1831 年的勒索案），即使是再威严的法律也不可能发挥效力。

要透彻地分析鸦片运输，就必须要了解衙役的办案活动及其程序。在这里，我们可以援引一些《京报》中的案例来检视鸦片在北京和其他省份的泛滥情形。在北京本地的鸦片贩子可能大多是军队的逃兵，他们甚至可以用“洋枪”来对抗捕役。[147] 而鸦片铺子背后可能有皇亲国戚撑腰，[148] 牵涉其中的甚至包括饷银太少的捕役，[149] 或是当地百姓惹是生非，敢在夜里乱开枪。[150] 要将物品走私进城墙内会牵涉到很多人，因而捕役“不敢贸然干涉”；[151] 某个冬天一队巡逻的捕役当街执勤时，被盗匪抢去了所有的羊皮棉袄；[152] 当捕役收集了足够的证据并发动袭击时，打击的也不过是一些小商小贩而已。

在 19 世纪下半叶，鸦片运输在三个层级上展开。这三个层级似乎是从冯赞勋所描述的窑口两个层级上发展而来的。三个层级是：批发鸦片的大烟贩——零售鸦片的大烟贩——当地小烟贩。

批发鸦片的大烟贩从英国或当地种植者手中大量购买鸦片。裴式楷（R. E. Bredon）在 1887 年写道，这批人主要来自汕头和宁波。[153] 他们家财万贯，挥金如土，相比之下，那些白手起家的商人则显得资金匮乏。光绪七年（1881）李鸿章奏报，近有粤商何献墀等准备在香港设立洋药公司，试图将出口中国的印度鸦片统归其承买缴价；何献墀愿意在税收之外，再补缴以往偷漏银约三百万两，以获得在中国港口的专权。何献墀打算首期投资两千万两，李鸿章评论说：

> 闻何献墀等多系殷富，久在粤省香港一带贸易，熟悉华洋商情，其他富民闻有此举，亦愿出资附股，盖买卖洋药统归公司，咸知有利无害，是以集本不难。[154]

李鸿章亲自派遣马道台前往印度加尔各答，同英国人里彭勋爵（Lord Ripon）谈判鸦片专售事宜。[*155] 李鸿章的计划是联合中国的垄断力量，逐渐减少鸦片进口，最终在二三十年后，完全停止进口。[156] 在各大城市都有定期的鸦片集市，虽说这种交易是颇为例外的情况，但是成交量仍高达五十万两白银甚至更多。[157] 批发鸦片的大烟贩影响着各省的鸦片贸易。1887 年浙江巡抚发现，虽然浙江省内有大面积的鸦片种植，却没有跨过省界销售到其他省份去，因为“没有大商人来做跨省的鸦片生意”。[158] 仅镇江的沙逊洋行买办宋彩一人，在 1875 年出售的鸦片就价值一百五十万两。[159] 可以猜测，当时的衙役是不敢招惹这些人的，甚至连县官都要让其三分。

零售的大烟贩大多是在早期窑口起家，他们经营着“土店”，参加当地的“土帮”。[160] 他们也提炼鸦片，通过煮沸除去杂质，可用于吸食。这一过程工艺简单，我们需要对提炼后的产量和价格有所了解——可以从赫德的笔下得到相关的信息，赫德摘录了关于天津提炼鸦片的价目，例如一百斤的马尔瓦鸦片提炼之后为七十斤，价格则从五百零六两白银涨到五百六十七两；而一百斤的土鸦片只

* 马道台指马建忠（1845—1900），清末外交家。1870 年经二哥马建勋引荐，成为李鸿章的幕僚，随办洋务。因熟悉西洋文化和语言，受到李鸿章赏识。

能提炼出五十至六十斤，价格从二百八十五两上涨至三百零四两至三百六十四两不等。[161] 熬制烟土的过程不可能是秘密进行的，熬烟时秽气逼人，过者掩鼻（鸦片战争之前清政府便严禁提炼鸦片）；而且烟土不能即食，必待熬汁而后成烟，土系干物，随处可藏，烟似糖浆，携带不便。[162] 由此可见，零售烟贩必然和官府相互串通勾结。

这些零售大烟贩可能会向有钱人家提供家用的鸦片，但他们的主要客户还是两类地方烟贩：鸦片馆馆主以及游走的散贩。这些鸦片贩子主要进行现金交易，购买者往往就地吸食。直到晚清，城市中的鸦片馆都不在少数：有人观察到天津约有一百七十家鸦片馆；[163] 有人推测杭州有一千多家；[164] 在甘肃兰州，"一条街上五家鸦片馆，每隔五十步就有一个鸦片铺子"；[165] 在重庆，有一千二百三十家各类鸦片铺。[166] 人口数和烟馆数的比例反映出两个现象：一是每个烟馆可以容纳的客人数量有限，二是一些大城镇的鸦片馆中会有很多来自外乡的游客。有人估计烟台有一百三十二家烟馆，其人口为三万二千五百，而温州则有一千一百三十家烟馆，其人口为八万。[167] 有的时候，一个城市还要屈服于改革的热潮。根据林乐知（Young J. Allen）的估计，在1869年丁日昌的禁烟改革中，苏州有三千七百家烟馆倒闭。但是，正如郭嵩焘所言，城市里的禁烟运动根本不会对乡村构成影响，在中国乡村，鸦片交易一如往常地进行着。[168]

在交通干线的沿线，总会有烟亭或是烟铺，随处都可以购买到鸦片；一项对茶叶出口路线的研究表明，在这些线路的沿途，烟草和鸦片也是随处可得。[169] 在劳累工作三个小时之后，苦力们通常会停下来稍事休息一小时并吸食鸦片。[170] 他们如果知道下一阶段可能没有时间停下来吸烟，就会买些鸦片随身携带。他们携带的可能是鸦片球或是鸦片块，可以弄碎了嚼食；[171] 或是将一些可吸食的鸦片汁放在小瓶子中，将小瓶子别在腰间，用手指蘸着舔食；[172] 更有甚者，将西方人制成的用于戒除烟瘾的浓缩药片拿来食用。汕头的威廉·高德（William Gould）医生非常惊讶地发现，他店中的五万片吗啡药片瞬间销售一空。[173] 免税的吗啡片——因为常常由中国的基督徒售卖，所以又被称为"耶稣鸦片"——成为晚清一项重要的进口货物。[174]

游走的散贩同样活跃在每年的集市和庙会上，在节日到来之前，他们会在寺庙附近搭建起烟亭，将鸦片兜售给从乡下赶来欢度节日的人群。[175] 这可是一个拓展市场的好办法，那些在节日喜气洋洋的氛围下怀揣现金（可能一年也就这一次）的人，可能就会因此沾染上一辈子的烟瘾。

经济作用

至少从 19 世纪下半叶开始，鸦片便在中国的经济活动中扮演着重要的角色，其主要经济功能表现在以下三大领域：作为现钱的替代物，帮助地方官员完成税额指标，以及地方自建项目的资金来源。

在鸦片战争之后，英美商人看到了鸦片作为中国内地贸易交换中介物的强大功能。由于他们当时的活动被限制在通商口岸，他们便派买办带上大量鸦片前往内地，以便换得内地的茶叶和苏州的生丝。[176] 1855 年怡和洋行的买办阿熙"带到乡下的财物数目……包括鸦片和硬币，共计四十四万零六十五元"。[177] 类似地，到了 1850 年代早期，在因太平天国起义而引发的上海财政危机中，正是那些囤积了大量鸦片的西方公司，成功打开了中国的茶叶市场。[178]

那些非买办的中国人也很快看到了鸦片作为现钱替代物的优势，其中之一便是轻便易携带。我们发现，在晚清大量的凶杀案中，常常是船夫和挑夫根据游客行李的重量猜测其中肯定有银两，随即将其杀害。[179] 尽管单位重量的鸦片比银两要廉价一些，但是与同等价值的铜钱相比要轻很多，而且鸦片的体积和重量的比例显然可以迷惑挑夫。正因为如此，在香港的小零售店主便开始使用鸦片向内地转移钱财；[180] 在中国西部，鸦片可以广泛地充当货币；即使是上京赶考的学子，也将鸦片随身携带来支付旅途中的开销；[181] 也有其他人将鸦片作为短期投资的对象来增加收入。因此，在经济最底层的苦力们拉驳船逆长江而上，往往也是满载着四川的鸦片，徒步翻过千山万水，到湖北去倒卖给鸦片贩子（有时也是受人委托）。[182] 在稍复杂的财政层面，如 1881 年即将走马上任的四川县官吴树衡，户部大臣让他带三万两白银到湖北，吴树衡用这笔钱买了鸦片，希望到了湖北之后转手卖掉能盈利不少。但是到了湖北之后，他发现他的一百六十八担鸦片只能卖掉三十七担，便委托湖北巡抚帮他将剩余的鸦片运到汉口出售。[183]

对于无法完成税收额度的县官来说，鸦片收入真是大有裨益。特别是在 19 世纪中期太平天国运动之后，县官们的处境也变得非常艰难。当时的农业生产暴跌，而税收配额却丝毫没有减免。如果他们想要从传统农业领域榨取更多税收的话，县官们很有可能引发当地严重的骚乱，继而丢掉自己的乌纱帽。左宗棠曾上奏说，1874

年有三个县官和一个副手从当地的罂粟种植者手中收取钱财，而没有将其罂粟地锄毁；[184] 又有一位御使发现山西的情况更糟，全省只有两个县在禁止鸦片种植上有所作为，而其他地方官商勾结，从鸦片中谋取暴利。[185] 有些地方官员收受当地百姓的贿赂，“未经授权征收鸦片税”。[186] 例如，有一位县官刚刚走马上任，当地农民和乡绅便拜访了他，并赠予他一大笔钱（没有说具体的数据）；几个月之后，他又收到了一千一百六十三两白银和价值三千两白银的鸦片。县官可以从鸦片的收入中获得一定比例，这似乎已经成了一种协议。[187] 再如，某地方军官收受贿赂，对当地二千五百亩鸦片地瞒而不报。[188]

正如山西巡抚鲍源深所分析的那样，麻烦的是鸦片已经成为一项“惯例”。地方官员既需要财政收入，也不愿意因打击“这项当今最主要的税收来源”而惹怒百姓。[189]（无独有偶，郭嵩焘曾嘲笑鲍源深无力镇压地方暴动，使得鲍源深成了京城官员的笑柄。根据郭嵩焘的说法，百姓一听说鲍源深派的监察来了，就只是拔掉路边的罂粟来做做样子而已；不仅如此，他们也完全不理会禁止种植鸦片的禁令。[190]）在江南地区，总督沈葆桢对于鲍源深的说法深有同感：尽管沈葆桢一如既往地坚持罢免江南地区吸食鸦片的官吏，[191] 但这种曾经被视为致命毒药的鸦片，现在却被当成了日常的茶米。[192] 在某些地区，鸦片税的做法相当公开，宁夏的情况便是一例。1878 年，当地居民便把最好的土地用来种植鸦片，因为他们认为若不这么做就无法缴足税款；当地行政官员还拒绝向陕西运送救灾用的粮食，因为在宁夏有一半的土地都种植了鸦片，他们也没有余粮了。[193]

在传统的赋税制度和赋税体系下，对于当地种植的鸦片课税、默许地方种植鸦片，或是收取贿赂之后准许鸦片种植的现象都有发生。而与之相反的是厘金，这是因新的目的、以新的方式征收的新的赋税。在鸦片战争之前，朝廷中便有大臣建议对鸦片课税。一名监察使建议对每担进口鸦片征收四十两白银的税，这一主张在 1853 年付诸实施。[194] 1856 年，上海道台开始对每担鸦片征收十二两白银的税，1857 年宁波也有同样的标准课税。1858 年签订的中英条约中规定了进口鸦片每箱收取三十两的鸦片税，而且只能由进口商在港口售卖，若要进入内地售卖，则只能由中国人将其作为中国的财产运往内地。[195] 在内地运输过程中的课税对于中英政府来说都是相当困难的事情，在有关进口税的谈判过程中，鸦片税一直是单独讨论的问题——英国人提出 7.5% 的征税比例，而中国人要求 12.5%，最终以 10% 的方案通过，但却从未执行。[196] 在《中英烟台条约》的草案中，各省政府可以自行规定厘金比例，并从中国商人那里收取厘金，因此，鸦片获得了“不同于其他进口货物”的地位。关于这一问题的争论持续到 19 世纪七八十年代。左宗棠提出建立统一的征税标准，以每担一百二十两白银为准；李鸿章则建议每担征收六十两至九十两白银；威妥玛建议将进口税提高到四十五两白银，而厘金则定在四十两左右的标准。1885 年最终批准的标准是征收每担三十两白银的税款以及八十两白银的厘金，除此之外，鸦片销往内地不再征收额外的税款。[197] 当时，每年进口的鸦片约有五万箱，因而清政府可以征收五百五十万两白银的税款。

1881 年，在写给戒烟协会秘书长的信件中，李鸿章写道：“在鸦片问题的争论上，中英两国政府永远无法达成共识。中国总是站在道德制高点上看待鸦片问题，而英国则是基于利益的出发点。”[198]但是在晚清实际的经济运行中，鸦片所扮演的税收角色相当复杂，使得控制鸦片变得相当困难。我们可以在几个大臣那里看到一些态度上的变化：张之洞在1884年雄辩地呼吁在山西禁止所有鸦片；1890年他整顿了湖北的鸦片征税；1899年他提高了鸦片税额；1904年他开始讨论用湖北征收的鸦片税款来购买外国武器的问题。[199]光绪初年，左宗棠也曾经在甘肃和陕西严厉打击鸦片吸食者；到了1881年他开始讨论提高当地的鸦片税来打击吸食鸦片的行为。[200]曾国荃在山西一直严厉地打击鸦片，而1887年他到江南任职后，便开始讨论如何利用鸦片税收来解救上海的燃眉之急。[201]

李鸿章的奏折中有着最为丰富的资料。在1862年至1889年间，我们发现有用鸦片税收来弥补其他商品税赤字的现象——天津用鸦片税来补贴直隶的防御，补贴北京的城防工事等；青岛用鸦片税来补贴新的巡逻船，补贴“镇海”号巡洋舰的煤炭供应，支付编练新军的外国借款利息，等等。[202]

毫无疑问，当时的大部分岁入都来自各通商口岸的进口税收，但是在一些情况下厘金也相当重要，一位监察使坚持认为几乎所有地方厘金收入都来自国内的鸦片贸易。[203]《京报》中有不少关于厘金的例子，既有关于国内鸦片生产的，也有关于外国鸦片运输的，为我们展示了一些“自强”运动以及现代化产业与鸦片收入之间的紧密联系。1877年广东总督上奏说，广东机器制造局正在建造十六艘炮舰，至今已经花费了九万六千八百六十两白银，再加上每月四千一百四十八两白银的工资以及各项杂项开支，这些费用全部来自鸦片厘金的收入。[204] 1880 年建造炮舰工程仍在继续，每年要从鸦片厘金中抽取十一万两（鸦片厘金的总收入为二十三万两，其中十二万两上交朝廷作为“供奉”)。[205] 1887 年，台湾巡抚刘铭传得到批准，将高雄和淡水两地的鸦片厘金用于海军和其他军事开销。[206] 同年，四川机器局从鸦片厘金中抽取了六万七千七百七十一两白银，用于制造机器、枪支、弹药和雷管等。[207]

鸦片成了厘金收入的主要来源，那么无论鸦片交易形式或执法程序发生什么变化，都会对财政产生广泛影响。1870 年发生在河南的案例便说明了这一点。这一年河南巡抚奏报，几乎所有批发的大烟贩都集中于河南禹州，自太平天国之后，禹州便没有设置厘卡；在河南陕州、河内县和清化镇，鸦片商贩曾是主要的征税对象，现因生意清淡而几近破产，而禹州则出现了“几十个新工厂”。鸦片是厘金的主要组成来源，起初大多数厘金来自陕西和甘肃。左宗棠在中国西北的禁烟运动打击了传统的鸦片贸易形式，四川的鸦片开始流入河南，为了增收这一新的财政收入而设立了新的厘卡。其中邓州是湖广和河南船运的要塞，[208] 经过批准，当地巡抚设立了新的厘卡和小站点来“检查鸦片税收凭证”，禁止商人“采用迂回路线”来逃税。[209]

户部肯定是研究了这些地方的奏折，并于 1887 年开始制定一个固定厘金计划，试图将国内生产鸦片的厘金收入标准化，规定为每担收取四十五两白银的厘金——国外进口鸦片的厘金已经在 1885 年的条约中规定为八十两白银。鸦片税的上涨引发了强烈的不满，就如同灾荒之年的横征暴敛会激起农民的暴动一样。高额厘金的消息一传来，一伙暴民便在军人的带领下袭击了山西垣曲的县府衙门。[210]两年之后，在宁波附近的象山，两个种植鸦片的农民和一个鸦片贩子纠集了一伙赶集的人袭击了县衙门，摧毁了三个导致鸦片涨价的新厘卡。[211]（肇事者可能认为，这些鸦片厘卡导致了贪污搜刮——不仅如此，至少其中一个腐败的厘卡是由候任知县掌管的，这说明厘卡已经成了新的肥缺，被用来缓解官僚体系中的失业压力。）[212]

鸦片厘金的流失严重，清政府对此也越来越束手无策。到了1891年，清政府开始建立官方收费体系取代厘金制度，由中央政府直接收取鸦片税。[213] 1896年，大清皇家海关获得了两千万两白银，偿还了百分之八十的外国贷款，他们开始与赫德接洽。户部在5月16日询问赫德是否愿意接手中国内地土鸦片税的征收工作，[214] 6月中旬他们再一次提出了这一意愿。赫德自1894年以来便渴望得到这项工作，[215]在写给金登干的信中，他说道：

> 户部再次问我是否愿意接管“土鸦片”，我同意了；但是这并非易事，这会将我的工作拓展到整个中国，可能会引起官员和百姓的不满。要高效监管土鸦片，可能还需要花费数年的工夫。正如我之前所说——如果我还能工作二十年，或者最好我能够再年轻二十岁，我也许会渴望雄心勃勃地去做一件真正有益的大事：至今我已经做到了保证海关正常运作，并且尽可能扩大其关税基础，从而保障其稳定——而现在我可能为其添砖加瓦，不过“大事业”就要交给其他人了。[216]

赫德从鸦片税备忘录入手开展工作，但是从赫德在6月24日的信件来看，户部大臣“并不满意”。[217] 1897年7月4日，在户部起草了自己的计划之后，赫德再次表达了失望之情：

> 户部盗取了我的主动权，并没有将“土鸦片”的管理权交给我，而是带领各省自行处理鸦片税收问题：命令各省立即对每年三十三万箱鸦片征收二千万两白银的税收——我已经承诺过三十年之内完成这一目标！我的计划泡汤了，但是他们的试验也必将失败。[218]

直到1906年，在中英双方达成10%的抑制率之前，清政府都没能建立起令人满意的体系。

从上面的讨论我们可以看出，清政府一直在想方设法铲除烟患，却面临着一系列难以应付的既得利益者。鸦片种植对中国农业、农民和市民的士气都带来了深重的灾难，这一点我们已经熟知了；但是我们仍然应该重视这样的假设——罪犯、穷苦农民、苦力、商人和官员等既得利益者可能会极力抵制政府铲除鸦片，因为国内经济停滞的情况下，鸦片为他们提供了流动资本和新的财政收入来源。只有当道德上的愤怒超过了这些特殊利益时，铲除鸦片的运动才可能取得真正胜利。这种道德上的愤怒，是强硬派大臣锡良[219]不惜动用武力对鸦片种植者进行打击；这种道德上的愤怒，是英国人在失去对中国鸦片市场的主导权之后，开始寻求新的互惠的对华投资，从而为印度开辟财源。[220]

1906年至1915年间禁烟运动的巨大成功，加强了中国新兴的民族主义力量，也重塑了社会信念，[221]而1915年至1945年间鸦片的再度泛滥则反映了这种民族主义和社会信念的不成熟。[222]在共产党执政期间，中国社会也同样经历了这样的曲折道路，但最终成功铲除了鸦片问题。[223]因此，这些事件都告诉我们，铲除鸦片烟瘾的心理因素比生理因素更加重要。

帝国之后

歃血为盟和勃朗宁手枪

1920 年代早期，华东地区高校足球联盟赛正在进行决赛，观众热情高涨，比赛胜负难分。和在场的人一样，上海名校交通大学的校长也是一个地道的足球迷，但同时他还是一位家教甚严、恪守儒学的学者，他要求自己的学生遵从最高的行为操守标准来规范自己的行为。每个教学日，他都会花一个小时来向学生传授修身养性的道德准则。毫无疑问，他不可能跟其他的球迷一样到球场看台上去看比赛，尤其是在他还穿着传统的学者长袍的时候。当然，他在学校大大小小的场合也都坚持穿长袍。不过，他在办公室里安装了一条电话线，从球场直接通到校长办公室。通过这种方式，他可以对交大队以及对手的进球情况了如指掌。他会欢呼雀跃，也会神情低落，但这些众人都看不到。在比赛结束之后，他会再次出现在公众的视线之中，赞扬或是批评交大的球队。

大约十年之后，1930 年的春天，中国北方的一个农民 * 从洛克菲勒基金会资助的北平协和大学毕业，他曾经用他因劳作而变得粗糙的双手教会了其他农民编制毛毯。毕业之后，他被派往中国华北的农村工作。当时，他工作的地方天花肆虐，因此他决定在当地发起接种疫苗的运动，然而当地根本没有他接受医学教育时所使用的设备，他便又找来缝纫针，用白酒浸泡过的棉球给针消毒。他就这样给当地二万一千六百零五名老百姓接种了天花疫苗，这无疑拯救了很多人的生命。

正如上面的例子所彰显的那样，我们常说的“现代化”过程，不可避免地充满了矛盾，需要一个适应的过程。现代化过程中的问题在中国尤为突出。在 1916 到 1949 年期间，军阀混战、内战连年、外敌入侵，内忧外患的困境阻碍了经济的增长，也使得观念的转变变得尤为艰难。对于新中国——这个经历了从闭关自守到对外开放的国家——来说，“现代化”问题也是一个严峻的挑战。

在新中过成立初期，领导人所面临的问题相互交织，异常棘手。例如，如何改革传统的农村生活模式，使之能够惠及国家和农民；如何将城市里贫困的工人组织起来，使之能够过上安定无忧的生活；如何在计划经济下鼓励和培养现代化管理和企业精英；如何让中国那些天赋异禀的知识分子能够学习西方的科技和理念，而同时保持

* 这里指的是追随晏阳初的医生姚寻源。1929 年，姚寻源于北平协和医学院毕业后，追随并协助晏阳初在河北定县从事平民教育，出任平教会卫生教育部部长，建立起一个拥有二十五张病床的农民医院。后来赴美国约翰 · 霍普金斯大学留学深造，回国后曾任民国政府甘肃省卫生厅厅长，1949 年后在华西医科大学任教授。

爱国爱党的信念；以及如何铲除任何分裂国家、严重威胁社会经济社会生活的反动力量等问题。这些问题也刺激了西方学术界对中国研究的热情和力量，而本文所要介绍的五本著作，正是在广泛研究的基础上，从 20 世纪二十年代及三十年代早期的视角解读了这些问题。这种历史的视角让我们能够看清历史上的领导人是如何应对当前中国所面临的这些问题的。

在中国，20 世纪二三十年代曾经有过土地改革的努力，从其范围和复杂性来说，都是“保存得较好的秘密”。而 1950 年代早期在土改上的创新和成功是中共领导下的标志性成就。查尔斯 · 海弗德（Charles Hayford）所研究的自由主义改革家晏阳初，[1] 就是中国早期土地改革的倡导者。早在民国时期，晏阳初就基于西方国家成熟的平民教育理论和城市发展理论——特别是在吸收了基督教青年会的经验之后——来倡导土地改革。

晏阳初，1893 年出生于四川北部的一个书香门第，与毛泽东同年出生。* 他在当地学校学习了中国古代典籍，又在附近的教会学校中接受了现代教育，之后到了香港的一所学院，最后进了耶鲁大学，并于 1918 年毕业。晏阳初在大陆和香港求学的时候，就已经深受基督教和基督教青年会热忱的宗教信仰的影响了。“即使是孔子生活在这时候也会成为基督教青年会的一员的！”当时的一个中国人如是说。在耶鲁大学求学的晏阳初与理想主义的基督教新教信徒之

* 此处疑有误。实际上在晏阳初口述的《九十自述》第一章中提到：“我一向认为，生于西历 1893 年 10 月 26 日，可是，近年家乡人来信，说我九十有三了，也就是生于 1890 年。”

间的交往也印证了这一说法。当时的许芹（Huie Chin）一家也有类似的感受。晏阳初在纽约结识了许芹，作为一家之长，许芹是纽约中华基督教长老会的牧师，妻子是一位来自布鲁克林的爱尔兰妇女，长着一头红发。

海弗德在书中详细介绍了许芹夫妇九个子女的情况，他们的六个女儿都嫁给了在美留学的中国学生中的活跃分子。1921 年，晏阳初与其中一个女儿许雅丽结为伉俪。许雅丽拿过游泳冠军，毕业于哥伦比亚大学师范学院体育系。他们的婚姻美满幸福，琴瑟和谐，直到 1980 年许雅丽去世。用海弗德的话说，这个非凡的家庭是“基督教跨太平洋传播的网络交汇点”，也是连接中国年轻的基督教徒和富有的美国年轻人之间的纽带，他们在精英学校里成了同学或是朋友的朋友。

晏阳初回国途经法国时，恰逢欧战正酣，逾十万名中国劳工经英国人招募踏上了欧洲战场。晏阳初在法国参加了当地的基督教青年会，和欧洲的中国劳工一起挖战壕、卸装备、修筑后方基地。虽然他们不是参战的军人，但这些来自中国的劳工还是会时常遭到枪林弹雨的考验，不时被德国的飞机大炮所袭击。他们的主要任务还是要使更多的英国人能够参与到战争中去。晏阳初在这些受教育水平低而又思乡心切的中国人中间找到了自己的用武之地。他帮他们写家书，在他们中间散发一些简单的读物，力所能及地提供一些基督教青年会能够提供的社会服务；同时，晏阳初也从这些中国的穷人身上学到了许多以前没有学过的知识。不久之后，晏阳初从法国回到美国，获得普林斯顿大学历史学和政治学硕士学位，并且加强了与美国朋友之间的联系。后来，晏阳初到了四川，成为当地活跃的平民教育领袖。接着他到了北京，同样投身于倡导平民教育运动的工作之中。1926 年，晏阳初来到中国北方城市天津的农村，致力于推动乡村改革。

海弗德将晏阳初以及和他一起在乡村工作的中国改革者称为“跨太平洋的自由主义者”，但是这并不能说他们是“受西方影响的被动受害者”。相反，他们“积极改造并创造性地发展了世界主义观念”，从这一点来说，他们和年轻的毛泽东不无共同之处。是他们与毛泽东一样，致力于探寻“如何利用中国的文化和政治力量来建设一个现代化的国家，要尊重中国的传统，摒弃某些精英将中国文化解读为自私自利的观念”；他们追寻“多样化的现代概念，如民族的爱国主义、动员大众的新方法、疾病的生源说以及抽水马桶的推广”等，在他们辛勤的努力和实用主义做法的背后带有着明显的“田园诗般的”政治理想。

这些辛勤的改革者进行了广泛的变革试验——他们尝试了不断发展的社会学领域中新的社会分析和研究方法，得到了西方顾问、慈善家和同事的支持。海弗德说，他们的努力是富有启发性的，不仅仅是因为这些工作满足了他们的内在志趣，更在于他们发现了这些工作是多么艰巨，特别是当我们想到这还仅仅是在一县之内的尝试，而不是像 1950 年代共产党那样将改革扩展到全国范围，就更能体会到这一点。他们所遇到的问题都大同小异，在今天的农村也还会重新出现：如何培养优良家畜品种、如何建设有效的农村灌溉系统、如何通过合作社集中经济资源、如何建立起有效的农村教育体系、如何监督培育优良的棉花、如何发展经济水果种植、如何改良耕作工具、如何提高肥料供给、如何抑制作物虫害，以及如何引进地方保健设施，等等。

姚寻源和晏阳初原本素昧平生，当他背着缝纫针和浸过酒精的棉花四处检查天花的传染情况的时候，所做的正是晏阳初在定县的改革项目的一部分。姚寻源和同事们开展了灭蝇运动，还到田间地头去宣讲卫生知识。为了降低产后破伤风的死亡率，他们还向助产婆讲解了不要用泥巴涂抹婴儿的脐带等知识。在另一位杰出人物——在北京和哈佛接受过教育的陈志潜医生*——的领导下，定县农村建设试验区致力于在中国普及西医，培养平民的疾病防治能力。他在定县推行三级乡村医疗保健体系，以保障大多数人都能够获得卫生保健资源。

在最低一级上，他们从当地农民中挑出一些人训练成农村保健员。他们对选中的农民进行了简单的培训，还配备了基础的急救箱。这种急救箱在每个村子中都有，三美元一个，里面备有眼药膏、甘汞、蓖麻油、阿司匹林、剪刀、绷带、接种疫苗的工具和消毒剂。在此之上的第二层级是设立在集市的保健站，站内配有一名医生和一名护士，以及几名非专业的助手。医院是最高层级的设施，设置在地

---

* 陈志潜，1903 年 9 月出生于四川华阳，北平协和医学院博士，任南京国民政府卫生署技正，兼任南京郊区晓庄乡村卫生实验区主任。1930—1931 年到美国哈佛大学公共卫生学院进修，同时在麻省理工学院进修健康教育学，后又到德国德累斯顿市健康教育中心进修。1932—1937 年任中华平民教育促进会卫生教育部主任，主持河北定县农村建设实验区卫生工作。后任中央大学及华西协合大学医学院、重庆大学医学院和四川医学院教授。

区保健中心，这里不仅有医生，还配备有牙医、药剂师、化验员和卫生员。但是，无论在哪个层级上，宣传计划生育都是一件颇为棘手的任务。这批改革者最终不得不认为，计划生育的问题要等到经济增长、教育普及之后再着手解决，现在的条件还不成熟。

如果这些相互关联的试验和改革能够顺利有效地进行下去的话，中国的现代化历史可能会被改写。但是，这些改革并没能推广开，海弗德中肯而仔细的分析认为：出现这一结果既有观念的原因，也有中央和地方的政治原因，还有民族主义和基督教的问题。对改革颇感兴趣的官员希望能够由上而下地进行改革，而在农村几乎找不到训练有素的领袖人才；外国给予的资助通常流向了腐败无能的政府机构，无法到达地方改革者的手中，而地方的改革者们则面临着资金短缺、项目匮乏的困境。盗匪作恶、世界萧条、地方腐败、日本入侵，这些都损害了充满希望的改革，随着第二次世界大战的爆发，改革彻底崩溃了。二战之后，尽管有诸如农村复兴联合委员会等新兴团体的兴起，这些团体怀着美好的希望，积极筹集资金，但国民党的倒台已经是不可避免的了。

1949 年共产党执政之后，晏阳初带着妻子和两个女儿离开大陆，到纽约西区大街的一幢公寓中住了下来。在美国停留了一段时间之后，晏阳初前往菲律宾工作，并在那里度过余生。但是他的三个儿子都坚持留在中国，要亲手建设这个新生的国家。三兄弟与他们的姐姐妹妹们约定：一年之后他们将拍一张照片寄往纽约，如果他们仨都是坐着拍的照片，那说明过得很好；如果其中一个或是几个站着，说明他们处境不妙，姐姐妹妹们就不要再回来了。一年后，三张照片如期而至：三个兄弟全都站着。后来，三兄弟当中最年轻的一个自杀了。

尽管晏阳初和同事们在定县的改革促进了当地的繁荣，提高了卫生水平，但他们仍未能解决当地贫困的大问题。在整个 20 世纪二三十年代，华北农村的农民不断向外移民，要么到东北南部，要么到需要季节性劳动力的其他地区，或是到运输部门、工厂及建筑业等有劳动力需求的地方去。对于那些完全走投无路的人来说，还有一种工作总是可以的，那就是人力车夫。人力车的车轴长而突出，乘客可以舒舒服服地坐在两个橡胶轮胎之间的座位上，而人力车夫干的却是最低等、最卑贱的活儿：他们疲于在汽车和马车之间躲闪，双腿在路面的泥灰上奔跑，大口喘着粗气，心脏怦怦急跳。

虽然人力车夫常常被视为在大城市中漂泊的绝望农民的典型代表，但正如大卫·斯特朗（David Strand）在《北京黄包车夫》[2]一书中指出的那样，人力车夫也逐渐成了街头聪明人的代表。尽管他们身无分文，但还是有着自己的文化和生活方式。他们知道该如何使用现代化城市中新铺的马路，能在汽车和马车难以进入的狭窄小道中游刃有余，他们学会了拉客、讨价还价，还会去探索纵横交错的街道、餐馆、戏院和妓院。用斯特朗的话来说，他们成了“社会话剧”的演员、“街头政治”的搭档，他们重情义，也有着自己的傲慢与狂热。

他们可能比城市中的其他居民更加了解 20 世纪中国城市生活中出现的“公共空间”。所谓“公共空间”，是处于完全隔绝的私人生活与政府管理范围之间的领域。在“公共空间”中，新的规章制度尚待建立：车辆要在固定的车道上行驶，乘客要交纳车费，机动车要在公路的一侧通行，火车要遵循时刻表，贸易要交纳关税，而人力车夫有着自己的灵活空间，他们能够自由地讨价还价，上下班时间灵活，只要警察没有发现便可以违反任何规定。（有些警察的工资确实相当低，他们与北京的其他政府部门一样，屈服于军阀的统治，有的时候下了班甚至也偷偷地去拉黄包车。）

在《北京黄包车夫》一书中，斯特朗将我们带回了我们从未见过的1920年代的中国城市，为最近兴起的对上海、天津等城市劳动力的研究增加了新资料。但是，斯特朗所研究的劳动力人群极不稳定，受伤甚至死亡都是家常便饭，向上的社会流动几乎不可能，与警察之间的冲突和对抗时有发生，他为我们展现的是城市潜在的无政府状态。他描绘的是1920年代的城市边缘或者说是最底层社会，政府焦虑地监控着这里——这个世界大体是无秩序、无迹可寻的，它有着自己的规定、暗语和网络，而与这个国家并没有什么关联。

1920年代，在北京的一百一十万人口中，人力车夫始终是一个规模可观的群体。当时北京约有六万车夫，占十六岁到五十岁适龄男性劳动力的六分之一（有的时候，妇女也会假扮成男人去拉黄包车，也有的时候两三个小孩挤在一起假装是一个大人来拉车）。黄包车夫与车行老板之间有着密切的经济和社会联系，车行老板把黄包车租给车夫，有时还会提供过夜的住处和应急的饮食。更重要的是，人力车夫与其他社会阶层之间有着广泛的联系，这就很难用传统经济分层的方法将他们分类。对于他们来说，"劳动阶级的团结"是不可想象的，他们与其他劳动者，甚至是同行，都经常是竞争对手的关系。他们的敌人包括马车车夫、机动车司机，以及在1920年代不断增加的电车和城市公交车的司机和售票员。有很多人力车夫就是在与竞争者的对抗之中命丧黄泉的。

共产党很早就试图将人力车夫组织起来，但就算能说服这些人放弃在街上赚取车费而留下来聆听关于联合的演说，也很难让他们相信工会组织能给他们带来利益。人力车夫都是独来独往的人，联合罢工不仅不能提高收入，还会将潜在的客户拱手送给其他交通工具。和北京其他的贫苦人群不同，人力车夫的罢工也不会有立竿见影的效果——例如，淘粪工人和挑水夫的罢工会立即对城市生活产生影响；制棺材的工人罢工也能立即奏效，尤其是在夏天；制鞋工、缝制帐篷的工人罢工也能产生效果，尤其是在战争一触即发的时候。

尽管如此，面对国耻家恨，人力车夫也会拒绝拉载日本人或英国人。当好奇的学生问起的时候，他们也会说说“革命”在他们眼中的意义。到了1920年代末，成千上万的人力车夫也开始寻求工会的保护了。在实在忍无可忍的时候，他们的力量也会突然爆发出来。

1929年10月22日这天发生了这样一件事儿：人力车夫实际上控制了整个城市长达一夜之久。他们行动的原因颇为复杂，包括与激进的电车工会之间的紧张态势，新兴的人力车夫工会领导者之间的争斗，因大学生逃票而产生的愤怒等等——一些大学生坐人力车长途跋涉回到学校，结果没付车费就一溜烟儿奔回了校园，人力车夫想进去索要车费却又遭到门卫的毒打。还有某些“贵族”工会，例如电话工会、邮政工会和电力公司中的工会，往往会对人力车夫冷眼以待，使他们更加感觉到孤立。10月22日下午，人力车夫便开始命令乘客离开电车，随后砸烂了停靠站，打破了电车的车窗，切断了电路；接着他们又将电车拖出轨道，在街道上设置路障，最终使得电车系统彻底停止运行。警察只是小心谨慎地远远看着，看着人力车夫砸毁了六十辆电车，而当时北京全部运行的只有九十辆。

到了深夜，军队开始介入，他们连放了一阵空枪，又用枪托猛击参与运动的人力车夫。这时，车夫们才渐渐撤出了动乱地带。他们回到事发地点的时候，却发现人力车被偷了。在这次事件中没有人被杀，但有两百余名车夫被捕，后来有四名领头闹事的被枪毙，三十五人遭遇牢狱之灾。斯特朗恰如其分地指出，这次人力车夫起义是在1900年义和团运动之后最大的一次非法的城市暴动。军阀的军队和警察在1920年代采取了以管教为主的克制态度。

如果我们想要理解共和国，并且想对它的成败进行客观的评价，那么进行这种对比就是值得的，这一情况也是应该反思的。玛丽-格莱尔·白吉尔在《中国资产阶级的黄金时代》[3]一书中坦言，要理解中国近现代史，就有必要重新对中国之前所采用的马克思主义社会分类法加以思考。在这本书的序言部分，白吉尔提到，这本书是她的博士论文，原文是用法文写的*。按照马克思主义的分类，中国社会可分为三大基本阶级：资产阶级、无产阶级和农民阶级。而按照马克思主义者的想法，中国的资产阶级又可以划分为三大部分：受外国势力影响的“买办资产阶级”、与反动政治机构保持着千丝万缕

* 1975年，白吉尔撰写了博士论文，原标题为《中国资产阶级的作用和发展诸问题：1920—1923年的经济危机》。

联系的“官僚资产阶级”，以及唯一有助于国家进步和现代化进程的“民族资产阶级”。

在白吉尔论文完成后的数年中，中国和世界都发生了变化，她再次聚焦于这一问题。白吉尔问自己，为什么邓小平在对外开放的过程中如此器重被称为“中国的洛克菲勒”的荣氏家族这样的老资本家后代呢？这些人是从哪里来的，有着怎样的历史呢？1986年白吉尔对本书进行了全面修订，再次出版了法文版，后经珍妮特·劳埃德（Janet Lloyd）的出色翻译出版了英文版。这本书是在位于宾汉姆顿（Binghamton）的纽约州立大学布罗代尔研究所（Fernand Braudel Center）和巴黎的人文科学之家（Maison des Sciences de l'homme）的共同指导下，作为“资本主义世界体系研究”系列之一而出版的。

在重新思考这一作品时候，白吉尔认为买办阶级、官僚资产阶级和民族资产阶级的分类是没有历史依据的。中国的资产阶级产生于动荡的帝国时期，虽然国家无法控制经济组织及经济的发展，但是它最初确实是想“控制经济增长所带来的社会转型”。尽管清朝对社会发展仍有很多限制，但是随着西方势力的渗透，沿海沿江地区的通商口岸建立起来了，固定的关税确定下来了，外国人也来华居住了，他们还获得了投资和传教的权利，至此，一个“世界性和企业性的中国”出现了。

清王朝试图鼓励华侨华人回国投资，这也促进了新的城市商业精英的成长。但这种投资以及投资带来的增长在很大程度上还是要依赖于外国企业和员工。白吉尔越深入地研究这个问题，就越怀疑

"民族"资产阶级的概念。她发现,"在20世纪初的通商口岸,事实上并不曾有过完全不依赖于外国的中国企业"。"民族资产阶级"和"买办资产阶级"之间的区别,"表现为现代化城市精英阶层在文化和经济上的相对异化与他们所具有的几乎完全一致的民族主义强烈愿望之间的对立"。

不仅如此,1911—1912年推翻清王朝统治的辛亥革命无论从什么意义上来说,都不是"资产阶级革命"。"与现代企业相联系的城市精英阶层"确实参与了这场革命,但是推翻清王朝的真正力量来自"大官僚、地主、官员、秘密会党头目以及武装帮派首领"。这对于理解20世纪后期的中国至关重要,这些实权阶层表面上接受民主、立宪和民族主义,并不能改变其深层次的保守主义观念。按照中国的政治传统,就"自由"一词的定义而言,"与其说是在强调人的个性,倒不如说是在于反对中央政府的权威。在地方精英的眼里,一旦他们政权建立,那自然而然是民主的胜利"。

《资产阶级的黄金时代》是一本非常重要的研究著作,但是其副标题中的"1911—1937"却容易误导读者。这一副标题似乎暗示着中国资产阶级的黄金时代一直延续到日本全面侵华的1937年。这也就意味着,1927年到1937年的蒋介石南京政府时期,也是中国资产阶级的繁荣时期,这似乎是在说蒋介石政权的倒台对于资产阶级的繁荣来说是一个悲剧。而实际上,白吉尔在书中所说的"黄金时代"只延续到1927年,并不是1937年。在全书二百七十页的篇幅中,只有最后二十五页谈到了1927年至1937年这一时期,通过加强对资产阶级的国家控制,蒋介石政权实际上是加速了中国资产阶级黄金时代的消亡。白吉尔写道，与1949年新中国建立相比，国家权力的重塑在更大程度上决定了资产阶级的命运。那么，无论是在西方还是在中国，关于国民党政权是资产阶级政权还是为资产阶级服务的政权的说法，为什么能够如此长期地在史学界占有统治地位呢？白吉尔说，这些不确切的解释，显然跟那个难以分析、难以确定其特征的国民党政权模棱两可的性质相吻合。

> 但其中的误会似乎也是由中国本身引起的。对于那些希望将中国的发展与马克思主义原理密切联系起来的共产主义理论家来说，他们很愿意确定有一个买办、官僚或封建地主的资产阶级存在；而对于蒋介石政权来说，则希冀提供一幅与其利益最相符合，并且对它恰如其分的途径，以便获得西方的同情和财政上的支援。毛泽东的中国通过宣扬建立一个纯朴、节俭和友爱的理想社会而吸引了西方左派和激进派的注意。与此完全相同的是，蒋介石的中国也通过不恰当地赋予自己以资产阶级的特征，说服和吸引了欧美的民主人士。因此，在上述两种情况里，毛氏和蒋氏运用各自的手法，成功地造成了我们对中国现状的无知。(《中国资产阶级的黄金时代》，第274页。)

在白吉尔看来，中国资产阶级真正的黄金时代是1910年到1920年，在清朝覆灭、孱弱的民国政权建立不久之后，由于第一次世界大战的爆发，在华西方列强纷纷撤离中国，中国的资本主义因此获得了一个绝佳的机会，进入“自发型资本主义”和“进口替代”

的发展阶段。在这一时期，相当一部分外国企业人员，应本国战争动员令的征召而纷纷离开了中国，像钨这样的金属材料的价格翻了三倍，上海与伦敦之间水运价格提高了二十五倍，而当时虚弱的地方和中央政权还无法征收到税收。结果是，在 1912 年到 1920 年之间，中国工业的平均增长率高达 13.8%。白吉尔对这一时期中国的各类企业进行了详细的分析，重点分析了机械工业的企业家和纱厂企业家。她总结说，与之前分析 1911 年到 1912 年革命的结论一致：

> 因此，新兴的资产阶级并没有与它所赖以存在的那种传统断绝关系，而是利用这种传统服务于它新的目的。这是中国（城市）社会本身提出的挑战，它越来越清楚地意识到自己存在的价值……

在初期的“黄金时代”之后，是被白吉尔称作“自由主义的尝试”的时期。1920 年至 1923 年，中国国内军阀混战、社会不稳，企业家领袖开始追索自由主义。他们尝试通过建立商会来保卫自己刚刚获得的自由权利，但是，这并不意味着他们在保护个人自由；他们谋求“联省自治”，并希望借此打破持续了好几个世纪的传统的恶性循环：不是经商自由与国内动乱同在，就是政权稳固与经济剥削并存。

公会、商会以及其他工业主联合会的建立是这个过程的重要组成部分。1923 年 6 月，这一过程达到了高潮，上海总商会成立了七十人的“民治委员会”，宣布上海“独立”。8 月份，在军队和外国势力的双重压力下，民治委员会被迫解散，还招来了不少嘲讽声。

在之后的1923—1927这四年中，广东和上海的资产阶级尝试去适应孙中山和蒋介石的新形式的集权政治，孙—蒋政权的建立先是通过北伐战争实现了全国的统一，紧接着就镇压激进的工农运动，最后试图剿杀蒋介石之前的盟友共产党。白吉尔总结说，此时资产阶级放弃了基本的经济权利的要求，完全归附于蒋介石政权。与其说资产阶级出卖了“无产阶级”，毋宁说资产阶级出卖了自己：“放弃业已获得的自治之权，资产阶级为自己设计了惨遭国家政权摧残的命运，因为正是这个阶级，为国家政权权威的重建作出了巨大的贡献。”

白吉尔还提到，中国的资产阶级与传统的精英阶层以及所有城市社会中处于上升时期的阶层都保持着频繁而紧密的联系，

> 他们继续发展着家族和私人的友谊关系；他们以家族内部不同成员之间的不同经历，以及各自不同经历而出现，他们都归属于特定的组织结构。

白吉尔以名声显赫的张氏一族为例，张嘉璈是中国银行界最有名的银行家，哥哥张君劢是著名的哲学家，妹妹张幼仪的丈夫徐志摩是中国最有名的浪漫派诗人。正如叶文心（Wen-hsin Yeh）在《疏离的学院：民国时期大学校园文化（1919—1937）》[4]一书中所说，“最现代的先驱”本身就是分裂而不愉快的。她的研究资料翔实，其中最重要、最具原创性的贡献之一便是，她揭示了在中国日益发展起来的大学校园中所存在的思想和社会的断裂。尤为珍贵的是叶文心对公立大学校长根深蒂固的保守主义思想的分析，她将其与小规模

的私立大学校长进行了对比，后者往往是五四运动中的进步人士，他们以不同的方式践行着1919年五四运动的领袖们所高呼的“民主与科学”的双重目标。

一个极好的保守主义思想者的例子便是上海交通大学（前身为南洋公学）的校长唐蔚芝*，在前文我们已经领略到了他在足球比赛中既激动又要竭力掩饰情绪的行为。唐蔚芝出生于1865年，是前清翰林，也是研究《易经》的主要学者。他相信他的学校（唐蔚芝于1907年至1921年担任南洋公学的校长）不仅要教授最高水平的现代工程技术，也要将中国的传统文化价值观传递给学生。交通大学的学生要经历一系列严格的考试，内容以他每日上课所讲授的道德训诫为主，学生能否免除学费则完全由伦理课上的考试成绩决定。在其他大学，学生们在毕业典礼上演出的莎士比亚戏剧往往会成为每学年的最高潮，而在南洋公学，校长唐蔚芝会亲自带领全体教职员与学生在孔子诞辰纪念日的当天举行隆重而庄严的祭孔大典。虽然清朝的科举制度已经在1905年被废除了，但是每逢秋季殿试的时间，唐蔚芝还会举行全校国文会考，由他亲自监考。1920年，在五四运动的激进主义思潮涌进交通大学之际，唐蔚芝愤而辞职，创办了国学专修馆（后改称国学专修学校）。在整个南京政府时期，唐蔚芝一直在这里向学生教授纯粹的儒家道德准则。

* 唐文治，字颖候，号蔚芝，清同治四年（1865）出生于江苏太仓。光绪六年入州学。十七岁执贽太仓王紫翔门下，治宋学，以品节深自检束。十八岁中举人，二十一岁入江阴南菁书院，二十八岁中进士。光绪三十三年（1907年），就任上海实业学校（今上海交通大学前身）监督。

传统的儒家价值观并没有因唐蔚芝的辞职而在交通大学消逝。叶文心在研究中揭示，一种新儒学正在复兴，它将儒家学说与古典音韵学联系起来，于20世纪二三十年代在中国大地上生根发芽。“这个意义上的国学研究建立在高度历史主义和文化主义的基础上，即以确保整体的排他性和系谱的纯正性为原则，拒绝在研究中掺入外来因素。”此时的交通大学比唐蔚芝时期更加纯粹，学生被要求写作说教性的道德文章，只有在论述中咬文嚼字才能回答好，即使是五四运动的文化先驱胡适先生恐怕也难以通过。时髦或清高都不是这种新儒学所关心的焦点，纯粹性才是。叶文心写道：“身为精英学者的国学家并不急于扩大学术传人的队伍。”

题目当中的“疏离”，一方面指的就是上文所描绘的民国校园生活中那些令人沮丧而墨守成规的部分，另一方面则来自不切实际的“现代化”学校。在这些学校当中，英文比中文更受重视；政治激进主义在这些校园中蔓延，但是这些学校没有清晰明确的制度体系来帮助毕业生在上层经济圈中找到工作。当时，大约有15%的大专毕业生无业可就，而在人文学科中这一比例更高。无论是在军阀时期还是1929年之后的国民党政府时期，政治对于大学校园的干预都是家常便饭。在一些更加精英主义的私立学校中，享乐主义盛行，学生们追求爱和浪漫，他们的行为举止时髦且西化。叶文心在研究校园的流行观念时，发现有一幅1931年的漫画非常吸引眼球，画中有一位年轻的女大学生，裸体短发，只穿着黑色的高跟鞋，斜坐在鸡尾酒杯中吹着萨克斯风。在当时，即使是私立高中也会时常以各种名目收取大量杂费：图书馆费、注册迟到金、补考费、建筑建设费、“破坏保证金”，以及实验室设备、乐器、体育器材、医疗费等等——高额的费用使得校园中拜金主义思潮弥漫，严重损害了学生的道德感。

公立学校中的大多数学生出身贫寒，饮食和生活条件拮据。他们日常的抱怨和抗议也只能招来更多的国家干预。在公立学校中，学生必须穿着标准的校服，遵循国民党制定的规章和条例，上有关“三民主义”的必修课（许多课程的设立只有一个宗旨，就是证明“三民主义”理论正确无误），唱国歌，军训也是必修课（女生军训的重点是实习护理）。叶文心提醒说，在南京国民政府主政时期，“中国的高校校园在外观和内涵上逐渐呈现了一致化的风貌。这意味着党与国家的力量已经深入地渗透到了大学行政管理和学生的日常生活之中”。这些变化在私立和公立学校中都普遍存在，只有少数在强硬的西方势力控制下的教会学校才侥幸逃脱了国民政府的威慑。

在1930年代后期，高校已经变得穷困潦倒，对国家命运也没有任何影响力。尽管如此，一些知识分子和教师却仍然坚持，没有就此放弃。在本书的末尾，叶文心引用了一大段朱光潜的话。朱光潜是20年代末30年代初中国美学理论的领军人，他竭力探索一条能够建设性地复兴中国精神的道路。他希望扩大社会中自我修养的概念——通过精心培育和规范社会中每一个成员的观念——使个人有能力培养足够的感受力，并践行充分的自律，以加入共享审美力的共同体。朱光潜强调，孔子的伟大之处在于，在明知是徒劳的情况下，仍然坚持不懈地去寻求道德理想。胡适，这位五四运动初期为中国的“新文化”和“民主科学”战斗的老将，虽然满怀悲观，但仍然希望能够找到有意义的途径。在1930年的《人权论集》的序言中，胡适引用了一个动人的神话故事：

> 昔有鹦鹉飞集陀山。山中大火，鹦鹉遥见，入水濡羽，飞而洒之，天神言："尔虽有志意，何足云也？"对曰："尝侨居是山，不忍见耳。"（《疏离的学院》，第276页）

在这个故事中，烧成灰烬的山暗喻日薄西山的国家政权在社会和政治上都逐渐失去了控制力，只有狂野的暴力肆虐。这个比喻准确得吓人。就如同清政府对新兴的革命派和孙中山领导的辛亥革命的预先警告一样，1930年代的国民党也有类似的恐惧，因而不断地在全国范围内捕杀共产党。

无论是在19世纪末，还是在1920年代末，在表面上合乎秩序的社会混乱的恐惧都是真真切切地存在的。贝思飞（Phil Billingsley）的这本《民国时期的土匪》[5]用翔实的资料，令人痛心地证明了这一观点。这本书中详细丰富的资料将我们带入了这个令人毛骨悚然的世界，最终以其令人惊讶的博学和长达八页的"土匪黑话"结尾。例如，"采花"指的是劫持绑架妇女或儿童，"包砟"则指消灭一个敌对的匪帮，枪弹被称为"白米"，"抱火"则是那些自愿领头、擎着火把进行夜袭的土匪，"吃二馍的"是在军队中收拾匪帮所留下的东西的土匪内线，"带彩"或"挂彩"是指受伤，"吊羊"是指抓到一个中等级别的人质，家境富裕的人质是"肥鸭"，一张"地牌票"是指女人质（"二五"是指未婚女子，处女），"放"人就是"杀"

人,“烧票”是指“炙烤人质或用其他方式将人质折磨致死”,“剪票”是指“割下人质的耳朵或手指”,“玩玩儿”是指盗匪活动,“拍豆腐”指“打屁股”,等等。

与海弗德和白吉尔一样,贝思飞的研究已经进行了二十余年,在发表之前一直处于不断的完善和修改的过程。就很多方面而言,他这本书的题目更加晦涩难懂,但我们要更好地了解中国现代化过程中的成长之痛时,却不能忽视。贝思飞并没有为他所研究的土匪势力感伤,也同样不会高估土匪首领的目标和思想境界。他只是用令人信服的方式,为我们揭示了在社会混乱的时代,土匪势力是如何萌芽的,又是如何在政权控制较为薄弱的地点发展壮大起来的。他还研究了共产党是如何将匪帮收编、使之成为革命力量的。贝思飞认为,国民党政权等,潜移默化地将匪帮转变为武装自卫队,这样的事实跟芝加哥黑手党艾尔·卡彭(Al Capone)被感召一样,都是“上层阶级”和“下层阶级”合作的最突出的例子。

此外,贝思飞还分析了他所说的“残酷的民主”,详细地介绍了在民国时期匪帮是如何创立和组织起来的。天然的领导才能、具有威望且能够“当家”、聪明过人、意志坚强、有地方关系、身强体壮、狡猾甚至年轻、机敏——这些都是成为土匪首领(偶尔还是女的)、可以号令成千上万追随者的条件。匪帮一旦建成,就有着严格的等级制度,这是模仿家庭与国家中的顺从和忠诚关系而建立起来的结构。尽管如此,贝思飞写道,“任命新首领基本上是很民主的,根据成就和众所周知的能力共同决定”。有一次,美国医生霍华德(H. J. Howard)曾被绑架到匪帮当中,但由于他是共济会成员(他们理解为是一种美国土匪），身高六英尺有余，汉语流利，再加上在拒捕时所表现出的无畏精神，以及作为医生所获得的教育和技能，匪帮的兄弟们反而推举他作为首领，但是他最终没有接受这一盛情厚意。

西方世界对于匪帮心存敬畏——贝思飞的书中就有一些最好的例子——1923 年的临城劫车案就是其中之一。1923 年 5 月，上千名山东土匪袭击并掀翻了列车“蓝色特快”号，这辆列车当时正停留在山东南部临城的津浦线上，这批土匪绑架了三百余名乘客，包括大约三十名白人，其中也包括数名美国人。土匪在得到八万五千元赎金之后释放了俘虏。而具有嘲讽意味的是，支付这笔赎金的是蒋介石的心腹，同时也是著名的土匪头子，* 此人也经营赌场、妓院和海洛因的生意。后来，应土匪们的要求，大多数土匪获准加入了正规军队，一些土匪首领还被委任官职。

在贝思飞选取的案例中，最生动的当属三位年轻的反清革命者的故事。1911 年 11 月，同盟会的三位年轻军人悄悄抵达豫西山区，打算把“河南盗王”王天纵的“大刀会”拉入革命队伍。为此，他们学习了土匪的“黑话”，随后进入土匪的营地执行任务。他们对土匪演讲，说明此行的目的，而土匪则用有猪肉、羊肉、鸡、鸭和酒水的宴席款待了他们。其中一名叫做吴沧州的年轻人还被领去见匪帮中的长者关母，且被其被收为义子（关母的儿子在一年前的夏天遇害）。吴沧州表示前来“约他们参加革命，打倒贪官污吏、土豪劣绅，替天行道”。在关母面前，吴沧州与另外两位匪酋歃血为盟，

* 这里指出面调解的上海青帮头子杜月笙。

杀了一只鸡，将鸡冠里的血滴入酒碗中，三人同饮一碗，起誓结为兄弟。仪式结束后，关母把儿子留下的一支珍贵的勃朗宁手枪送给了吴沧州。

歃血为盟和勃朗宁手枪将我们拉回了本文开头的足球场和儒者的长袍那一幕，也将我们拉回了白酒消毒和天花疫苗那一幕。这五本书无不提醒着我们，在中国漫长的现代化转型中，传统的因素逐渐匿于新的因素之中，而这一过程中始终伴随着矛盾。

天安门

天安门广场是中国最富有历史和情感的城市广场。[1] 天安门本身——“承天安之门”，古色古香，壮美秀丽。这里是金碧辉煌的紫禁城的正门，也是在皇城宫阙之外的公共空间和革命场所。天安门广场占地九十英亩，人民英雄纪念碑屹立在广场的中央，毛泽东纪念堂坐落于广场南部。人民大会堂和中国国家博物馆在广场的东西两侧遥遥相对。长安街及其向东、向西的延伸线是北京最繁华的大街，不少政府机构和宾馆位于这条大街的两侧。穿过这些大街，北京的胡同和羊肠小道如同迷宫一般延展开来，各式各样的小店铺和小餐馆坐落在这些胡同中。如果与现代的美国做个类比，这就好像是将纽约的时代广场拓展成十个街区长、四个街区宽的空间，而广场的北面是白宫、南面是林肯纪念堂。

我们今天看到的天安门始建于明朝（1368—1644）的 1420 年代，明成祖朱棣即位后把首都从南京迁到了长江以北的北京。都城是根据皇帝的圣旨修建的，分为两个部分。里面的部分是皇帝、嫔妃和皇子的寝宫，以及听政大殿——也就是现在所说的紫禁城——宫城周围环绕着高二十二英尺、厚三十英尺、长二又四分之一英里的宫墙。紫禁城被第二重宫殿庙宇——皇城所环绕，这里是皇室宗亲和各官僚机构的府衙所在地。皇城占地约两平方英里，由十八英尺高、六英里半长的城墙环绕。大小官员及其家眷则居住在皇城外的外城，这里也有不少商贩和北京居民。外城占地近十二平方英里，被第三道高四十一英尺、厚六十二英尺、长十一英里半的城墙所环卫。整个都城的设计理念恢弘，精美绝伦。

天安门是皇城的中心入口，坐落在城市的中轴线上，往北通向拱卫紫禁城的午门，向南通往外环的防守线。明代一位参与设计的学者从中国古代星象学说和风水学说的角度来解释都城的设计，按照他的说法，整个都城是仿照人体结构设计的。紫禁城就是人的腑脏，外部城墙防线的各点就是人的头、肩、手、足，天安门就是守卫心脏的保护组织，而通往天安门的大道则是肺。

明清两代的统治者受到了这种象征意义的影响，也根据实际的管理需要，赋予了天安门在皇室礼制中的重要地位。当时，皇帝在紫禁城的宫殿中颁布的诏令，会由太监用精美的盘子托着，护以黄盖，出午门，走过长长的大道，送达天安门城楼的正门下。恭候在那里的文武百官跪在天安门南面的金水桥边，由一名宣诏官高声宣读皇帝的诏令。读毕，跪在那里的官员便毕恭毕敬地接过诏令，将诏书转抄并颁行全国。

在明清时期，还没有如今天这般规模的天安门广场，而是在天安门、城墙和寝宫之间向南组成了一个 T 形的宫廷庭院。在 T 形的两端以及底部，都有三重拱门直通天安门。T 形庭院的规模也相当宏大，T 字顶端东西跨度一千二百五十英尺，南北宽五百七十五英尺；T 字的柄端约半英里长、三百三十英尺宽，两侧整齐地排列着六部、军机处等官僚机构。当时在天安门前，并没有贯穿东西的长安街，而是在东西方向各开设了左安门和右安门。

在很多布置上都可以看出天安门的象征意义及其在中央统治中的角色地位，比如说天安门城楼楼顶正脊上的神兽“鸱吻”，它既有装饰之效，也有镇火之意；再比如说天安门前后的汉白玉石华表，上有祥云雕饰，云端有一尊蹲兽石犼。石犼是监督君王行为的神兽，朝北（面向宫内）的石犼叫“望君出”，监督君王在朝廷之上的行为，朝南（宫前）的石犼叫“望君归”，监督君王对待黎民百姓的态度。根据史书记载，华表最初是木头制成的，时人可以在华表上针砭时弊，而皇帝则责无旁贷地要亲自阅览写在华表上的文字。

天安门及其面前的广场，最初是极具象征、礼制和官僚意义的，只有在国家危难之时才会成为公共建筑。1644 年便出现了这样的时刻：农民起义军李自成从中国西部的陕西省一路进军，攻陷了京师。紫禁城的大门被叛军打开，而明崇祯帝最终吊死在紫禁城以北的景山上。据说——尽管这一故事听起来令人难以置信——李自成骑马进入天安门之时，拈弓搭箭，向“天”（当时的天安门名为“承天门”）字射去，声言如果能够射中“天”字，他的王朝便将所向披靡。但是他并没有射中，李氏王朝在同一年即被从东北侵入中原的满人所推翻（据说在 1930 年代末，导游都会给游客讲解这一箭痕的故事）。之后，满人建立了大清王朝。不管李自成射箭是否确有其事，但天安门确实在 1644 年北京的恶战中遭到了极大的破坏，甚至几乎成为废墟。我们现在所看到的天安门，五个拱门分立，设计精美，是在 1651 年重新修缮而成的。*

紫禁城的下一个入侵者是外国列强——1813 年一次小规模的起义曾攻陷了紫禁城的第一道门，暂且不论。** 英法联军在 1860 年攻陷北京，并强迫清帝准允外国使节进驻京城。英法联军兵临城下，驻扎在天安门附近，他们曾打算火烧紫禁城以报复清朝杀害其外交使节的行为，但最终决定还是保留紫禁城，转而进军北京西北郊区，焚烧了精美绝伦的皇家园林——圆明园。

清朝一屈服于他们的要求，英法联军便在天安门外东南方向建造了东西长一英里、南北宽半英里的使馆区，作为外国使节居住的地方。1900 年“扶清灭洋”、反对基督教的义和团运动爆发，起义者对这片使馆区进行了长达七周的围攻。这次起义实际上得到了慈禧太后的支持，直到八国联军从天津大沽口登陆，进而攻陷北京，起义才被镇压下来。在这次冲突中，天安门以南的使馆区受到了重创，甚至有几个府邸被焚毁。当八国联军进攻北京之时，慈禧太后携光绪皇帝出逃，到西安躲了起来。这一次，西方军队从天安门一路攻陷紫禁城，一度将紫禁城作为八国联军的司令部，而天安门前的空地则成为外国兵马的集结之地。天安门广场的东南部就是在这个时候被第一次清理出来的，为了避免对使馆区的围攻，西方列强

---

* 此处有误。我们现在看到的天安门是在 1949 年整修后完成的。1949 年下半年，新中国定于 10 月 1 日举行开国大典，地点定于天安门广场。当时的天安门城楼因年久失修，破败不堪，经第一届北平市各界代表会议一致决定整修天安门和天安门广场。

** 这次起义指的是 1813 年的八卦教起义。

不仅绕使馆区修建了围墙，还挖了壕沟；为了避免遭遇突然攻击和渗透，西方列强还在围墙外设立了禁火区。除此之外，西方列强还要求并获准在四十一英尺高的中国城墙上巡视，这将是防止清政府入侵使馆区的防火线。

在各省此起彼伏的叛乱中，风雨飘摇的大清王朝终于在1912年走向了崩溃。虚弱的中华民国在内忧外患之中宣布成立。孙中山，这位自1890年代起便致力于反清事业的革命志士，怀着宪政共和的愿望，于1912年就任中华民国临时大总统。他试图在南京宣誓就职，并像明朝一样定都于此，但是他却被作风强硬、老谋深算的前清元帅袁世凯算计。袁世凯坚持定都北京，因为他的部下主要驻扎在北京。袁世凯的军事实力远在孙中山之上，于是孙中山最终同意推举袁世凯取代他担任中华民国临时大总统一职。袁世凯深知天安门作为中央集权的核心的象征意义，他让自己的军队在天安门前集结，并在他宣誓就职的时候举行了盛大的阅兵仪式。

1912年初，年少的溥仪皇帝被废，获允暂时居住在紫禁城。与溥仪一同留在紫禁城的，不仅有他的皇室家人、太监奴才，还有宫廷里的大部分珍宝。从天安门到午门以北的第一座宫殿都被收归国有，不少政府部门和博物馆都落户于此。这一时期，天安门还见证了两件大事。第一件便是袁世凯的葬礼，1916年，袁世凯在称帝之后遭到天下人唾弃，讨伐之声遍野，不久后他便因病暴毙。尽管有如此下场，但袁世凯的葬礼还是相当隆重的，是一次真正的大场面。另一件事情则更加离奇，效忠清廷的将军张勋试图拥戴十一岁的溥仪恢复帝制。张勋的军队一度占领了天安门广场和紫禁城，古老的帝国龙旗也再一次飘扬了起来。但是，随着张勋的军队被冯玉祥的国民军击败，溥仪也被施加了新的限制，并最终于 1924 年被驱逐出紫禁城。由此，整个紫禁城被收归国有，成了旅游景点、办公场所和博物馆。天安门广场也成为真正意义上的公共广场。

在这一时期，北京城经历了巨大的变化，天安门的象征意义也随之有所改变。天安门逐步转变成一个用于公共集会和开展国是辩论的场所。这一转变的部分原因在于，天安门广场周边已经成为中国政治和教育中心。新的司法部位于广场以西，再往西边是新议会。同时，这一片区也是高校的集中地，在封建帝制被推翻以后，雄心壮志的中华儿女都希望能在这里实现自己的人生理想。北京大学的三大主校区——文科、理科和法律——就坐落在紫禁城以东，步行很快就能到达天安门广场。另外还有十几所其他高校也聚集在广场周边，主要是在广场的西侧，包括几所女子学院，著名的清华大学也坐落于此。* 清华大学的学生以英文见长，是著名的留美预备学校。

1917 年，学生和市民都聚集在天安门广场，庆祝粉碎了溥仪恢复帝制的企图，天安门广场到处都飘扬着民国的旗帜。但对中国历史影响最大的示威游行还是 1919 年的五四运动。在 1919 年 5 月 4 日当天，来自十三所高校的三千名学生代表聚集在天安门广场，抗议丧权辱国的《凡尔赛和约》。根据这个和约，战胜的协约国将把战败的德国的在华租界转让给日本，而实际上在参战之前，日本就

* 此处有误。清华大学诞生于 1911 年，从建立之日起清华大学便坐落于清华园，从未迁址过北京内城区。

已经和协约国秘密签订了转让租界的条约。中国人对此出离愤怒。在第一次世界大战中，中国加入了协约国一方，派遣十余万名劳工到欧洲帮助协约国挖战壕、修码头，负责保障英法军队的供给线。而现在，作为战胜国一方，中国的利益要求却遭到了粗暴的拒绝。

5 月 4 日的游行示威揭开了中国民族觉醒的新篇章，而天安门广场作为政治中心的形象也在国人心中深深扎根。示威者相信他们所宣传的是爱国思想，但是游行还是遭遇了警察和外国使馆安保力量的镇压，一些示威者被捕入狱，其中一人因受伤严重而死亡。1919 年 5 月 4 日的示威游行唤起了国人的觉醒，中国的学者、科学家、作家和艺术家以这一天的日期来命名这次游行，将其称为“五四运动”。由此，他们开始寻找救国之良方，尝试将民主、科学的精神融入中国的社会和政府理念中去。五四运动促使中国的知识分子开始研究中国工人和农民的困境，促使他们从马克思列宁主义的理论和组织中寻找救亡图存之道，从而直接影响了中国共产党的成立，1921 年，中共“一大”召开。

如果说 1919 年是天安门广场正式成为一个大众的、反政府的宣言的场所，那么 1925 年和 1926 年则见证了这块示威游行之地的成熟，这是天安门广场第一次接受火的洗礼。时值中华民国历史上的艰难岁月，北京政府腐败无能，成了军阀统治的爪牙；国内军阀割据，有的能控制全省，有的则只能占据几个分散的城市或乡村；西方列强继续在经济上和政治上瓜分中国，日本也加快了蚕食中国领土的脚步，特别是在东北地区；而孙中山和蒋介石此时在中国的南方城市广州积极组建新的革命政府，与共产党人一道，尝试用武力重新统一中国。1925 年 5 月 30 日，上海的英国警察杀害了四十余名中国示威者，这一事件激起了人们对西方帝国主义的愤怒，北京市民自发地来到天安门广场组织了声势浩大的声援上海的集会。1925 年 6 月 10 日，十万余名中国人聚集在天安门前，这里面不仅仅有学生、知识分子，还包括木匠、鞋匠、典当商、铁匠和理发师，商会、教师联合会、农会也都纷纷派出了代表团。天安门前的公共演讲台上贴满了标语："废除不平等条约"、"抵制英货日货"、"打倒列强"，等等。天安门广场上另有五个公共演讲台，分别在广场的不同位置，分配给不同职业的团体使用。写满了政治标语的纸旗在树干上飘扬——天安门广场仍然充满了公众活动场所的味道，而并非如现在这样是一块空旷之地——在附近建筑的墙上也满是用黑墨和木炭书写的标语。本地的慈善机构为示威者提供茶水，小商贩也为游行的人们提供免费的汽水。学生纠察队维持着秩序，警察和军队也与示威群众保持着距离。

但是在那个秋冬之际，示威游行此起彼伏，当局的耐心也逐渐消耗殆尽。警察开始试图阻止有组织的示威队伍进入天安门广场，市政府也试图通过植树、取消人行道等办法来缩小广场的面积。警察、学生和军阀军队之间的冲突成了家常便饭。1926 年 3 月 18 日，当局的武装暴力最终爆发了出来。那一天，以学生和劳工为主体的六千余名示威群众聚集在天安门广场，抗议军阀政府无条件接受日本的要求。在群情激昂的演说之后，示威群众拥向北京政府的办公所在地。此时，军队在没有事先疏散人群的情况下，向示威群众开了火，致使至少五十名示威者死亡，两百余人受伤。"墨写的谎说，决掩不住血写的事实。”中国的著名作家鲁迅呐喊了，他的学生也死于这场惨案："血债必须用同物偿还。拖欠得愈久，就要付更大的利息！”

1928年之后，天安门作为公众活动场所的重要性一度减弱，因为蒋介石的军队以广州为起点成功进行了北伐战争，于这一年在名义上统一了全国，并依照孙中山先生十六年前的心愿，定都于南京。尽管孙中山的肖像被挂在了天安门城楼中央，但随着政府机构迁往南京，北京更名为北平，失去了曾经的中心地位，天安门广场的学生游行也不再具有以往的重要性。但是1935年12月9日的游行是个例外。这一天，北京的学生和市民聚集在天安门广场，抗议蒋介石对日的绥靖政策。北京警察为了阻止这次示威游行，封锁了前往天安门广场的大门，他们还用高压水龙头，在冰封三尺的冬天，对准了游行的学生队伍，试图以此来浇灭他们的爱国热情。尽管这次游行的影响力远不如1919年的“五四运动”或是1926年的“三一八”，但是，“一二·九”——人们很快就用这一日期来命名这次示威游行——确实成为掀起全国反日浪潮的重要标志。

1938年以后，北京学生的数量大幅减少。在日本发动全面侵华之后，蒋介石的军队撤退到了西南内陆，在那里成立了流亡的西南联大。而毛泽东领导的中国共产党，在陕西建立了自己的根据地，吸引了一批进步学生加入革命的事业中。而此时的日本人在天安门和天安门广场上张灯结彩，还组织了多次拥戴日本统治的集会和检阅伪军的阅兵仪式。1943年，日本关闭了使馆区以作他用。1945年日本战败，学生从西南地区回到北京，天安门广场再次成为集会的中心地带。国共两党在这一时期打响了关乎国家命运的内战，而这一时期在天安门广场上的游行示威通常是在进步学生领导下的反蒋游行。

毛泽东和共产党重塑了天安门广场，使其成为新中国的公众活动场所和办公用地。1949 年 9 月末，共产党的胜利成为现实，毛泽东在北平召开了一系列会议来探讨国家未来的出路，毫无疑问，他希望新中国能够接受共产党的领导。为了强调这一点，天安门城楼中央、面朝天安门广场的一面挂上了两个伟人的画像——一幅是毛泽东本人的画像，另一幅是朱德的画像。朱德是毛泽东最重要的将军、红军的缔造者、长期游击战中的卓越指挥官。9 月 30 日，毛泽东带着政协代表走进了天安门广场，在天安门以南约半英里的地方树立起了人民英雄纪念碑，其位置正处宫门间的中轴线上。1949 年 10 月 1 日，毛泽东登上了北京的天安门城楼（“北平”已经再次更名为“北京”），在群众的欢呼雀跃中，宣布中华人民共和国成立。

建国后的天安门，已经成为共产党领导下最重要的公众活动场所。但是随着游行的规模越来越大，日常交通越来越拥挤，广场东西两侧的左安门和右安门也越来越显得浮夸而不合时宜。参与规划的一名中国建筑师说，“经过长达两年的激烈辩论，北京的市民终于认同左右安门已经成为城市发展的严重障碍”。于是，在 1952 年 8 月，这两扇门被推倒，其历史使命宣告终结。由此，天安门广场可以接纳更大的人流量，也可以用来检阅大规模军事装备了。但是，这片广场仍然被原 T 字形广场残留下的围墙所环绕。最终，在 1958 年，所有的围墙连同庇护它们的建筑都一同被推倒。广场的面积大大拓宽，已经超过了四十公顷（大约九十九英亩），可以同时容纳一百万人。随后，两幢巨型建筑在广场两边拔地而起——人民大会堂和国家历史博物馆。同样是在1958年，华丽的巨型浮雕人民英雄纪念碑宣告完工，成为天安门广场的中心建筑。每逢五一劳动节和国庆节庆典，毛泽东和党的其他领导人会站在天安门城楼上，检阅广场上的群众，另外还有约一万名特邀嘉宾和政府官员就站在领导人身后的观礼台上，沿着紫禁城的城墙伸展开来。1966年是“文化大革命”十年浩劫的开始，起初是成千上万、而后是数百万的红卫兵，在城市、在农村行动起来，要打倒所有掌权者，给曾经的领导人贴上“走资派”或是缺乏革命热情的标签。邓小平便是被逮捕、被撤职、被虐待、被羞辱的领导人之一。

中国共产党对天安门广场进行了重新规划，更多的是将它用于党领导下的政治集会。此时的天安门广场，已经不再是1919年到1949年期间的公共政治论坛了。在新中国成立之初，几乎所有的高等院校都迁到了北京城郊。而迁移的原因更是实用性的：城内需要公共场所和公共设施。如果政府是想要好好保护这片广场的话，那么将北大、清华等著名学府迁移到西北城郊的决定也就容易理解了。从那里到天安门广场中心需要步行四个小时或者是骑行一个小时；那时还没有地铁线，唯一的公车也没定时，通常还需要换乘好几次。

但是渐渐地，几乎是模糊不清地，政府对于天安门广场的控制开始减弱。在1976年周恩来总理去世之时，成千上万的示威者和吊唁者自发聚集起来，表达对这位已逝领导人的怀念。在某种程度上，天安门成为群众运动的场所。

业师介绍

芮沃寿

日本偷袭珍珠港的时候，芮沃寿（1913—1976）还在北平学习；之后几个星期，他专注于研读一本日本学者刚完成的佛教著作。这本书名为《河南洛阳龙门石窟研究》，由多名日本学者共同完成，其中一位便是塚本善隆教授*。1940年9月至1941年5月期间，芮沃寿曾在京都学习，师从时在嵯峨清凉寺出家为僧的塚本善隆教授。在京都的学习，为芮沃寿日后研究《传记与圣传：慧皎的〈高僧传〉》（*Biography and Hagiography: Hui-chiao's Lives of Eminent Monks*）奠定了坚实的基础。芮沃寿评价说，虽然《河南洛阳龙门石窟研究》尚不能取代沙畹（Edouard Chavannes）的《北中国考古图录》（*Mission archeologique dans la Chine septentrionale*）中有关龙门石窟的研究，“但却与后者有着异曲同工之妙，对从事中国艺术史、佛教史和文化

---

* 塚本善隆，日本佛教学者。毕业于京都帝国大学，1928年到中国北平辅仁大学留学，后专门从事中国佛教研究。后任京都大学教授、京都国立博物馆馆长。1976年，被选为日本学士院会员。著有《中国佛教史研究·北魏篇》《魏书释老志的研究》《中国佛教史》《日中佛教交涉史研究》等。

史科学研究工作的学者来说，都具有参考借鉴的意义”。芮沃寿还写道，塚本善隆教授“长期的僧侣修行、对佛教的研究、全面的科学训练和清晰的思路为这类研究奠定了基础性工作，目前西方学术界尚没有文章能够与之媲美”。[1]短短几句话，反映出了芮沃寿学术生涯的历史价值观和态度：无论我们的视野多么宽广，仍然需要对文化历史进行“科学的研究”；艺术和佛教是文化历史的一部分；对于历史研究来说，清晰的表达至关重要；法国人的汉学研究虽然一直占据世界主导地位，日本学者却又开辟了重要而崭新的研究领域。

芮沃寿的学术生涯大致遵循着这样的轨迹：因为对欧洲历史的一般规律感兴趣而迷上了美学研究，又因为对美学的研究而从事佛教研究，最终走向了汉学研究。欧洲历史是芮沃寿学术研究的起点，主要是受到了盖拉德（Albert Léon Guérard）的《一个理念的生与死：古典时期的法国》（*The Life and Death of an Ideal : France in the Classical Age*，1928）一书的影响。芮沃寿在斯坦福大学求学期间，曾于大学三年级和四年级的时候师从盖拉尔。在结识盖拉尔之前，芮沃寿一直在钻研乔尔丹诺·布鲁诺（Giordano Bruno）对于社会的态度——布鲁诺曾遭社会排挤，并最终被迫害致死。他在一篇论文的参考书目中提到自己这一阶段的作品时挖苦地写道：“芮沃寿：《布鲁诺的生活概述及其他》（*Giordano Bruno, a Synopsis of his Life, etc.*），未发表的杰作，斯坦福大学，加州，1933 年。”[2]在盖拉尔教授的鼓励下，芮沃寿开始更加积极地思考历史上个人意志和社会环境的问题。首先，在一篇题为《巴尔扎克与历史精神》的论文中分析了文学传统，集中探讨了巴尔扎克的反社会进步论，并追溯巴尔扎克“相信过去及传统习俗”的思想根源。芮沃寿认为，巴尔扎克的思想具有“非凡的客观性，与今天那些平淡无奇的客观性不同，这种客观性是一种个人天赋的火焰式迸发”。1934 年秋冬之际，也是在盖拉尔的指导下，芮沃寿在一篇题为《梅列日科夫斯基与拿破仑，或神秘、历史、理论与荒谬》的论文中更加大胆地探讨了这些话题。无论是芮沃寿的学生，还是论文经他审阅的学者，都能看到芮沃寿的学术精神——仔细地阅读史料，抛弃一切做作，追求严谨的表达，在自信时大胆做出判断。

同样是在盖拉尔的鼓励下，芮沃寿开始修改自己的学术研究成果以发表。在《梅列日科夫斯基与拿破仑，或神秘、历史、理论与荒谬》这篇论文的修订稿中，芮沃寿提出了四个部分的内容：第一，“极端形式”的传奇观念，例如“超人”和“圣人”的观念，以及作为辅助的“太阳神”的概念；第二，作家作为人类、艺术家和哲学家的角色，成为传奇的最新形式；第三，写作背后的美学概念；第四，对于“转变”的研究，使得这一方式“混合了美学典范的新旧元素”。[3]

但是，随着兴趣的发展，芮沃寿越来越接近中国佛教研究。十六岁那年，他跟随父母访问了远东，由此，兴趣的种子开始萌芽。（不过芮沃寿的父母似乎对于东亚并不感兴趣，在他家的影集中，只有寥寥数张亚洲的照片，其中有中国颐和园的门廊，还有日本镰仓的佛陀，其余全是在美国游历时拍摄的别墅、汽车、家族企业和风景旅店的照片。）在这次游历过程中，芮沃寿得到了一枚大号的中国印章，用来在几本精选出来的书籍上盖章。我见到的盖有这枚印章的最早的书籍，是佩初兹（Raphael Petrucci）的《中国绘画》

（*Chinese Painters*）。该书于1920年出版于美国纽约，由著名汉学家劳伦斯·宾雍（Laurence Binyon）作序。芮沃寿题写的盖印日期是1933年5月。如果此时他已经初步了解中国历史的话，历史学家和艺术史学家对佛教的不同看法一定会让他印象深刻。在中国历史的叙述中，很少提到佛教，但在这里，佩初兹考察了汉代末年之名士风流后写道："这种风度源于一个枯竭的世界，其中还保留着原始的粗野；这种风度继承自一场浩大的运动，紧紧跟随着佛教的布道。在诸多新神背后，我们看到了外来的影响力初次登场，这一影响确切无疑而旷日持久。文明开始转型，活力得以新生。"这一印象在苏里耶（George Soulié de Morant）的《中国艺术史》（*A History of Chinese Art*，1931）中得到了强化。这本书肯定是芮沃寿到牛津大学之后买的，因为书中印章日期是1935年11月。《斯坦福写作年鉴》（*A Year Book of Stanford Writing*，1935）中收录了芮沃寿的一篇题为《卡莱尔和现代气质》[4]的文章，在文末的作者介绍中写着："芮沃寿，三十五岁，英国俱乐部的成员。他曾在东亚广泛游历，现为东方宗教学的学者。他热爱高尔夫球。明年将就读牛津大学。"这段文字可以证明我们之前的判断。

初入牛津，芮沃寿感到很孤单、心烦意乱——我们可以从几本书中的题词猜测出来，例如，"赠予芮沃寿：你最好的朋友"、"祝芮沃寿生日快乐"。这些题词似乎平淡无奇，但是如果我们知道这些其实都是芮沃寿自己写的，而这些诗歌或文学作品其实是他送给自己的礼物，就不会这么想了。但与此同时，在修中诚（E. R. Hughes）的指导下，他对中国宗教和历史的理解也在不断深化。此时修中诚肯定已经完成了《古典时期的中国哲学》一书的写作，并于 1942 年出版。1956 年，在修中诚的讣告当中，芮沃寿言简意赅地评价说："（他是）第一位也是最重要的一位人类学家，广泛涉猎文学和哲学，总是乐于探索能够产生新思想或是深化理解的新领域。"[5] 尽管在汉学研究上越来越严肃，但芮沃寿仍然保留着他在斯坦福的美学品位。这一时期的牛津好友，爱德华 · 洛伯里（Edward Lowbury）博士曾记载了在芮沃寿的寝室第一次听到西贝柳斯的第五交响曲，说他的音乐赏析就像"一幅完美的黎明美景图"。芮沃寿也成为诗歌和戏剧创作伉俪布兰福德（F. V. Branford）夫妇的朋友，他们还将有布兰福德题词的《白骏马》（*The White Stallion*）赠送给了洛伯里。他也是一个大学生文学社的社员，这个文学社不大，但这类社团是牛津和剑桥学生生活的一部分。这个社团名为"燕子"，其社员严格限制在十二人（也许这是对"剑桥使徒社"[*]之风雅的嘲弄，该使徒社的很多成员是布卢姆茨伯里派）。如果说"燕子"这一名字来自莎士比亚的《麦克白》的话，我们也可以用这段话对芮沃寿越来越学术的研究开一个优雅的玩笑：

> 夏天的客人——巡礼庙宇的燕子，
>
> 也在这里筑下了它的温暖的巢居，

---

* 剑桥使徒社是剑桥大学的一个秘密社团，由剑桥大学学生乔治 · 汤姆林森于 1820 年建立。名称源于耶稣的十二使徒，该社团成立时共有十二名成员，因此称作剑桥使徒。第一次世界大战前，由于布卢姆茨伯里派的兴起，剑桥使徒才逐渐发展起来。

这可以证明这里的空气有一种诱人的香味；

檐下梁间、墙头屋角，无不是这鸟儿安置吊床和摇篮的地方：

凡是它们生息繁殖之处，我注意到空气总是很新鲜芬芳。

（《麦克白》，第一幕，第六场）

即使是在牛津求学的日子，芮沃寿也表现出了惊人的专业治学精神：在燕子社有一次轮到他做主题演讲，他选择了日本的茶道作为演讲题目；令人惊讶的是，为了准备这一演讲，他写信给《日本的茶道》（*Cha No Yu: Tea Cult of Japan*,1932）的作者福喜多安之介，说他读了这本书，很是喜欢，并询问能否得到每道工序的照片。福喜多安之介很热情地给芮沃寿寄去了一大套精美的茶具，并详细说明了茶道的每道程序。

有人会说，这是芮沃寿一直以来都具有的学者气质——广交朋友，分享兴趣，切磋学问，交流信息。正是保持着这样的理想，即使是在 1950 年代成为一名资深学者之后，他仍然奉献了很多宝贵的时间来筹资组织学术会议，尽可能地选择吸引人的地方，最大限度地营造轻松愉快的氛围来召开最高水平的学术会议。（也许只有在学术研究领域相对较小，参会者收入可观或有组织定期提供资助的情况下，这样的理想才能够实现。）

1937 年，在完成了一大批学术工作之后，芮沃寿回到了美国，前往哈佛大学攻读博士学位。在哈佛，他一头扎进了汉语和日语的学习当中，师从叶理绥（Serge Elisseeff）和魏鲁南（James Ware）两位教授。同时，他还选修了美学、宗教社会学（师从阿瑟·达比·诺

克 [A. D. Nock] 教授）和印度宗教等课程。虽然他的汉语和日语日益熟练，但他仍然沉浸在欧洲的汉学研究传统当中，始终对沙畹、伯希和及马伯乐的研究成果充满了敬仰。后来成为教师，他也要求自己的学生仔细研读这些教授的学术著作。也正是在哈佛大学，他结识了芮玛丽（Mary Clabaugh）。玛丽刚毕业于瓦萨学院（Vassar），在雷德克里夫学院（Radcliffe）受教于费正清教授学习中国近代史。1939 年末，芮沃寿和玛丽订婚。正如玛丽在写给父亲的一封家信中说道："经济情况尚不宽裕，但是我们有信心，一定是可以度过的。我们要去怀德纳图书馆啦。"同样是在这封家信中，芮玛丽骄傲地写道："费正清教授认为我的论文很出色，是'一项艰巨的工程'，是'一项丰硕的成果'。毫无疑问我的论文是第一流的，与哈佛大学最优秀的学生一个水平。"[6] 芮沃寿和芮玛丽于 1940 年 7 月 6 日在华盛顿的国家大教堂举行了婚礼，并在同年 9 月从西雅图出发前往日本。

尽管当时的国际局势还扑朔迷离，京都的生活对于芮沃寿和芮玛丽来说仍是一段充满了惊奇的经历。在这个理想的家园中，学术对话由此展开——他们的小屋坐落在河原町外的白梅辻子，楼下的房间有拉门可以直通花园，花园中"四棵橡树，四棵山茶，五棵竹子，杜鹃花和栀子花散落在三块美丽的石头之间"。[7] 10 月份的时候他们刚入住不久，便收到了家人的来信，因为战争的威胁，要求他们赶紧归国。两人都拒绝了。他们在京都聘请了七个家庭教师，[8] 教他们汉语和日语口语、佛教历史和《妙法莲华经》。他们拜访庙宇，漫步在冬日的山头；[9] 当然，也要面对书籍缺乏、食品短缺的窘境，无奈地服从政府的禁舞令和禁酒令，甚至要四处寻觅一个炉子。芮沃寿终于成功地弄到了炉子，芮玛丽在给父亲和姐姐的信中写道：“阿瑟回来啦，浑身湿透了像个傻瓜，他的自行车后座上绑着一个黑色的大炉子。你们真应该来看看。”[10]

到了 1941 年年初，他们已经有了九个或者更多的家庭教师：其中芮沃寿有六名，他每周跟随每个人学习两个小时—— 一名讲授论文写作的佛教史学家（很可能是塚本善隆教授），一名书法老师，一个是附近寺庙的讲经师父，一名口语老师和两名指导他阅读时文和书籍的老师；[11] 芮玛丽也又有了一名教中国近代史的高级讲师，还请了一名学生辅导她阅读有关中国的日本文献。[12]

似乎一切就绪，但是随着日本国内的局势紧张，到了 3 月，芮沃寿前往北平打听在那里求学的可能性——他们瞒着双方家庭，因为两边的家人已经为他们担惊受怕了。这是卢沟桥事变之后中日战事爆发的第四年了，但相比之下，北平并没有京都那么紧张。这一时期仅有为数不多的芮沃寿的信件保留了下来，其中一封描述了这次北平之旅：

> 我这次前往北平的旅程非常成功，唯一遗憾的是玛丽未能同行。我乘坐火车，途径朝鲜和伪满洲国，穿越了一道道边境线，和一个个难以对付的边检官打交道，真是烦人。中国仍然在寒冬中挣扎，在日本军人那暖绿色军装对照下，显得一片荒凉。奉天(今沈阳)下了一场新雪，火车上有供暖，但是并不通风透气，特别是每个座位都售给了三个不相识的陌生人，非常别扭。但是，第三天的傍晚我们抵达北平，有好友接站，我在他们那里住了一阵子。他们的住

所就在北京语言学校里面，别致雅观，他们盛情邀我同住。

我到达北平的那天晚上，他们举办了一个奢华的晚宴，我在这里遇到了几位哈佛的旧友。招待我的那位朋友，家中三代都在北京。我们的晚宴一点都不失帝国的奢华；我们聚会的餐厅，据说慈禧太后也常来，光是菜谱就有一尺多长，最后一道菜是北平烤鸭和核桃汤。餐间还有中国美酒，我们一轮又一轮地祝酒干杯。

很快，我便开始按照我那满满的时间表做事，会见了各种书商、丝绸商和学者。我还拜访了博学的中国学者方志彤（Achilles Fang）教授，并将我的论文读给他听。他的英语口语无可挑剔，还教授德语，他还将普鲁塔克和拉丁诗人的作品翻译成中文。此外，他还精通复杂的汉语，并给我提出了很多宝贵的建议。我给自己和玛丽买的书堆积如山，还买了一些中国毛毯（算是迟到的结婚礼物吧）；月末的时候会有朋友帮我们将毛毯带回美国；我们的小屋已经装不下我和玛丽的书了。在北平我还见到了一些有名的“老北京”，包括福开森（John C. Ferguson）教授，他是清朝及之后历届政府的顾问。他尤其喜欢收藏中国玩意儿，有很多价值连城的古董、书籍和瓷器，等等。他住在一座多庭院的寺庙里，院子由几十个仆人看管。福开森教授非常英俊，面色红润，是一个长着白胡子的老绅士，举止庄重但不失慈祥亲切。和他讨论过几篇论文之后，我发现他对什么事情都有独到的见解，不可小觑。我在他家吃过几顿饭，和我的一些旧友也聚过，省去了我好多待客之劳。住在寺庙中的房间里，感觉宽敞而迷人。七年未见的老朋友也招待了我；他在使馆工作，住的公寓也在一座寺院中，装饰得富丽堂皇，红色的锦缎从天花板垂到地板上，红色的皮质家具，配上古色古香的横梁和精致的门道，简直完美。[13]

到了6月，芮沃寿和芮玛丽都到了北平，家教每天教授三个小时的中文，住在一个满族大院的厢房中。他们在这里治学，也是最后一次采用老式的方法，各自有独立的书房。他们的住所有一个宏大的、高横梁的起居室，一个单独的卧室，一个缝纫室——都在庭院花园中。三个仆人负责服侍他们——两人负责重活和清洁，一个负责做饭。[14] 芮玛丽估计，他们付给三个仆人以及三个新请的家教的薪水虽说微薄，但也可以供二十个人糊口。[15]

和在京都一样，尽管新增了三个家教来帮他们的研究工作，紧张的局势和压力也开始笼罩他们。芮玛丽通过阅读报纸，记载了当时中国人的民族精神状况：

起初，这里异常残酷的生活使我非常压抑，渐渐地，尽管依然如此，但这种压抑感被其他的因素综合了。马儿因为不堪重负而死在鞭下。孩子们拉着黄包车，谁都知道用不了几年他们就会死去。小孩子们掉进湖里被淹死，周遭却没有人理睬。他们的母亲悲伤过度，用镰刀割喉而死。一个年轻的警察在站岗时睡着了，醒来之后在岗哨上吊自杀了，因为他知道他会丢掉饭碗，挨饿受冻；他年迈的父母得知之后，双双服毒自杀，因为他们的生活已经失去了依靠。人们为了生存而挣扎，生命已经毫无意义。但是当他们坚持下去时，仍然欢欣鼓舞，快乐而善良。我觉得我们可能永远也不能真正地理解他们。[16]

来自家庭的压力越来越大，坚持要求两人归国。但是8月的时候，他们写信回家陈述了留在北平的理由——如果离开北平，花费巨大；对两人事业都有损害；其他外国学生需要他们留在北平；何况，实际上北平非常迷人。[17]秋季到北戴河度假之后，10月份他们又回到了北平；在写给母亲的信中，芮玛丽兴奋地总结了京都和北平这两座醉人城市给她的不同感受：

> 我真希望我能一直给您写信，并且惟妙惟肖地描绘出眼前的美景。不过，您真应该在10月来北平看看。京都的金秋充满了乡愁的思绪，让人怀念不已。在京都，处处都是起伏的山峦、溪流和瀑布；而这里，是更加宽广浩瀚的蓝天、高耸的金色琉璃屋顶和雄伟的城墙。京都将整个宇宙都融入了精致的小花园中，融入了绵延的山峦之中。这些都是可以想象的。这里，天空是无边无际的，你无法想象这种辽远，任何想象相比之下都是有限的。起初，这种辽阔令人压抑，正如我刚到这里时写信告诉您的那样。接着，它变得令人陶醉——不管天有多么辽远，人都会试图去抓住它。显然，这第三阶段——尽管我们还没有达到这种境界——我们不得不承认它太过辽阔，不得不为之折服；万物共生共荣，我们只能懒散地望着它冥思，任何理解它的尝试都显得愚不可及。在日本，京都和奈良地区的建筑比北平的建筑要古老得多。但是19世纪中国的皇宫和寺庙比起9世纪的日本建筑更让人印象深刻。至少对

> 于我来说，日本始终是乡土的、亲切的、熟悉的和安心的。北平则是“中央之国”的首都，这是个宇宙的大帝国，一切都在“天”之下；它宏伟、迷人，也有些令人畏惧。[18]

这个月底，两人又去了一趟山西大同，他们对中国的兴趣越来越浓厚，就像加盖了印章一样。在大同，芮沃寿参观了著名的佛教石窟，以及几乎没有改变的古城，他开始认识到，相比之下北平已经是相当西化的地方了。[19]

战争的来临残忍地中断了他们的研究，但这是在芮沃寿的学术兴趣已经确定成形之后了。芮沃寿将他关于日本佛教研究的成果寄给《哈佛亚洲研究杂志》（*Harvard Journal of Asiatic Studies*）之后，继续写他的论文，并于 1942 年末完成了初稿。但是此时生活已经相当艰难了，研究条件大不如前——所有的物品和大部分书籍已经打包好，以防随时被遣送回国。朋友们一个个离开了，钱差不多也花光了，收不到信件，家庭教师也都离开了，[20] 芮沃寿也要戴着同盟国侨民的红色袖章。[21]

1943 年 3 月 24 日拘留证得到批准，芮沃寿和芮玛丽同几百名外国囚犯一起被转移到山东潍县集中营。在集中营中，芮沃寿最开始被安排做屠夫，到处弥漫着血腥味，即使在盛夏时节也显得荒凉阴冷，接着他又被安排做水管工和厨房工人，在集中营中要搬运一车车沉重的物资——食物、煤炭和木材。[22] 芮沃寿还展现出了出色的修理才能，为十英尺宽、十二英尺长的小房间制作了家具和桌子，并且与三家邻居共同搭建起一个灶台。他将初稿的复本偷偷带进了集中营，所以还可以继续研究，而芮玛丽向集中营的其他囚犯学习了满语和俄语。[23]

战争开始之时，芮沃寿正在着手研究日本佛教，战争结束后他决定总结一下这段时期他错过的汉学研究成果。这就是发表于《哈佛亚洲研究杂志》第九卷（1945—1947 年）上长达五十七页的文章《北平的汉学研究 1941—1945》；这篇论文完备地考察了战争时期整个世界的汉学研究成果，非常引人入胜——这一领域中仍然是德国汉学家占主导地位，并且他们的研究在整个战争期间从未中断，但是其他的学者仍然不甘落后，包括中国学者和西方学者。通过这篇总结性的论文,芮沃寿确信自己已经“赶上了”战争时期荒废的时间。在圣诞节写给芮玛丽母亲的一封长信当中，芮沃寿试图这样解释他留在北平而没有归国的原因：

> 我们非常高兴终于能够通信了。今天清晨我们收到了来信，没有比这更好的圣诞礼物了。我们在潍县的时候，收不到信件，感觉自己就像战争孤儿。愚蠢的美军上校关闭了我们往外埠寄信的通道长达两周之久，而这段时间每天都有飞机往来，这让我怒不可遏。这些情况使很多人对自己的去向做出了错误的决定。在研究完成之前我们不能离开，我们的书和手稿都还不知道从何处下手，我们的语言能力还很欠缺，又因为没有使用而异常生疏。8 月底时通讯一恢复，我便立即写信给我的父母，言辞温顺而小心。但他们最终没有收到这些信件，反而更加令人心力交瘁……我希望您能够理解我们留在北平的苦衷，当时您写信表示您对我们很

失望，玛丽和我几乎都要泣不成声了。为了学术上的自我理想，我们必须获得一定的知识，所以必须要留下来。如果不这样的话，我们的人生就会永远笼罩在缺憾的阴影当中。一切都是充满希望的。中国学者，各国、各种族和各宗教的人们开始陆陆续续回到北平，形成了充满活力和健康的知识氛围，这将是拯救我们废弃的大脑的最佳解药。[24]

芮沃寿和芮玛丽一直待在中国，直到1947年春，即使到了那个时候，离开的决定依然显得非常艰难。但是现在，正如芮沃寿在给岳父克莱博上校的信中写道，他感觉到“这个国家正在大面积地迅速走向自我毁灭；此外，排外的情绪高涨，彻底的失望情绪正在肆意蔓延”。[25]这是芮沃寿笔下最具有政治评价的一段话；这与玛丽不同，这一时期她对延安抱有极大的热情。他们在1946年10月访问了延安，见到了朱德和毛泽东，走访了监狱、学校和医院。在芮玛丽的一封家信当中寥寥几句话便勾勒出了芮沃寿当时的模样：

你可以想象，大学是我们最感兴趣的地方。窑洞、贫困、没有书本。但是他们有一流的教师和饱满的热情，这就足以成功。校长最初是民主联盟的成员，完全不是共产党员。在西安被便衣追杀的时候，他挨过枪，但显然并不是致命的；之后他便逃到了延安。他是个出色的学者，他和芮沃寿的谈话跑题了，结果大谈起了古代史。他对于大学的地位和功能，以及学术自由的看法和欧美大学的理念一致。我们详细地询问了很多问题，我们很了解中国大学的情况，由此可以很好地评判他的答案。[26]

在斯坦福安定下来的之后几年，芮沃寿迎来了他学术的高产期，一连发表了不少论文。在这里，他开始吸收并巩固这十几年的研究成果——确实，他已经成为一名佛教研究专家，也正是在这一时期，耶鲁大学的哲学系向他伸出了橄榄枝。[27] 其他的兴趣——在斯坦福和京都大学所培养起来的兴趣——也开始日渐成熟。我们可以从书评和短文当中，找到这些兴趣的影子。

1949 年芮沃寿阅读了诺斯罗普(F. S. C. Northrop)的《东西相会：关于世界交流的探索》(*The Meeting of East and West: An Inquiry concerning World Understanding*, 1946)，发现了此书明显的不足。在这篇书评的倒数第二段，芮沃寿抓住了诺斯罗普教授的一个词来表达他自己的观点，这突出表现了他广博的知识和机敏：

> 诺斯罗普教授说："……佛教和印度教出现（occur）在印度、锡兰和马来半岛，以及西南的太平洋岛屿上。"这里的"occur"一词使用了一般现在时态，说明了在诺斯罗普教授眼中，远东是永恒的。经过了几个世纪的时间，佛教在印度创建、发展和衰亡；佛教取代了锡兰的地方传统，以一种相对原始的形式，占领着这个岛屿，等等。受特定历史和环境的限制，每个地区，每个时代都有特定的佛教或印度教形式，这种特殊性会一直持续存在。因此，说佛教和印度教"出现"在某一特定区域，就如同说基督教和伊斯兰教"出现"在欧洲、近东和中东一样，毫无意义。[28]

之后的一篇书评显示出了芮沃寿对于这种泛化的表达方式并不持有任何偏见。1955 年，在评论阿诺德 · 汤因比（Arnold Toynbee）的《历史研究》第 7 至 10 卷时，芮沃寿写道：

> 早在二十年前，我便对汤因比的作品产生了兴趣；现在我开始反思自己对其著作不断变化的态度了。最初，我是被“系统”的理论、分类的方法和人类历史的“法则”所吸引。现在，庸庸碌碌二十载，我发现，系统理论远不如早期那么引人入胜，但是，作为诗人、探索者和善思辨的智者，他的形象一如既往地令人敬佩。[29]

同样是在这篇书评当中，芮沃寿进一步发掘了汤因比身上的艺术家气质，不禁让我们回想起了他在斯坦福和牛津的岁月：

> 阅读汤因比是一种美学享受。他有着诗人一般对美的知觉和出神入化的遣词造句能力。例如“创造力的敌人”、“模仿的失败”、“不朽的幻景”等词组及“撤退和反击”、“复古主义和未来主义”、“奋锐党和希律党”等成对的反义词，都令人印象深刻。这些词句干净利落、恰切有效，它们唤醒了具有象征意义的复杂思想，并由此将整部多样化的鸿篇巨制编织成一个整体。明喻和暗喻在文中也抑扬顿挫，富有哲理。它们最大限度地将戏剧中虚构的各种力量、选择和因果关系的残酷无情具体化……人类的悲剧途径被汤因比深刻地洞察到了，这也是另一重美学享受。他赋予伟大的场景和伟大的人物以生命，而汤因比的“法则”操纵着一切，就像

> 是希腊诸神，导向了无法避免的最终结局。狂妄自大的后果、情节的陡转和人物的颠倒，都被细腻地刻画出来，并予以精彩的叙述。作为一个文学艺术家，汤因比的作品带来了美学的享受，那些整日忙于制造一些结构杂乱、事实堆砌的平淡无奇的文章的人，更应该成为汤因比的读者。[30]

这一时期，芮沃寿已经完成了大部分的佛教研究，出版了他那简短精练、发人深省的著作《中国历史中的佛教》，[31]同时还研究了近代以前中国历史中的人物特性和刻板形象。

上文中我曾提到过，芮沃寿一直推崇法国的传统，还引述了他有关研究准备工作不充分的危害的说法。这里我还想斗胆地总结，芮沃寿一生都没有放弃这种传统，也没有放弃自我怀疑的精神——1957年的两篇杰出书评再次确证了这一点。芮沃寿评论的两部作品分别是白乐日（Etienne Balazs）的《中世纪中国社会经济研究》（*Études sur la société et l'économie de la Chine médiévale*，1953—1954）和谢和耐（Jacques Gernet）的《中国五至十世纪的寺院经济》（*Les aspects économiques du Bouddhisme dans la Société chinoise du Ve au Xe siècle*）。芮沃寿热情称赞了这两部著作，对它们的称赞远远高于对其他作品的评价。他认为，白乐日的两卷本是一部“不朽的杰作”，是“新的基准点”，“为了解中华文明的整体性做出了最重要的贡献”。[32]而谢和耐的作品是“一部少有的杰作，将中国历史中新的重大主题和重要时段带入了一个新的理解层面……这种探索和分析勾勒出了一个完整的研究领域”。芮沃寿始终关心汉学研究的总体层次，他认为，“谢和耐教授的杰作将我们带进了新的研究阶段，至此，达到现代西方学术水平的中国历史研究著作成为可能。这一点我深信不疑”。[33] 很显然，芮沃寿回顾了盖拉尔的成就，但是同时值得我们注意的是，芮沃寿的这两篇书评清晰地梳理了关于社会和法律关系、平民的角色、官僚精英的高压、货币经济下新的农场主阶层的出现、战争和种族冲突的所有资料和假设。简而言之，这些都反映了芮沃寿出色的思想天赋，这种天赋使他能够将在京都和北平的城市生活联系起来，并同他的史学功底相结合——在他之后有关中国城市的论文中，在他辞世之时着手进行的课题中，都清晰可见。

在为白乐日的论文集《中国的文明与官僚主义》（*Chinese Civilization and Bureaucracy*）作序时，芮沃寿写道，白乐日自己拟定了这本书的书名，但却未能在有生之年看到此书的出版。而残酷的巧合是，1976 年夏，正当芮沃寿思考着出版自己的论文集时，突然与世长辞。[34] 对于学术界来说，芮沃寿未能亲自整理出版自己的文集，这是极大的遗憾：如果芮沃寿有一丝质疑他的事业，不那么热衷于筹集资金来发展国际的和耶鲁大学的汉学研究，不投入那么多的时间参加学术会议和校订他人的作品，他也许就能够有更多的机会来细致地阐述自己的思想，并将它们灵动地绘制在更加恢弘的帆船之上。但是，那样他就变成另一个人了，再不是我们所熟悉、所爱戴和所希望的芮沃寿了。

阿瑟·韦利

阿瑟·韦利（Arthur Waley）撷取了中国和日本文学的瑰宝，并将其悄然别在胸前。此等功绩，前无古人后无来者。

有很多西方学者对中国和日本的了解远远超过了韦利，有人也许精通两门语言，但他们不是诗人，而那些比韦利出色的诗人，却没有人精通中文或日语。同样，韦利带给我们的震撼也是绝无仅有的，因为他翻译的大部分作品对于西方世界来说都相当陌生，所以这种影响非同小可。

韦利是布卢姆茨伯里派的边缘人物。他生活在一个美好的时代——1889年至1966年，我总是不自觉地将韦利与福斯特（E. M. Forster）和雷纳德·伍尔夫（Leonard Woolf）联系起来，因为一战前的特殊时期这三人都在剑桥接受教育，都健康地活到了1960年代，都用敏锐的目光审视着这个巨变中的时代。这三人都极具才华，但都不太合群。他们可能会偶尔在林顿·斯特来彻（Lytton Strachey）的家中品茗，也可能会在戈登广场（Gordon Square）偶遇，但是他们都坚决捍卫生活的自主权。奇怪的是，这三人都对亚洲非常感兴趣。福斯特有印度，伍尔夫有锡兰，韦利有中国和日本。但是，福斯特曾在印度工作，伍尔夫也曾前往锡兰，而韦利却从来没有到过中国和日本这两个对他有着无穷吸引力的国家。

至于韦利为什么不前往亚洲，有着各种各样的猜测：可能是他不想因为现实而毁灭了心中完美的形象；可能是他对古代书写语言更感兴趣，而不是现代口语；可能只是没钱支付旅行的开支。当然，我们可以更加保险地设想，可能因为这样的旅程令人烦躁不安，但是何以如此，仍然值得我们思考。

韦利是个古典主义者，他在剑桥大学国王学院就读期间，正是狄更生（Goldsworthy Lowes Dickinson）在年轻人当中风靡的时代。狄更生被学生们称为戈尔迪（Goldie），他向学生灌输美学人文主义的价值，这正是之后为人们所知的布卢姆茨伯里派的核心价值观，也是福斯特的小说和文章中永恒不变的观念。

剑桥之外的世界所潜伏的丑陋、残酷和麻木让狄更生感到沮丧，在这样可怕的环境中，怎样才能留存雅典式的理想呢？那些提倡礼仪、忠诚和慈悲的人一定要清晰阐明他们的观念，以免新的英国佬——他们“挣脱自然却不懂艺术、受过教育却毫无教养、吸收知识却不会思考”——继承这片土地。

英国佬的形象被狄更生记录在名为《“中国佬”信札》（*Letters from John Chinaman*）的小册子中，此书写于 1901 年，恰逢中国义和团运动之后，其中收录了很多匿名文章。1903 年，此书更名为《中国官员的信札》（*Letters from a Chinese Official*），并在美国出版。[1]

狄更生越是深入这一主题，灵感越是泉涌。最终，他对所处社会的批评，对青年朋友的挚爱，对中国诗歌的剖析，都融进了一首对中国人文精神的赞歌之中，并以“中国佬约翰”为第一人称写道：

> 在中国……对我们来说，去感受，以及为了表达而感受，或者说至少能理解自然中所有可爱的表达，理解人类所有的生动与敏感，这本身就足够了。月光映照之下的花园里的玫瑰、草地上婆娑的树影、杏花、松树的芬芳、酒杯和吉他。以上所有的生死哀愁、长久的拥抱、徒劳无望地伸出来的手、悄然永逝的瞬间、承载着音乐与光明，驶入过去的阴影与静谧之中——我们所拥有的过去，以及所有那些躲避我们的东西，鸟在拍打着翅膀，香味在微风中弥散——我们所受的教育就是对以上所有这些方面做出反应，而我们称这种反应为文学。我们所拥有的这些东西，你们是没有办法给我们的，但是你们可以很容易地拿走。[1]

然而，值得一提的是，威廉·詹宁斯·布莱恩（William Jennings Bryan）把这些信件当了真，并于1906年发表了一篇轰动一时的驳文，为节省劳力的机器、西方世界和基督教辩护。可能更加不同凡响的是狄更生——这位政治学家和比较政治学学者——1913年亲自到访北京，在这里，他对于中国的想象全部得到了证实！他在给福斯特的信中写道：“中国！欢乐，友善，美丽，理智，古典，优良，人性……是的，中国同我想象中的一样。以前我一直以为是我太理想化了，但是现在我信了。”

在现代学院派眼中，很难说中国同希腊一般古典。但是当韦利 1913 年开始在大英博物馆的东方绘画部工作时，美学的氛围弥漫在身边，他充分感受到了这一点。他的第一本著作《中国诗歌一百七十首》(*A Hundred and Seventy Chinese Poems*)出版于1917年，在序言部分，韦利谈到了中国人的理性、容忍、自省及情义。他的阐述方式既符合雅典学派的特点，也符合布卢姆茨伯里派的风格："对于欧洲诗人来说，男女之情是最重要、最神秘的部分。对于中国人来说，这是再普通不过的事了——这只是身体的欲望，而非感情的需求，后者只能由情义来满足。至于相濡以沫、志同道合，他们也只会从友人那里获取。"

不仅如此，韦利还在唐代大诗人白居易（772—846）身上找到了这种包容气概，在韦利看来，他所处时代的忧患，早在一千一百年前就被白居易一语道破了。这是智慧、温情和略带忧郁的声音，他厌恶狂妄自大，他同情悬磬之家，他呵斥鄙俚浅陋。在幼女夭折之时，白居易写道："慈泪随声迸，悲肠遇物牵。"* 在穿越山高水险的长江三峡时，白居易写道："自古漂沉人，岂尽非君子？"** 在《红鹦鹉》中，白居易以金翅擘海之势写道：

安南远近红鹦鹉，
色似桃花语似人。
文章辩慧皆如此，

* 引自白居易《病中哭金銮子》。
** 引自白居易《初入峡有感》。

笼槛何年出得身。

1919 年，韦利的第二部诗集《中国诗歌再辑》（*More Translations from the Chinese*）出版。在简短的序言当中，韦利提到，没有书评家将第一本诗集当作“无韵英文诗歌的尝试，但这却是作者最感兴趣的部分”。我不太确定韦利“最感兴趣”的是什么，但是显然，韦利的涉猎越来越广泛，翻译的作品简洁朴实，重音的使用游刃有余，这在翻译与白居易同时代的诗人王建的作品中体现得淋漓尽致：

瘴烟沙上起，
阴火雨中生。
独有求珠客，
年年入海行。*

令人惊讶的是，同年韦利完成了第一部日本诗歌的译著，而他的日语和汉语都是自学成才。两年之后，他出版了《日本能剧》（*The No Plays of Japan*），这是继翻译白居易之后的又一重大跨越。于日本文化，韦利也是心有戚戚！在《日本能剧》的序言当中，韦利写道：“我们不可能直面残酷的现实。这确实是生命的幻想，但却绘以记忆、渴望和懊悔的色彩。”

同样是在这篇序言当中，韦利谈到了能剧大师世阿弥对于禅宗

* 诗句引自王建《南中》。

“幽玄”一词的使用，充分展示了他的翻译水平及使用意译、直译和分析的技巧。

> “幽玄”意味着“表面之下”：是与浅显相反的幽深而不可知，是与平实相反的微妙而难解。就像是男孩子自然优雅的动作，也如同绅士的言谈举止。“舒缓优美地滑入耳廓的”，便是幽玄的音乐。幽玄的象征，是“衔着花朵的洁白鸟儿”。“看着落日沉入布满鲜花的山峦，漫步在森林之间流连忘返，站在海岸看着远方的帆船消失在岛屿之后，思索着，思索着，野鹅飞向了云端”——这便是通往幽玄之道。

这样的段落就是艺术，译文和原文都一样美不胜收。如果我们认为，韦利已经如愿以偿、功德圆满了——源氏、袁枚、清少纳言、孙悟空甚至是清朝大臣林则徐身上所表现出来的扭曲、精妙、柔情——那么也不能吹毛求疵，我们马上可以找到其他的作品，从而否定这样简单的归类。比如，韦利还翻译了《诗经》和《论语》，以及阿伊努人的诗歌。

在韦利五十年的创作生涯中，他的影响力覆盖了艺术家、学者、教师和学生。伊凡·莫里斯（Ivan Morris）在《山中狂吟：阿瑟·韦利纪念文集》（*Madly Singing in the Mountains: An Appreciation and Anthology of Arthur Waley*）[2]当中，大胆而优美地将这一点体现得淋漓尽致。我之所以说是“大胆”，因为我们随便收集的个人回忆录、荣誉和作品，就可以编成一本不那么好读的书。但是，这本优美的选集却是个例外。

伊凡 · 莫里斯本人就是一位出色的日本文学翻译家，所以说这本书对他来说既亲近又陌生，既尊重韦利的个人隐私又坦白直率。这本书得到如此高的赞誉，很大部分的原因在于开篇卡门 · 布莱克（Carmen Blacker）所写的《礼貌的意义》；此文情感充沛、优雅曼妙，可谓“悼词”之典范，它以原始的野蛮浪漫作结，让其他的文章望尘莫及。

正如卡门所言，在韦利与世长辞之后，她来到韦利家。韦利的遗孀艾莉森带她参观了韦利的房间。一走进房间，卡门就惊呆了，她发现韦利曾经坐过的椅子突然变成了绿色：

> “这里的一切我都没有改变，”艾莉森说。我问道：“但是窗边的椅子之前并不是绿色的对吧？”“噢，那把椅子啊，”艾莉森说，“对啊，爬山虎爬进了屋子，真是有趣。”我再次打量着这里。韦利死后，窗子就再没有关过，爬山虎像咆哮的狮子一样疯狂地长了进来。它那油绿的叶子已经严严实实地包裹住了整把椅子。它舞动着卷须，占满了整个墙面。它抓住了长长的窗帘，将自己牢牢地缠绕在上面，从地板到天花板，螺旋式地攀爬。似乎是大自然走进了房间，这让我想起了圣人墓前成群飞舞的蜜蜂和伟人葬礼时不停盘旋的飞鸟。而这作为对阿瑟的祭奠，理应如此。[3]

随着这本书的展开，韦利的天赋也表现得越来越明显。现代学者越是赞扬韦利的研究成果，我们越是能够感受到韦利的卓尔不群，读罢此书，韦利那句“宁死”不做被书本束缚的剑桥教书匠，犹在耳边。

韦利的名声与日俱增。到了 1929 年，他从大英博物馆退休，全心全意投入写作事业当中——尽管在过去的时间里，他的成果已经远远超出了人们的想象。声名带来了荣誉，有的司空见惯，有的则出人意料。被伊迪丝 · 西特韦尔（Edith Sitwell）——这位被所有英格兰人认为是聪颖和癫狂的人——评价为聪颖和癫狂，倒也是一件很有趣的事儿。伊迪丝·西特韦尔在弟弟萨谢弗雷尔(Sacheverell)的图书馆发现了一本外语书，便将它放在了韦利的床边（韦利是她家留宿的客人)，心想着韦利肯定读不懂。结果却出乎她的预料：

> 第二天清晨，韦利先生的脸色有些许苍白；他看起来有些疲惫，可是当他将这本书放在餐桌上的时候，他用微弱的声音说道：“土耳其语的，写于 18 世纪。”这本书不厚。我们顿时肃然起敬，接着问道，“这本书讲的什么？”韦利先生的声音突然有了活力，说道：“猫和蝙蝠。猫躺在垫子上。猫吃掉了老鼠。”“噢，这是一本儿童书。”“可以如此想象。也可以如此期望！”[4]

这可是一段有爱的逸闻趣事。显然，西特韦尔一家都被韦利深深吸引。他翻译中文、日文作品的才能如此卓越，每每谈起韦利翻译的作品，西特韦尔一家人仿佛在谈论韦利自己的作品一样。伊迪丝 · 西特韦尔在一封致韦利的信中谈起了他翻译的 15 世纪的中国小说《西游记》，“当然至今我也不太了解孙悟空，但是，这本书却让我感受到一种必然性，感受到和平的喜悦，正如您其他的译作给我的感受一样”，“您其他的译作”包括中国诗歌、《源氏物语》《日本能剧》《中国绘画研究》《论语》，等等。这也有消极的一面，如果这些都是韦利本人的作品，人们可能就不会那么努力地去试图了解这背后的文化了。

大约在 1950 年，奥斯伯特·西特韦尔（Osbert Sitwell）爵士写了篇文章赞扬韦利：“欧洲胜就胜在了个性化。诗人、画家的作品千篇一律可不是我们西方人的风格，千百年来都是如此：我们的艺术作品截然不同，充满个性。”不过，即使这一评价足以让韦利骄傲自负，那他也丝毫没有展示出心高气傲。他仅将一本论述 18 世纪中国诗人袁枚的力作题献给了奥斯伯特爵士。

韦利笔下的中国和日本仁爱而和谐。精读这一时期的报纸，西方人才知道，自 1895 年以来，中国便是山河破碎，生灵涂炭，深受战争之苦，而日本则全盘西化，在经济高速增长和实现工业化之后，进入了一个狂躁而危险的时期。之后，这些西方读者还会读到 1911 年辛亥革命、“九一八”事变，读到东条英机、毛泽东、广岛，等等。但是，韦利却通过笔下的清少纳言和白居易，将读者带回礼仪之邦，回到了颇有品位的时代。

韦利的译著深深吸引着读者——不管是西特韦尔那样的社会阶层还是生活舒适的中上层——让他们感受到黑暗和非理性的力量终将被颠覆。他以东方特有的方式为一种遭受威胁的生活方式祈福。这种方式绝非平庸，相反，它们是巨大能量和渊博知识的产物，是珍视永恒价值的信念的产物，是永远不会过时的态度的产物，因为它们一直都是真实的，并将永远如此。

我不得不忍痛搁笔。这是因为，至少是部分因为，伊凡·莫里斯的《山中狂吟》让我不禁想起研究生时期的一段时光，那时我刚刚开始研究中国历史和文学，曾和韦利一起度过了一个悠长而愉快的下午。正是这个下午，韦利一生的挚友贝丽尔·德·佐伊特（Beryl de Zoete）在楼上溘然长逝。显然，我想韦利的话可能更适合用来作为本文的结尾。这里，暂且引用几行韦利翻译的张衡的《骷髅赋》[5]吧。韦利曾经告诉卡门，在中国诗赋中，这是他最爱的一首。

> 步马于畴阜，逍遥乎陵冈。顾见髑髅，委于路旁。下居淤壤，上负玄霜。平子怅然而问之曰："子将并粮推命以夭逝乎？本丧此土，流迁来乎？为是上智，为是下愚？为是女人，为是丈夫？"于是肃然有灵，但闻神响，不见其形。答曰："吾，宋人也。姓庄名周，游心方外，不能自修。寿命终极，来此玄幽。"

费正清

从1940年代末到1970年代末这大约三十年的时间里，费正清是美国在中国历史研究领域中独领风骚的大家。尽管现在已经退休，不再担任哈佛大学教授一职，但他的影响力仍然不减当年。[*]费正清编辑、撰写或者合著的大量著作涵盖了中国外交、制度史、传教史、共产党组织、军事史和对美外交政策各个方面，我们可以肯定，这些研究即使在21世纪的今天，仍然具有相当的价值和可读性。

对于大多数人来说，这些足以功成名就了，但是费正清却还要另辟蹊径，用个人回忆录的方式将之记载下来，这便是《费正清中国回忆录》[1]。这是一本值得尊敬的回忆录，运用难以界定的混杂文体，记载了费正清那光荣的人生旅程。这本回忆录兼有三种文体特征——文学、历史学和自传，却又不像文学著作那样创作自由，不像历史学著作那样讲求史料，不像自传著作那样审视自我。

但是费正清非凡的素质，让他能够成功地完成这样一本回忆录：

---

* 费正清于1991年9月14日去世。

超人的记忆力；珍藏了每一张备忘笺和每一封信件；古稀之年仍然思维敏捷如常；从休伦、南达科他，到威斯康星、哈佛及战前的北平、战时的重庆，费正清的阅历相当丰富；对于学术具有非凡的热情和不可动摇的信念，坚信自己所做是一项兴趣盎然的事业，并且传播给每一个人。如此一来，便造就了这本令人钦佩的回忆录——妙趣横生、无拘无束、言无巨细、惊喜连连。

和很多杰作一样，书中费正清所描述的也是一段旅程—— 一段走向外面世界的旅程。在此期间，费正清从一个视野宽广、雄心勃勃的青年人，靠着超于常人的不屈不挠和勤奋努力，靠着福星高照和无可挑剔的文化交流，成长为一个眼界更为开阔、依然满怀雄心的中年人。到了七十四岁的高龄，费正清让我们心悦诚服地相信了他的凌云壮志已经得以实现。但是，他仍然保持了一份年轻冒险者的超然和热忱，避免陷入意识形态的陷阱，坚信法律胜过道德，并且宣称厌恶"非理性的信仰"。费正清写道："我所取得的信仰是哈佛以及它在世俗的世界中坚持的东西。也就是说，我相信我们那些致力于培养思想自由的制度。"

费正清的回忆录包括七个部分：负笈求学（1907—1931），我们首次发现中国（1932—1935），学会当一名教授（1936—1940），二战时期的中国，中国地区研究及与麦卡锡主义战斗，建立哈佛东亚研究中心（1953—1971）和越南战争，晚年的反思及 70 年代再次访华。

或许是由于所关注的是早年时光——也因为更容易理解，且经历了时间的沉淀——我发现前面四个部分更加引人入胜。它们非常有感染力，甚至偶尔充满了抒情的情调（这并不是费正清通常的风格）。无论是早期的哈佛执教，还是在牛津大学获得罗德奖学金研究中国学，抑或在战前的北平邂逅了他年轻的新娘费慰梅（Wilma），费正清的表现一直都非常出色。其间还有不少有趣的小插曲：例如，拜访了声名显赫的马士（Hosea Ballou Morse），结识了魏尔特（Stanley Wright）、拉铁摩尔（Owen Lattimore）及史沫特莱（Agnes Smedley）。不过，最具震撼人心的力量的文章还是在讲述中国的朋友——在费正清看来，这些友谊是他人生当中最为重要的一部分，让 20 世纪三四十年代绝境中的中国知识分子也成为他事业的巨大动力。这里，在众多美妙的记忆当中，让我印象深刻的是他对蒋廷黻的细致描述，对年轻而才华出众的梁思成和林徽因夫妇爱情的记载（林徽因曾是才华横溢的浪漫派诗人徐志摩的恋人，梁思成是改革家、哲学家、学者梁启超的儿子），还有在难忘的战争岁月中结识的"万能先生"陈松樵。

实际上在我看来，对于研究中国历史的未来史学家来说，这本回忆录最有价值的部分当属有关重庆的记载，以及北京高校的教师纷纷流亡西南，在国民党蒋介石政府残酷而短视的政策下，在昆明穷困潦倒的点滴着墨。

通过他的战时游历，费正清带领我们清晰地、我相信也是坦诚地见证了他意识形态变化的过程：他渐渐成长为一个成熟的稍稍偏左的中间自由派人士，越来越不欣赏国民党，而对于不太了解的共产党心存善意和好感。费正清对国务院的霍恩贝克（Stanley Hornbeck）警惕有加，对他的副手阿尔杰·希斯（Alger Hiss）心存怀疑——费正清崇敬谢伟思（John Stuart Service）和范宣德（John Carter Vincent）的现实主义和悲悯情怀，在麦卡锡主义盛行之时，这两人因为正直而遭受攻击、事业受挫，费正清更是如此。

对于我来说，费正清对麦卡锡主义肆虐的黑暗岁月的记载出奇地平淡——大概是伤口仍然太深（而且一些不受欢迎的人依然健在），从而不可能无所隐晦地率直而言的缘故吧。但是费正清确实也暗示，他的表现不可能一直如己所愿。他机智地揭示出，麦卡锡主义的致命伤害在于，它不断地迫使自由主义者进行不必要的道歉，迫使他们表现出既空洞又虚伪的意识形态上的“纯粹性”，迫使他们完整地采取了共产主义知识分子的自保方式，而这正是他们所谓的民主所试图攻击的。

但是，对于学生对越战的愤怒、这种痛苦对他们思维和事业所造成的影响，以及东亚研究中个体之间越来越大的断裂，费正清的处理似乎有些草率和漠然。对于这一代大多数人而言，1960 年代末期与费正清的友人所生活的 50 年代早期同样苦闷。“我一一做了回答，其他人也参与进来，我们进行了热烈的交流讨论。”费正清在《亚洲学者集刊》（*Bulletin of Concerned Asian Scholars*）上回忆起那些辩论。但是，这代人的苦闷远远不止于此。我发现试图接受这种情感非常困难，战争确实是一个重要的因素，它的后果在于没有人能够富有远见地在哈佛开展越南研究。在这一点上，费正清过于自责了。

当我仔细地阅读这本非同凡响而又引人入胜的回忆录时，一个声音反复回响在脑海。当费正清有趣地自嘲，灵巧准确地击中目标，避免与敏感的感情问题正面冲突，谈到长期目标和对人类命运的奇思妙想，坚持努力的重要性的时候，我脑海中的声音便尤其响亮。几乎是到了文末，我才突然明白了赫德先生的话的含义。赫德是1860年代到20世纪初中国海关的“总税务司”，也曾被这些细枝末节所困扰。“我希望这是有意义的，”赫德曾经写道，“思想指导了工作，也促使了这些工作的成功；否则，我看不到这些工作的回报，也不认为这些思想有什么意义。”[2] 赫德没有必要担心他的工作和声望，费正清也没有必要担心他四十余年的努力。这是值得的，成就是永恒的。在我们的生命当中，不会再有另一个中国研究的“总税务司”了。

费正清的第一本著作《美国与中国》（*The United States and China*）出版于1948年。此书将中国的制度史、外交史结合起来，在试图从中国历史来理解现实的美国人中间引起了轰动，很快便声名鹊起。在之后的六年中，随着共产党政权的稳固、朝鲜战争的爆发，中美关系中断。在这短短的时间内，费正清一连出版了五本著作，以惊人的数量奠定了他在美国的中国研究领域首席学者的地位。在这五本著作中，一本是中国近代史的主要文献介绍；一本是中国共产党从建立到掌权的文献汇编，附有详细的翻译和注释；一本是介绍如何分析和翻译中国历史文献的教学手册，对于研究生特别有用；还有一本是重要的两卷本专题论文，是在费正清早期在牛津大学的博士生论文基础上完成的，关于1842年到1854年外国列强迫使中国开放“通商口岸”的过程。

这些成就非凡的著作，一方面得益于费正清毫不懈怠的充沛精力，另一方面得益于费正清慧眼识英杰，与他合编、合著的研究者都具有出色的才华。此后，从 1960 年代、70 年代到 80 年代，费正清和学者持续不断地合编、合著或自撰了有关远东的教科书，关于中国军事史、在华的基督教传教士、中国的世界秩序观、儒家思想和实践，以及传统清代官僚的作品等数卷论文集；还出版了更多带有注释的文献汇编，整理汇编了大量的赫德信件，并分别出版了五卷本《剑桥中国史》（*Cambridge History of China*）。如果查看一下费正清 1983 年到 1986 年间的作品，研究者可能会感到震撼，但并不会惊讶，此间费正清至少出版了六部作品，当然还有其他并未记录的学术作品。这都不足为奇。到了八十岁高龄，费正清仍一如既往地勤勤恳恳、笔耕不辍。

在他最近的六部作品当中，费正清的研究依然覆盖了很多学术议题，如同他刚开始学术生涯时一样。与苏珊娜 · 巴内特（Suzanne Barnett）合编的《中国基督教》（*Christianity in China*）[3] 一书，就收录了很多现代学者对于来华基督新教传教士早期著作的评论。费正清总是提醒中国研究的学者，不要忽视教会档案中关于中华帝国晚期的资料，为保护和研究这些档案，他还孜孜不倦地寻求经济上的资助。这本书中汇编的文章证实了费正清的观点：教会资料能够帮助我们厘清中国社会，特别是对于社会阴暗面的研究，例如，在传统儒家礼教边缘的中国教派和秘密社团，以及受过一点教育的文人想通过继续深造来摆脱社会底层地位和繁重劳动的循环。名落孙山的洪秀全，受到了梁发散布的基督教小册子的影响，后来一举成为 19 世纪五六十年代声势浩荡的太平天国反清救国运动的领袖。

不过，在大多数情况下，影响还是默默无闻的，思想的交流仅仅局限在很小的范围，胜利也很小，抑或是欺骗性的。正如费正清在前言当中所反思的那样，传教士先驱“对西方思想界的影响可能要比对中国宗教的影响大得多”。

从牛津岁月起，费正清便开始关注西方同中国的贸易往来。与欧内斯特·梅（Ernest May）合编的《美国对华贸易的历史回顾》（*America's China Trade in Historical Perspective*）是现代学者研究茶叶、丝织品、烟草和石油贸易的杰出代表作。费正清在这本书的开篇便指出，贸易的双方几乎没有从中获得任何实质性的利润，但是在感情交流上却意义重大。非常矛盾的是，费正清认为只有看到了贸易盈利是多么微乎其微，才能够估量“在美国想象中”[4]的中国的分量。

《阅读文献：钟人杰叛乱》（*Reading Documents*）和《步入中国清廷仕途：赫德日记》（*Entering China's Service*）这两本著作，是费正清与杰出学者合作的成果，主要涉及两个领域：为中国历史教学准备专业参考资料，以及整理和分析相关档案。这也是费正清非常重视的部分。但是《阅读文献》[5]为我们展示了自费正清 1952 年发表第一本文献著作以来，中国历史研究发生的巨大变化。在这本书中，费正清主要着眼于外交政策，着眼于中国满汉官员如何理解、应付令人困惑的西方侵略者，以及如何处理随之而来的海洋问题。到 1986 年，编纂者的目光转向了中国地方史，开始研究农村的艰难困苦、土地税的形式、婚姻和亲属血缘、对不公正的抗议、小规模非法招兵的形式，等等。中美关系的改变，一直是费正清的核心议题，在这本书当中更是引人注目。本书首次收录了很多北京明清第一档案馆和台北故宫博物院的文献照片和相关资料。

如果说《阅读文献》是一本专业性的著作，未能展示费正清的真实风采，那么《步入清廷仕途》[6]则完全体现了大师风范。此书收录了中国清朝海关的缔造者罗伯特·赫德（后称罗伯特爵士）的大量日记，由费正清、凯瑟琳·布鲁纳（Katherine Bruner）和理查德·史密斯（Richard Smith）共同编纂。这些文字今天看来，不免有些恶作剧和讽刺。费正清喜欢使用双关语和俏皮话，显示出对人性缺点的宽容。如同在《费正清中国回忆录》中我们所认识的费正清一样，这本书为我们展示了一个更加宽容欢快的学者形象。在两句很有个性的话中，费正清总结了他与年长的中国海关末任外籍总税务司李度（L.K. Little）的交往。李度已经解甲归田，移居新罕布什尔州，他非常关注赫德日记的出版工作。正如费正清所言，"李度先生性情开朗好动，期望能在一年后将其印行，但实际工作一做就是七年"。

赫德日记原稿现存于贝尔法斯特女王大学（Queen's University）图书馆，并有抄本——这本身就是一项丰功伟绩了。根据日记手稿录制的磁带——常常伴以刺耳的枪鸣，听到阵阵的爆炸——之后被送到了哈佛大学，供费正清及其合作学者研究整理。费正清整理的赫德日记从 1854 年到 1863 年，这段时间赫德先后担任英国领事馆官员、中国海关官员，后来成为负责收缴西方进口物品海关税的中国海关总税务司（当然，中国海关当时是在西方国家控制下）。这些年，赫德获得了中国人的信任，后来成了清朝颇具权势的人物。考虑到赫德的字迹辨认相当困难，口述磁带录音的效果不够清晰，整理出来的手稿中出现了很多错误，所以当这批手稿被运回贝尔法斯特时，又一一对照原稿进行了校正。费正清对于史料及其用途一直充满了浓厚的兴趣，这种细枝末节的活儿他最喜欢了。

对于赫德日记的史料编纂还存在其他问题，因为赫德在华生活早期阶段的资料部分或全部遗失。经过仔细研究，编者们发现空缺的这段时间正好就是赫德和一位年轻的中国女子阿姚婚恋的时间，其间他们育有三个孩子。1860年代中期，三个孩子被赫德送到了英格兰，从此便与亲生母亲分离了，赫德后来的新娘也无从知晓他们的存在。1866年赫德与他的新娘海丝特·简·布里登（Hester Jane Bredon）在贝尔法斯特成婚，并将她带到中国。在后来公开的日记当中，已经删掉了这段感伤的经历。编者评论说——这确实是费正清的风格——今天的历史学家觉得他们有必要去考察并记录这段被删除的感情：

> 在赫德时代，按照维多利亚女王时英国的双重标准，有些被称作放荡和见不得人的事，在20世纪末叶的传记作者看来则是有意义的经历。我们只能遗憾地说，旧时代的道德标准和实际需要使我们看不到赫德作为中国居民长大成人的记载，包括1859年初期在广州领事馆工作和1859年中期到1863年中期在海关工作的开头几年。[7]

编者所遗憾的，并不是三个孩子的命运，亦非造成这一切的社会环境，而是指丧失了19世纪外交史上珍贵的文献资料。

这本书中另一篇有趣的文章是关于赫德与海丝特的婚姻逐步被披露的过程，直到 1870 年代末才为世人所知。编者用一连串尖锐的问题重塑了这些瞬间，然后让读者自己去思考这些问题的真实性。这让我们再一次领略了费正清的风格：

> 赫德于 1878 年夏天在巴黎和妻儿会面。博览会后，他们有段时间去奥地利的巴特伊霍，再由那里去巴登—巴登。赫德正在忍受着令人无法工作的头痛症——全面衰竭的那一种，其原因一直也没有弄清。他是否工作过于辛苦，过于专注？是不是在中国事务中有什么不可预见的危机使他烦恼不安？是迅速扩大的中国海关业务已非一个人所能管理？是越来越看清楚他的婚姻从来未能成为一种亲密的伴侣关系？——而这或许只能归咎于他那传奇式的天真的求婚，以及对虚有其表的婚姻 simplistic acceptance。问题的答案到底是什么我们无法得知。我们甚至无法知道这些问题是否提得正确。[8]

提出正确的问题一直是费正清作为历史学家的终身目标，也是他力求通过书评来达成的志愿。他的书评与论文一样出色，《观察中国》（*China Watch*）便是一本囊括了二十六篇短论文的集子，其中大多是为《纽约书评》（*New York Review of Books*）撰写的文章。但是，费正清并不是简单地将这些书评放在一起；相反，他重新编辑、删减、重写和重新组织了段落，使得这些文章能够放在不同的主题之下，因而其价值远非简单的论文之和。论文集的五个标题确实涵盖了中国近代史的主要方面：新帝国主义观、毛时代中国之内幕、中美关系“正常化”之路、“文化大革命”和美国乐观主义的破灭。[9]

当然，对于怎样提出有价值的问题以及从何处寻找答案，费正清有着自己独到和清晰的见解：从历史当中找寻答案。他耗费了大半生来论证：只有从中国的历史当中，才能真正理解中国；他将此作为自己毕生的使命。那些受到他嘲讽的人，往往是因为他们对于自己所研究事情的来龙去脉一知半解。费正清并不认为社会科学的近期研究成果有助于理解中国，他也不同情那些新加入中国社会史研究中的研究者（new practitioners），即使他最近合著的《阅读文献》让他注意到新一代学者所能够获得的丰富史料。“对于历史学家来说，史料实在是汗牛充栋，”费正清写道，“对于政治学家来说，史料又实在是纷繁复杂。”

那么，费正清认为历史学家应该着眼的有价值的课题是什么呢？例如，对于西方社会相当普遍的人权问题而言，他是人权相对论非常坚定的信仰者。他相信中国在处理个人和集体的关系中有着不同的方法；与美国人相比，中国人更加重视和谐而非斗争的观念；中国人对历史上的领袖和时机也有着不同的见解。费正清试图展示，这些不同源于一系列历史因素，包括中国的农业生产模式、官僚体制的本质、统治和皇权的理论，以及史料记载本身的影响。我想费正清的意思是，正是因为我们忽视了这些不同和根源，才导致了美国在过去两百年中对华传教、商业、外交和军事冒险的失败。（在这本引人入胜的集子中，最好、最睿智的论文当属关于麦克阿瑟和史迪威的文章，费正清从容地思考了二者的自负、对中国的无知和狂热之间的相互作用。）

但是，当费正清试图将过去与现在相联系的理论运用到具体的实例时，也会遇到一些麻烦。比如说，以下是费正清对“大跃进”根源的分析。我们现在已经知道，这场1958年到1959年的“大跃进”给中国农业、工业和民族士气带来了严重的打击。

> 所有的这一切，根源何在？这种轻率的浪漫主义，不可能调动美国法尔戈、弗雪兹诺或普罗沃这些地区农民的积极性。“大跃进”是革命热情的一种奇特的喜悦，这一喜悦实在难以置信，因此人们希望有内容充实的历史书籍，把它同中国历史上的先例联系起来。遗憾的是，有关中国的制度史仍然不发达，治理国家（经世）的伟大传统（即官僚们如何惯于组织和操纵民众）被忽视，历史学家们现在都纷纷研究社会史，认为这种研究更适合当前的要求。
>
> 从体制和历史的角度分析“大跃进”，首先必须从研究与经济有关的历代王朝史着手。这些历史著作详细记载了新政权在统一中国后，是怎样普遍使用徭役修建大型公共设施的（通常把人用到筋疲力尽），例如在农民中实行“均田制”，并把他们组织成相互监督、相互负责的小组。历代王朝所用的巧妙方法有几十种，其中包括各地的“常平仓”和在边境上利用兵士开荒屯田。这些防范虽有历史记载，但却无人研究。至于学者型官僚的这些巧妙方法在实践中究竟效果如何，至今基本上没有答案。这些学者型官僚，代表着统治者实实在在的特权，他们通过身体力行、制定管制法规、进行道德规劝和给予应得的惩罚等方法，来组织人们的生活。[10]

当然，这种分析是有道理的，在字里行间还蕴含着深意。但是，人们可以争辩，正是那些“一窝蜂”进行社会历史研究的历史学家让我们最好地理解了过去和现在的关联性。之所以如此，不过是因为他们能够从儒家官僚体制下的经典文献中跳出来，开始真正地发现土地所有制的模式、宗族组织、中国城市的寄居者、争取社会公平权利的妇女团体，以及大量的地方现象、价值观，从而能够帮助我们理解为什么众人愿意臣服于这种统治模式。

正如费正清在这本书的空白页漫不经心地写道，“汉学就是吹毛求疵者的天然栖息地”；而人们之所以欣赏我在前文中提到的这些语句，不过是因为费正清激发读者去深入思考更复杂的历史因素及其影响。在《伟大的中国革命（1800—1985）》（*The Great Chinese Revolution,1800—1985*）[11] 一书的开篇，费正清更是直接挑战他的读者，引发更多读者对被义愤激荡的中国近代史的兴趣。它婉转地暗示，只有费正清将中华人民共和国的历史与中国的过去相联系。但是，他确实是一位机智的学者，认识到了作为“一位退休教授，他不用关心任期，也不用在意声望”，他的下一步任务就是充当“下一代学者的阶梯”。费正清的这本“家酿”没有任何注释，因为他觉得注释会“引起误解、讨厌和不当”；这本书也没有任何参考书目，因为费正清已经花了大半生的功夫来整理文献，“已经够多了”。除此之外，费正清还按照个人偏好使用了罗马拼音系统，因为没有任何现存的拼音系统让人满意。简而言之，这像一场斗志昂扬、知识渊博、妙趣横生且时而令人愤慨的中国革命历史之行。显然，费正清很享受写作的过程，让读者也乐在其中。

尽管费正清尽量避免让《伟大的中国革命》显得过于学术，但这本著作确实是学术界最新的成就，这与费正清编纂或合编了历史跨度从 19 世纪、20 世纪到 1979 年的《剑桥中国史》不无关系。为此，他阅读了大量杰出的汉学家对于这段冗长复杂的历史的总结。为了表达他的敬意，费正清将这本书献给这些学者，并且在附录中罗列了相关文献。这本编年史涵盖的议题非常广泛，包括在西方冲击之前中国原生的商品经济、对抗国家政权的地方分权势力的崛起、汉族自由主义精英的形成，以及"文化大革命"中人身羞辱的意味。费正清一次又一次敏捷地捕捉了这些经历。例如，对于"文化大革命"中的奇耻大辱，费正清写道：

> 对于极讲面子的中国人，在包括许多同事和老朋友在内的冷嘲热骂的群众面前挨打和受辱，就像剥他的皮一样。[12]

如此简洁的语言强而有力，颇能感染人。所以，用简短的语言描述特别复杂的社会现象是一种技巧，从而让读者随着文字感同身受。

> 太监们多半来自华北，割去了睾丸和阳具，然后用塞子堵住尿道伤口，三天不喝水。拔去塞子后尿出来了，这个太监就有用了，否则他很快就会死去。[13]

像这样生动的旁白，常常能够吸引读者——费正清是否担心读者会走神？——即使并没有证据来支持这一论断。关于嫔妃是如何被送上龙床的细节，费正清告诉我们，这都是“民俗学”。臭名昭著的好色军阀的阴茎大小也有记载，尽管“这些资料都没有得到证实”。试图验证这些史料的做法，显然会贻笑大方，也会太学究气了。

《伟大的中国革命》是费正清五十年来不断阅读和思考中国的过程中，震撼他的、愉悦他的、激怒他的和吸引他的所有精华。他促使我们去思索“革命”——无论伟大与否——正如朝代更替的周期一样，是永恒变化着的。“社会主义”和“资本主义”的标签是我们的，并非深藏于中国社会，而我们使用时就要后果自负。确实，中国一直在试图“逃脱历史的羁绊”，但即使是一场革命，可能也难以实现这一目标。费正清在此书的开篇就指出，中国历史发展的节奏、历史进程的浓缩及历史在地理上的集中，让人难以想象，由此也难以正确地估量：

> 中国四千年所有的历史居址都紧靠在一起。对于我们来说，那就好比使徒摩西在华盛顿山上接过了经牌，希腊的帕台农神庙建筑在波士顿附近的邦克山上，汉尼拔跨过了阿勒格尼河，恺撒征服了俄亥俄，查理曼大帝于公元800年在芝加哥行加冕礼，梵蒂冈俯视着纽约的中央公园一般。[14]

在过去的半个世纪中，没有任何一个学者如费正清这般完成如此多高质量的汉学著作。而今他仍然笔不停辍，沉浸在他喜爱的议题中，让读者甚感欣喜。

房兆楹

1962 年 2 月，当时我还是耶鲁大学研究生院三年级的学生，已经完成了中文基础课程，正在思考下一步的计划。芮玛丽（Mary Wright）教授问我，是否已经决定研究清朝初期的历史，我做了肯定的回答。接着她问我想跟哪位教授做文献研究，因为她自己恐怕不能胜任讲授这一领域文献的工作。当时我正在阅读《清代名人传略》（*Eminent Chinese of the Ch'ing Period*），受此启发，我回答说我只想师从这一领域的两位专家：一位是房兆楹（1908—1985）教授，另一位是杜联喆教授。芮玛丽听完便哈哈大笑，说我很幸运，因为杜联喆教授就是房兆楹的夫人，而且她跟这对夫妇颇有交情。他们当时住在澳大利亚堪培拉，她建议我写信去问问夫妇俩能否收我为徒。我真的这样做了，房兆楹教授很快回信，客气地回答说愿意收下我。更加令人惊喜的是，在信开头，房兆楹教授建议我可以和他一块儿做研究——现在想想仍觉不可思议，但这却让我大为宽心。

1 月 24 日航空信件已于两日前收悉。信中言及有意来堪培拉

> 跟我学习一年，研究曹寅，我非常高兴。这些年来，我一直计划翻译整理中文、韩文和日文中关于17世纪中国社会的资料，我们一起来做这个项目，对你我都将大有益处。因此，对于你的请求，我的答案是肯定的。[1]

接着，房兆楹教授提了一些参考文献方面的问题和建议。我并没留回信的副本，但我在感谢信中肯定谈及，自己作为一名学者对于地理错位的感受，因为房兆楹教授在回信当中不仅写到了参考书目方面的建议，还写到了这样的一段话：

> 你说自己对于美国人来说太英国了，而对于英国人来说又太美国了，我觉得很有趣；如果将"英国人"换成"中国人"，那就的的确确是我的感受了，不仅仅是作为学者，而且是在我生活的方方面面。作为融合了美国文化的中国人，我感到非常自豪，并且希望我所选择的生活方式，能够兼得这两种文明之长，而非仅仅是两种文明的平均水平。[2]

于是我前往澳大利亚，开始了最让我难忘的学习旅程和生命中最值得回味的日子。房兆楹教授夫妇不仅将其渊博的学问倾囊相授，对我和我的妻子海伦也热忱备至。我仍清晰地记得，每次我们请他们吃饭，他们总是捎来大部分食材，而每次他们招待我们时，我们几乎什么都不用干；我还记得他们家那只活蹦乱跳的小狗"马马虎虎"——真是一个好名字；还记得我们驾车长途旅行，穿过澳大利亚秀丽的乡村到达悉尼，或是享受贝特曼斯湾的沙滩美景。

我永远不会忘记房兆楹先生期待我做的工作。他带我进入了规范的学术世界，而在此之前，我只能想象它的模样——需要说明的是，我从未真正进入过这样的世界，我离它还很遥远。我们仔细研读《会典事例》、汉语版本的满族宗谱和《八旗通志》。我们研读曹寅的密折，以及周汝昌优秀的红学著作。房先生讲课的风格可能是说教式的，也可能是苏格拉底式的，或者是他认为我所需要的教学模式，这完全取决于他的心情。记得有一次，在我连问了一连串问题之后，房先生用不容置疑、斩钉截铁的语气总结道："因为它就是这样！"还有一次我满怀兴奋地拿着《会典事例》的节选找到房先生，告诉他我们应该研究这个，因为我相信它解决了有关包衣的所有问题。他看了看这段文章，点了点头，然后告诉我两周之内将其翻译成英文。在那两周里，我夜以继日地研读，却越来越灰心沮丧，使得我们的会面多少有些情绪化。"我全做完了，"我说："但是看起来根本解决不了我所感兴趣的包衣问题。"房先生却微笑着说："好极了。"

汉语中"老先生"很难找到恰如其分的英文译法，这是一个无法翻译的中文词，其意义介于"令人尊敬的师长"和"尊敬的朋友"之间，这就是我对于房先生的感受。我在他的指导和帮助下完成了有关曹寅的论文，开始了我的教学生涯，并且试图进一步完成有关中国的著作，我越发感觉如此。这是一种复杂的情感，有敬畏，有崇敬，有喜爱，也有警醒——他永远是我的房先生。1960 年代末，他搬到纽约定居之后，与我的母亲、妹妹、妻子甚至我的孩子都建立了深厚的情谊，他还在哈尔滨酒店等很多地方盛情邀请我们，时常向我了解他们的情况。

我一直很珍视房先生给我的评语，但是最让我难忘的，是他在评价我的研究成果的信件中，有一个改动。“有极大的改进”，房先生写道。之后他似乎意识到说得有点过了（我肯定是这个原因！），然后工工整整地将“极大的”划掉，并改成了“有不小的改进”。[3]在同样一封信中，房先生对于学术写作的读者意识给我提出了建议，令我受益匪浅。在我看来，没有人比房先生认识得更深入了。

> 我发现研究者的作品一般是写给初学者或者专家（自己的导师）看的。如果写给一般的读者来看，就会显得冗长乏味；但是将一般读者考虑到其中（包括其他领域的教授）是非常必要的……换句话说，如果只是想写给专家看，那么你写得太多了。

但是，总有一天我们要离开“老先生”的指导，最终学会自己去研究和判断，否则学生便不可能成长起来，而先生也没有喘息的空间。但是对我而言，房先生永远是循循善诱的伟大导师，我也将永远珍视我们偶尔的会面和交流。我在笔记中发现了我们在 1976 年一次电话谈话的记录，当时我告诉他说自己可能会继续深入研究，并试图研究利玛窦。我泛黄的笔记上潦草地写道：“房先生对于研究利玛窦的意见：如果没有真诚的学术态度，会立即被识别出来。”我相信，房先生是想要告诉我，明朝人对利玛窦充满了崇敬之情，因为利玛窦展现出了对中国文化真诚的兴趣。如果我对利玛窦有着同样浓厚的兴趣的话，那么大可继续研究下去。

在所有的信件中，最让我珍惜的是房先生在1975年圣诞夜写给我的那封，那是他收到我妻子寄给他的圣诞贺卡之后写给我们的回信——贺卡上印的是雪地里摇曳的芦苇。回信中，我看到了一个全新的房先生。让我用房先生惯有的优美流利、精确有力的英文文笔，来结束对他的怀念：[4]

这让我想起了我在塘沽的童年时光。我家乡塘沽距离白河口约十英里。我有两个兄弟，一个长我九岁，一个长我六岁，他们大部分时间在北京上学，只有暑假和春节的时候回家。所以我的童年是在父母的陪伴下度过的，他们不让我和别的小朋友玩耍。当然，也很少有别的小朋友，因为我们住的院子周围只有我们一家是汉人。房子的后面，是湿地和纳潮沟。其中一条延伸到我家后院，涨潮时，沟浍皆盈。我经常点着灯笼，在沟边抓螃蟹。远处，我能看见满眼的芦苇和香蒲，绵延数里。童年是孤单的，只是在那个时候，我并不知道孤单意味着什么。

我有书籍为伴。父亲白天总是很忙，但是偶尔也会用小卡片教我识字。小卡片的正面有字，背面有插图，在当时是非常先进的东西。六岁的我就能阅读中译本的世界历史（也许是迈尔斯[Myers]的《世界通史》？）和世界地理了。当然，我只能理解一部分。当时的我觉得还是插图有趣，至今仍记得留尼达（Leonidas）和拿破仑的画像。我还学了英文字母和拼写，我学会使用的第一本字典是富路德（Carrington）的父亲富善牧师（Chauncey

Goodrich）编写的《中英袖珍字典》。我第一次上学学习《论语》的时候，便用罗马拼音法查找了一个汉字。

新年快乐！

兆楹，顺询近祉

注释

序言

1 博克舍（C.R.Boxer）编《十六世纪中国南部行纪》（*South China in the Sixteenth Century*），London，1953 年，第 145—146 页。

2 博克舍编《十六世纪中国南部行纪》，第 122 页。

3 博克舍编《十六世纪中国南部行纪》，第 55 页。

4 博克舍编《十六世纪中国南部行纪》，第 56 页。

5 龙伯克（Kund Lundbaek）《汉学家先驱巴耶尔》（*T. S. Bayer[1694-1738]: Pioneer Sinologist*），London and Malmo，1986 年，第 92 页。

6 龙伯克《汉学家先驱巴耶尔》，第 152 页；巴耶尔引用的话参见 A.S.F. Gow 编译《忒奥克里托斯》（*Theocritus*），第一卷，Cambridge，1973 年，第 113 页。

7 龙伯克《汉学家先驱巴耶尔》，第 43 页。

8 龙伯克《汉学家先驱巴耶尔》，第 58—60 页。

9 龙伯克《汉学家先驱巴耶尔》，第 60—68 页。

10 龙伯克《汉学家先驱巴耶尔》，第 93 页；见第 151 页巴耶尔的“自夸”，他坦言希望有一天他会被授予“汉学之父”的称号。

11 龙伯克《汉学家先驱巴耶尔》，第 208 页。

12 在此，我想要感谢我的编辑，是他们日夜辛劳校订我的论文，特别感谢《纽约书评》的 Robert Silvers，他修订的稿了数量最多，总是用犀利和周到的眼光审视我的稿子。同样，我要感谢诺顿出版社的 Steven Forman，这本著作正是源于他的想法，同样，他以一贯的耐心、娴熟和坚韧从头到尾见证了这本著作的出版。这本书中的文章都已经写好或出版，所以这本著作相当于再版，除了个别的例外：为了连贯和清晰更改了部分标点和短语，重新确定了长段引文的出处，部分人名后增加了识别性短语，以前为了篇幅删减的段落重新得以加入文中。文中既有威妥玛音标，也有罗马拼音音标，遵循了原文当中的使用习惯。我并没有“更新”我的结论，也没有更改参考文献。

黄嘉略的巴黎岁月

1 该文主要参考法国国家图书馆馆藏的手稿，特别是手稿 MSS Fr. nouv. acq. 10—005, "Journal d'Arcade Hoang, 1713-1714, " 卷一；档案材料 Arch. Ar.69, "Papiers de Fourmont," "Memoire de ce que j'ay depenc pour le Sr. Arcade Oange, Chinois…, " 详细记载了黄嘉略的个人影响；以及手稿 MSS Orient. Ch. 9234, "Arcade Hoange, Dictionaire chinois- français." 我还参考了以下著作：Andre Masson, ed., *Montesquieu, oeuvres completes*, vol.2, *Geographica*（Paris, 1953），以及附加的评论；Robert Shackleton, "Asia As Seen by the French Enlightenment, " in Raghavan Iyer, ed., *The Glass Curtain between Asian and Europe*（New York, 1965）, 175-87；Danielle Elisseeff, *Nicholas Fréret (1688-1749)：Réflexions d'un humaniste du XVIIIe siècle sur la Chine*（Paris, 1978），其中包括大量黄嘉略的重要手稿，以及该作者的 Moi Arcade（Paris, 1985）；Knud Lundbaek, *T. S. Bayer (1694-1738)：Pioneer Sinologist*（London and Malmo, 1986）。这篇论文是《格兰塔》杂志刊登的删节版本的原文。

门德斯 · 平托的远游

1 Fernao Mendes Pinto, *The Travels of Mendes Pinto*, edit and translated by Rebecca D Catz（Chicago University of Chicago Press, 1990）.

2 Fernao Mendes Pinto, The *Travels of Mendes Pinto*, edit and translated by Rebecca D. Catz（Chicago University of Chicago Press, 1990.）,p. 1.

3 Pinto, *Travels*，第 522—523 页。

4 参见查尔斯 · 博克舍（Charles Boxer）在《十六世纪中国南部行纪》（*South China in the Sixteenth Century*，London：Hakluyt Society，1953 年）中所作的精彩分析和翻译。

5 Pinto, *Travels*，第 501 页。

6 Pinto, *Travels*，第 522—523 页。

7 Pinto, *Travels*，第 36—37 页。

8 Pinto, *Travels*，第 365 页。

9 Pinto, *Travels*，第 287 页。

10 Pinto, *Travels*，第 31 页。

11 Pinto, *Travels*，第 32—33 页。平托《远游记》，第 55—56 页。

12 Pinto, *Travels*，第 491 页。平托《远游记》，第 676 页。

利玛窦及其北京之旅

1 关于利玛窦全部的生活和教育背景，以及利玛窦手稿《历史》（*Historia*）一书的译注本，参见耶稣会士德礼贤（Pasquale M. D'Elia）主编《利玛窦全集：利玛窦与中欧早期关系史的原始文献 1579—1615》(*Fonti Ricciane : Documenti Originali concernenti Matteo Ricci e la storia delle prime relazioni tra l'Europa e la China 1579-1615*),第三卷,(Rome, 1942-1949 年);傅吾康(Wolfgang Franke)发表于富路德(L. Carrington Goodrich)和房兆楹主编的《明代名人传,1368—1644》(*Dictionary of Ming Biography, 1368-1644*)第二卷(New York,1976)1137-1144 的文章;史景迁《利玛窦的记忆宫殿》(*The Memory Palace of Matteo Ricci*,New York,1984)。关于范礼安在舒特神父(Josef Franz Schütte)的书中有很好的介绍,参见《范礼安的日本传教方针》(*Valignano's Mission Principles for Japan*)卷一中的"从任命为巡察使到离开日本,1573—1582"的第一部分"问题 1573—1580",译者耶稣会士约翰 · 科尼(John J Coyne)(圣路易斯:1980 年)。文中所引的利玛窦写给福利嘉蒂(Giulio Fuligatti)的书信,参见耶稣会士汾屠立神父(Pietro Tacchi Venturi)《利玛窦神父的历史文集》(*Opere storiche del P Matteo Ricci, SJ*),第二卷,Macerata,1911-1913,214 页。

2 舒特《范礼安的日本传教方针》,第一卷第一部分,第 30—35 页,特别是第 44 页注释 106,第 52 页注释 122。

3 舒特《范礼安的日本传教方针》,第 60、67、71 页。

4 舒特《范礼安的日本传教方针》,第 68—76 页。

5 舒特《范礼安的日本传教方针》,第 104—108 页。

6 舒特《范礼安的日本传教方针》,第 131 页。

7 汾屠立《利玛窦神父的历史文集》,第二卷,第 25 页。

8 汾屠立《利玛窦神父的历史文集》,第 26 页。

9 汾屠立《利玛窦神父的历史文集》,第 7、8、10 页,第 10 页注释 2。

10 舒特《范礼安的日本传教方针》,第一卷第一部分,第 269、272—273、279—280 页。

11 舒特《范礼安的日本传教方针》,第 269—297、308 页。

12 舒特《范礼安的日本传教方针》,第 282 页。

13 舒特《范礼安的日本传教方针》,第 286—287 页。

14 舒特《范礼安的日本传教方针》,第 186 页。

15 汾屠立《利玛窦神父的历史文集》,第二卷,第 27 页。

16 汾屠立《利玛窦神父的历史文集》,第二卷,第 17 页。

17 汾屠立《利玛窦神父的历史文集》,第二卷,第 27—28 页。

18 汾屠立《利玛窦神父的历史文集》,第二卷,第 28 页。

19 汾屠立《利玛窦神父的历史文集》,第二卷,第 29 页。

20 汾屠立《利玛窦神父的历史文集》,第二卷,第 32—33 页。

21 见注 1。

22 汾屠立《利玛窦神父的历史文集》,第二卷,第 49、60、65、117、122 页。

23 相关参考文献参见傅吾康《明代名人传》第二卷,1144 页。约翰 · 杨《东西方交融:利玛窦及儒家思想》(*East-West Synthesis: Matteo Ricci and Confucianism*),香港,1980 年。

24 汾屠立《利玛窦神父的历史文集》，第二卷，第 67—70、90、234、279 页。

25 汾屠立《利玛窦神父的历史文集》，第二卷，第 75、94、106—107、163 页。圣经引文转引自该书。

26 维吉尔（Vergil）《埃涅阿斯纪》（*Aeneid*），威廉·弗朗西斯·杰克逊·奈特（William Francis Jackson Knight）译，纽约，1970。[中文翻译参见维吉尔：《埃涅阿斯纪》，杨周翰译，南京：译林出版社，1999 年。]

27 汾屠立《利玛窦神父的历史文集》，第二卷，第 69、117—118、237 页。

28 汾屠立《利玛窦神父的历史文集》，第二卷，第 45、57 页。

29 德礼贤《交友论》（Il Trattato Sull' Amicizia），《传教研究》（*Studia Missionalia*）第 7 期（1952），第 425—515 页。

30 参见利玛窦的《西国记法》和普林尼的《自然史》，第 7、24、88—91 页。利玛窦的《二十五言》几乎是全部来自于爱比克泰德（Epictetus）的《教义手册》（*Encheiridion*），耶稣会士斯波拉坦神父（Christopher Spalatin）在其文章《利玛窦对爱比克泰德的〈教义手册〉的借鉴》（载于《格列高利》[*Gregorianum*] 第 56 卷第 3 期，1975 年，第 551—557 页）中用图示表现了这种关系。感谢斯波拉坦神父于 1982 年 10 月在芝加哥罗耀拉大学（Loyola University of Chicago）的会议上为我提供了这篇有价值的文章的复件。

31 德礼贤："Musica e canti italiani a Pechino（marzoaprile 1601）", *Rivista degli studi orientali* 第 30 期，1995 年，第 131—145 页。特别鸣谢托马斯 · 格林（Thomas M Greene）的来信，他的著作《特洛伊的火光：文艺复兴诗歌的模仿与探索》（*The Light in Troy: Imitation and Discovery in Renaissance Poetry*）中对于彼特拉克的评价让我受益匪浅。

32 Ernest Cassirer, Paul Oskar Kristeller, and John Herman Randall, Jr, eds, *The Renaissance Philosophy of Man*（Chicago, 1948）, 第 41-45 页。

33 同上，第 43 页。关于圣奥古斯汀，参见其《忏悔录》（*Confessions*，Baltimore, 1961，第 216 页），由 R. S. Pine-Coffin 翻译并撰写前言。

甘博镜头下的中国

1 西德尼 · 甘博的信件复本、照片以及他生平的资料均保存在纽约的甘博中国研究基金会中。我非常感谢甘博的女儿凯瑟琳 · 柯伦（Catherine G. Curran）女士为我提供相关资料。有关甘博资料的摘要见南希 · 杰维斯（Nancy Jervis）主编《革命之间的中国：西德尼 · 甘博的摄影作品》（*China between Revolutions: Photographs by Sidney D. Gamble，1917—1927*），New York: China Institute in America, 1989 年。有关甘博的传记见詹姆斯 · 帕里 · 埃斯特（James Parry Eyster II）的论文：《在亚洲的普林斯顿人：西德尼 · 甘博的中国社会调查，1918—1934》（A Princetonian in Asia: Sidney Gamble's Social Surveys in China, 1918-1934），《普林斯顿校友周报》（*Princeton Alumni Weekly*），1986，PP.253-70。

马尔罗的诱惑

1 安德烈·马尔罗（Andre Malraux）《西方的诱惑》（*The Temptation of the West, 1926*），Robert Hollander 译，Chicago: University of Chicago Press，1992 年，第 3 页。

2 皮埃尔·绿蒂（Pierre Loti）《在北京最后的日子》（*Les Derniers Jours de Pekin*），Paris: Calmann-Levy，1914 年，第 91—92 页。（英文由史景迁翻译。）[中译文参见《在北京最后的日子》，马利红译，上海书店出版社，2006 年]

3 皮埃尔·绿蒂《在北京最后的日子》，第 406 页。

4 保罗·克洛岱尔（Paul Claudel）《东方知识》（*Connaissance de l'est*），第 4 版，Paris: Mercure de France，1913 年，第 28 页。（英文由史景迁翻译。）

5 保罗·克洛岱尔（Paul Claudel）《认识东方》（*The East I Know*），Teresa Frances and William Benet 译，New Haven: Yale University Press，1914 年，第 45—46 页。[译文见中译本《认识东方》，徐知免译，天津：百花文艺出版社，1997 年。]

6 谢阁兰（Victor Segalen）《碑》（*Steles*），Michael Taylor 译，Santa Monica: Lapis Press，1987 年，没有标记页码。[译文见中译本谢阁兰《碑》，车槿山、秦海鹰译，北京：生活·读书·新知三联书店，1993 年。]

7 马尔罗《西方的诱惑》，第 13、39、65、110 页。[中译文参见《西方的诱惑》，宁虹译，《世界文学》2002 年第 5 期，第 33—34、51 页。]

8 狄更生（Goldsworthy Lowes Dickinson）《“中国佬”信札——西方文明之东方观》（*Letters from a Chinese Official, Bing an Eastern View of Western Civilization*），New York: McClure, Phillips，1903 年，第 15 页。[译文见《“中国佬”信札——西方文明之东方观》，卢彦名、王玉括译，南京出版社，2008 年，第 12—13 页。]

9 马尔罗：《西方的诱惑》，第 26 页。[中译文上引文第 16 页。史景迁的这个脚注有误，文中引文引自《西方的诱惑》，但是脚注却标记《“中国佬”信札》。]

10 狄更生《“中国佬”信札》，第 57 页。

11 狄更生《“中国佬”信札》，第 64 页。

12 马尔罗《西方的诱惑》，第 101—105 页。

13 马尔罗《西方的诱惑》，第 109—110 页。

14 马尔罗《西方的诱惑》，第 118、120 页。

15 马尔罗《西方的诱惑》，第 120—122 页。

眺望东方：西方人眼中的中国

1 有关早期的中国研究著作，参见唐纳德·拉赫（Donald Lach）《欧洲形成中的亚洲》（*Asia in the Making of Europe*），第五卷，Chicago: University of Chicago Press，1965 年；德礼贤（Pasquale M. D' Elia,）主编的《利玛窦全集：利玛窦与中欧早期关系史的原始文献 1579—1615》（*Fonti Ricciane：Documenti Originali concernenti Matteo Ricci e la storia delle prime relazioni tra l'Europa e la China 1579-1615*），第三卷，Rome: Libreria dello Stato, 1942-1949 年；史景迁《利玛窦的记忆宫殿》。有关中国

对西方学者的批评参见约翰·杨《儒教与基督教：初次相遇》(*Confucianism and Christianity: The First Encounter*)，Hong Kong: Hong Kong University Press，1983年。谢和耐（Jacques Gernet）《中国与基督教的冲击：一种文化冲突》(*China and the Christian Impact: A Conflict of Cultures*)，Cambridge: Cambridge University Press, 1985年。

2 白晋（J. Bouvet）《中国皇帝康熙传》(*Histoire de l'empereur de la Chine*)，The Hague, 1699年；1940年天津再版。(英文由作者翻译)。[中译文参见《康熙帝传》，春林、广建编，珠海出版社，1995年。]

3 玛格丽特·霍根（Margaret Hodgen）《十六和十七世纪的早期人类学》(*Early Anthropology in the Sixteenth and Seventeenth Centuries*)，Philadelphia: University of Pennsylvania Press，1964年，第413—425页；盖伊（Basil Guy）《伏尔泰前后法国的中国印象》(*The French Image of China before and after Voltaire*)，Geneva: Institut et Musee Voltaire，1963年；孟德卫（David Mungello）《莱布尼茨与儒学：求同》(*Leibniz and Confucianism: The Search for Accord*)，Honolulu: University of Hawaii Press, 1977年。

4 伏尔泰《风俗论》(*Essai sur les moeurs et l'esprit des nations*) 第一卷，Paris，1771年，第13、31、33、36页（英文由作者翻译）。[中文翻译参见《风俗论——论各民族的精神与风俗以及自查理曼至路易十三的历史》，梁守锵译，北京：商务印书馆，2008年。]

5 除了盖伊的《伏尔泰前后法国的中国印象》，还可参见布兰菲特（J. H. Brumfitt）《伏尔泰：史学家》(*Voltaire: Historian*)，Oxford: Oxford University Press，1958年；J. L. Cranmer-Byng主编的《出使中国：马戛尔尼在出访乾隆朝（1793—1794）的日记》(*An Embassy to China: Being the Journal Kept by Lord Macartney during his Embassy to the Emperor Ch'ien-lung, 1793-1794*)，Lord George Macartney, London: Longmans, 1962年；高斯坦（Jonathan Goldstein）《费城与中国贸易》(*Philadelphia and the China Trade*)，University Park: Pennsylvania State University Press，1978年，第35页。

6 丹尼尔·笛福对此的批评参见《鲁宾逊漂流记续》(*The Further Adventures of Robinson Crusoe*)，London: W. Taylor, 1719年。引文内容引自沃尔特（Richard Walter）、本杰明·罗宾斯（Benjamin Robins）编《乔治·安森德1704年—1744年的环球航海记》(*A Voyage around the World in the Years 1704-44 by George Anson*)，Oxford: Oxford University Press，1974年，第351—352、366、368页。

7 G. W. F. Hegel, *Lectures on the Philosophy of History*，trans. By J. Sibree，New York, Dover, 1956, pp.120-121. [中译文参见黑格尔《历史哲学》，王造时译，上海世纪出版社，2001年，第121—122页。] 盖伊《伏尔泰前后法国的中国印象》。

8 背景介绍参见：斯图亚特·克雷顿·米勒（Stuart Creighton Miller）《不受欢迎的移民：美国人心目中的中国形象1785—1882》(*The Unwelcome Immigrant: The American Image of China, 1785-1882*)，Berkeley: University of California Press，1969年；马森

(Mary G. Mason)《西方的中国及中国人的观念（1840—1876)》(*Western Concepts of China and the Chinese, 1840-1876*), New York: Seeman, 1939 年。其他典型例子参见：查尔斯 · 狄更斯（Charles Dickens)《匹克威克外传》(*The Pickwick Papers*), London: Chapman and Hall, 1837 年,第 414 页;爱克曼（Johann Peter Eckermann)《歌德谈话录》(*Conversations of Geothe with Eckermann*) , John Oxenfor 译, New York: Dutton, 1930 年,第 164 页;卡彭特(F. I. Carpenter)编《爱默生与东方主义》(*Emerson and Asia*), Cambridge: Harvard University Press, 1930 年, 第 37、239 页;陶尔（Dona Torr）编《马克思论中国（1853—1860)》(*Marx on China, 1853-1860*), London: Lawrence and Wishart, 1951 年。

9 对这类主题的文学著作的介绍参见：亨特（Michael Hunt)《特殊关系的形成 :1914 年以前的美国和中国》(*The Making of a Special Relationship: The United States and China to 1914*), New York: Columbia University Press, 1984 年。

10 参见威廉·吴（William F. Wu)《黄祸:美国小说中的华人形象（1850—1940)》(*The Yellow Peril: Chinese Americans in American Fiction, 1850-1940*), Hamden, Conn.: Archon Books, 1982 年。

11 关于汉学传统的发展，参见芮沃寿（Arthur F. Wright)《中国文明研究》(The Study of Chinese Civilization),《思想史杂志》(*Journal of the History of Ideas*), 21 (1960)。关于拜克豪斯，参见崔姆路普（Hugh R. Trevor-Roper)《北京隐士：埃德蒙 · 拜克豪斯爵士不可告人的人生》(*Hermit of Peking: The Hidden Life of Sir Edmund Backhouse*), New York: Knopf, 1977 年。

12 伊罗生（Harold Isaacs)《心影录：美国人心目中的中国和印度的形象》(*Scratches on Our Minds: Western Images of China and India*), New York: John Day, 1958 年；后再版为《亚洲形象》(*Images of Asia*), New York Harper Torchbooks, 1972 年和《心影录》(*Scratches on Our Minds*), Whites Plains, N.Y.: Sharpe, 1980 年。1980 年版中有一新前言，伊罗生的时间分期在第 71 页（每一版本均在此页)。

13 赛珍珠（Pearl Buck)《大地》(*The Good Earth*), New York: John Day, 1931 年。亨特 (Michael Hunt) 对赛珍珠有过精彩的评论,参见《赛珍珠:中国研究的杰出学者》(Pearl Buck: Popular Expert on China),《近代中国》(*Modern China*), 3 (1977) : 第 33—63 页。

14 恩尼斯 · 布拉玛（Ernest Bramah)《天空之车：开龙故事集》(*The Celestial Omnibus: Collected Tales of Kai Lung*), 1940 年出版；再版由 Chester Spring, Pa.: Dufour, 1987 年出版。*Kai Lung Beneath the Mulberry Tree*, 1940 年出版，再版由 Salem, N H..: Ayer, 1978 年出版。高罗佩的《狄公案》可参见 Scribner's Dover, and the University of Chicago Press 出版。

15 韩素音（笔名)《北京最冷的冬天》(*The Coldest Winter of Peking : A Novel from Inside China*), Liang-lao Dee 译, New York: Doubleday, 1978 年。同样参见《尹县长》(*The Execution of Mayor Yin*), Bloomington: Indiana University Press, 1978 年。

16 Edgar Snow, *Red Star Over China*, New York: Random House, 1938 ; Graham Peck,

Two Kinds of Time, Boston: Houghton Mifflin, 1950. Simon Leys, *Chinese Shadows*, New York: Viking, 1977. Vera Schwarcz, *Long Road Home: A China Journal*, New Haven: Yale University Press，1984.

17 John Hersey, *A Single Pebble*, New York: Knopf, 1956.

18 James Clavell, *Taipan*, New York: Delacorte, 1983；Robert S. Elegant, *Dynasty*, New York: Fawcett, 1982.

19 Victor Segalen, *Rene Leys*, Paris: Gallimard, 1971.

20 John Hersey, *The Call*, New York: Knopf, 1985.

21 Paul Scott, *The Chinese Love Pavilion*，London：Eyre and Spottiswood, 1960；后于美国再版为 *The Love Pavilion*, New York: Carroll and Graf，1985. James G. Farrell, Singapore Grip, New York: Carroll and Graf，1986. 韩素音《生死恋》（*A Many Splendoured Thing*），London: J. Cape, 1952 年。

22 汤婷婷（Maxine Hong Kingston）《女勇士》（*The Women Warrior*），New York: Knopf, 1976 年。

23 见安德烈·马尔罗(Andre Malraux)《人的命运》(*Man's Fate*),Haakon M.Chevalier 译，New York: Modern Library,1965 年。《征服者》(*The Conquerors*),Stephen Becker 译，New York: Grove Press，1977 年。

24 Bertolt Brecht, *Good Woman of Setzuan*, New York: Knopf, 1976.

25 卡夫卡（Franz Kafka）《中国的万里长城》（The Great Wall of China），《卡夫卡短篇小说选编》（*Selected Short Stories of Franz Kafka*），Willa 及 Edwin Muir 译，New York: Modern Library，1952 年，第 129—147 页。

26 J.G.Ballard, *Empire of the Sun*, New York: Simon&Schuster, 1984, pp. 211, 228. [译文见中译本詹·格·巴拉德《太阳帝国》,董乐山译,上海译文出版社,2010 年,第 279 页。]

27 埃利亚斯·卡内蒂（Elias Canetti）的《迷惘》最初发表于 1935 年的德文本 Die Blendung，卡内蒂耶也因此获诺贝尔文学奖。Auto da fe 是在英格兰发行时所用的名字，而早期的美国版本题为 *Tower of Babel*。见 *Auto da fe*，New York: Farrar, Straus& Giroux, 1984 年。

28 Edward Said, *Orientalism*, New York: Pantheon Books, 1978.

康熙帝一生的七个阶段

1 *Journal of Asian Studies* 24（1965）：229-43，引文出自 229 页。

2 第二幕第七场，第 139—166 行。

3 以下关于康熙的描述取自房兆楹的《清代名人传略》中的康熙传记及相关传记。恒慕义主编、房兆楹著：《清代名人传略》第一册，华盛顿，1943—1944 年，第 327—331 页。

4 《清史列传》第 10 册，第 80 卷，台北，1962 年再版，4.3b—4；《清史》第 8 册，台北，1961 年，5：3494（2）；《清代名人传略》卷二，第 796 页。

5 有关曹玺参见《八旗满族氏族通谱》(1745),卷七十四,叶 8b;有关册封孙氏,参见周汝昌《红楼梦新证》,上海,1953,第 42、205、229、319 页;有关曹寅当官参见《清康熙朱批谕旨》,《文心通编》第一册,台北,1964 年再版,第 290—302 页。

6 《大清圣祖仁皇帝实录》,第 6 册,第 300 卷,台北,1964 年再版,第 43—44 页,I572。

7 在出版的书籍当中可以发现康熙错字的例证,如漏写偏旁部首或误用同音字。参见《文心通编》中《苏州织造李煦奏折》一文,第 2 册第 855、862 页。

8 《大清世祖章皇帝实录》,第 3 册,第 144 卷,台北,1964 年再版,第 1695—1697 页。

9 《清史》卷五,96(2)。

10 同上,第 3495(6)页。《大清世宗宪皇帝实录》,第 3 册,第 159 卷,台北,1964 年再版,第 1 页。

11 关于康熙的英勇善射,有一个有趣且不落窠臼的故事。参见《康熙实录》,第 2578 页。

12 《钦定大清会典事例》中对此有简要总结,第 1220 卷,1899 年(台北,1963 年重印版第 19 册,第 *9261、9233—9241 页*)。详细的叙述参见《康熙实录》。

13 关于金鸡纳霜之事可参见:Joseph Sebes, S.J., *The Jesuits and the Sino-Russian Treaty of Nerchinsk (1689)*(Rome, 1961.)Lettres edifiantes et curieuses, ecrites des missions etrangeres(nouvelle edition, Paris, 1781),17 卷,第 306—310 页。佚名《圣祖五幸江南全录》,载于《振绮堂丛书》第一版,证实了耶稣会士的记录,还提供了康熙帝 1705 年南巡的宝贵详细资料,可以作为《康熙实录》的补充。

14 例如,学者张伯行出身卑微,经康熙一手提拔,任江苏按察使。在任期间,张伯行曾被卷入几宗重大丑闻之中,几近精神错乱,在康熙提拔他担任礼部尚书之后,有所恢复。我也详细研究过张伯行的履历。

15 《文心通编》第一册,294 页,康熙对曹寅的奏折的批阅,康熙四十三年十一月二十二日。

16 1711 至 1712 年的辛卯科场案就是个例子。参见《文心通编》中曹寅和李煦的奏折,1:291—293,以及 2:867—872;和《康熙实录》,第 3306—3358 页。

17 关于康熙通过将亲信包衣安插在重要岗位来揽权是我另一本书的主题,参见《曹寅与康熙:一个皇帝宠臣的生涯揭秘》(*Ts'ao Yin's and the K'ang-hsi Emperor: Bondservant and Master*),New Haven, 1966 年。

18 张鹏翮被罚跪的事参见《康熙实录》,3051—57。铎罗的事件参见 Francis A. Rouleau, S.J., "Maillard de Tournon, Papal Legate at the Court of Peking", *Archivum Historicum Societatis Iesu* 31(1962):264—323, 尤其是附录部分(312—321)。

19 《康熙实录》3533;《文心通编》,2:896、898—899;《掌故丛编》(台北,1964 年重印),210。

20 《康熙实录》,第 3969、3977—3978 页。

21 《扬州十日记》,该书的英文版参见恒慕义的 *The Eminent Chinese of the Ch'ing*

Dynasty（《清代名人传略》），第 652 页。

明朝生活的活力

1 Ray Huang, *1587, a Year of No Significance: The Ming Dynasty in Decline*），New Haven: Yale University Press, 1981 年。译按：译文参见黄仁宇：《万历十五年》，北京：生活 · 读书 · 新知三联书店，1997 年。中文版与英文版在文辞上略有差异，但考虑到该书在 1981 年由耶鲁大学出版英文版后，由作者本人译为中文并修改润色，所以仍采纳了作者的译法。

2 黄仁宇：《万历十五年》，第 91 页。

3 陈学霖（Hok-lam Chan）《当代中国史学中的李贽（1527—1602）：李贽著述及其生平新释》（*Li Chih, 1527-1602, in Contemporary Chinese Historiography: New Light on His Life and Works*）(White Plains: M.E. Sharpe, 1980)。毕来德（Jean-François Billeter）《被诅咒的哲学家李贽（1527—1602）：晚明仕宦社会学考察》（*Li Zhi: Philosophe maudit [1527-1602]*），Geneva and Paris: Librarie Droz, 1979 年。

4 毕来德：《被诅咒的哲学家李贽》，第 243 页。该文中引用的英文版由史景迁先生翻译。原文见李贽：《与友人论文》，《续焚书》，北京：中华书局，1975 年，第 6 页。

5 毕来德：《被诅咒的哲学家李贽》，第 243 页。

6 李贽和汤显祖之间的交情和著作可以参见郑培凯（Cheng Pei-kai）：《现实与想象：李贽和汤显祖对真实性的寻求》（"Reality and Imagination: Li Chih and T'ang Hsien-tsu in Search of Authenticity"）（博士论文，耶鲁大学，1980 年）。

7 汤显祖《牡丹亭》（*The Peony Pavilion*），白之（Cyril Birch）译，Bloomington: Indiana University Press，1980 年。

8 韩南（Patrick Hanan）《中国的短篇小说：关于年代、作者和撰述问题的研究》（*The Chinese Short Story: Studies in Dating, Authorship and Composition*），Cambridge: Harvard University Press, 1973 年；同上，《中国白话小说史》（*The Chinese Vernacular Story*），Cambridge: Harvard University Press, 1981 年。

9 当时的视觉艺术也有类似的发展，参见《徽派画集：黄山叠影》（*Shadows of Mt. Huang: Chinese Painting and Printing of the Anhui School*），高居翰（James Cahill）编，Berkeley, Calif.: University Art Museum, 1981 年，是探讨晚明时期商人的印刷和收藏（包括了 1588 年的徽派版画《方氏墨谱》）的珍贵资料。

10 何谷理（Robert Hegel）和茅国权（Nathan Mao）两人对明清时代小说故事情节和风格的变化都有过研究，参见：《对中国小说的批评文集》（*Critical Essays on Chinese Fiction*），ed.Winston Yang and Curtis Adkins，Hong Kong: Chinese University Press, 1981 年。尽管何谷理的新著《十七世纪中国小说》（*The Novel in Seventeenth Century China*，New York: Columbia University Press, 1981 年）主要探讨了清初的小说，但也是黄仁宇和韩南研究的有益补充。尤为贴切的是，何谷理将小说的新发展与在 1589 年（万历皇帝于此时完全退位）之后的时间联系起来；

他对于小说的读者和富商的阅读习惯的讨论；对于万历皇帝作为小说中被批判的皇帝的原型的研究；以及他对于小说评论新流派的重要性的研究。

画家石涛的圈子

1 喜仁龙（Osvald Siren），《中国绘画》（*Chinese Painting*），第 201 页。

2 参见史景迁的著作《曹寅与康熙：一个皇室宠臣的生涯揭秘》（*Ts'ao Yin and the K'ang-his Emperor, Bondservant and Master*），1966 年。

清官张伯行的崩溃

1 本文中的史料主要来自《康熙朝大清实录》，以及曹寅、李煦等人的奏折。另请见拙作《曹寅与康熙：一个皇室宠臣的生涯揭秘》。译者注：本段译文参见“漕运总督郎廷极奏为尊旨据实回奏张伯行近日情形折（康熙五十三年七月十七日）”、“苏州织造李煦奏为访查抚臣张伯行怕人刺杀情形折（康熙五十三年七月十七日）”,《康熙朝汉文朱批奏折汇编（第五册）》，北京：档案出版社，1985 年，第 699—704 页。

充满活力的儒学

1 芮沃寿（Arthur F. Wright）主编《中国思想研究》（*Studies in Chinese Thought*），Chicago: University of Chicago Press, 1953 年；芮沃寿、倪德卫（David Nivison）主编《行动中的儒教》（*Confucianism in Action*），Stanford University Press，1959 年；芮沃寿主编：《儒家信念》（*The Confucian Persuasion*），Stanford: Stanford University Press, 1960 年；芮沃寿、杜希德（Denis Twitchett）主编《儒家人格》（*Confucian Personalities*），Stanford: Stanford University Press, 1962 年。

2 《明代思想中的个人与社会》（*Self and Society in Ming Thought*，New York: Columbia University Press，1970 年）和《理学之开展》（*The Unfolding of Neo-Confucianism*）New York: Colombia University Press，1975 年。

3 费侠莉（Charlotte Furth）主编《变革的局限：民国保守主义者的选择论文集》（*The Limits of Change: Essays on Conservative Alternatives in Republican China*），Cambridge：Harvard University Press，1976 年，第 298—299 页。译文见中译本傅乐诗《近代中国思想人物篇——保守主义》，台北：时报文化出版社，1980 年，第 393—394 页。傅乐诗即费侠莉（Charlotte Furth）的台译名称。

4 费侠莉主编《变革的局限》，第 250 页。译文见傅乐诗《近代中国思想人物篇——保守主义》，第 334—335 页。在杜维明的又一力作《行动中的宋明儒家思想：王阳明的青年时代（1472—1509）》（*Neo-Confucian Thought in Action: Wang Yang-ming's Youth,1472-1509*, Berkeley: University of California Press, 1976）中，杜维明采用了唐君毅的说法,认为王阳明是一个“划时代”的思想家,王阳明对“成圣”追求的讨论，包括了所有斗争当中最激烈的部分——在“多种泯灭人性的力量中做人”。

5 墨子刻(Thomas A. Metzger)：《摆脱困境——新儒学与中国政治文化的演进》(*Escape*

from Predicament: Neo-Confucianism and China's Evolving Political Culture)，New York: Columbia University Press，1977 年。

6 墨子刻：《摆脱困境》，第 134 页。

7 墨子刻：《摆脱困境》，第 158 页。译者注：本文中对 Neo-Confucianism 均翻译成“理学”，New Confucianism 翻译成“新儒学”。墨子刻的《摆脱困境——新儒学与中国政治文化的演进》，其英文原文为 neo-Confucianism，但是该书的中译本均译成了“新儒学”，因此在这段译文中有所调整。

中国科学技术的对话

1 李约瑟的合作者席文（Nathan Sivin）似乎特别坚持对于以下问题的看法：他担心使用“生物学”会不太恰当，因为中国的科学家并没有“对生命的世界提出一模一样的问题”；他提醒我们要区分中国传统炼丹术当中的“进步”和“倒退”因素，以便将其纳入现代的“化学”定义之下；他建议把中国的炼丹术称为“演绎性原始科学”，以便与中国其他原始科学，如医学、声学以及磁场风水学区分开来。（《中国科学技术史》，第 5 卷，第四分册，第 xxxvi、210、298 页。）

2 对比参见耶稣会士德礼贤（Pasquale M. D' Elia,）主编的《利玛窦全集：利玛窦与中欧早期关系史的原始文献 1579—1615》（*Fonti Ricciane : Documenti Originaliconcernenti Matteo Ricci e la storia delle prime relazioni tra l'Europa e la China 1579-1615*），第三卷，Rome : Libreria della Stato，1942-1949 年，第 216 节；以及《十六世纪的中国：利玛窦日记》（*China in the Sixteenth Century: The Journals of Matthew Ricci*），路易斯·加拉格尔（Louis J. Gallagher, S.J.）译，New York：Random House, 1953 年，第 137 页。1664 年，中国学者、科技作家方以智就认为孙孺理和孙大娘制作的“寸自鸣钟”（仅方寸大小的钟表）是前人做过的东西。

3 《利玛窦全集》，第 255、259、263 节。

4 同上书，第 150—151 节；又见李约瑟《中国科学技术史》，第 4 卷，第一分册，第 101 页，“玻璃”；第三分册，第 26 页，“棱镜”。

5 在这里可以将《利玛窦全集》第 241 节的内容与《十六世纪的中国》第 153 页的内容做比较。同样可以参见佛罗伦萨商人弗郎切斯科·卡莱蒂（Francesco Carletti）的报告《周游世界评说》（*My Voyage around the World*），赫伯特·温斯托克（Herbert Weinstock）译，（London: Methuen, 1964），第 153 页。译者注：达克特（ducats），是指旧时在欧洲各国发行的一种金币。

6 王阳明的作品由秦家懿（Julia Ching）翻译，参见《获得智慧：王阳明之道》（*To Acquire Wisdom*），New York: Columbia University Press, 1976，第 246 页；宋应星的作品由任以都和孙守全翻译，参见《十七世纪的中国科技》（*Chinese Technology in the Seventeenth Century*），University Park: Pennsylvania State University Press, 1966，第 242 页。但是请读者擦亮眼睛！席文在第 5 卷，第四分册，第 279 页发现他们在有关水银和朱砂银的翻译上存在一些错误。更多数据请参阅：富路德和

房兆楹主编的《明代名人传，1368—1644》(*Dictionary of Ming Biography, 1368-1644*) 第二卷 (New York: Columbia University Press, 1976)，以及《清代名人传略》(*Eminent Chinese of the Ch'ing Period, 1644-1912*)，恒慕义 (Aurthur W. Hummel) 主编，第二卷，Washington, D.C.: Government Printing Office, 1943。

7 《利玛窦全集》，第 169 节。

8 《利玛窦全集》，第 364 节。

9 任以都、孙守全译《十七世纪的中国科技》，第 xii、xiv 页。

10 这种古怪的做法实际上是向中国进贡的一种做法，因为在炼长生不老丹之人看来，野蛮人的眼睛是"无用的"；参见柯文 (Paul Cohen)《中国和基督教》(*China and Christianity*)，Cambridge：Harvard University Press, 1963 年，第 31 页。

作为中国人的钱穆

1 邓尔麟 (Jerry Dennerline)《钱穆与七房桥世界》(*Qian Mu and the World of Seven Mansions*)，New Haven: Yale University Press, 1988 年。

2 邓尔麟《嘉定忠臣：十七世纪中国士大夫之统治与社会变迁》(*The Chia-ting Loyalists: Confucian Leadership and Social Change in Seventeenth- Century China*)，New Haven: Yale University Press, 1981 年。

3 邓尔麟《钱穆与七房桥世界》，第 66 页。

4 邓尔麟《钱穆与七房桥世界》，第 149 页。

食

1 夏济安《黑暗的闸门》(*The Gate of Darkness: Studies on the Leftist Literary Movement in China*)，Seattle: University of Washington Press, 1968 年，第 18-19 页。

2 北京国际赈灾委员会 (Peking United International Famine Relief Committee)《华北饥荒》(*The North China Famine of 1920-1921*)，北京，1922 年，第 13 页。

3 《云南府志》卷一，叶 7。

4 从前后两版《郯城县志》的人口记载当中，可以发现 1764 年的人口比 1673 年增长了 40%。参见《郯城县志》卷五，叶 19。

5 何炳棣《1368—1953 中国人口研究》(*Studies on the Population of China, 1368-1953*)，Cambridge: Harvard University Press, 1959 年，第 183—195 页。

6 同上书，第 187 页。

7 同上书，第 188 页。

8 同上书，第 185 页。

9 同上书，第 189、192 页。

10 李化楠的儿子李调元后将这些笔记整理出版，全书总长 51 页。见李调元，台北译文出版社，1968 年，前言。译按：参见李化楠《醒园录》，北京：中国商业出版社，1984 年。

11 李化楠《醒园录》,第 76—78 页。关于这个地区的农作物,参见《徐水县志》,1596 年。
12 李化楠《醒园录》,叶 31—32b。
13 马戛尔尼（George Macartney）《马戛尔尼日记》（*An Embassy to China, Being the Journal Kept by Lord Macartney during His Embassy to the Emperor Ch'ien-lung, 1793-1794*）, J. L. Cranmer Byng 主编, London: Longmans Green, 1962 年, 162、244、254 页。
14 李化楠《醒园录》，第 17—21 页。
15 同上，第 40、44 页。
16 《光禄寺则例》卷五九,北京,1839 年,叶 1—12。表格内容名称参见《光禄寺则例》，故宫博物院编，海南出版社，2000 年。
17 马戛尔尼《马戛尔尼日记》，第 244、224、254 页。
18 罗伯特 · 福琼（Robert Fortune）《居住在华人之间》（*A Resident among the Chinese Inland, on the Coast and at Sea*）, London: John Murray, 1857 年，第 42—43 页。
19 麦高温（J. MacGowan）《华人生活杂闻》（*Sidelights on Chinese Life*），London: Kegan Paul, 1907 年，第 9 页。
20 孟天培、甘博《二十五年来北京之物价工资及生活程度》（*Prices Wages and Standard of Living in Peking, 1900-1924, in Chinese Social and Political Science Review , special supplement, July 1926*）。译文参见中译本孟天培、甘博《二十五年来北京之物价工资及生活程度》，李景汉译，北京大学出版社，中华民国十五年（1926 年），第 11—12 页。
21 陶孟和《北平生活费之分析》，北京 : 社会研究部，1928 年，表 14、第 78—79 页。译文参见中文原文陶孟和《北平生活费之分析》，北京 : 商务印书馆，2011 年。
22 同上，表 16，96 页。
23 杨西孟（Simon Yang）、陶孟和《上海工人生活标准研究》（*A Study of the Standard of Living of the Working Families in Shanghai*），Peiping: Institute of Social Research，1931 年，表 26、第 51 页。
24 同上，表 38、第 68 页。
25 在上义中提到的地方志中，都记载了节日食物。参见顾禄《清嘉录》，载《清代笔记丛刊》，上海。
26 卫三畏（S. Wells Williams）《中国总论》（*The Middle Kingdom: A Survey of the Geography, Government, Literature, Social Life, Arts and History of the Chinese Empire and Its Inhabitants*），修订版，第一卷，New York: Scribner，1893 年，第 772 页。译文参见陈俱译本，上海古籍出版社，2005 年。巴罗的话完整摘录如下 :“在中国，贫富之间差距可能比其他国家都大。如果允许奉承富人，助长他们的虚荣心，他们就会利用财富来购买美味，以遂其口腹之欲。”
27 吴敬梓《儒林外史》，北京 : 外文出版社，1957 年。
28 同上，第 325 页。
29 同上，第 168—169 页。

30 袁枚《随园食单》，小仓山房，1824 年刊刻，叶 1。
31 同上，叶 16。
32 同上，叶 1b—2。
33 同上，叶 2—3。
34 同上，叶 8—9。阿瑟 · 韦利（Arthur Waley）《袁枚：18 世纪的中国诗人》（*Yuan Mei: Eighteenth Century Chinese Poet*），London, Allen and Unwin, 1956 年，195—196 页。
35 袁枚《随园食单》，叶 3、4、6。
36 同上，叶 9。
37 李渔《闲情偶寄》，上海：中国文学珍本丛书，1936 年，264—269 页。李渔指出，有人每拳肥鹅将杀，先熬沸油一盂，投以鹅足，则其为掌也，丰美甘甜。予曰：惨哉斯言！
38 同上，第 258—259 页。林相如、林翠凤《中国食谱》，第 43 页。
39 李渔《闲情偶寄》，第 259 页。
40 同上，261 页。林相如、林翠凤《中国食谱》，第 43 页。
41 李渔《闲情偶寄》，第 263 页。
42 林相如、林翠凤《中国食谱》（*Chinese Gastronomy*），New York: Hastings House, 1957 年，第 43 页。
43 李渔《闲情偶寄》，第 263 页。
44 袁枚《随园食单》，叶 11b-12。
45 同上，叶 46、5b、9b—10。
46 沈复《浮生六记》（*Chapters from a Floating Life: The Autobiography of a Chinese Artist*），Shirley M. Black 译，London: Oxford University Press, 1960 年，第 70 页。
47 同上，第 65、38、52 页。
48 曹雪芹《红楼梦》（*The Story of the Stone*），Vol.1 *The Golden Days*, Harmondsworth, England: Penguin Books, 1973 年，第 192、195、370、376、519 页。
49 中川忠英《清俗纪闻》，东京：东洋文库，1965 年，第 9、31 页。译文参见方克、孙玄龄译，北京：中华书局，2006 年。
50 同上，第 19—24 页。李渔《闲情偶寄》，第 265 页。
51 中川中英《清俗纪闻》，第 26 页。
52 沈复《浮生六记》，第 7 页。
53 袁枚《随园食单》，叶 78。阿瑟 · 韦利在他的书中也谈到其中一件事，参见 Waley, *Yuan Mei*, 第 197 页。
54 袁枚《随园食单》，叶 78。
55 梁章钜《浪迹丛谈》，台北：广文书局，1969 年，第 1—2 页。
56 余怀《板桥杂记》（*A Feast of Mist and Flowers: The Gay Quarters of Nanking at the End of the Ming*），Howard Levy 译，Yokohama，1966 年，mimeographed，第 95 页。

57 同上，第 74 页。

58 沈复《浮生六记》，第 55—56 页。

59 蒲松龄《聊斋志异》（*Contes extraordinaires du pavillon du loisir*），Yves Hervouet et al 译，Paris: Gallimard，1969 年，第 70 页。

60 沈复《浮生六记》，第 54 页。

61 肯尼斯 · 雷克思罗斯（Kenneth Rexroth）、钟玲《兰舟：中国女诗人诗选》（*The Orchid Boat: Women Poets of China*），New York: McGraw-Hill，1972 年，史景迁所引用的诗句分别为赵鸾鸾的诗《檀口》：衔杯微动樱桃颗，咳唾轻飘茉莉香。曾见白家樊素口，瓠犀颗颗缀榴芳。《纤指》：纤纤软玉削春葱，长在香罗翠袖中。昨日琵琶弦索上，分明满甲染猩红。《酥乳》：粉香汗湿瑶琴轸，春逗酥融绵雨膏。浴罢檀郎扪弄处，灵华凉沁紫葡萄。

62 霍克斯译《红楼梦》，第 359、89、392、415、469 页。

63 同上，第 32 页注 8、第 376 页。

64 同上，第 296、321 页

65 同上，第 179、183—184、208 页。在戴维 · 霍克斯的译本中，这一暗喻更为突出。

66 同上，第 294、299—300、302、323、370 页。

67 同上，第 334—335、292、381 页。

68 《钦定大清会典》，叶 1139—1437。

69 《钦定八旗通志》，第 89—93 章。

70 王业键《清代田赋刍论 1750—1911》（*Land Taxation in Imperial China , 1750-1911*），Cambridge: Harvard University Press，1973 年，第 79—80 页。

71 张德昌《清代皇室的经济角色》（The Economic Role of the Imperial Household in the Ch'ing Dynasty），《亚洲研究杂志》（*Journal of Asian Studies*）31（1972）:243-73。

72 《钦定大清会典》，叶 1192。

73 史景迁《康熙》（*Emperor of China: Self-portrait of K'ang-hsi*），New York: Knopf，1974 年，第 4 页。

74 德龄（Der Ling）《光绪泣血记》（*Son of Heaven*），New York: Appleton, 1933 年，第 73 页。译文参见顾秋心等人译本，北京：中国人民大学出版社，2012 年。

75 田岛由喜子（Su Chung[Lucille Davis]）：《中国宫廷烹饪：清王朝佳肴》（*Court Dishes of China: The Cuisine of the Ch'ing Dynasty*），Rutland and Tokyo，1966 年，第 16 页。

76 《光禄寺则例》卷二四，叶 1b、3；卷二五，叶 1。

77 同上，卷四三，叶 3—7。保和殿宴请蒙古使节的座次可以参见 Todo Meisho Zue，卷一，2 第 7 页。

78 《光禄寺则例》卷四六，叶 1—5。

79 《大清圣主仁皇帝实录》，叶 1513。

80 贝尔（John Bell）《从圣彼得堡到北京旅行记》（*A Journey from St. Petersburg to*

Pekin, 1719-1722), ed. J. L. Stevenson, Edinburgh: Edinburgh University Press, 1965 年，第 119、136 页。

81 《光禄寺则例》卷四七，叶 15—17。

82 同上，卷四八，叶 1—3。

83 同上，卷四三，叶 2—3。

84 同上，卷四七，叶 3。

85 石声汉《齐民要术今释》，北京科学出版社，1958 年。第 102—103 页。

86 贝奈特（Adrian Bennett）《博兰雅把西洋科学技术引入十九世纪的中国》（*John Fryer: The Introduction of Western Science and Technology into Nineteenth Century China*），Cambridge: Harvard University Press, 1967 年，第 96 页。

87 邓嗣禹、费正清（John K. Fairbank）《1839—1923 中国对西方的反映：文献通考》（*China's Response to the West: A Documentary Survey, 1839-1923*），Cambridge: Harvard University Press, 1954 年，第 202、224 页。

88 威廉·艾尔斯（William Ayers）《张之洞与中国的教育改革》（*Chang Chih-tung and Educational Reform in China*），Cambridge: Harvard University Press, 1971 年，132、第 167 页。

89 关于中国人对西餐的态度，可以参见《清稗类钞》，第 24 册，卷五十六，第 49 页；第 47 册，卷九十二，第 2、7、8 页。

90 贝奈特《博兰雅把西洋科学技术引入十九世纪的中国》，76 页。

91 费正清《中国沿海的贸易与外交：1842—1854 年通商口岸的开埠》（*Trade and Diplomacy on the China Coast: The Opening of the Treaty Ports, 1842-54*），Stanford: Stanford University, Press, 1969 年，第 160—161 页。

92 威廉·亨特《旧中国杂记》（*William Hunter, Bits of Old China*），London: Kegan Paul，1885，第 38—39 页。

93 爱新觉罗·溥仪《我的前半生》（*From Emperor to Citizen: the Autobiography of Aisin-Gioro Pu Yi*），W. T. F. Jenner 译，第一卷，北京：外文出版社，1964 年，第 43—44 页。

94 G.E. Simon, "Note sur les setites société d'argent en Chine," in *Journal of the North China Branch of the Royal Asiatic Society*, n.s., 5（1868）:1-23.

95 马士（Hosea Ballou Morse）《中国公行考》（*The Gilds of China*），New York: Longmans, 1932 年。何炳棣《中国会馆史论》，台北：学生书局，1966 年。

96 麦高文（D. J. MacGowan）：《中国商贸组织的商会》（Chinese Guilds or Chambers of Commerce and Trade Unions），载《皇家亚洲协会北华分会学报》（*Journal the North China Branch of the Royal Asiatic Society*）第 21 卷（1886 年），第 133—192、149—150、第 147、175 页。

97 冉默德（Maurice Jametel）《未知的中国》（*La Chine inconnue*）第四部分，Paris: J. Rouam，1886 年，第 171 页。

98 顾禄《清嘉录》第六卷“凉冰”，《清代笔记丛刊》，上海。冉默德《未知的中国》第 195 页，论宁波。

99 江苏省博物馆编《江苏省明清以来碑刻资料选集》，北京：文物出版社，1959 年，第 205 页。

100 同上，第 186—196、194—196 页。

101 威尔肯逊（Endymion Wilkinson）《中国商人手册和线路图书》（Chinese Merchant Manuals and Route Books），*Ch'ing-shih wen t'i* 2, no.9（1973）:8-34.

102 *China Imperial Maritime Customs, Returns of Trade at the Treaty Ports for the Year 1884,* Shanghai, 1885. 中译本收于上海通商海关造册处《通商各关华洋贸易总册》。

103 同上，第 91—99、10、313 页。

104 李斗《扬州画舫录》卷一，1795 年，第 24—25 页。

105 同上，卷九，第 10—11、25 页；卷十三，第 1—2 页；卷十五，第 3 页；卷十一，3、第 16—17 页。

106 沈复《浮生六记》，第 42—45 页。

107 冉默德《未知的中国》，第 231—232 页。冉默德《北京：中华帝国回忆》（*Pékin: Souvenir de l'Empire du Milieu*），Paris: Plon, 1887 年，第 251 页。

108 李斗《扬州画舫录》卷四，第 24—25 页。

109《清稗类钞》第 24 册，卷五十六，第 47—48 页。

110 黄六鸿《居官福惠全书》，ed. Yamane Yukio，东京，1973 年，第 127 页。

111 韩书瑞（Susan Naquin）《1813 年的八卦教起义》（The Eight Trigram Rising of 1813），耶鲁大学博士论文，1974 年。

112 黄六鸿《居官福惠全书》，第 214、247 页。

113 方豪《乾隆十一年至十八年杂账及嫁妆账》，《食货》，1972 年第 2 期，第 58—59 页。

114 方豪《乾隆五十五年自休宁至北京旅行用账》，《食货》，1971 年第 1 期，第 366—370 页。

115 方豪《光绪元年自休城至金陵乡试账》，《食货》，1972 年第 5 期，第 289—290 页。

116《清稗类钞》47 册，卷九二，第 12、1 页。

117 麦高文《华人生活杂闻》，第 300 页。

118《清稗类钞》47 册，卷九二，第 12 页。

119 杨西孟、陶孟和《上海工人生活标准研究》，第 75 页。

120 顾禄《清嘉录》第 12 章。

121 江苏省博物馆《江苏省明清以来碑刻资料选集》，第 210—211 页。

122 李斗《扬州画舫录》卷十一，第 3 页。

123 冉默德《北京》，第 269—272 页。

124 田岛由喜子《中国宫廷烹饪：清王朝佳肴》，第 18—19 页。

125 袁枚《随园食单》。叶 13b。

126 袁枚《小仓山文集》，卷七，上海：中华书局，1933 年，第 7 页。

127 同上，第 52—53 页。

药

* 特别感谢南森 · 席文（Nathan Sivin）教授对本文初稿的批评和指点。本文作为会议发言稿的开头如下："鉴于本次会议的宏大主题是'中国的医药和社会'，我的讨论也会比较宽泛。因此，我并不打算讨论宗教而是将'传教士'放在更宽泛的意义下，将其作为前往中国进行特定服务的人群。此外，我也将忽略传教士团体究竟是来自英国还是美国的问题，因为我们讨论的核心是共同关心的文化和医疗价值观，而非各自的特点。

1 季理斐（Donald MacGillivray）《基督教新教在华传教百年史》（*A Century of Protestant Missions in China, 1807-1907*），上海，1907 年。

2 季理斐《中国传教手册》（*The China Mission Hand-book*），第一卷，Shanghai: American Presbyterian Mission Press, 1896 年。

3 赖德烈（Kenneth Scott Latourette）《基督教在华传教史》（*A History of Christian Missions in China*），New York: MacMillan, 1929 年。

4 王吉民、伍连德《中国医史》（*History of Chinese Medicine : Being a Chronicle of Medical Happenings in China from Ancient Times to the Present Period*），天津：天津出版社，1922 年。

5 R.D. Rogers, "Progress Report, China Records Project"（1972 年 7 月 4 日）以及普通档案的油印编目，耶鲁大学神学院图书馆。

6 郭适（Ralph Croizier）《现代中国的传统医学》（*Traditional Medicine in Modern China*），Cambridge: Harvard University Press, 1968 年。

7 列文森（Joseph Levenson）《儒教中国及其现代命运（1958—1965）》（*Confucian China and Its Modern Fate, 1958-1965*），London: Routledge and Kegan Paul, n.d.

8 柯文（Paul Cohen）《中国和基督教》（*China and Christianity*），Cambridge: Harvard University Press, 1963 年。

9 《点石斋画报》3，2（n.d.）：71

10 《中国博医会报》（*China Medical Missionary Journal*）7（1893）：5；同样参见高夫（E.Gough），" Difficulties and Discouragements of Obstetric Work in China"，同上，15（1901）：249-254。

11 《哈罗德 · 斯科菲尔德回忆录》（*Memorials of R. Harold A. Schofield*），London: Hodder and Staughton, 1898 年，第 183 页。

12 同上，第 219—226 页。

13 嘉约翰（John G. Kerr）《惠爱医癫院年报，1907—1908》（*The John G. Kerr Refuge for the Insane, Report for the Years 1907 and 1908*），Canton: n.p., 1909, 2。

14 郭适《现代中国的传统医学》，第 30 页。

15 林嘉善（Edgar Woods），"The Two Extremes"，《中国博医会报》7（1893）：11—13。

16 “Hospital Reports”,《中国博医会报》，7（1893）：43。

17 A.M.M.,“Cases Illustrating What May Be Done for Chinese Patients in Their Own Homes”,《中国博医会报》9（1895）：62。

18 Editorial,“The Medical Missionary and the Anti-Foreign Riots in China”,《中国博医会报》7（1893）：110—116。

19 弗雷德里克·史密斯（Frederick Smith）《为中国药物学及自然历史做贡献：致医学传教士及本土医科学生》（*Contributions towards the Materia Medica and Natural History of China*）, Shanghai and London: American Presbyterian Mission Press, 1871 年，第 61 页。

20 高夫（E. Gough），“Difficulties and Discouragements”。

21 舒高第（V. P. Suvoong），“Observations on Opium”,《中国博医会报》7（1893）：第 172—179 页；“注射吗啡”部分，参见希拉里·贝蒂（Hilary Beattie），“Protestant Missions and Opium in China”,《中国文丛》（*Papers on China*）, 第 22 卷（1969），第 104—133 页。

22 *Light-Giving School for Blind Girls and Boys, Canton, China: Report for 1906-1910* (n.p., n.d.)

23 嘉约翰《惠爱医癫院年报，1907—1908》。

24 同上，第 4 页；同样参见嘉惠霖（W.W. Cadbury）、琼斯（M.H. Jones）《博济医院百年（1835—1935）》（*At the Point of a Lancet: One Hundred Years of the Canton Hospital, 1835-1935*）, Shanghai: Kelly and Walsh, 1935 年，第 105—109 页。

25 请参见兰姆生（Herbert Day Lamson）对麻风病、弱智以及精神病患者的详细研究。兰姆生（Herbert Day Lamson）《中国社会病理》（*Social Pathology in China*），上海：商务印书馆，1934 年。

26 嘉约翰《惠爱医癫院年报，1909》，广州：n.p.，1910 年。

27 嘉约翰《惠爱医癫院年报，1916—1917》，广州：n.p.，1918 年，第 14 页。

28 高似兰（Philip Cousland），“The Medical School”,《中国博医会报》15（1901）：199.

29 《申报》，同治十一年，2：780，1339。

30 《申报》，同治十一年，2：780，1103。

31 《申报》，同治十一年，2：780，1002。

32 《申报》，同治十一年，2：780，774。

33 《申报》，光绪九年，40：27，022—025。

34 《申报》，同治十一年，2：780，27，106；27，089；2：685。

35 《申报》，光绪九年，2：1354,1485。

36 希拉里·贝蒂，“Protestant Missions”。

37 《申报》，2：654。

38 《申报》，2：717。

39 《申报》，2：766. 译者注：屈臣氏创建于 1828 年，其前身为广州沙面的广东大药房，1841 年迁移到香港，易名“香港药房”。现已发展成为中国目前最大的保健及美容产品零售连锁店。

40 《申报》，40：27，042。

41 《申报》，27，033；27，036；27，028。

42 《申报》，27，036。

43 史景迁（Jonathan Spence），"Opium Smoking in Ch' ing China"，魏斐德（Frederic Wakeman）、格兰特（Carolyn Grant）主编《中华帝国晚期的冲突与控制》（*Conflict and Control in Late Imperial China*），Berkeley: University of California Press, 1975, 第143—173页。

44 弗雷德里克·史密斯《为中国药物学及自然历史做贡献》，第vii页。

45 文恒理（H.W. Boone），" An Ambulance for Carrying Patients, Suited to the Conditions of Chinese Life"，《中国博医会报》22（1908）：167—168。

46 威廉·威尔逊（William Wilson），"The Use of Native Drugs"，《中国博医会报》22（1908）：300—310。

47 《点石斋画报》，第12号，第一部分，第26页；同样参见费正清（John Fairbank），"A Chinese Look at Life in Shanghai of the 80' s"，《哈佛公报》（*Harvard Bulletin*），1972年4月：44—49。我最早从费正清先生的论文当中发现这条史料。

48 雒魏林《在华医务传教士——二十年经历记事》（*The Medical Missionary in China: A Narrative of Twenty Years' Experience*），London: Hurst and Blackett, 1861年，第159页。

49 《点石斋画报》，第2期，第一部分，第7页。

50 评论员评论，"Drs. Ida Kahn and Mary Stone"，《中国博医会报》10（1896）：181—184；其他中国女医生参见王吉民、伍连德：《中国医史》，第363—364页。

51 贝尔西（George C. Basil）《一个美国医师的重庆杂谈》（*Test Tubes and Dragon Scales*），Chicago, Philadelphia, and Toronto: John Winston, 1940年，第205—220页。

52 《中国博医会报》1（1887）：29。

53 J.W.S. Johnsson, "L' Anatomie mandchoue et les figures de Th. Bartholin, étude d' iconographie comparée" Kongelige Dnanske Videnskabernes Selskab（Copenhagen），*Biologiske Meddelelser*, VII, 7（1928, 3-42）：28.

54 杜德珍（John Dudgeon），"A Modern Chinese Anatomist"，《中国博医会报》7（1893）：245—256。

55 嘉约翰《广州及其近郊指南》（*A Guide to the City and Suburbs of Canton*），Hong Kong and Shanghai: Kelly and Walsh, 1904年。

56 嘉约翰《广州及其近郊指南》。

税

1 曾小萍《州县官的银两——18世纪中国的合理化财政改革》（*The Magistrate's Tael: Rationalizing Fiscal Reform in Eighteenth Century Ch'ing China*），Berkeley:

University of California Press, 1984 年。译按：本文所引内容的译文参见董建中译本，北京：中国人民大学出版社，2005 年。黄宗智《华北的小农经济与社会变迁》(*The Peasant Economy and Social Change in North China*)，Stanford University Press, 1985 年。参见中译本，中华书局，2000 年。艾尔曼《从理学到朴学——中华帝国晚期思想与社会变化面面观》(*From Philosophy to Philology: Intellectual and Social Aspects of Change in Late Imperial China*)，Cambridge: Harvard University Press, 1984 年。译按：译文参见赵刚译本，江苏人民出版社，1995 年。

2 Linda Grove and Christian Daniels, ed., *State and Society in China: Japanese Perspectives on Ming-Qing Social and Economic History*, Tokyo: University of Tokyo Press, 1983; Joshua Fogel, ed. and trans., *Recent Japanese Studies of Modern Chinese History*, Armonk, N.Y.: M.E. Sharpe, 1984.

3 除了本书所提到的三本著作以外，近期值得一提的研究成果有 John B. Henderson, *The Development and Decline of Chinese Cosmology* (New York: Columbia University Press, 1984)；Robert B. Marks, *Rural Revolution in South China: Peasants and the Making of History in Haifeng County, 1570-1930* (Madison: University of Wisconsin Press, 1984)；NgChin-Keong, *Trade and Society: The Amoy Network on the China Coast, 1683-1735* (Singapore: Singapore University Press, 1983)；Philip Chadwick Foster Smith, *The Empress of China* (Philadelphia: Philadelphia Maritime Museum, 1984)；Peter Roebuck, ed., *Macartney of Lisanoure, 1737-1806: Essays in Biography* (Ulster: Ulster Historical Foundation, 1983)；and Charles O. Hucker, *A Dictionary of Official Titles in Imperial China* (Stanford: Stanford University Press, 1985).

鸦片

1 特别感谢谢正光（Andrew Hsieh）教授为我提供参考文献和翻译；感谢陈富美教授和爱华德（Randle Edwards）教授提供了至关重要的法律参考和修正我初稿当中的几处错误；感谢费正清（John Fairbank）教授提出的宝贵意见；感谢科克伦（Janis Cochran）为我打印手稿。同样感谢那些与我探讨本文和提供参考资料的学者，他们是：Leonard Adams、Charles Boxer、Edward Brecher、Rosser Brockman、张德昌、Sherman Cochran、Herbert Kleber、饶宗颐、Sue Naquin、Jonathan Ocko、佐伯富、Jack Wills。

2 最有意义的研究成果包括：马士（Hosea Ballou Morse）《中华帝国对外关系史》(*The International Relations of the Chinese Empire*）第三卷“Shanghai and London, 1910-1918 年”；费正清（John King Fairbank）《中国沿海的贸易和外交：条约港口的开放，1842—1854》(*Trade and Diplomacy on the China Coast: The Opening of the Treaty Ports, 1842-1854* Cambridge: Harvard University Press，1953；郑钦仁《鸦片与中英关系》(Opium and Anglo-Chinese Relations)，《中国社会及政治学报》(*The Chinese Social and Political Science Review*）19:396-437；于恩德《中国禁烟法令变

迁史》，上海：中华书局，1934 年；张馨保《林钦差与鸦片战争》（*Commissioner Lin and the Opium War*），Cambridge: Harvard University Press, 1964 年；查尔斯 · 斯泰尔（Charles Stelle）《鸦片战争中的中美贸易：1820 年前》（American Trade in Opium to China, Prior to 1820），《太平洋历史评论》（*Pacific Historical Review*），9（1940）：423—445；以及查尔斯 · 斯泰尔的另一篇论文《鸦片战争中的中美贸易，1821—1839》，同上，10（1941）：57—74；欧文（David Edward Owen）《英国在印度和中国的鸦片政策》（*British Opium Policy in China and India*），New Haven: Yale University Press, 1934；葛林博（Michael Greenberg）《1800—1842 年英国的贸易和中国的开放》（*British Trade and the Opening of China, 1800-1842*），Cambridge: Cambridge University Press, 1951。以及文献资料《鸦片战争》，六卷本，上海，1954 年，此后注释为"《鸦片战争》"。

3 张璐《本经逢原》，见《张氏遗书》（前言中指明著作年代为 1709 年），3：11—12；艾约瑟（Joseph Edkins）《鸦片史，或中国的罂粟》（Opium: Historical Note, or the Poppy in China），大清皇家海关，China, 第二卷，特刊 13 号，上海：1898 年。至于鸦片用来退烧，特别是生活在潮湿地区的人们或船夫的退烧药，参见英国皇家鸦片委员会（British Government's Royal Commission on Opium）的 *The Minutes of Evidence and the Final Report*, London, 1894-1895，此后注释为"皇家鸦片委员会"，1：112，no1637。

4 18 世纪早期的大多数史料都提到了鸦片的春药功效。见蓝鼎元：《鹿洲初集》，1731 年；黄叔璥《台海使槎录》，台北：台湾文献总刊，1957 年。梁恭辰在《北东园笔录》中引用了一位清朝中期的妓女更加生动的描述，见梁恭辰《北东园笔录》，载于《笔记小说大观》，台北：新兴书局，第 3 卷，2：21b。同样也有将鸦片与海洛因对比的文字：鸦片和海洛因最初都可以延长男性勃起的时间和推迟射精，但是如果吸食成瘾，则药效会大大降低。参见皇家鸦片委员会，1:167，据记载，悉尼警察局对澳大利亚妓女做了一项调查，她们与吸食鸦片的中国嫖客性交后的证词说明了鸦片的春药功效。

5 王吉民、伍连德《中国医史》（*History of Chinese Medicine：Being a Chronicle of Medical Happenings in China from Ancient Times to the Present Period*），天津：天津出版社，1932 年）中提到了这次霍乱流行的情况。关于这场霍乱的程度，见《清史》，"国防研究院"主编，台北：1961 年，1：671。

6 关于在经济繁荣时期吸食鸦片的情况，参见艾兹赫德（Sam Adshead）发表于《东南亚研究期刊》（*Journal of Southeast Asian History*）上的文章"The Opium Trade in Szechwan, 1881-1911"，第二期，（1966）：93—99，介绍了四川吸食鸦片的情况。

7 关于宦官丧权及其内心不满的情绪，见张德昌发表于《亚洲研究杂志》（*Journal of Asian Studies*）上面的文章"The Economic Role of the Imperial Household（Nei-wu-fu）in the Ch'ing Dynasty"，31（1972）：243—273。在雍正帝执政之后，满族宗亲的权力消失殆尽。

8 士兵吸食鸦片以逃避危险战事的解释由 Herbert Kleber 博士提供。

9 茅盾的《子夜》（北京：外文出版社，1957 年）对此有精彩的描述，夏尔勒·德·贡斯当（Charles de Constant）猜测 18 世纪末的女人也是出于同样的原因而吸食鸦片。见路易·德尔米尼（Louis Dermigny）《时代的中国：广州十三行法兰西商馆商人夏尔勒·德·贡斯当的中国经历》（*Les Memoires de Charles de Constant sur le commerce a la Chine*）, Paris: École Pratique de Hautes Etudes, 1964。

10 这一点，在本杰明·史华慈（Benjamin I Schwartz）的《寻求富强：严复和西方》（*In Search of Wealth and Power：Yen Fu and the West*）中有提及，Cambridge: Harvard University Press, 1964 年，第 31 页。

11 皇家鸦片委员会，1：110, no1631；116, no 1733。

12 皇家鸦片委员会，1：116, no1739；141, nos 2026—32。

13 皇家鸦片委员会，1：30，no 389。

14 《厦门志》，1839 年，卷十五，叶 17。

15 陈 力（Jay Leyda）《 电 影 》（*Electric Shadows: An Account of Films and the Film Audience in China*），Cambridge: MIT press, 1972 年，第 17—18 页。

16 参见汪师韩编辑的烟草专著《金丝录》，载于《丛录汪氏遗书》，1886 年；陆耀：《烟谱》，载于《朝代综述，清史》，第 4 册，1883 年，卷 46；蔡家琬：《烟谱》，载于《拜梅山房几上书》，1836 年。在这些著作中均提到烟草有利身体健康，放松身心，忘记烦恼；在后来的《鸦片谱》当中也提到有这三大好处。1930 年代，中国文人从鸦片中获取的乐趣在项美丽（Emily Hahn）的论文“The Big Smoke”，Times and Places（New York: Crowell, 1970）当中有精彩论述。

17 皇家鸦片委员会，1：48, no.627, “passim” 一节中有对印度人的记载。

18 皇家鸦片委员会，6：51 中有简短总结。同时，这里也记载了鸦片对于印度劳工的影响。

19 皇家鸦片委员会，1：47, no.611。

20 皇家鸦片委员会，1：95, no.1320。

21 弗朗西斯·亨利·尼可斯（Francis H. Nichols）《穿越不为人知的陕西》（*Through Hidden Shensi*, New York, 1902），第五章。

22 这份名单显示出，在 20 世纪的中国，吸食鸦片是名门望族当中颇为流行的现象：陈独秀是北京大学的系主任、中国共产党的创始人之一；郭沫若是首屈一指的浪漫主义诗人；冯玉祥是最有权势的军阀之一；胡适是中国著名的哲学家；瞿秋白是第一位前往苏联的中国通讯员，也曾是中国共产党的总书记；鲁迅是中国最伟大的现代短篇小说家和散文家。巴金的《家》是 1930 年代中国最畅销的小说。按照以上顺序，参见［美］郭颖颐（D.W.Y. Kwok），《中国现代思想中的唯科学主义：1900—1950》（*Scientism in Chinese Thought, 1900-1950*,New Haven: Yale University Press, 1965），第 50—60 页；芮效卫（David Roy）《郭沫若的早年岁月》（*Kuo Mo-jo, The Early Years*）（Cambridge: Harvard University Press, 1971），第 46 页（郭沫若的父亲同样从事鸦片买卖，同上，第 9 页）；谢里登（James Sheridan）《中国军阀：冯玉祥的生涯》（*Chinese Warlord: The Career of Feng Yu-hsiang*）（Stanford: Stanford University Press, 1970）；第 9 页；周作人《鲁迅的故家》，上海出版公司，1953 年，第 26 章，第 70 页；克莱因（Donald Klein）、安·克拉克（Ann Clark），“瞿秋白”，《中国共产党人名大辞典：1921—1965》（*Biographical Dictionary of Chinese Communism, 1921-1965*）（Cambridge: Harvard University Press, 1971），1:239。

23 巴金：《家》，北京：外文出版社，1958 年，第 91、117—118 页。

24 《福州府志》，1754 年，卷二十五，叶 24；傅路德，“Early Prohibitions of Tobacco in China and Manchuria”，《美国东方学会会刊》（*Journal of the American Oriental Society*），58：638-657；劳费尔（Berthold Laufer）《亚洲烟草的使用》（*Tobacco and Its Use in Asia*），Anthropology leaflet no.18（Chicago: Field Museum of Natural History, 1924）。

25 《福建通志》，“物产志”，1：7b，台北：1870 再版，第 632 页。

26 André João Antonil, Cultura e Opulência do Brasil por suas Drogas e Minas, ed And trans Andrée Mansuy（Paris: Institute des Hautes Etudes de l’Amérique Latine, 1968），333

27 《万寿盛典》（1717 年）中展示了北京沿街烟馆的情况。

28 约翰·贝尔（John Bell）《从俄国圣彼得堡到亚洲各地的旅行记》（*A Journey from St Petersburg to Pekin, 1719-1722*），Edinburgh: Edinburgh University Press, 1965 年，第 167 页。

29 汪师韩《金丝录》2。中文原文见印光任、张汝霖著：《澳门记略》，广东高等教育出版社，1988 年。

30 恒慕义主编，房兆楹著《清代名人传略》，（Washington, DC: Government Printing Office,）1943—1944 年，1：53。

31 1617 年的情况，参见 LCD van Dijk, “Bijvoegsels tot de geschiedenisn van het handle en het gebruik van opium in Nederlandsch Indie,” Bijdragen tot de Taal-, land, en Volkenkunde van Nederlandsch Indie, 211; 1671 年进一步禁烟的法令参见 Algemeen Rijksarchief, KA 586, fol256。这两份史料由 Jack Wills 提供。

32 恩格尔伯特·肯普费（Engelbert Kaempfer）《异域采风记》（*Amoenitatum Exoticarum politico-physico-medicarum*），Langoviae, 1712, 转引自：艾约瑟：《鸦片中，或中国的罂粟》。

33 蓝鼎元《鹿洲初集》，2：16。原文参见蓝鼎元：《鹿洲初集》，卷二，第 81 页，台湾：文海出版社，1977 年。

34 黄叔璥《台海使槎录》，第 43 页。

35 于恩德《中国禁烟法令变迁史》，第 16 页。

36 路易·德尔米尼《时代的中国》，第 207 页。

37 克拉克·阿裨尔（Clarke Abel）《中国旅行记（1816—1817 年）：阿美士德使团医官笔下的清代中国》（*Narrative of a journey in the interior of China and of a voyage to*

and from that country in the years 1816 and 1817)，214-215 页。

38 陈其元《庸闲斋笔记》、《笔记小说大观》，台北：广文书局，1960 年。

39 皇家鸦片委员会，第 6 卷，第一部分，第 117 页。

40 黄叔璥《台海使槎录》。

41 皇家鸦片委员会，第 7 卷，第二部分，附录 B，第 33 页。

42 皇家鸦片委员会，第 6 卷，第一部分，第 117 页。

43 郑钦仁《鸦片与中英关系》，《中国社会及政治学报》，19:388。

44 路易 · 德尔米尼《时代的中国》，第 207 页。

45 马士《中华帝国对外关系史》，1：173—174。

46 张馨保《林钦差与鸦片战争》，第 237 页，注 6。

47 赵学敏《本草纲目拾遗》，香港：商务印书馆，1969 年。

48 《大庆会典事例》，台北：1963 年重印，第 15、442 页（828：4b）。

49 《鸦片战争》，第 454—456 页；《清实录 · 道光朝》，第 3562，3579，3587 页；《刑案汇览》，台北，1968 年重印。译文见原文：《鸦片战争（一）》，中国史学会主编，上海人民出版社，1957 年，第 432—435 页。

50 《鸦片战争》，第 436 页。张馨保在《林钦差与鸦片战争》一书中写到，据包世臣估计，1820 年苏州城十万瘾君子每天要花费一万两白银来吸食鸦片。译文见原文：《鸦片战争（一）》，第 414 页，中国史学会主编，上海人民出版社，1957 年。

51 《清实录·道光朝》，第 3893、3895、3897、3899 页。《清史列传》中“李鸿宾”，台北：中华书局，1962 年，36：46b；《刑案汇览》，第 863 页。译文见原文：《清实录》（第三六册），宣宗实录（四），中华书局出版，1986 年 10 月。

52 张馨保《林钦差与鸦片战争》，第 87—88 页；《中国丛报》（*Chinese Repository*），5：139—44。

53 《中国从报》，5：396。

54 张馨保《林钦差与鸦片战争》，第 223 页，附录 B。

55 马士《中华帝国对外关系史》，1：209—210。

56 魏尔特（Stanley F Wright）《赫德与中国海关》（*Hart and the Chinese Custom*），Belfast: Wm Mullan, 1950 年，第 544 页。

57 马士《中华帝国对外关系史》，3：437。

58 大清皇家海关《土鸦片，1887》（*Native Opium, 1887*）及附录《土鸦片，1863》（Native Opium, 1863），第二卷，第 9 期特刊，上海：Inspector General of Customs, 1888 年，第 6 页及 1863 年附录。大清皇家海关《鸦片：生鸦片和熟鸦片》（*Opium: Crude and Prepared*），第 2 卷，第 10 期特刊，上海：Inspector General of Customs，1888 年，第 38 页。

59 《古今图书集成》，上海：中华书局，1934 年，转引自艾约瑟：《鸦片史，或中国的罂粟》。

60 《福州府志》、《贵州府志》，1741 年。

61 《鸦片战争》，第 474 页；广州地区种植鸦片，见《鸦片战争》，第 440 页；浙江地区种植鸦片，见《鸦片战争》，第 465 页。译文见原文：《鸦片战争（一）》，第 452 页，中国史学会主编，上海人民出版社，1957 年。

62 张璐《本经逢原》卷三，叶 11。

63 皇家鸦片委员会，第 1 卷，附录 6，第 168—169 页。

64 同上，第 169 页。

65 《鸦片战争》，第 471 页。较早时期的鸦片价格可参见张馨保：《林钦差与鸦片战争》，第 21—22 页；1821 年孟加拉鸦片售价为超过每担两千美元，1817 年巴特那鸦片售价为每担一千三百美元。译文见原文：《鸦片战争（一）》，中国史学会主编，上海人民出版社，1957 年，第 449 页。

66 费正清《中国沿海的贸易和外交》，第 242 页。

67 大清皇家海关《土鸦片》，1863 年附录。

68 皇家鸦片委员会，1：39, no503; 47，no611; 112, no1637。同样参见大清皇家海关：《土鸦片》，第 40 页。

69 皇家鸦片委员会，1：44, nos 553—54。

70 大清皇家海关《鸦片：生鸦片和熟鸦片》，第 5 页。

71 大清皇家海关《鸦片：生鸦片和熟鸦片》，第 16 页。

72 大清皇家海关《土鸦片》，第 8 页。

73 大清皇家海关《土鸦片》，第 6 页。

74 卜凯（John Lossing Buck）《中国土地的利用》（*Land Utilization in China*），上海：商务印书馆，1937 年，第 234 页。

75 大清皇家海关《土鸦片》，第 41 页；皇家鸦片委员会，2：384。

76 皇家鸦片委员会，2：383。在卜凯的《中国土地的利用》的第 206 页有一幅插图，反映了鸦片和烟草间插种植的情况。

77 斯宾士（W. D. Spence）曾是驻宜昌的领事，宣称自己在 1882 年调查过租赁关系；见皇家鸦片委员会，2：383—384，他的报告非常引人入胜，但是我们无法确定他的调查是否完善。

78 皇家鸦片委员会，2：384。

79 皇家鸦片委员会，1：17, no212; 2：386。

80 《京报》译本，由《北华捷报》（*North China Herald*）出版，上海，1892 年，第 125 页。

81 《京报》，第 45 页。

82 皇家鸦片委员会，1：44—45, nos449—60, and 129, nos1977—79。

83 皇家鸦片委员会，1：15—17, nos193 and 212。

84 皇家鸦片委员会，1：113, no1643。

85 皇家鸦片委员会，1：18, nos221—22，鸦片的年消费量估计值千差万别；1865 年一位观察家认为一个中度瘾君子每年消费 2 镑鸦片，重度瘾君子消耗 4 磅鸦片。见“Opium Raucher and Esser in China und Japan,”《维也纳医学周刊》（*Wiener Medizinische Wochenschrift*）15：1568—69。

86 皇家鸦片委员会，2:387 谢立山（Alexander Hosie）《鸦片罂粟之路》（*On the Trail of the Opium Poppy*），London，1914 年，第 265 页。该书估计，1904 年四川地区生产约二十万担鸦片，其中有十八万担供当地消费。

87 《农业中国：中国作者资料选》（*Agrarian China, Selected Source Materials from Chinese Authors*），Chicago: University of Chicago Press，1938 年，第 118 页。此书将“斤”误印为“盎司”。

88 《农业中国》，第 124 页。

89 谢立山《鸦片罂粟之路》，第 237 页。

90 谢立山《鸦片罂粟之路》，第 242—243 页。

91 艾兹赫德（S. A. M Adshead）《中国盐政管理的现代化》（*The Modernization of the Chinese Salt Administration, 1900-1920*），Cambridge: Harvard University Press，1970 年，第 13 页。

92 瓦尔特·富克斯（Walter Fuchs），“Koreanische Quellen zur Fruhgeschichte des Tabaks in der Mandjurei zwischen 1630 and 1640,”《华裔学志》（*Monumental Serica*），5：89。

93 瓦尔特·富克斯，“Fruhgeschichte”，第 96 页；傅路德，“Early Prohibitions of Tobacco in China and Manchuria”,《美国东方学会会刊》,第 652 页中 1639 年的法令。

94 瓦尔特·富克斯，“Fruhgeschichte”，第 99 页。

95 瓦尔特·富克斯，“Fruhgeschichte”，第 93 页。

96 张介宾《景岳全书》，（17 世纪编纂），第 25—48 页。

97 傅路德，“Early Prohibitions”，第 650—651 页。

98 同上，第 651 页。

99 傅路德，“Early Prohibitions”引《庭训格言》，第 654 页。

100 于敏中《国朝公史》，台北：学生书局，1965 年，第 26 页。

101《中国禁烟法令变迁史》，第 16 页。《大清会典》，828：1。

102 同上。

103 薛允升《读例存疑》，北京，1905 年，22:63—64；方苞：《方望溪先生全集》（1746 年），上海，1935 年，第 457 页。

104 于恩德《中国禁烟法令变迁史》，第 15 页。夏德（F. Hirth）：“The Hoppo Book of 1753”，《皇家亚洲学会北华分会学报》（*Journal of the North China Branch of the Royal Asiatic Society*），新版，17：221—35。译文见原文于恩德《中国禁烟法令变迁史》，中华书局，民国二十三年（1934 年），第 15 页。

105 这一案例参见《雍正朱批谕旨》,上海,1887 年,14:22b,由傅乐淑翻译成英文,见《中西关系编年史（1644—1820）》（*A Documentary Chronicle of Sino-Western Relations, 1633-1820*），AAS Monographs And Papers no22, Tucson: University of Arizona Press，1966 年，1：162—64。特别感谢佐伯富教授，他利用《雍正朱批谕旨》的索引证实了除此之外，在雍正年间并没有其他鸦片案例。

106 马士《东印度公司对华贸易编年史》(*The Chronicles of the East India Company Trading to China, 1635-1834*), Oxford: Oxford University Press, 1926 年，第一卷，第 215 页。译文参见中译本马士：《东印度公司对华贸易编年史》，中国海关史研究中心组译，广州：中山大学出版社，1991 年，第 214—215 页。

107 于恩德《中国禁烟法令变迁史》，第 22 页。傅乐淑《中西关系编年史（1644—1820)》，1：381—83，该书翻译了 1811 年禁烟法令和两广总督的答复。

108《大清会典》，15，442（828：4b)。

109 张馨保：《林钦差与鸦片战争》，第 20 页。

110《大清会典》，15，443（828：5)。

111 《鸦片战争》，第 439 页，见奏折中的朱批。译者注：道光帝朱批："锄铲二语，殊觉不实，若令种植之家锄铲，是必不可信之事，若预带多人以备锄铲之用，又无此查辨之法，不过一片纸上空谈耳。"

112《大清会典》，15，443（828：6)；《刑案汇览》，905—6。

113《大清会典》，15，443（828：6b)；《刑案汇览》，904, 906—908。

114《刑案汇览》，第 482—483 页。

115 《刑案汇览》，第 484 页。

116 《刑案汇览》，第 906 页。

117 《大清会典》，15，443（828：6b)；《读例存疑》，22：60b—61b；马士《中华帝国对外关系史》，1：548。

118《读例存疑》，4：42b

119 《读例存疑》，22：62b—63。

120《鸦片战争》，第 458 页。

121《中国丛报》(*Chinese Repository*)，5：396。译注：译文见原文朱嶟：《申严例禁以彰国法而除民害折》，《复旦学报》，1978 年第 1 期，第 105 页。因系转引自《京报》(手抄本)，同音简字、错别字、漏字、讹误、衍文不少，故而有校勘。

122 见费正清教授对 1840 年代的调查研究，费正清《中国沿海的贸易和外交》，第 240—241 页。

123《京报》，1874 年，第 141 期。

124《京报》，1882 年，第 132 期。

125《京报》，1878 年 9 月 12 日。

126《刑案汇览续》，第 4971 页。

127《京报》，1881 年，第 32 期。

128《京报》，1872 年，第 115 期。

129《刑案汇览续》，第 4971 页。

130《京报》，1879 年，第 98 期。

131《京报》，1872 年，第 130 期。

132《京报》，1877 年，第 175 期。

133《京报》，1881 年，第 135 期。

134 Algemeen Rijksarchief, KA 589, fol55, 1674 年 5 月 8 日的议会决议案。这条史料依然由 Jack Wills 提供，非常感谢。

135 皇家鸦片委员会，第七卷，附录 B，第 35 页；参见 F.C.Danvers 所著关于十七世纪荷兰人鸦片贸易备忘录。

136 傅乐淑《中西关系编年史（1644—1820）》，1：163。

137 张馨保《林钦差与鸦片战争》，第 32 页。

138 张馨保《林钦差与鸦片战争》，第 33 页。参见第 25 页的地图。

139 房兆盈、杜连喆《增校清朝进士题名碑录》，哈佛燕京学社引得系列，增补第九册，台北：成文书局，1966 年重印，第 151 页，第二行，1820 年第 76 个名字。

140《鸦片战争》，第 433—434 页。译文见《鸦片战争（一）》，中国史学会主编，上海人民出版社，1957 年，第 411—415 页。

141《鸦片战争》，第 444 页。译文见《鸦片战争（一）》，第 422 页。

142《鸦片战争》，第 447 页。译文见《鸦片战争（一）》，第 425 页。

143《鸦片战争》，第 449 页。译文见《鸦片战争（一）》，第 427 页。

144《鸦片战争》，第 451—452 页。译文见《鸦片战争（一）》第 428—430 页。

145《鸦片战争》，第 453 页。译文见《鸦片战争（一）》，第 431 页。

146《鸦片战争》，第 455 页。译文见《鸦片战争（一）》，第 433 页。

147《京报》，1872 年，第 79、89 期。

148《京报》，1881 年，第 141 期。

149《京报》，1875 年，第 49 期。

150《京报》，1890 年，第 189 期。

151《京报》，1882 年，第 46 期。例如，走私酒。

152《京报》，1887 年，第 12 期。

153 大清皇家海关《鸦片：生鸦片和熟鸦片》，第 18 页。有关汕头烟贩的记载，参见爱德华 · 勒费窝（Edward Le Fevour）《晚清中国的西方商人》（*Western Enterprise in Late Ch' ing China: A Selective Survey of Jardine, Matheson and Company' s Operations, 1842-1895*），Cambridge: Harvard East Asian Research Center，1968 年，第 23—24 页。

154 李鸿章《李文忠公全集》，上海，1905 年，41:32。译文参见《李鸿章全集》，长春：时代文艺出版社，1998 年，第 41 卷，第 1629 页。关于塞缪尔在交易中所扮演的角色，参见马士：《中华帝国对外关系史》，2：385。

155 罗伯特 · 赫德（Robert Hart）：《写给金登干德的信》（"Letters to James Duncan Campbell"），MSS at Harvard University, 第 413、697 页。

156 罗伯特 · 赫德《写给金登干的信》，第 413、697 页。

157 皇家鸦片委员会，2：384。

158《京报》，1887 年，第 182—183 期。

159 郝延平《十九世纪中国的买办》(*The Comprador in Nineteenth-Century China*),Cambridge: Harvard University Press, 1970 年，第 103 页。

160 大清皇家海关《鸦片：生鸦片和熟鸦片》，第 18 页。

161 大清皇家海关《鸦片：生鸦片和熟鸦片》，第 7 页。

162《鸦片战争》，第 467 页。《鸦片战争（一）》，第 445 页。

163 大清皇家海关《土鸦片》，第 6 页。

164 皇家鸦片委员会，1：47，no618。

165 皇家鸦片委员会，1：45，no562。

166 皇家鸦片委员会，2：386。

167 艾弥尔(Emile Bard)《中国城乡生活》(*Chinese Life in Town and Country*),H.T.witchell 译自法文，New York，1907 年，第 159—160 页。光顾烟馆的瘾君子可能是定期前往镇上赶集的农民；如果是这样的话，施坚雅（G.Willliam Skinner）对市场结构的分析就可以进一步洞悉这一问题，参见《中国农村的集市和社会结构》（Marketing and Social Structure in Rural China),《亚洲研究》(*Journal of Asian Studies*),24(1964)：3—43、195—228、363—399。

168《教会新报》，2:65（1869 年 12 月 11 日）；郭嵩焘：《养知书屋文集》，台北：文海出版社，1964 年，12：21b。

169 费正清：《中国沿海的贸易和外交》，第 405—406 页。

170 皇家鸦片委员会，1：47，no611。

171 皇家鸦片委员会，1：45，no567。

172 皇家鸦片委员会，1：114，no1670；115，no1693。

173 皇家鸦片委员会，1：59，no836。

174 白蒂（Hilary Beattie）《中国的传教士和鸦片》（Protestant Missions and Opium in China),《哈佛大学中国论文集》（*Harvard University Papers on China*），Vol 22A（1969）：104—113。

175《京报》，1888 年，第 88 期。

176 郝延平《十九世纪中国的买办》，第 77、79、82 页。

177 郝延平《十九世纪中国的买办》，第 81 页。

178 费正清《中国沿海的贸易和外交》，第 405—406 页。

179《京报》，1888 年，第 160 期。费正清《中国沿海的贸易和外交》，第 405—406 页。

180 费正清《中国沿海的贸易和外交》，第 238 页。

181 大清皇家海关《土鸦片》，第 16 页。

182 皇家鸦片委员会，2：385。

183《京报》，1888 年，第 52 期。

184《京报》，1874 年，第 86 期。

185《京报》，1874 年，第 87 期。

186《京报》，1875 年，第 36 期。

187《京报》，1875 年，第 147 期。
188《京报》，1878 年，第 225 期。
189《京报》，1876 年，第 105 期。
190 郭嵩焘《养知书屋文集》，12：18b。
191《京报》，1877 年，第 184—186 期。
192《京报》，1878 年，第 13 期。
193《京报》，1878 年，第 176 期。
194 马士《中华帝国对外关系史》，1：549。
195 马士《中华帝国对外关系史》，第 551—555 页。
196 马士《中华帝国对外关系史》，2：375。
197 马士《中华帝国对外关系史》，2：379。
198 马士《中华帝国对外关系史》，2：376。
199 黎正中、斯坦利 · 史伯克特（Stanley Spector）主编《19 世纪中国主要官员奏折索引》（*Guide to the Memorials of Seven Leading Officials of Nineteenth-Century China*），Seattle: University of Washington Press, 1955 年，第 364、379、391、396 页。
200 黎正中、斯坦利·史伯克特主编《19 世纪中国主要官员奏折索引》，第 173—174 页。
201 黎正中、斯坦利 · 史伯克特主编《19 世纪中国主要官员奏折索引》，第 231 页。
202 黎正中、斯坦利 · 史伯克特主编《19 世纪中国主要官员奏折索引》，第 245、277、311、328、329、335 页。
203《京报》，1874 年，第 87 期。
204《京报》，1877 年，第 116—117 期。
205《京报》，1880 年，第 58 期。
206《京报》，1887 年，第 197 期。
207《京报》，1887 年，第 142 期。
208《京报》，1879 年，第 200—201 期。
209《京报》，1881 年，第 52—53 期。
210《京报》，1888 年，第 88 期。
211《京报》，1889 年第 117 期和 1890 年第 232 期。
212《京报》，1877 年，第 176 期。
213 白蒂《中国的传教士和鸦片》，第 121 页。
214 赫德《写给金登干德的信》，第 1957—1958 页。
215 赫德《写给金登干德的信》，第 1830 页。
216 赫德《写给金登干德的信》，第 1968 页。
217 赫德《写给金登干德的信》，第 1971 页。
218 赫德《写给金登干德的信》，第 2089 页。
219 关于锡良在云南开展的禁烟运动参见 Roger V Des Forges, “His-liang, A Portrait of a Late Ch’ing Patriot”，耶鲁大学博士论文，1971 年，第 252—281 页。

220 一些保留条款参见芮玛丽（Mary C. Wright）编《革命中的中国：第一个阶段 1900—1913 年》（*China in Revolution: The First Phase, 1900-1013*），New Haven: Yale University Press，1968 年，第 14—15 页。

221 爱德华·弗里德曼（Edward Friedman）的论文中有很多有趣的资料，见“Revolution or Just Another Bloody Cycle? Swatow and the 1911 Revolution”,《亚洲研究》(*Journal of Asian Studies*）19（1970）：289—307, 特别是第 301—302 页。

222 在最近的一篇耶鲁大学的博士论文当中有所讨论，见 Leonard P. Adams III, The Tarnished Crusade: Opium Suppression in China, 1880-1930。

223 中国共产党也仔细研究了各地的举措和小团体的想法，参见 1950 年 2 月的禁烟规定,《中央人民政府法令汇编》第 1 卷，北京：法律出版社，1952 年，第 173—174 页。

歃血为盟和勃朗宁手枪

1 Charles W. Hayford, *To the People: James Yen and Village China*, New York: Columbia University Press, 1990.

2 David Strand, *Rickshaw Beijing: City People and Politics in the 1920s*, Berkeley: University of California Press, 1989.

3 Marie-Claire Bergere, Marie-Claire Bergere, *The Golden Age of the Chinese Bourgeoisie, 1919-1937*, trans. Janet Lloyd (New York: Cambridge University Press, 1989）. 中译本参见张富强等人译本《中国资产阶级的黄金时代》,上海人民出版社，1994 年。

4 Wen-his Yeh, *The Alienated Academy: Culture and Politics in Republican China, 1919-1937*,Cambridge: Council on East Asian Studies, Harvard University, 中译本可参见《民国时期大学校园文化（1919—1937)》，冯夏根等译，中国人民大学出版社，2012 年。

5 Phil Billingsley, *Bandits in Republican China*, Stanford: Stanford University Press, 1988. 中译本参见徐有威译《民国时期的土匪》，上海人民出版社，2010 年。

芮沃寿

* 本文写于 1976 年至 1977 年，未发表。特别鸣谢山姆 · 克莱博上校（Colonel Sam Clabaugh）和亨利 · 海尔斯（Henry Hiles）女士为我提供相关的手稿。同样也特别感谢芮沃寿夫人为我提供芮沃寿先生的个人藏书、影集和学生论文。

1 《哈佛亚洲研究》(*Harvard Journal of Asiatic Studies*）7（1943）：2611—2666，本文标注的日期为 1942 年 3 月 18 日；参见第 263 页和第 266 项引文。

2 芮沃寿，“Balzac and the Historical Spirit”, bibliography 2。

3 芮沃寿论文，标注时间 1934 年秋，上注有“修改可能发表”。这篇论文还附有盖拉尔长达两页的评语。

4 芮沃寿，“Carlyle and the Modern Temper”,《斯坦福写作年鉴》(*A Year Book of*

Stanford Writing 6（1935）：11—13。
5 《亚洲研究》（*Journal of Asian Studies*）2（1957）：333。
6 芮玛丽写给父亲山姆 · 克莱博的信，写于马萨诸塞州剑桥，1940 年 1 月 18 日。
7 芮玛丽的家信，写于东京（原文如此），1940 年 10 月 5 日。
8 芮玛丽的家信，写于京都，1940 年 10 月 12 日。
9 芮玛丽的家信，写于京都，1941 年 1 月 16 日，第 3 页。
10 芮玛丽写给父亲和贝蒂的信，写于京都，1940 年 11 月 3 日。
11 芮玛丽的家信，写于京都，1941 年 2 月 4 日。
12 芮玛丽的家信，写于京都，1941 年 3 月 1 日。
13 芮沃寿写给岳父山姆 · 克莱博上校的信，写于京都，1941 年 4 月 5 日。
14 芮玛丽写给母亲的信，写于北京，1941 年 6 月 15 日。
15 芮玛丽写给父母的信，写于北京，1941 年 8 月 5 日。
16 芮玛丽的家信，写于北京，1941 年 8 月 2 日。
17 芮玛丽写给萨米和家人的信，写于北京，1941 年 8 月 12 日。芮沃寿写给岳父山姆·克莱博上校，写于京都，1941 年 8 月 15 日。
18 芮玛丽写给母亲和家人的信，写于北京，1941 年 10 月 7 日。即使是在家信当中，芮玛丽也没有停止审视自我。她在这封信中写道：“以上的这些胡言乱语显然不是对于这两个国家的细致评价。”
19 芮玛丽的家信，写于北京，1941 年 10 月 23 日。
20 芮玛丽的家信，写于北京，1942 年 6 月 4 日。
21 以上以及其他有关集中营的描述，参见芮玛丽的家信，写于潍县集中营，1943 年 8 月 31 日。
22 同上，第 9 页。同样参见芮沃寿写给父母的信，写于河北潍县集中营，1943 年 9 月 1 日。
23 露丝 · 孔克尔（Ruth Kunkel）写给芮沃寿夫妇的信，Motorship Gripsholm，1943 年 11 月 9 日；贝蒂写给家人的信，写于纽约奥尔巴尼，1944 年 1 月 4 日，威廉·克里斯那（William Christian）转述。
24 芮沃寿写给玛丽·培根（Mary Bacon）的第 22 封信，写于北京，1945 年 12 月 25 日。
25 芮沃寿写给山姆 · 克莱博上校的信，写于北京，1947 年 2 月 14 日。
26 芮玛丽的家信，写于延安，1946 年 10 月 31 日。
27 芮玛丽写给父亲的信，写于波特兰，1947 年 4 月 22 日。另见与布兰沙德（Blanshard）的通信。
28 《思想史杂志》（*Journal of the History of Ideas*）10（1949）：148—149。
29 《远东季刊》（*The Far Eastern Quarterly*），11（1955）：105。
30 同上，第 106—107 页。
31 芮沃寿《中国历史中的佛教》（Stanford: Stanford University Press, 1959）。
32 《远东季刊》，11（1955）：295、298。
33 芮沃寿，“The Economic Role of Buddhism in China”，《亚洲研究》16（1957）：

408、414。

34 芮沃寿的论文集最终得以出版，题为《中国佛教研究》(*Studies in Chinese Buddhism*)，Robert M. Somers 整理，New Haven: Yale University Press, 1990 年。

阿瑟 · 韦利

1 Goldsworthy Lowes Dickinson，*Letters from a Chinese Official*，New York：McClure, Phillips, 1903，P.38. 翻译参见《"中国佬信札"：西方文明之东方观》，南京出版社，2008 年，第 31 页。

2 伊凡 · 莫里斯（Ivan Morris）《山中狂吟：阿瑟 · 韦利纪念文集》(*Madly Singing in the Mountains: An Appreciation and Anthology of Arthur Waley*），New York: Walker, 1970 年。

3 伊凡 · 莫里斯《山中狂吟》，第 28 页。

4 伊凡 · 莫里斯《山中狂吟》，第 96 页。

5 伊凡 · 莫里斯《山中狂吟》，第 176 页。

费正清

1 《费正清中国回忆录》(*Chinabound: A Fifty-Year Memoir*），New York: Harper and Row, 1982。

2 魏尔特（Stanley F. Wright）《赫德与中国海关》(*Hart and the Chinese Customs*），Belfast: William Mullan, 1950 年。

3 苏珊娜 · 巴内特（Suzanne Wilson Barnett）、费正清《中国基督教》(*Christianity in China：Early Protestant Missionary Writings*），Cambridge: Council on East Asian Studies, Harvard University Press, 1985 年。

4 欧内斯特 · 梅（Ernest May）、费正清《美国对华贸易的历史回顾》(*America's China Trade in Historical Perspective: The Chinese and American Performance*），Cambridge: Council on East Asian Studies, Harvard University Press, 1986 年。

5 孔飞力（Philp A Kuhn）、费正清《阅读文献：钟人杰叛乱》(*Reading Documents: The Rebellion of Chung Jen-chieh*)，第二卷，Cambridge: Council on East Asian Studies, Harvard University Press, 1986 年。

6 凯瑟琳 · 布鲁纳（Katherine Bruner）、理查德 · 史密斯（Richard Smith）、费正清《步入中国清廷仕途：赫德日记》(*Entering China' s Service: Robert Hart's Journals, 1854-1863*)，Cambridge: Council on East Asian Studies, Harvard University Press, 1986 年。

7 《步入中国清廷仕途》，第 231 页。

8 《步入中国清廷仕途》，第 322 页。

9 费正清《观察中国》(*China Watch*)，Cambridge: Harvard University Press, 1987 年。

10 《观察中国》，第 147 页。

11 费正清《伟大的中国革命 1800—1985》（*The Great Revolution, 1800-1985*），New York: Harper and Row, 1986 年。
12 《伟大的中国革命 1800—1985》，第 336 页。
13 《伟大的中国革命 1800—1985》，第 26 页。
14 《伟大的中国革命 1800—1985》，第 2 页。

房兆楹

1 房兆楹写给史景迁的信，澳大利亚国立大学图书馆，1962 年 2 月 2 日。
2 房兆楹写给史景迁的信，澳大利亚国立大学图书馆，1962 年 2 月 21 日。
3 房兆楹写给史景迁的信，哥伦比亚大学图书馆，1965 年 3 月 4 日。
4 房兆楹写给史景迁的信，1975 年 12 月 24 日。

致　谢

非常感谢下列出版物，使得已发表过的文献能够在该书中重新出版。

- 《黄嘉略的巴黎岁月》，《格兰塔》，1990 年。

  "The Paris Years of Arcadio Huang", *Granta* 32 (Spring 1990): 125-132, reprinted by permission.
- 《利玛窦及其北京之旅》，《东西方相遇：中国的耶稣会士(1582—1773)》，1988 年。

  "Matteo Ricci and the Ascent to Peking", in *East Meets West: The Jesuits in China, 1582-1773*, ed. Charles Ronan and Bonnie Oh (Chicago: Loyola University Press, 1988), 1-18. Reprinted by permission of Loyola University Press. Copyright © 1988.
- 《流浪的英雄：门德斯·平托的远游》，《纽约书评》，1990 年。

  "A Picaresque Hero: The Travels of Mendes Pinto," *New*

York Review of Books, April 12, 1990, 38-40. Reprinted by permission of the *New York Review of Books*. Copyright 1990 by Nyrev, Inc.

- 《革命之间的中国》，《西德尼 · 甘博的摄影作品：1917—1932 年的中国和中国人》，1989 年。

  "China between Revolutions", in *Sidney D. Gamble's China, 1917-1932: Photographs of the Land and Its People*. Reprinted by permission of the Sidney D. Gamble Foundation for China Studies. Copyright © 1989.

- 《西方的诱惑》"前言部分"，1991 年。

  Preface to *The Temptation of the West*, by Andre Malraux. (Chicago: University of Chicago Press, 1991). Reprinted by permission of the University of Chicago Press, Copyright © 1991. All rights reserved.

- 《西方人眼中的中国：16 世纪后期至今》，《中国的遗产：中华人民的当代视角》，1990 年。

  "Western Perceptions of China, from the Late Sixteenth Century to the present," in *Heritage of China: Contemporary Perspectives on Chinese Civilization, ed. Paul Ropp*, (Berkeley: University of California Press, 1990.), 1-14. Copyright © 1990 by the Regents of the University of California.

- 《康熙帝一生的七个阶段（1654—1772）》，《亚洲研究杂志》，1967 年。

"The Seven Ages of K'ang-hsi（1654-1772）" , *Journal of Asian Studies* 26（February 1967）:205-12. Reprinted by permission of the Association for Asian Studies, Inc.

- 《回到明朝》，《纽约书评》，1981 年。

  "Take Back Your Ming," *New York Review of Books*, April 30, 1981, 53-55. Reprinted by permission of the *New York Review of Books*. Copyright © 1981 by Nyrev, Inc.

- 《石涛的历史背景介绍》，《石涛画作》，1967 年。

  "Tao-chi, An Historical Introduction," from *The Painting of Tao-Chi, 1641-ca.1720*, 11-20. Catalogue of an exhibition, August 13- September 17, 1967. Copyright © 1967, Museum of Art, University of Michigan.

- 《张伯行和康熙帝》，《清朝社会研究通报》，1968 年。

  "Chang Po-hsing and the K' ang-his Emperor," *Bulletin of the Society for Ch' ing Studies* 1, no.8（May 1968）: 3-9.

- 《儒学的重要性》，《纽约书评》，1979 年。

  "Why Confucius Counts," *New York Review of Books*, March 22, 1979, 43-45. Reprinted by permission of the *New York Review of Books*. Copyright © 1979 by Nyrev, Inc.

- 《史景迁论李约瑟》，《*Isis*》，1984 年。

  "Spence on Needham," review in *Isis* 75（1984）: pp.180-89. Reprinted by permission of the University of Chicago Press. Copyright © 1984.

- 《来自古老国度的新闻》，《伦敦书评》，1989 年。

  "News from the Old Country," *London Review of Books*, September 14, 1989. Reprinted by permission of the *London Review of Books*.

- 《清》，《中国饮食文化》，1977 年。

  "Ch'ing," in *Food in Chinese Culture*, ed. K.C. Chang (New Haven: Yale University Press, 1977), 261-93. Reprinted by permission of Yale University Press. Copyright © 1977.

- 《西方在华的医药经历（1850—1910）》,《中国医药与社会》，1974 年。

  "Aspects of the Western Medical Experience in China, 1850-1910," in *Medicine and Society in China*, ed. John Z. Bowers and Elizabeth F. Purcell (New York: Josiah Macy, Jr., Foundation, 1974), 40-54. Reprinted by permission of the Josiah Macy, Jr., Foundation. Copyright © 1974.

- 《动荡的帝国》，《纽约书评》，1986 年。

  "Turbulent Empire," *New York Review of Books*, January 16, 1986, 41-43. Reprinted by permission of the *New York Review of Books*. Copyright © 1986 by Nyrev, Inc.

- 《清代中国的鸦片问题》，《中华帝国晚期的冲突与控制》，1990 年。

  "Opium Smoking in Ch'ing China," in *Conflict and Control in Late Imperial China*, ed. Frederic Wakeman and Carolyn

Grant（Berkeley: University of California Press, 1990）, 143-73. Copyright © 1990 by the Regents of the University of California.

- 《边缘地带的中国》，《纽约书评》，1991 年。
  "China on the Verge," *New York Review of Books*, July 18, 1991, 40-44. Reprinted by permission of the New York Review of Books. Copyright © by Nyrev, Inc.
- 《天安门和天安门广场》，《龙的传人：天安门的故事》，1990 年。
  "The Gate and the Square," in Human Rights in China, *Children of the Dragon: The Story of Tiananmen*（New York: Collier Macmillan, 1990）, 16-37. Permission granted by Writers Representatives, Inc.
- 《书的语言：从未离家的探索者》，《纽约时报书评》，1970 年。
  "Speaking of Books: The Explorer who Never Left Home," *New York Times Book Review*, October 18, 1970, 2, 36-38. Copyright © 1970 by the New York Times Company. Reprinted by permission.
- 《中国学者备忘录》，《星期六评论》，1982 年。
  "Memoirs of a China Hand," *Saturday Review*, March 1982, 60-62. Reprinted by permission of Omni International. Copyright © 1982.
- 《我心中的中国》，《纽约书评》，1988 年。